Das dingliche Vorkaufsrecht

Arbeiten zum Sachenrecht

Herausgegeben von Jürgen F. Baur

Band 5

PL ACADEMIC RESEARCH

Henry Posselt

Das dingliche Vorkaufsrecht

Ausübung eines Vorkaufsrechts nach dem VermG

PL ACADEMIC RESEARCH

Bibliografische Information der Deutschen Nationalbibliothek
Die Deutsche Nationalbibliothek verzeichnet diese Publikation in der Deutschen Nationalbibliografie; detaillierte bibliografische Daten sind im Internet über http://dnb.d-nb.de abrufbar.

Zugl.: Potsdam, Univ., Diss., 2009

517
ISSN 1617-349X
ISBN 978-3-631-60856-2 (Print)
E-ISBN 978-3-653-06315-8 (E-Book)
DOI 10.3726/978-3-653-06315-8

PL Academic Research ist ein Imprint der Peter Lang GmbH.

Peter Lang – Frankfurt am Main · Bern · Bruxelles · New York · Oxford · Warszawa · Wien

Diese Publikation wurde begutachtet.

www.peterlang.com

Vorwort

Die folgende Untersuchung wurde von der Juristischen Fakultät der Universität Potsdam Ende des Jahres 2009 als Dissertation angenommen. Als ich auf den Gegenstand der Untersuchung aufmerksam geworden bin, habe ich mich gewundert, dass neuere Untersuchungen fehlen; rückblickend ahne ich, warum das so war. Das dingliche Vorkaufsrecht ist ein Konstrukt aus Kaufrecht und Vormerkung, das zudem zweckentsprechend angepasst wird; die verschiedenen Einflüsse führen zu komplexen Fragen, was den Weg zu einem Gesamtbild beschwerlich werden lässt. Die Untersuchung ist nicht immer leicht nachzuvollziehen; ob das am Gegenstand liegt oder am schriftstellerischen Geschick, muss nun der Leser beurteilen. Hoffentlich findet sich der eine oder andere Kollege, der mit dieser oder jener Idee etwas anzufangen weiß; dann hat sich der Weg gelohnt.

Zum Gelingen der Untersuchung haben Kollegen, Familie und Freunde beigetragen, bei denen ich mich herzlich bedanke. Ganz besonders bedanke ich mich bei meinem Doktorvater, Herrn Prof. Dr. *Stefan Chr. Saar*, der mich wie kein anderer Lehrer fachlich und persönlich geprägt hat; ich bedanke mich zudem sehr bei Frau Prof. Dr. *Dorothea Assmann* für das Zweitgutachten und die sehr wertvollen Anregungen. Aus der Familie danke ich besonders meiner Frau *Andrea*, die mich unermüdlich ermuntert und mir mit unerschöpflicher Energie die erforderlichen Freiräume eröffnet hat; ich bedanke mich zudem liebevoll bei meinen Söhnen *Tim* und *Pit*, die sich über zurückgestellte Familienprojekte nie beschwert haben. Ich denke in diesem Moment an mein Großmütter *Vera* und *Elfriede*, die mir sehr fehlen. Von meinen Freunden bedanke ich mich besonders bei Herrn Rechtsanwalt *Mirko Hees*, der mir in zahllosen Gesprächen die Gelegenheit gegeben hat, meine Gedanken zu entwirren; ich bedanke mich zudem sehr bei *Silke Petrowski*, die ohne Zögern die Mühsal auf sich genommen hat, Schreibfehler aus dem Text zu tilgen.

Inhaltsverzeichnis

Literaturverzeichnis

Alberty, Karl: AcP 150 (1949), S. 550–555: Anmerkung zum Urteil des OGH vom 27. Januar 1949, Az. II ZS 51/48.

Althammer, Christoph: NZM 2008, S. 25–29: Die vorkaufsrechtlichen „Fremdkörper" - Salomonische Klarstellungen des BGH in Fragen der Maklerprovision.

–: ZfIR 2012, S. 765–773: Die Bedeutung von Maklerklauseln in notariellen Grundstückskaufverträgen.

Amann, Hermann: NotBZ 2010, S. 201–208: Das dingliche Vorkaufsrecht – eine Belastung ohne Ende?

Andrae, Marianne: NJ 1994, S. 251–255: Zur Wirksamkeit vereinbarter Vorkaufsrechte in nach dem Gesetz vom 7.3.1990 abgeschlossenen Grundstückskaufverträgen.

Assmann, Dorothea: Die Vormerkung (§ 883 BGB), Tübingen 1998.

–: LM § 987 BGB, Nr. 20: Anmerkung zum Urteil des BGH vom 15. Mai 2000, Az. V ZR 453/99.

BaRo/Bearbeiter: Bamberger, Heinz Georg/Roth, Herbert (Hg.): Kommentar zum Bürgerlichen Gesetzbuch, Bd. I u. II, 3.Aufl., München 2012.

Baur, Jürgen F./ Stürner, Rolf: Baur, Fritz (Begründer): Sachenrecht, 18. Aufl. München 2009.

Bauer/Oefele/Bearbeiter: Bauer, Hans-Joachim/ Oefele, Helmut von (Herausgeber): Grundbuchordnung – Kommentar, 3. Aufl., München 2013.

Bielenberg, Walter: DNotZ 1976, S. 710–726: Die Vorkaufsrechte der Gemeinde nach der Novelle zum Bundesbaugesetz.

Böhringer, Walter: OV spezial, 1993, Nr. 18, S. 2–5: Das Vorkaufsrecht gemäß § 20 VermG.

–: RpflStud 2014, S. 13–18: Besonderheiten der landesrechtlichen Vorkaufsrechte im Grundstücksverkehr.

Böttcher, Leif / Hee-Jung, Joo: RNotZ 2010, S. 557–556: Die Stellung des Berechtigten beim schuldrechtlichen Vorkaufsrecht.

Böttcher, Roland: ZVG, Gesetz über die Zwangsversteigerung und die Zwangsverwaltung – Kommentar, München 2010.

–: ZfIR 2014, S. 867–869: Anmerkung zum Urteil des BGH vom 11. Juli 2014, Az. V ZR 18/13.

Brehm, Wolfgang: EWiR § 3 AnfG 1/90, S. 7–8: Anmerkung zum Urteil des BGH vom 11. Oktober 1989, Az. VIII ZR 285/88.

Burbulla, Rainer: Jura 2002, S. 687–693: Die Auslösung des Vorkaufsfalls durch „kaufähnliche" Verträge.

–: Der Vorkaufsfall im Zivilrecht, Diss. Bochum 2005/06.

Burkert, Thomas: NJW 1987, S. 3157–3160: Die Reichweite des § 506 BGB.

Canaris, Claus-Wilhelm: Jakobs, Horst Heinrich u.a. (Herausgeber): Festschrift für Werner Flume zum 70. Geburtstag, Bd. 1, Köln 1978, S. 371–427: Die Verdinglichung obligatorischer Rechte.

Claussen, Lorenz: NJ 1993, S. 404–406: Nutzung von Grundstücksteilen und Vorkaufsrecht nach § 20 VermG.

Derenburg, Heinrich/Rape, Leo: Die Schuldverhältnisse nach dem Recht des Deutschen Raa Reichs und Preußens, Bd. 2/2, 4. Aufl., Halle 1915.

Dassler/Schiffhauer/Bearbeiter: Schiffhauer, Horst (Herausgeber): Gesetz über die Zwangsversteigerung und die Zwangsverwaltung – Kommentar, 14. Aufl., Bielefeld 2013.

Demharter, Johann: Grundbuchordnung – Kommentar, 28. Aufl., München 2012.

Deutsches Notarinstitut: DNotI-Report 2008, S. 42: Aus der Gutachtenpraxis des DNotI – Vorkaufsrecht bei Realteilung des berechtigten Grundstücks.

–: DNotI-Report 2009, S. 11: Aus der Gutachtenpraxis des DNotI – Verzicht auf das Miterbenvorkaufsrecht nach Ausübungserklärung.

–: DNotI-Report 2009, S. 41–42: Aus der Gutachtenpraxis des DNotI – Vorkaufsrechtsausübung durch einzelne Miterben bei vererblichem Vorkaufsrecht an einem Grundstück.

–: DNotI-Report 2013, S. 57–59: Minderungsrecht des Vorkaufsberechtigten bei Kenntnis vom Mangel; Neuanlauf der Ausübungsfrist mit Änderung des Drittkaufvertrags.

–: DNotI-Report 2013, S. 140–141: Mietervorkaufsrecht nach Eigentumserwerb vom Insolvenzverwalter.

Dietzel, Gottfried T. W.: JR 1975, S. 8–12: Genehmigungsnotwendigkeiten und Ausübungsfristen beim Vorkaufsrecht nach § 24 Bundesbaugesetz und § 17 Städtebauförderungsgesetz.

Ebert, Arnold: NJW 1956, S. 1621–1625: Gesetzliche Vorkaufsrechte der öffentlichen Hand.

–: NJW 1961, S. 1430–1435: Die gesetzlichen Vorkaufsrechte nach dem Bundesbaugesetz.

Einsele, Dorothee: DNotZ 1996, S. 835–866: Formerfordernisse bei mehraktigen Rechtsgeschäften.

Ehrenforth, W.: AcP 150 (1949), S. 420–430: Das Vorkaufsrecht des Reichssiedlungsgesetzes.

Eppig, Theo: DNotZ 1960, S. 509–540: Das Bundesbaugesetz in der notariellen Praxis.

Erman/Bearbeiter: Erman, Walter (Begründer): Bürgerliches Gesetzbuch – Handkommentar; Bd. 1 §§ 1–758, Bd. 2 §§ 759–2385, 14. Aufl., Köln 2014.

Esser, Joseph/ Weyers, Hans-Leo: Schuldrecht, ein Lehrbuch, Bd. 2/1 – Besonderer Teil, Verträge, 8. Aufl., Heidelberg 1998.

Falkner, Melanie: MittBayNot 2013, S. 519–521: Das Vorkaufsrecht des Mieters einer Eigentumswohnung nach § 577 BGB.

Flik, Hans: NJ 1993, S. 507–509: Zum Vorkaufsrecht nach § 20 VermG.

BWNotZ 1993, S. 1–11: Beurkundungen über Grundstücke aus den neuen Bundesländern.

Fieberg/Bearbeiter: Fieberg, Gerhard u.a. (Herausgeber): VermG – Gesetz zur Regelung offener Vermögensfragen, Kommentar, München 1992, Losebl., Bd. 2, Stand 02. Dezember 2008.

Flume, Werner: JZ 1987, S. 572–574: Anmerkung zur Entscheidung des OLG Stuttgart vom 28. Oktober 1985, Az. 5 U 202/84.

–: Allgemeiner Teil des Bürgerlichen Rechts – Bd. II: Das Rechtsgeschäft, 4. Aufl., Berlin u.a. 1992.

Göhner, Torsten: Das gemeindliche Vorkaufsrecht, Diss. Bielefeld 2005.

Grunewald, Barbara: EWiR 1998, S. 637–638: Anmerkung zum Urteil des BGH vom 15. Mai 1998, Az. V ZR 89/97.

–: Lange, Hermann (Herausgeber): Festschrift für Joachim Gernhuber zum 70. Geburtstag, Tübingen 1993, S. 137–151: Umgehung schuldrechtlicher Vorkaufsrechte.

Grziwotz, Herbert: KommJur 2013, S. 53–57: Gemeindliches Vorkaufsrecht an Flächen für öffentliche Zwecke oder den naturschutzrechtlichen Ausgleich.

–: ZfIR 2014, S. 533–534: Anmerkung zum Beschluss des OLG Celle vom 21. November 2013, Az. 4 W 201/13.

Gursky, Karl-Heinz: JR 1984, S. 3–6: Verwendungsersatzansprüche und Nutzungsherausgabepflicht des Dritterwerbers, der einem Vormerkungsgläubiger oder Vorkaufsberechtigtem weichen muß.

Haegele: DNotZ 1961, S. 229–236: Die Vorkaufsrechte nach dem Baugesetzbuch.

Häublein, Martin: MittBayNot 2008, S. 378–380: Anmerkung zum Urteil des OLG Celle vom 01. November 2007, Az. 2 U 139/07.

Hager, Johannes: DNotZ 2001, S. 325–330: Anmerkung zum Urteil des BGH vom 15. Mai 2000, Az. V ZR 453/99.

Hartmann, Dieter: NJW 1956, S. 899–900: Ansprüche des Käufers auf Verwendungsersatz bei Ausübung eines gesetzlichen Vorkaufsrechts.

Heck, Philipp: Grundriß des Sachenrechts, Tübingen 1930.

Hees, Stephan: Die vertragstypologische Bestimmung des Vorkaufsfalls und die Wirkungen einzelner Vereinbarungen und Störungen des Drittvertrages für das Vorkaufsverhältnis, Diss. 1991.

Heilmann, Karin: Das Vorkaufsrecht nach § 20 Vermögensgesetz, Diss. Berlin 1995.

Heinze, Stefan: MittBayNot 2013, S. 233–234: Anmerkung zum Beschluss des OLG München vom 18. Juli 2012, Az. 34 Wx 158/12.

Innozenz, Heintz: Vorkaufsrecht des Mieters, Diss. Saarbrücken 1998.

Henrichs, Wilhelm: DNotZ 1955, S. 377–384: Übernommene Kostenlast und Ausübung des Vorkaufsrechts nach dem Reichssiedlungsgesetz.

Herrler, Sebastian: RNotZ 2010, S. 249–253: Ausscheiden eines Mitberechtigten aus dem Kreis der vorkaufsberechtigten Personen durch einseitige Aufgabeerklärung – zugleich Anmerkung zu OLG München, RNotZ 2010, 265.

HK-BGB/Bearbeiter: Schulze, Reiner u.a.: Bürgerliches Gesetzbuch – Handkommentar, 7. Aufl., Baden-Baden 2012.

Hoche, Ulrich: NJW 1963, S. 301–302: Anmerkung zum Urteil des OLG München vom 15. November 1962, Az. 3 W 1437/62.

Immerwahr, Walter: JherJb 1899, S. 279–340: Das dingliche Vorkaufsrecht des B.G.B.

Jakobs, Horst Heinrich/Schubert, Werner: Die Beratungen des Bürgerlichen Gesetzbuchs – in systematischer Zusammenstellung der unveröffentlichten Quellen, §§ 1–240, Bd. 1 u. 2, Berlin u.a. 1985; §§ 433–651, Berlin u.a. 1980.

Jauernig/Bearbeiter: Jauernig, Othmar (Begründer); Stürner, Rolf (Herausgeber): Bürgerliches Gesetzbuch mit Allgemeinem Gleichbehandlungsgesetz – Kommentar, 15. Aufl., München 2014.

Kern, Bernd-Rüdiger: JuS 1990, S. 116–120: Der praktische Fall, Bürgerliches Recht – Das Verhältnis des Vorkaufsberechtigten zum Käufer.

Kimme/Bearbeiter: Kimme, Johannes (Herausgeber): Offene Vermögensfragen, Köln 1993, Losebl., Bd. 2, Stand November 2007.

Klinke, Markus: Das Vorkaufsrecht der Miterben, Diss. Münster 1995.

Kohler, Jürgen: NJW 1984, S. 2849–2857: Verwendungsersatzansprüche des Zwischenerwerbers gegen den Vormerkungsgeschützten.

Kreße, Bernhard: NJ 2013, S. 156–157: Anmerkung zum Urteil des BGH vom 27. Januar 2012, Az. V ZR 272/10.

Larenz, Karl/Neuner, Jörg: Allgemeiner Teil des Bürgerlichen Rechts – Ein Lehrbuch, 10. Aufl., München 2012.

Larenz, Karl: Lehrbuch des Schuldrechts – Bd. I: Allgemeiner Teil, 14. Aufl., München 1987.

–: Lehrbuch des Schuldrechts – Bd. II: Besonderer Teil, Hbd. 1, 13. Aufl., München 1986.

Larenz, Karl/Canaris, Claus-Wilhelm: Lehrbuch des Schuldrechts – Bd. II: Besonderer Teil, Hbd. 2, 13. Aufl., München 1994.

Laue, Erich: Begriff und Wesen des Vorkaufsrechts nach dem BGB, Berlin 1905.

Lickleder, Florian: AcP 199 (1999), S. 629–659: Die Verpflichtung, das Eigentum an einem Grundstück zu erwerben – Ein Beitrag zur Auslegung von § 313 Satz 1 BGB.

Löhnig, Martin: JA 2000, S. 918–920: Anmerkung zum Urteil des BGH vom 15. Mai 2000, Az. V ZR 453/99.

Lübchen, Gustav-Adolf: Erholungsgrundstücke und Kleingärten in den neuen Bundesländern – Bestandschutz, Eigentumsfragen, Nutzungsentgelt, Vorkaufsrecht, Freiburg u.a. 1994.

Lutter, Marcus: MDR 1962, S. 177–179: Vorkaufsrechte nach dem Baugesetzbuch und Grundbuchsperre.

Masskow, Dietrich: NJ 2008, S. 410–411: Anmerkung zum Urteil des OLG Brandenburg vom 03. Juli 2008, Az. 5 U 125/07.

Mayer, Kurt: NJW 1984, S. 100–105: Rechtsprobleme des auf eine Teilfläche beschränkten Vorkaufsrechts nach §§ 24 ff. BauGB.

Mayer-Maly, Theo: EWiR 1992, S. 151–152: Anmerkung zum Urteil des BGH vom 11. Oktober 1991, Az. V ZR 127/90.

Medicus, Dieter/ Lorenz, Stephan: Schuldrecht II, Besonderer Teil – Ein Studienbuch, 17. Aufl., München 2014.

Meyer, Dieter: NJW 1971, S. 1319: Anmerkung zum Urteil des OLG Hamburg vom 11. Februar 1971, Az. 6 U 70/70.

MünchKomm/Bearbeiter: Säcker, Franz Jürgen u.a. (Herausgeber): Münchener Kommentar zum Bürgerlichen Gesetzbuch; 6. Aufl., Bd. 1/1, §§ 1–240, München 2012; Bd. 2 §§ 241–432, München 2012; Bd. 3, §§ 433–610, München 2012; Bd. 5, §§ 705–853, München 2013; Bd. 6, §§ 854–1296, München 2013; Bd. 11, München 2006.

–: Rauscher, Thomas/Krüger, Wolfgang (Herausgeber): Münchener Kommentar zur Zivilprozessordnung mit Gerichtsverfassungsgesetz und Nebengesetzen; Bd. 1, §§ 1–354, 4. Aufl., München 2013.

Mugdan, Benno: Die gesamten Materialien zum Bürgerlichen Gestzbuch für das deutsche Reich; Bd. 2, Recht der Schuldverhältnisse, Berlin 1899; Bd. 3, Sachenrecht, Berlin 1899.

Oechsler, Jürgen: Vertragliche Schuldverhältnisse, Tübingen 2013.

Oertmann, Paul: JW 1927, S. 2413–2414: Anmerkung zum Urteil des RG vom 07. Juli 1927, Az. 10/27 VI.

Oetker, Hartmut/Maultzsch, Felix: Vertragliche Schuldverhältnisse, 4. Aufl., Berlin u.a. 2013.

Paintner, Edith: MittBayNot 2010, S. 44–45: Anmerkung zum Beschluss des OLG München vom 24. Juli 2009, Az. 34 Wx 50/09.

Palandt/Bearbeiter: Palandt, Otto (Begründer): Bürgerliches Gesetzbuch - Kommentar, 73. Aufl., München 2014.

Pawlitschek, Frank Michael: Die Vorkaufsabrede - Grundlage des vertraglichen Vorkaufsrechts erläutert am Beispiel von Umgehungsgestaltungen, Diss. Mainz 2003.

Peßler, Hans-Rudolf: NJW 1960, S. 1785–1790: Einzelfragen zum Vorkaufsrecht der Aufbaugesetze.

Pikart, Heinz: WM 1971, S. 490–497: Die neue Rechtsprechung des Bundesgerichtshofs zum Vorkaufsrecht.

Planck, Gottlieb: Bürgerliches Gesetzbuch nebst Einführungsgesetz, Bd. 2 u. 3, 3. Aufl., Berlin 1906.

Probst, Martin: JR 1992, S. 419–422: Anmerkung zum Urteil des BGH vom 11. Oktober 1991, Az. V ZR 127/90.

–: JR 2001, S. 334–335: Anmerkung zum Urteil des BGH vom 15. Mai 2000, Az. V ZR 453/99.

Prütting/Berarbeiter: Prütting, Hanns u.a. (Herausgeber): Bürgerliches Gesetzbuch - Kommentar, 8. Aufl., Köln 2013.

Rechtshb/Bearbeiter: Brunner, Georg; Clemm, Hermann (Herausgeber): Rechtshandbuch - Vermögen und Investitionen in der ehemaligen DDR, München 1991, Losebl. Bd 2, Stand Dezember 2000.

Reinicke: NJW 1954, S. 1236–1237: Anmerkung zum Urteil des BGH vom 03. März 1954, VI ZR 259/52.

Reinicke, Dietrich/Tiedtke, Klaus: Kaufrecht, 8. Aufl., Köln u.a. 2009.

Reithmann, Christoph: EWiR § 883 BGB, 2/2000, S. 963–964: Anmerkung zum Urteil des BGH vom 15. Mai 2000, Az. V ZR 453/99.

RGRK/Bearbeiter: Mitglieder des Bundesgerichtshofs (Herausgeber): Das Bürgerliche Gesetzbuch – mit besonderer Berücksichtigung der Rechtsprechung des Reichsgerichts und des Bundesgerichtshofs, 12. Aufl., Bd. II/2, Berlin u.a. 1978; Bd. III/1, Berlin u.a. 1979; Bd. III/2, Berlin u.a. 1996.

RRB/Bearbeiter: Bezzenberger, Tilmann u.a. (Herausgeber): Vermögen in der ehemaligen DDR – Handbuch zur Durchsetzung und Abwehr von Ansprüchen, Berlin 1991, Losebl., Bd. 2, Stand Juli 2000.

Ruhwedel, Edgar: JuS 1980, S. 161–168: Grundlagen und Rechtswirkungen so genannter relativer Veräußerungsverbote.

Sachs/Bearbeiter: Sachs, Michael (Herausgeber): Grundgesetz – Kommentar, 6. Aufl., München 2011.

Säcker/Bearbeiter: Säcker, Franz Jürgen (Herausgeber): Vermögensrecht – Kommentar zu §§ 1 bis 21 Vermögensgesetz, München 1995.

Salzig, Christian: ZfIR 2014, S. 298–299: Anmerkung zum Urteil des BGH vom 22. November 2013, Az. V ZR 161/12.

Sarnighausen, Wolf: NJW 1998, S. 37–39: Formfreie Ausübung des Vorkaufsrechts nach § 505 I BGB im Hinblick auf Grundstückskaufverträge.

Schermaier, Martin Josef: AcP 196 (1996), S. 256–275: Die Umgehung des Vorkaufsrechts durch „kaufähnliche Verträge“.

–: MittBayNot 2013, S. 127–128: Anmerkung zum Urteil des OLG Frankfurt vom 11. April 2012, Az. 16 U 226/10.

Schlechtriem, Peter: Schuldrecht – Besonderer Teil, 6. Aufl., Tübingen 2003.

Schmidt, Holger: NotBZ 2012, S. 441–443: Die materiellen und kostenrechtlichen Folgen der Ausübung des Vorkaufsrechts – Zugleich eine Stellungnahme zu der Entscheidung des OLG Frankfurt v. 11.4.2012, 16 U 226/10.

Schmidt, Karsten: JuS 2000, S. 1119–1120: Anmerkung zum Urteil des BGH vom 15. Mai 2000, Az. V ZR 453/99.

Schnabel, Gunnar: ZOV 1993, S. 294–299: Versteckte Vorkaufsrechte nach § 20 VermG – Grundlegende Änderungen seit Inkrafttreten des 2. VermRÄndG.

Schreiber, Klaus: Jura 2012, S. 114–119: Die Vorkaufsrechte des BGB.

Schreiber/Bearbeiter: Schreiber, Klaus (Herausgeber): Handbuch Immobilienrecht, Berlin 2011.

Schurig, Klaus: Das Vorkaufsrecht im Privatrecht – Geschichte, Dogmatik, ausgewählte Fragen, Diss. Köln 1975.

Soergel/Bearbeiter: Soergel, Hans Theodor (Begründer): Bürgerliches Gesetzbuch – mit Einführungsgesetz und Nebengesetzen, Bd. 6/2, §§ 454–480, Stuttgart

2009; Bd. 14, §§ 854–984, Stuttgart u.a. 2002; Bd. 16, §§ 1018–1296, 13. Aufl., Stuttgart u.a. 2001.

Staud/Bearbeiter: J. von Staudinger (Begründer): Kommentar zum Bürgerlichen Gesetzbuch mit Einführungsgesetz und Nebengesetzen; Bd. §§ 90–124, Berlin u.a. 2012; Bd. 134–138, Berlin u.a. 2011; Bd. 139–163, Berlin u.a. 2010; Bd. §§ 241–243, Berlin u.a. 2009; §§ 255–304, Berlin u.a. 2014; Bd. §§ 311 b–311 c, Berlin u.a. 2012; Bd. §§ 397–432, Berlin u.a. 2012; Bd. §§ 433–487, Berlin u.a. 2014; Bd. §§ 812–822, Berlin u.a. 2007; Bd. 854–883, Berlin u.a. 2012; Bd. §§ 883–902, Berlin u.a. 2013; Bd. 985–1011, Berlin u.a. 2013; Bd. §§ 1018–1112, Berlin u.a. 2009.

Stadler, Astrid: AcP 189 (1989), S. 425–469: Der Rang im Immobiliarsachenrecht – ein noch immer ungelöstes Problem?

Stöber, Kurt: NJW 1988, S. 3121–3125: Vorkaufsrechte in der Zwangsversteigerung.

–: Zwangsversteigerungsgesetz – Kommentar zum ZVG der Bundesrepublik Deutschland mit einem Anhang einschlägiger Texte und Tabellen, München 2012.

Suppliet, Roland: NotBZ 2013, S. 182–183: Unrichtige Sachbehandlung bei Maklerklauseln im notariellen Grundstückskaufvertrag.

Tank, Susanne: MietRB 2008, S. 36–37: Anmerkung zum Urteil des OLG Celle vom 01. November 2007, Az. 2 U 139/07.

Tiedtke, Klaus: NJW 1987, S. 874–877: Vorkaufsrecht und Fehlen der Geschäftsgrundlage des Kaufvertrages.

Vieweg, Klaus; Werner, Almuth: Sachenrecht, 6. Aufl., Köln u.a. 2013.

Vogt, Max: Brambring, Günter u.a. (Herausgeber): Festschrift für Horst Hagen, Köln 1999, S. 219–230: Muß der Vorkaufsberechtigte Änderungen des Drittkaufs bis zur Ausübung des Vorkaufsrechts gegen sich gelten lassen?

Wahrig, Gerhard/ Wahrig-Burfeind, Renate: Brockhaus – Deutsches Wörterbuch, 9. Aufl., Gütersloh u.a. 2012.

Walter, Gerhard: Kaufrecht – Handbuch des Schuldrechts, Bd. 6, Tübingen 1987.

Walter, Michael: NJW 1971, S. 1845–1846: Anmerkung zum Urteil des OLG Hamburg vom 11. Februar 1971, Az. 6 U 70/70.

Weber, Oskar: DNotZ 1961, S. 236–251: Die baugesetzlichen Vorkaufsrechte der Gemeinden und der Vertrauensschutz.

Westermann, Harm Peter u.a.: Westermann, Harry (Begründer): Sachenrecht – Ein Lehrbuch, 8. Aufl., Heidelberg 2011.

Wieczorek/Schütze/Berarbeiter: Wieczorek, Bernhard (Begründer); Schütze, Rolf A. (Herausgeber): Zivilprozessordnung und Nebengesetze – Großkommentar,

Bd. 4, §§ 253–299a, 4. Aufl., Berlin u.a. 2013; Bd. 4/1, §§ 704–807, 3. Aufl., Berlin u.a. 1999.

Wieling, Hans Joseph: Sachenrecht, Bd. 1 – Besitz und Rechte an beweglichen Sachen, 2. Aufl., Berlin u.a. 2006.

Wieling, Hans/Klinck, Fabian: AcP 202 (2002), S. 745–756: Die Vormerkungswirkung des Vorkaufsrechts nach § 1098 II BGB.

Wilhelm, Jan: Sachenrecht, 4. Aufl., Berlin u.a. 2010.

Winkler, Karl: NJW 1970, S. 98–99: Anmerkung zum Urteil des BGH vom 11. Juli 1969, Az. V ZR 25/67.

Würdinger, Markus: JZ 2009, S. 349–356: Die drei Säulen des Maklerprovisionsrechts – Neue Entwicklungen und Tendenzen im Immobilienmaklerrecht.

Wufka, Eduard: DNotZ 1990, S. 339–356: Formfreiheit oder Formbedürftigkeit der Genehmigung von Grundstücksverträgen, der Ausübung von Wiederkaufs-, Vorkaufs- und Optionsrechten sowie der Anfechtung, des Rücktritts und der Wandelung?

Zeiß, Eberhard: DNotZ 1998, S. 308–311: Anmerkung zum Beschluss des OLG Stuttgart vom 08. April 1997, Az. 8 W 681/96.

Zimmer, Maximilian: ZfIR 2009, S. 672–673: Anmerkung zur Rechtsprechung des Bundesgerichtshofs über Probleme aus dem Themenkreis des § 57 SchuldRAnpG.

Zöller/Bearbeiter: Zöller, Richard (Begründer): Zivilprozessordnung – Kommentar, 30. Aufl., Köln 2014.

A. Einleitung

Das Vermögensgesetz[1] gehört zu den Regelungen, die im Zuge der Wiedervereinigung erforderlich geworden sind. Zwanzig Jahre später sind einige dieser Regelungen überholt; das gilt im Wesentlichen auch für das Vermögensgesetz. Gegenstand dieses Gesetzes ist die Rückgabe in der DDR enteigneter Vermögenswerte; damit war dem Vermögensgesetz in der Anfangszeit die Aufmerksamkeit von Öffentlichkeit und Fachwelt gewiss. Bis zum Stichtag, dem 31. Dezember 1992 (§ 30 a Abs. 1 S. 1 VermG), gingen bei den für die Rückübertragung zuständigen Ämtern zur Regelung offener Vermögensfragen (ohne Berlin) 815.159 Anträge ein; trotz dieser enormen Zahl sind heute 99,75 % der Anträge bearbeitet.[2] 1

Diese „sterbende Materie" hinterlässt allerdings die gemäß §§ 20, 20 a VermG begründeten Vorkaufsrechte. Diese Vorkaufrechte sind gemäß §§ 20 a S. 5, 20 Abs. 7 S. 1 VermG nicht vererblich; dennoch werden sie noch einige Jahrzehnte Bestand haben. Vorkaufsrechte wurden gemäß § 20 Abs. 1 S. 1 BGB auf Antrag den Nutzern restituierter Grundstücke eingeräumt. Ein DDR-Bürger dürfte sein Leben mit einem Alter von 30 Jahren eingerichtet gehabt haben, wozu auch damals die private Nutzung eines Grundstücks gehörte; diese Nutzer sind heute 55 Jahre alt. Vorkaufsrechte wurden zudem gemäß §§ 20 a S. 1, 2 Abs. 1 S. 1 VermG auf Antrag Alteigentümern oder deren Erben an nicht restituierten Grundstücken eingeräumt. Die Erben können heute gerade 25 Jahre alt sein; das ist spekulativ, veranschaulicht aber die zeitliche Dimension. 2

Wie viele Vorkaufsrechte Einzug in die Grundbücher gehalten haben, lässt sich nicht genau sagen. Im Jahre 2004 waren 78.794 Anträge auf Einräumung eines Vorkaufsrechts gestellt.[3] In Statistiken jüngeren Datums sind diese Anträge nicht mehr gesondert ausgewiesen; wegen der hohen Erledigungsquote bei den Restitutionsansprüchen dürfte sich die Zahl allerdings nicht mehr wesentlich ändern. 3

---

1 Gesetz zur Regelung offener Vermögensfragen vom 23. September 1990 (BGBl. II, S. 885, 1159) in der Neufassung vom 09. Februar 2005 (BGBl. I, S. 205) zuletzt geändert durch Art. 6 des Gesetzes zur Einführung des Datenbankgrundbuchs vom 01. Oktober 2013 (BGBl. I, S. 3719).

2 Zu den vorstehenden Zahlen vgl. die Statistische Übersicht des Bundesamts für zentrale Dienste und offene Vermögensfragen vom 31. Dezember 2013, http://www.badv.bund.de/DE/OffeneVermoegensfragen/Statistik/start.html, aufgerufen am 02. Februar 2015.

3 Statistische Übersicht des Bundesamts zur Regelung offener Vermögensfragen vom 31. Dezember 2004, http://www.badv.bund.de/003_menue_links/e0_ov/h0_service/a0_publikationen/c0_statistik/statstik2004. pdf, aufgerufen am 11. Februar 2009.

Zudem fehlen Angaben für das Land Berlin.[4] Schließlich ist nicht beziffert, wie viele der Anträge positiv beschieden wurden. Trotz dieser Unsicherheitsfaktoren vermittelt die genannte Zahl einen Eindruck der quantitativen Dimension.

4 Der Reiz, sich mit den Vorkaufsrechten nach dem Vermögensgesetz zu befassen, liegt in der Wahrscheinlichkeit, dass künftig das eine oder andere dieser Rechte ausgeübt wird. Die Ausübung eines Vorkaufsrechts nach dem Vermögensgesetz war bislang nicht Gegenstand einer wissenschaftlichen Untersuchung; einschlägige Publikationen legen ihr Hauptaugenmerk auf die Begründung der Vorkaufsrechte.[5] Hinzu kommt, dass die Vorkaufsrechte nach §§ 20 a S. 5, 20 Abs. 8 VermG im Wesentlichen durch die Vorschriften des Bürgerlichen Gesetzbuchs zum Vorkauf ausgestaltet sind; das gibt Gelegenheit zu einer Bestandsaufnahme aus verändertem Blickwinkel. Es gelten insbesondere wesentliche Vorschriften des sachenrechtlichen Vorkaufs, die seit längerem nicht mehr Gegenstand einer umfassenden systematischen Untersuchung waren.[6]

5 Ziel der Arbeit ist eine systematische Darstellung zentraler Probleme des sachenrechtlichen Vorkaufs unter Berücksichtigung der besonderen Prägung durch das Vermögensgesetz; mit Blick auf die Zukunft stehen die Ausübung des Vorkaufsrechts und deren Folgen im Mittelpunkt des Interesses. Besondere Aufmerksamkeit gilt Problemen, bei denen die Vorkaufsrechte nach dem Vermögensgesetz ihr sachenrechtliches Profil zeigen; dazu gehört vor allem die aufgrund ihrer Komplexität reizvolle Dreiecksbeziehung zwischen Verpflichtetem, Berechtigtem und Dritten. Es hat sich gezeigt, dass man die Ausübung des Vorkaufsrechts und ihre Folgen nicht losgelöst vom Vorkaufsfall betrachten kann; die Untersuchung zum Vorkaufsfall bildet daher die Grundlage dieser Arbeit.

6 Die Vorkaufsrechte nach dem Vermögensgesetz sind facettenreich; der Eingrenzung des Themas sind rechtsvergleichende sowie insolvenzrechtliche Aspekte zum Opfer gefallen. Jenseits der Kernbereiche des vormögens- und bürgerlich-rechtlichen Vorkaufs werden die Materien nur anhand begrenzter Fundstellen entwickelt. Im bürgerlich-rechtlichen Teil stellt zudem die Dissertation von Klaus Schurig aus dem Jahre 1975 einen Meilenstein dar; insoweit liegt daher das Hauptaugenmerk auf Rechtsprechung und Literatur aus jüngerer Zeit.

---

4 Vgl. nur die Statistische Übersicht des Berliner Landesamts zur Regelung offener Vermögensfragen vom 30. September 2008, http://www.berlin.de/imperia/md/content/senatsverwaltungen/finanzen/larov/statistik_ 30_09_2008.pdf, aufgerufen am 11. Februar 2009.

5 So insbesondere die Dissertation von Karin Heilmann.

6 Soweit ersichtlich zuletzt die Dissertation von Walter Lang aus dem Jahre 1958.

B. Charakteristik der Vorkaufsrechte

I. Zweck

Zweck eines jeden Vorkaufsrechts ist, dem Berechtigten den Erwerb des Eigentums an dem belasteten Gegenstand zu ermöglichen; insbesondere bei gesetzlichen Vorkaufsrechten stellt sich die Frage, warum dem Berechtigten dies ermöglicht werden soll. Streng genommen handelt es sich bei den Vorkaufsrechten nach dem Vermögensgesetz nicht um gesetzliche Vorkaufsrechte, sondern um Vorkaufsrechte, die aufgrund eines Gesetzes durch privatrechts-gestaltenden Verwaltungsakt eingeräumt werden;[7] für die folgende Untersuchung ist dies jedoch nur am Rande von Bedeutung. 7

1. Rechtspolitischer Hintergrund

Die Vorkaufsrechte nach dem Vermögensgesetz dienen einem sozial verträglichen Ausgleich konkurrierender Interessen an Grundstücken in den neuen Bundesländern,[8] die vor der Wiedervereinigung Deutschlands Gegenstand hoheitlicher Eingriffe waren; die Ansichten, wie diese Interessen im Einzelnen näher zu charakterisieren sind, gehen auseinander. 8

a. Ausgleich beteiligter Interessen

Die Korrektur hoheitlicher Eingriffe in Privateigentum durch die DDR war eines der brisantesten Probleme, die auf dem Weg zur Wiedervereinigung gelöst werden mussten; es handelt sich um einen Teilaspekt der so genannten „offenen Vermögensfragen". Bei den Beitrittsverhandlungen vertrat die Regierung der Bundesrepublik vor allem die Interessen der Opfer solcher Eingriffe, die überwiegend in die Bundesrepublik ausgewandert waren und die enteigneten Vermögenswerte zurückerhalten sollten. Der Regierung der DDR ging es hingegen vor allem um die eigene Wirtschaft, die im Wesentlichen auf enteigneten Vermögenswerten basierte, und um die Interessen ihrer Bürger, die im Vertrauen auf die Rechtsverhältnisse in der DDR enteignete Vermögenswerte erworben hatten und diese nach Möglichkeit behalten sollten. Am Ende der Verhandlungen stand 9

7 Vgl. hierzu: Heilmann, S. 25 f.; Göhner, S. 211 ff.

8 Rechtshb/Flotho § 20 VermG Rz. 8; Kimme/Kinne § 20 VermG Rz. 1; RRB/Petter § 20 VermG Rz. 1; Fieberg/Plesse § 20 Rz. 2.

ein Kompromiss, der am 15. Juni 1990 in einer gemeinsamen Erklärung veröffentlicht wurde.

10 Beide Regierungen stimmten darin überein, dass eine Regelung der offenen Vermögensfragen den Rechtsfrieden im wiedervereinigten Deutschland gewährleisten muss, S. 3 Anlage III EV. Sie gingen davon aus, dass dies nur durch einen sozial verträglichen Interessensausgleich zu erreichen sei, S. 2 Anlage III EV. Auf dieser Grundlage wurden die Eckpunkte der zu schaffenden Regelung festgelegt, S. 4 Anlage III EV. Die gemeinsame Erklärung vom 15. Juni 1990 ist später Bestandteil des Einigungsvertrags[9] geworden und gilt bis heute als Bundesrecht fort, vgl. Art. 41 Abs. 1, 45 Abs. 2 i.V.m. Anlage III EV. Die Bundesrepublik hat sich gemäß Art. 41 Abs. 3 EV zudem verpflichtet, keine dieser Erklärung widersprechende Gesetze zu erlassen, wodurch ihre Bestimmungen eine verfassungsrechtsähnliche Verfestigung erlangten.

11 Zu den Eckpunkten gehört der Grundsatz, dass die Zwangsverwaltung von Vermögenswerten aufgehoben wird und nach Gründung der DDR enteignete Vermögenswerte zurück übertragen werden, S. 4 Ziff. 2 u. 3 Anlage III EV.

Enteignungen unter sowjetischer Hoheit bleiben hingegen unangetastet; Betroffenen wird lediglich ein Anspruch auf Entschädigung in Aussicht gestellt, S. 4 Ziff. 1 Anlage III EV. Die Kritik an dieser Festlegung ist nie ganz verstummt,[10] obwohl das Bundesverfassungsgericht deren Vereinbarkeit mit dem Grundgesetz festgestellt hat.[11]

12 Eine Ausnahme vom Grundsatz der Rückübertragung gilt für Grundvermögen, an dem Bürger der DDR in redlicher Weise Eigentum oder dingliche Nutzungsrechte erworben haben, S. 4 Ziff. 3 lit. b Anlage III EV. Andere Nutzungsrechte stehen einer Rückübertragung nicht entgegen, sollen aber wie bisher gewahrt bleiben, S. 4 Ziff. 5 Anlage III EV.

Die Nutzung unbebauter volkseigener bzw. zwangsverwalteter Grundstücke durch Privatpersonen wurde in der DDR häufig durch die Vergabe von Nutzungsrechten ermöglicht. Zum einen gab es förmlich verliehene Nutzungsrechte zur Errichtung eines Eigenheims

---

9 Vertrag zwischen der Bundesrepublik Deutschland und der Deutschen Demokratischen Republik über die Herstellung der Einheit Deutschlands vom 23. September 1990 (BGBl. II, S. 885) zuletzt geändert durch Art. 12 des Gesetzes zur Verbesserung der Rahmenbedingungen für die Absicherung flexibler Arbeitszeitregelungen und zur Änderung anderer Gesetze vom 28. Dezember 2008 (BGBl. I, S. 2940).

10 Fieberg/Fieberg/Reichenbach Einf. VermG Rz. 34; Sachs/Wendt § 143 GG Rz. 26 ff. m.w.N.

11 Zur Vereinbarkeit dieser Regelung mit dem Grundgesetz grundlegend BVerfG (23.4.91) E 84, 90 ff.; vertiefend BVerfG (15.4.93) NJ 1993, S. 366; (18.4.96) E 94, S. 12; (26.10.04) E 112, S. 1.

oder ähnlichen Gebäudes, vgl. § 287 ZGB; ausschließlich diese Rechte gelten als dingliche Nutzungsrechte. Zum anderen wurden Nutzungsrechte zu Freizeit- und Erholungszwecken eingeräumt, § 312 Abs. 1 S. 1 ZGB, deren Ausgestaltung variieren konnte;[12] *diese Nutzungsrechte gelten als nicht-dinglich bzw. obligatorisch. Die Nutzung bebauter Grundstücke erfolgte in der Regel über Miet- bzw. Pachtverträge, die gleich den Bestimmungen des Bürgerlichen Gesetzbuchs ein obligatorisches Nutzungsrecht begründeten, vgl. §§ 94 ff. ZGB. Schließlich gab es sogenannte „Überlassungsverträge“, die eine Nutzung des Grundstücks gegen Übernahme der Lasten regelten.*[13]

Der angestrebte Interessensausgleich sollte also vor allem über eine Regelung 13
erreicht werden, die festlegt, wann sich das eine oder das andere Interesse durchsetzt. Der Grundsatz der Rückübertragung bedient die Interessen der Enteignungsopfer. Die Interessen von Erwerbern oder Nutzern finden über einen Ausschluss- oder Bestandsschutztatbestand Berücksichtigung. Maßstab dafür, ob ein Nutzungsrecht die Rückübertragung ausschließt oder ob es lediglich in seinem Bestand geschützt wird, ist die Bedeutung des Nutzungsrechts für den jeweiligen Nutzer.

Ein dingliches Nutzungsrecht ermöglichte die Errichtung eines Eigenheims. Das war auch in der DDR mit erheblichem finanziellen Aufwand und persönlichen Engagement verbunden und diente in aller Regel der Begründung eines endgültigen Lebensmittelpunktes. Hinzu kommt, dass das Grundstück durch die Errichtung des Eigenheims wesentlich verändert wurde; Letzteres allein kann aber nicht der Grund für den Ausschluss der Rückübertragung gewesen sein, da es allein auf das Nutzungsrecht und nicht auf die tatsächliche Errichtung des Eigenheims ankommt.[14]

Das Vermögensgesetz verwirklicht die gemeinsame Erklärung insoweit Punkt 14
für Punkt.[15] Die staatliche Verwaltung konnte gemäß § 11 Abs. 1 S. 1 VermG auf Antrag aufgehoben werden oder endete gemäß § 11 a Abs. 1 S. 1 VermG kraft Gesetzes am 31.12.1992; im Falle einer Enteignung besteht gemäß § 3 Abs. 1 S. 1 VermG grundsätzlich ein Anspruch auf Rückübertragung. Dieser Grundsatz ist durchbrochen, wenn eine natürliche Person in redlicher Weise Eigentum oder ein dingliches Nutzungsrecht an dem Vermögenswert erworben hat; eine Rückübertragung ist in diesem Fall gemäß § 4 Abs. 2 S. 1 VermG in der Regel ausgeschlossen.

12 Fieberg/Plesse, § 20 VermG Rz. 6; Göhner, S. 214.

13 Vgl. dazu MünchKomm/Wendtland (2006) Art. 232 EGBGB § 1 a Rz. 2 f.

14 Fieberg/Holst/Liedtke, § 4 VermG Rz. 83; Rechtshb/Wasmuth § 4 VermG Rz. 88.

15 BT-Drs. 11/7831, S. 1; Göhner, S. 210.

Der Ausschluss der Rückübertragung in § 4 Abs. 2 S. 1 VermG wird durch das Sachenrechtsbereinigungsgesetz[16] *ergänzt; dieses eröffnet dem dinglich-berechtigten Nutzer die Möglichkeit, das Eigentum an dem Grundstück vergünstigt zu erwerben, vgl. §§ 15 Abs. 1, 2. Alt.; 1 Abs. 1, Ziff. 1 SachenRBerG.*

15 Andere Nutzungsrechte stehen folglich einer Rückübertragung nicht entgegen. Sowohl eine Rückübertragung als auch eine Aufhebung bzw. Beendigung staatlicher Verwaltung lassen jedoch gemäß § 17 S. 1 VermG diese Nutzungsrechte unberührt. Der Restitutionsberechtigte tritt gemäß § 16 Abs. 2 S. 1 VermG mit der Rückübertragung in die zugrunde liegenden Rechtsverhältnisse ein.

16 Mit Blick auf den angestrebten Interessensausgleich bleibt das Vermögensgesetz jedoch nicht bei der Abgrenzung der Interessenbereiche stehen. Mit der Regelung zu den Vorkaufsrechten fängt das Vermögensgesetz diejenigen Interessen auf, die im Restitutionsverfahren zurücktreten mussten. Wird ein Grundstück zurückübertragen, setzt sich das Interesse des Enteignungsopfers durch; das Interesse eines obligatorisch berechtigten Nutzers muss zurücktreten, und dieser hat gemäß § 20 Abs. 1 S. 1 VermG die Möglichkeit, die Einräumung eines Vorkaufsrechts zu beantragen. Wird das Grundstück nicht zurück übertragen, setzt sich das Interesse eines dinglich Berechtigten durch. Das Interesse des Enteignungsopfers muss zurücktreten; dieses erhält gemäß § 20 a S. 1 VermG die Möglichkeit, die Einräumung eines Vorkaufsrechts zu beantragen.

b. Die Interessen im Einzelnen

17 Wählt man die allgemeinen Kategorien Erwerbs- oder Abwehrinteresse,[17] steht bei den Vorkaufsrechten nach dem Vermögensgesetz wohl das Erwerbsinteresse im Vordergrund; wie jedes Vorkaufsrecht ermöglicht ein Vorkaufsrecht nach dem Vermögensgesetz seinem Berechtigten aber auch die Abwehr Dritter. Die Vorkaufsrechte nach dem Vermögensgesetz sind daher ein anschauliches Beispiel dafür, dass sich diese beiden Kategorien nicht auseinander halten lassen;[18] ein Vorkaufsrecht ermöglicht stets Abwehr durch Erwerb bzw. Erwerb als Abwehr.

16 Gesetz zur Sachenrechtsbereinigung im Beitrittsgebiet vom 21. September 1994 (BGBl. I, S. 2457) zuletzt geändert durch Art. 61 des Gesetzes zur Reform des Verfahrens in Familiensachen und in den Angelegenheiten der freiwilligen Gerichtsbarkeit vom 17. Dezember 2008 (BGBl. I, S. 2586).

17 Vgl. Schurig, S. 76, ihm folgend bspw. Burbulla, Jura 2002, S. 687 (688).

18 Erman/Grunewald (2014) § 463 BGB Rz. 11. Ähnlich: Schreiber, Jura 2012, S. 114; Pawlitschek, S. 45.

Speziell zu den Vorkaufsrechten nach den Vermögensgesetz lassen sich vier Ansätze unterscheiden.

i. Eigentumsähnlich verfestigte Position

Das Vorkaufsrecht nach § 20 VermG wird als Ausgleich für den Verlust eines obligatorischen, aber eigentumsähnlich verfestigten Nutzungsrechts angesehen.[19] Der Nutzer eines Wohn- oder Erholungsgrundstücks leitete auch in der DDR seine Berechtigung an dem Grundstück aus einem Nutzungsvertrag her. Dieser Vertrag war jedoch lebenslang angelegt;[20] der Nutzer musste weder mit einer Kündigung noch mit der Erhöhung des Nutzungsentgelts rechnen. Da Volkseigentum gemäß § 20 Abs. 3 ZGB zudem unveräußerlich war,[21] stellte das Nutzungsrecht die umfassendste Rechtsposition dar, die eine Privatperson an einem solchen Grundstück erwerben konnte. Der Nutzer durfte deshalb davon ausgehen, dass ihm das Grundstück endgültig und ausschließlich zugeordnet sei. Eine Rückübertragung des Grundstücks berührt gemäß §§ 17 S. 1, 16 Abs. 2 S. 1 VermG nicht den Fortbestand des Nutzungsverhältnisses. Der Nutzer muss aber mit einer Nutzungsentgelterhöhung und mit einer Kündigung rechnen,[22] auch wenn beides vorerst nur eingeschränkt möglich ist, vgl. § 16 Abs. 4 VermG i.V.m. §§ 23 f. SchuldRAnpG[23] bzw. i.V.m. NutzEV[24]. Das Vorkaufsrecht nach § 20 VermG eröffnet dem Nutzer nach diesem Erklärungsansatz die Möglichkeit, seine Nutzungsmöglichkeit durch Erwerb des Eigentums wieder zu verfestigen. Diese „Entwertung" des Nutzungsrechts widerspricht nicht S. 4 Ziff. 5 Anlage III EV, weil sie zwangsläufig mit der Rückübertragung der betroffenen Grundstücke einhergeht; mit Blick auf S. 4 Ziff. 3 Anlage III EV kann diese Bestimmung nur so gemeint sein, dass Nutzungsrechte im Übrigen unverändert bleiben, was §§ 17 S. 1, 16 Abs. 2 VermG gewährleisten. 18

Das überzeugt, da sich dieser Ansatz auf das in § 20 a VermG geregelte Vorkaufsrecht übertragen lässt und dennoch die Eigenheit des in § 20 VermG 19

---

19 VG Frankfurt/O. (10.5.93) KPS § 20 VermG 100a/93 u. (23.8.93) 102/93; VG Potsdam (23.6.93) KPS § 20 VermG 101/93.

20 Rechtshb/Flotho § 20 VermG Rz. 8; Heilmann, S. 6.

21 Vorgesehene Ausnahmen spielten kaum eine Rolle, vgl. Heilmann, S. 6 m.w.N. in Fz. 29.

22 Heilmann, S. 6; Fieberg/Plesse § 20 VermG Rz. 2.

23 Schuldrechtsanpassungsgesetz vom 21. September 1994 (BGBl. I, S. 2538) zuletzt geändert durch Art. 1 des Gesetzes zur Änderung des Schuldrechtsanpassungsgesetzes vom 17. Mai 2002 (BGBl. I, S. 1580).

24 Nutzungsentgeltverordnung vom 22. Juli 1993 (BGBl. I, S. 1339) in der Neufassung vom 24. Juni 2002 (BGBl. I, S. 2562).

geregelten Vorkaufsrechts zu erklären vermag. Der Alteigentümer hat durch staatlichen Eingriff sein Eigentum an dem Grundstück verloren, kann aber spätestens seit der gemeinsamen Erklärung vom 15. Juni 1990 grundsätzlich mit der Rückübertragung des Eigentums rechnen; soweit das Vermögensgesetz diese Erwartung enttäuscht, eröffnet das Vorkaufsrecht nach § 20 a VermG dem Alteigentümer die Möglichkeit, das Eigentum doch noch zurückzuerwerben. Mit der Eigenheit von § 20 VermG ist die akzessorische Verknüpfung des Vorkaufs- mit dem Nutzungsrecht gemeint, § 20 Abs. 7 S. 2 VermG; ist das Nutzungsrecht einmal erloschen, kann es nicht mehr verfestigt werden.

ii. Wechsel des Vertragspartners

20 Das Vorkaufsrecht nach § 20 VermG wird zudem als Ausgleich dafür angesehen, dass sich der Nutzer gemäß § 16 Abs. 2 S. 1 VermG in Folge der Restitution einem neuen Vertragspartner gegenüber sieht.[25] Mit Blick darauf, dass der Wechsel des Vertragspartners zum Verlust der eigentumsähnlich verfestigten Position führt, bleibt dieser Ansatz auf halbem Wege stehen. Der Zusammenhang zwischen Vorkaufsrecht und auszugleichendem Interesse besteht nach diesem Ansatz darin, dass der Berechtigte über das Vorkaufsrecht einen erneuten Wechsel des Vertragspartners verhindern kann.[26] Der Ansatz erklärt auch die akzessorische Verknüpfung von Vorkaufs- und Nutzungsrecht; ist das Nutzungsrecht erloschen, droht kein erneuter Wechsel des Vertragspartners mehr. Er verschleiert allerdings die Parallele zu dem in § 20 a VermG geregelten Vorkaufsrecht; eine Übertragung scheint nicht möglich, da es hier keinen Vertragspartner gibt. Das spricht dafür, den Weg bis zur eigentumsähnlich verfestigten Position zu Ende zu gehen.

iii. Affektionsinteresse

21 Zur Begründung des Vorkaufsrechts nach § 20 VermG wird regelmäßig auf ein Affektionsinteresse des Nutzers hingewiesen.[27] Was darunter zu verstehen ist, bleibt vage; Erläuterungen erschöpfen sich in einer Analyse, worauf das Affektionsinteresse zurückzuführen ist. Dabei spielen mehrere Aspekte eine Rolle, die untrennbar zusammenhängen: Die Nutzer betrachteten sich aufgrund der

---

25 BT-Drs. 12/6228, S. 103; Fieberg/Plesse § 20 VermG Rz. 2. Das meinen wohl auch: Böhringer, OV spezial 18/93, S. 2; Lübchen, Rz. 40.

26 Einen unmittelbaren Zusammenhang vermisst Fieberg/Plesse § 20 VermG Rz. 2.

27 BT-Drs. 12/6228, S. 103; Heilmann, S. 7; Fieberg/Plesse § 20 VermG Rz. 2; Göhner, S. 213.

tradierten Rechtswirklichkeit im Beitrittsgebiet als Eigentümer der betroffenen Grundstücke, die ihnen ein gesellschaftliches Rückzugsgebiet boten.[28] Deshalb erbrachten sie regelmäßig erhebliche Eigenleistungen,[29] indem sie das Grundstück auf eigene Kosten und mit hohem persönlichem Einsatz erhielten und häufig sogar verbesserten. Mit Affektionsinteresse scheint demnach ein Liebhaberinteresse gemeint zu sein; das Vorkaufsrecht soll es dem Nutzer ermöglichen, dieses ideelle Interesse zu befriedigen. Das ist nicht die einzig denkbare Deutung. Affektion bedeutet nicht nur Liebhaberei.[30] Unter Affektionsinteresse könnte daher auch ein Satisfaktionsinteresse des Nutzers verstanden werden, das durch die Zurücksetzung im Restitutionsverfahren ausgelöst ist. Dafür spricht, dass der Zweck des Vorkaufsrechts in der Gesetzesbegründung zuerst über den Wechsel des Vertragspartners definiert wird und kurz darauf, wie selbstverständlich, vom Affektionsinteresse die Rede ist.[31]

Dieser Ansatz lässt sich ohne weiteres auf das in § 20 a VermG vorgesehene 22
Vorkaufsrecht übertragen;[32] auch der Alteigentümer kann sich mit dem betroffenen Grundstück, das ihm oder seiner Familie einmal gehört hat, verbunden fühlen. Zum einen erschwert jedoch eine auf ein Affektionsinteresse gestützte Argumentation das Verständnis dafür, warum der Gesetzgeber das Vorkaufsrecht gemäß § 20 Abs. 6 S. 2 VermG auf den ersten Verkaufsfall beschränkt hat. Dass der Berechtigte sein Recht bei Eintritt des Verkaufsfalls nicht ausübt, wird häufig andere Gründe haben, als mangelndes Interesse am Erwerb des Grundstücks, bspw. das Fehlen der erforderlichen, finanziellen Mittel. Wenn der Gesetzgeber ein Affektionsinteresse des Berechtigten befriedigen wollte, scheint ein Vorkaufsrecht für alle Verkaufsfälle viel besser geeignet.[33]

Zum anderen trägt dieser Ansatz nicht die Akzessorietät von Nutzungs- und 23
Vorkaufsrecht im Rahmen von § 20 VermG: Das Nutzungsverhältnis kann gegen den Willen des Berechtigten beendet werden, was ein vorhandenes Liebhaber- oder Satisfaktionsinteresse unberührt lassen oder sogar steigern dürfte; dennoch erlischt das Vorkaufsrecht gemäß § 20 Abs. 7 S. 2 VermG. Bemüht man auch im Rahmen von § 20 a VermG das Affektionsinteresse, billigt man ein solches

28 Heilmann, S. 7; Claussen, NJ 1993, S. 404 (405); Göhner, S. 213; RRB/Petter § 20 VermG Rz. 3.

29 Säcker/Busche § 20 VermG Rz. 1; Heilmann, S. 7.; Claussen, NJ 1993, S. 404 (405); RRB/Petter § 20 VermG Rz. 3.

30 Wahrig, S. 141.

31 BT-Drs. 12/6228, S. 103.

32 So bspw. Säcker/Busche § 20 a VermG Rz. 1.

33 So bspw. Flik, NJ 1993, S. 507 (508).

Interesse zu, obwohl die Alteigentümer vom Grundstück getrennt wurden; das würde aber belegen, dass ein Affektionsinteresse mit einer erzwungenen Trennung vom Grundstück nichts zu tun hat und die Akzessorietät bei § 20 VermG in Frage stellen.

24 Das soll nicht bedeuten, dass es keinen Zusammenhang zwischen Affektionsinteresse und den im Vermögensgesetz geregelten Vorkaufsrechten gibt. Da der Vorkaufsberechtigte das Grundstück bezahlen muss, wird er sein Recht regelmäßig nur ausüben, wenn ihm an dem Grundstück etwas liegt. Deshalb verwundert es nicht, dass das Affektionsinteresse bei der Schaffung von § 20 VermG eine Rolle gespielt hat.[34] Durch die akzessorische Verknüpfung von Nutzungs- und Vorkaufsrecht tritt seine Befriedigung allerdings in den Hintergrund und ist zumindest nicht mehr der tragende Grund, sondern lediglich eine, wenn auch gewollte, mittelbare Folge.

25 § 20 Abs. 7 S. 2 VermG ist erst durch das Registerverfahrensbeschleunigungsgesetz eingeführt worden;[35] vorher war das Vorkaufsrecht in § 20 VermG in seinem Bestand vom Nutzungsrecht unabhängig. Für dieses ursprüngliche Vorkaufsrecht erweist sich das Affektionsinteresse als tragfähige Grundlage. Das Bestehen eines Nutzungsverhältnisses war damals Voraussetzung für die Antragstellung.[36] Da der Antrag aber ursprünglich gemäß §§ 20 Abs. 3, 30 a S. 1 VermG a.F. dem 31. Dezember 1992 als Ausschlussfrist unterlag, war eine vorherige Kündigung ohne Zutun des Nutzers ausgeschlossen. Bestand das Nutzungsverhältnis bei Antragstellung nicht mehr, musste also der Nutzer zwischenzeitlich das Interesse an dem Grundstück verloren haben, und die Versagung eines Vorkaufsrechts war konsequent.

c. *Wirtschaftliches Interesse*

26 Mitunter wird das Vorkaufsrecht nach § 20 VermG mit den häufig vom Nutzer getätigten Investitionen, folglich mit einem wirtschaftlichen Interesse des Nutzers begründet.[37] Es bereitet allerdings Schwierigkeiten, ein solches Interesse fruchtbar zu machen. Investitionen werden durch die eingeschränkte Kündbarkeit des Nutzungsverhältnisses und die eingeschränkte Erhöhung des Nutzungsentgelts geschützt; der Nutzer kann seine Investitionen „abnutzen“. Gelingt dies

---

34 BT-Drs. 12/6228, S. 103.

35 Gesetz zur Vereinfachung und Beschleunigung registerrechtlicher und anderer Verfahren vom 20.12.1993 (BGBl. I, S. 2182).

36 Zur alten Rechtslage vgl. bspw. Flik, NJ 1993, S. 507.

37 Claussen, NJ 1993, S. 404 (405); Heilmann S. 6 f.; Säcker/Busche § 20 VermG Rz. 1.

nicht, besteht gemäß § 12 SchuldRAnpG ein Wegnahmerecht oder Abschöpfungsanspruch. Ein wirtschaftliches Interesse können daher allenfalls solche Investitionen begründen, deren Genuss an das Grundstück gebunden ist und die sich nicht wertsteigernd auswirken. Aber auch unabhängig davon überzeugt dieser Ansatz nicht. Er lässt sich weder auf § 20 a VermG übertragen, noch erklärt er die akzessorische Verknüpfung von Vorkaufs- und Nutzungsrecht. Wird das Nutzungsverhältnis gegen den Willen des Nutzers beendet, besteht dieses wirtschaftliche Interesse fort; dennoch erlischt das Vorkaufsrecht gemäß § 20 Abs. 7 S. 2 VermG.

2. Reichweite

Was die Möglichkeit des Berechtigten anbelangt, das Eigentum zu erwerben, weisen die Vorkaufsrechte nach dem Vermögensgesetz Besonderheiten auf. 27

a. Grundsatz

Das Vorkaufsrecht soll es dem Berechtigten grundsätzlich ermöglichen, das Eigentum an dem Grundstück so zu erwerben, wie es der im Restitutionsverfahren unterlegenen Position entspricht; der Alleininhaber des Rechts soll Alleineigentum, Personenmehrheiten sollen das Eigentum als Gemeinschaft erwerben können, vgl. §§ 20 a S. 5, 20 Abs. 4 S. 1 VermG. Personenmehrheiten spielen vor allem bei Vorkaufsrechten gemäß § 20 a VermG eine Rolle, da auch die Erben des enteigneten Alteigentümers restitutionsberechtigt sind, vgl. §§ 3 Abs. 1 S. 1, 2 Abs. 1 S. 1 VermG. Personenmehrheiten werden aber auch auf Seiten der Nutzer vorkommen, da insbesondere Ehegatten das Nutzungsrecht gemäß §§ 11, 13 Abs. 1 FGB der DDR[38] gemeinsam erworben haben können. 28

b. Mehrere Nutzungsverhältnisse an unselbständigen Teilflächen

Auch in dem Sonderfall mehrerer Nutzungsverhältnisse an realen, unselbständigen Teilflächen eines Grundstücks war der gesetzgeberische Wille darauf gerichtet, dem einzelnen Nutzer den Erwerb von Alleineigentum an der ausschließlich von ihm genutzten Teilfläche zu ermöglichen.[39] Die Verwirklichung dieses Ziels misslingt jedoch, da es der Gesetzgeber auch in dieser Sonderkonstellation 29

38 Familiengesetzbuch der Deutschen Demokratischen Republik vom 25. Dezember 1965 (GBl. I, 1966, S. 1).

39 BT-Drs. 13/10246, S. 15; Claussen, NJ 1993, S. 404 (405 u. öfter); Fieberg/Plesse § 20 VermG Rz. 27 a.

grundsätzlich bei § 20 Abs. 4 S. 1 VermG belässt und das Vorkaufsrecht des einzelnen Nutzers auf das gesamte Grundstück erstreckt; der nachträglich eingefügte § 20 Abs. 7 a S. 1 VermG schafft keine hinreichende Abhilfe. In der DDR wurden Nutzungsverhältnisse an unselbstständigen Teilflächen häufig begründet;[40] eine Erstreckung auf das gesamte Grundstück bleibt daher nicht auf Nutzungsverhältnisse an Zweifamilienhäusern beschränkt.

i. Unzulänglichkeit der bestehenden Regelung

30 Auf den ersten Blick erreicht der Gesetzgeber auch über § 20 Abs. 4 S. 1 VermG das angestrebte Ziel, denn jeder Nutzer kann nach dem Eigentumserwerb durch die Gemeinschaft jederzeit gemäß §§ 749 Abs. 1, 752 BGB deren Aufhebung betreiben und Alleineigentümer der ausschließlich von ihm genutzten Teilfläche werden. Reicht jedoch das Vorkaufsrecht weiter als das Nutzungsrecht, erweist sich der Weg über die Aufhebung der Gemeinschaft als kontraproduktiv.

Beispiel 1: Das mit einem Vorkaufsrecht nach § 20 VermG belastete Grundstück ist in drei unselbständige Parzellen unterteilt, die durch jeweils einen Berechtigten allein genutzt werden. Der Verpflichtete verkauft eine der Parzellen an den alleinigen Nutzer.

31 Kauft ein Nutzer die ausschließlich von ihm genutzte Teilfläche, hat er einen Anspruch gegen den Verpflichteten auf Verschaffung des Alleineigentums, § 433 Abs. 1 BGB; der vom Gesetzgeber mit dem Vorkaufsrecht verfolgte Zweck wird ohne das Vorkaufsrecht erreicht. In diesem Falle am Grundsatz des § 20 Abs. 4 S. 1 VermG festzuhalten und den übrigen Berechtigten die Ausübung des Vorkaufsrechts dennoch zu gestatten, ist sinnlos. Das hat der Gesetzgeber erkannt und mit § 20 Abs. 7 a S. 1 VermG für Abhilfe gesorgt: Der Verkauf eines Grundstücksteils an den alleinigen Nutzer gilt für die übrigen Nutzer nicht als Verkaufsfall, § 20 Abs. 7 a S. 1 VermG.

Beispiel 2: Das mit einem Vorkaufsrecht nach § 20 VermG belastete Grundstück ist unverändert in drei unselbständige Parzellen unterteilt, die durch jeweils einen Berechtigten allein genutzt werden. Der Verpflichtete verkauft ein Teilstück des Grundstücks, auf dem sich zwei der Parzellen befinden, an die beiden Nutzer gemeinsam.

32 Kaufen mehrere Nutzer eine Teilfläche gemeinsam, deren Teile sie ausschließlich nutzen, taucht genau dasselbe Problem auf, wenn es weitere Berechtigte gibt. § 20 Abs. 7 a S. 1 VermG erfasst diesen Fall nicht; der Wortlaut beschränkt den Anwendungsbereich auf den Verkauf an *einen* Nutzer.

---

40 Claussen, NJ 1993, S. 404 (405); Fieberg/Plesse § 20 VermG Rz. 19. Klingt auch an bei Böhringer, OV spezial 18/93, S. 2 (3).

Beispiel 3: Das mit einem Vorkaufsrecht nach § 20 VermG belastete Grundstück ist wiederum in drei unselbständige Parzellen unterteilt, die durch jeweils einen Berechtigten allein genutzt werden. Der Verpflichtete verkauft eine bzw. zwei Parzellen an einen Dritten.

Kauft ein Dritter eine Teilfläche und übt deren alleiniger Nutzer sein Vorkaufs- 33
recht aus, hätte er einen Anspruch gegen den Verpflichteten auf Verschaffung des Alleineigentums, wenn den übrigen Berechtigten die Ausübung des Vorkaufsrechts verwehrt wäre; ein Festhalten an § 20 Abs. 4 S. 1 VermG ist daher wiederum ohne Sinn. Dennoch erfasst § 20 Abs. 7 a S. 1 VermG diesen Fall nicht; der Wortlaut beschränkt den Anwendungsbereich auf einen Verkauf an *den Nutzer*. Der Weg über die Gemeinschaft ist nicht nur ein unnötiger Umweg. Kommt es zu einer Erwerbergemeinschaft, läuft der alleinige Nutzer Gefahr, dass ein anderer Miteigentümer gemäß § 749 Abs. 1 BGB die Auseinandersetzung betreibt. Besteht gemäß § 752 BGB die Möglichkeit einer Teilung in Natur, droht dem alleinigen Nutzer ein Teilverlust, im Fall einer Teilungsversteigerung gemäß § 753 BGB sogar der Verlust der gesamten Fläche, sofern er überboten wird.

Beispiel 4: Das mit einem Vorkaufsrecht nach § 20 VermG belastete Grundstück ist in drei unselbständige Parzellen unterteilt, die ursprünglich durch jeweils einen Berechtigten allein genutzt wurden. Mittlerweile ist einer der Berechtigten verstorben; die Erben, die jetzt die Parzelle nutzen, haben kein Vorkaufsrecht, vgl. § 20 Abs. 7 S. 1 VermG. Als der Verpflichtete das gesamte Grundstück an den Dritten verkauft, fehlt einem der übrigen Berechtigten das Geld; der andere würde hingegen gern erwerben.

Besteht das Vorkaufsrecht nicht für alle Nutzer[41] oder übt einer der Berechtigten 34
das Recht nicht aus, hindert dies die übrigen Berechtigten nicht an der Ausübung des Vorkaufsrechts. Diese müssen das Vorkaufsrecht aber als Ganzes ausüben, das gesamte Grundstück erwerben und bezahlen, vgl. §§ 20 Abs. 4 S. 1 u. 8 VermG i.V.m. §§ 472 S. 2, 464 Abs. 2 BGB. Das mag eine vorübergehende Belastung sein, wenn es den ausübenden Berechtigten gelingt, die nicht benötigten Teile bzw. Anteile zu veräußern; eine Veräußerung ist jedoch unsicher, verursacht zusätzlichen Aufwand und ist daher geeignet, die übrigen Berechtigten von der Ausübung des Vorkaufsrechts abzuhalten. Insoweit bewirkt § 20 Abs. 4 S. 1 VermG eine Ausweitung des in § 467 BGB geregelten Grundsatzes: Der Verpflichtete kann den Vorkauf auf alle Teilflächen erstrecken, ohne dass es auf einen Nachteil ankommt; es genügt, dass er diese Flächen geschlossen verkauft.

---

41 Eine weitere denkbare Fallkonstellation, allerdings in anderem Zusammenhang, bei RRB/Petter § 20 VermG Rz. 16 a. E.

ii. Regelungsalternativen

35 Fraglich ist, ob die geschilderten Unzulänglichkeiten vermieden und das in § 20 VermG geregelte Vorkaufsrecht kongruent zum Nutzungsrecht hätte ausgestaltet werden können. Auf der Suche nach Regelungsalternativen sind die Eintragungsfähigkeit des Vorkaufsrechts und dessen Ausgestaltung als Grundstücksbelastung zu berücksichtigen, die den Einklang mit grundbuch- und sachenrechtlichen Prinzipien erforderlich machen. Genügt die alternative Regelung diesen Anforderungen, muss diese zudem den Anforderungen an eine Schrankenbestimmung[42] zu Art. 14 Abs. 1 GG genügen. Eine Möglichkeit hätte darin bestanden, das Vorkaufsrecht auf die vom Nutzungsrecht umfasste Teilfläche zu begrenzen.

Im Beispiel 2 und im Beispiel 3 könnte nur der alleinige Nutzer ausüben da die Vorkaufsrechte der übrigen Nutzer die verkaufte Fläche nicht erfasst. Im Beispiel 4 könnte der interessierte Berechtigte das auf die von ihm genutzte Parzelle beschränkte Vorkaufsrecht ausüben und die Fläche erwerben, die seinem Nutzungsrecht entspricht. Er müsste nur noch ausnahmsweise mit einer Erstreckung auf alle drei Parzellen rechnen, vgl. § 20 Abs. 8 VermG i.V.m. § 467 BGB.

36 Soll ein realer Teil eines Grundstücks mit einem Recht belastet werden, muss dieser Teil gemäß § 7 Abs. 1 GBO zur Wahrung der Übersichtlichkeit des Grundbuchs[43] grundsätzlich abgeschrieben und auf einem eigenen Grundbuchblatt eingetragen werden. Die Belastung unselbständiger Grundstücksteile mit einem Vorkaufsrecht ist unzulässig,[44] weil die rechtsgeschäftliche Begründung eines beschränktdinglichen Rechts gemäß § 873 Abs. 1 BGB der Eintragung im Grundbuch bedarf, die grundsätzlich an § 7 Abs. 1 GBO scheitert; diese Unzulässigkeit hat also formelle Gründe. Vorkaufsrechte an unselbständigen Teilflächen kommen daher nur als obligatorische oder gesetzliche Vorkaufsrechte[45] vor, da bzw. soweit diese nicht der Eintragung im Grundbuch bedürfen und nicht mit § 7 Abs. 1 GBO kollidieren. Die Eintragung einer Vormerkung im Zusammenhang mit einem obligatorischen Vorkaufsrecht ändert hieran nichts, da Gegenstand der Vormerkung nicht das Vorkaufsrecht selbst, sondern der künftige Anspruch auf Übereignung des Grundstücks aus § 433 Abs. 1, 464 Abs. 2 BGB ist.

---

42 Vgl. dazu im Zusammenhang mit Vorkaufsrechten etwa BGH (27.4.60) NJW 1960, S. 1343; VGH Thüringen (7.9.10) NVwZ 2011, S. 180; Falkner, MittBayNot 2012, S. 519.

43 Zum Zweck von § 7 GBO vgl. Demharter § 7 GBO Rz. 1; Bauer/Oefele/Maaß § 7 GBO Rz. 1.

44 Prütting/Eickmann (2013) § 1095 BGB Rz. 3.

45 So bis heute z.B. die Vorkaufsrechte nach dem BauBG; speziell zum Phänomen der Teilflächen Mayer, NJW 1984, S. 100 (102).

Das Grundstück hätte demzufolge noch im Restitutionsverfahren geteilt werden müssen. Da in der Regel der Grundstücksteil auch im Liegenschaftskataster unselbständig geführt sein wird, hätte dem eine Vermessung und katasterliche Zerlegung des Grundstücks vorausgehen müssen. Abgesehen von den Kosten hätte der hierfür erforderliche Aufwand das Einräumungsverfahren und den mit der endgültigen Bereinigung offener Vermögensfragen angestrebten Rechtsfrieden erheblich verzögert. Die Entscheidung über eine Rückübertragung des Eigentums kann von der Entscheidung über die Einräumung eines Vorkaufsrechts abgekoppelt werden und vorab ergehen; das setzt § 30 a Abs. 4 S. 1 VermG voraus, der einen Antrag auf Einräumung eines Vorkaufsrechts erst mit Bestandskraft des Rückübertragungsbescheides ausschließt. Für die Zwischenzeit ist der Berechtigte auch durch § 20 Abs. 6 S. 3 VermG geschützt, der insoweit abweichend von § 892 BGB einen gutgläubig-lastenfreien Erwerb des Grundstücks durch Dritte verhindert. Dennoch bleibt eine einheitliche Entscheidung sinnvoll, sodass dem gesamten Restitutionsverfahren Verzögerung gedroht hätte. 37

Eine Teilung des Grundstücks stellt zudem einen Eingriff in die durch Art. 14 Abs. 1 GG geschützte Teilungsfreiheit[46] des Restitutionsberechtigten dar. Dieser wird häufig noch nicht wieder Eigentümer des Grundstücks gewesen sein. Der Restitutionsberechtigte ist durch die Zwangsmaßnahmen in der DDR enteignet worden, was nach deutschem, internationalem Enteignungsrecht anzuerkennen ist,[47] vgl. auch Art. 19 EV; enteignende Wirkung hatte insbesondere auch die Zwangsverwaltung eines Grundstücks, die den Eigentümer vollständig entrechtete.[48] Der Restitutionsberechtigte kann aber laut gemeinsamer Erklärung vom 15. Juni 1990 unter dem Vorbehalt sozialer Verträglichkeit mit der Rückübertragung des Eigentums rechnen (Rz. 9 ff.). Dieser Restitutionsanspruch unterfällt ebenfalls dem Schutzbereich von Art. 14 Abs. 1 GG.[49] Die öffentlich-rechtliche Natur dieses Anspruchs steht einem Schutz durch Art. 14 GG nicht entgegen, da er dem Restitutionsberechtigten endgültig zugewiesen ist und dadurch eine Rechtsposition begründet, die der eines Eigentümers entspricht;[50] der Restitutionsberechtigte kann gemäß § 3 Abs. 1 S. 2 VermG insbesondere über seinen Anspruch frei verfügen. 38

---

46 Im Zusammenhang mit einem Vorkaufsrecht der Gemeinde VGH Bayern (8.12.11) MittBayNot 2012, S. 246.

47 BVerfG (23.4.91) E 84, 90, 123 f. m.w.N.

48 Heilmann, S. 10 m.w.N.

49 BVerfG (8.10.96) VIZ 1997, S. 31; Fieberg/Redeker/Hirtschulz/Tank, § 3 VermG Rz. 9 m.w.N.

50 Vgl. hierzu allgemein Sachs/Wendt Art. 14 GG Rz. 28 ff.

39 In diesen Schutzbereich greift der Gesetzgeber mit § 20 VermG ein; es handelt sich um eine Schrankenbestimmung,[51] die dem Grundsatz der Verhältnismäßigkeit unterliegt und nur bei Erforderlichkeit materiell verfassungsgemäß ist. Eine staatliche Maßnahme ist erforderlich, wenn es kein besser geeignetes und insbesondere milderes Mittel gibt, das mit dem Eingriff verfolgte Ziel zu erreichen. Das setzt voraus, dass eine Abschreibung und die damit verbundene Teilung des Grundstücks tatsächlich unverzichtbar sind. § 20 VermG perpetuiert keinen Eingriff im Sinne Art. 143 Abs. 3 GG; die Vorkaufsrechte werden neu begründet. Dadurch werden die Restitutionsberechtigten auch nicht in ihren Rechten aus Art. 14 GG verletzt; die Einräumung der Vorkaufsrechte ist durch Gemeinwohlerwägungen gedeckt und damit Ausdruck der Sozialbindung des Eigentums.[52] Die Beschränkung der Vorkaufsrechte nach dem Vermögensgesetz auf einen realen Teil des Grundstücks war keinen geeignete Regelungsalternative.

40 Eine denkbare Alternative hätte in einem Vorkaufsrecht an einer unselbständigen Teilfläche bestanden; die Eintragungsfähigkeit eines solchen Vorkaufsrechts hätte über eine Ausdehnung der Ausnahmeregelung in § 7 Abs. 2 GBO gewahrt werden können. Für Dienstbarkeiten und Reallasten gilt der strenge Teilungsgrundsatz nicht, da sie nur in geringem Maße am Rechtsverkehr teilnehmen;[53] das trifft gemäß §§ 20 a S. 5, 20 Abs. 6 S. 1 VermG auf die Vorkaufsrechte nach dem Vermögensgesetz ebenfalls zu. Eine solche Regelung wäre auch sachenrechtlich unbedenklich gewesen.[54] Dass die Belastung eines unselbständigen Grundstücksteils dem geltenden Sachenrecht fremd ist, trifft nicht zu;[55] §§ 1023, 1026 BGB aber auch § 7 Abs. 2 GBO setzen diese Möglichkeit als selbstverständlich voraus. Der eigenständig nutzbare Teil eines Grundstücks ist nicht wesentlicher Bestandteil i.S. § 93 BGB,[56] und §§ 1095, 1106 BGB beschränken nicht die Belastung eines realen, sondern betreffen die Belastung eines ideellen Grundstückteils.

41 Die Begründung eines Vorkaufsrechts an einer unselbständigen Teilfläche wäre insoweit weniger aufwendig, als der durch die Teilung im Restitutionsverfahren

---

51 BVerwG (28.5.99) KPS § 20 VermG 1/99; VG Frankfurt/O. (10.5.93) KPS § 20 VermG 100a/93, (04.10.93) KPS § 20 VermG 103/93 u. (29.10.93) KPS § 20 VermG 104/93. Zu einem Vorkaufsrecht nach ThürWaldG VGH Weimar (7.9.10) NVwZ 2011, S. 180.

52 BVerwG (28.5.99) KPS § 20 VermG 1/99; VG Frankfurt/O. (10.5.93) KPS § 20 VermG 100a/93, (04.10.93) KPS § 20 VermG 103/93; (29.10.93) KPS § 20 VermG 104/93.

53 Bauer/Oefele/Maaß § 7 GBO Rz. 33.

54 Flik, NJ 1993, S. 507 (509).

55 **A.A.** Claussen, NJ 1993, S. 404 (405).

56 RG (5.7.10) JW 1910, S. 813; Flik, NJ 1993, S. 507 (509).

verursachte Aufwand entfiele. Die Vermögensämter hätten aber gemäß §§ 7 Abs. 2, 2 Abs. 3 GBO die genaue Verteilung der einzelnen Nutzungsrechte aufklären und dokumentieren müssen; es war wohl dieser Aufwand, der den Gesetzgeber von einer derartigen Regelung abgehalten hat.[57] Zudem macht der Verkauf des gesamten Grundstücks später doch die Teilung des Grundstücks erforderlich. Da der Verpflichtete in diesem Fall mehr veräußert, als der Berechtigte aufgrund des Vorkaufsrechts soll erwerben können, gilt § 467 BGB entsprechend.[58] Die Teilung wird nur zeitlich verlagert, sodass es beim Eingriff in Art. 14 Abs. 1 GG bleibt, und es erneut auf die Verhältnismäßigkeit ankommt.[59] Die Kosten der Teilung fallen unter § 448 Abs. 1 BGB[60] und werden daher im Zweifel vom Verkäufer getragen. Der Hinweis, der Verkäufer könne sich hiervon durch Abrede mit dem Dritten befreien,[61] ändert nichts: Darauf muss sich der Käufer nicht einlassen; daher wird jedenfalls der Wert des Grundstücks zusätzlich (Rz. 52) beeinträchtig.

In eine ähnliche Richtung geht ein Vorkaufsrecht an einem künftigen Miteigentumsanteil. Eine solche Ausgestaltung eines im Grundbuch eingetragenen Vorkaufsrechts wird im Zusammenhang mit der Begründung von Wohnungseigentum für zulässig gehalten.[62] Anders als bei den Vorkaufsrechten nach dem Vermögensgesetz führt die Begründung von und Verfügung über Wohnungseigentum nicht zu einer Teilung des Grundstücks. Bei den Vorkaufsrechten nach dem Vermögensgesetz hätte man bei einer Beschränkung auf den künftigen Miteigentumsanteil dieselben Einwände berücksichtigen müssen, wie bei einer Beschränkung auf eine unselbständige Teilfläche. 42

Eine Alternative hätte schließlich in der allgemein anerkannten Möglichkeit bestanden, dass die Ausübung eines dinglichen Vorkaufsrechts auf den Verkauf einer realen Teilfläche des belasteten Grundstücks beschränkt werden kann;[63] 43

---

57 BT-Drs. 12/6228, S. 104.

58 BGH MDR (15.1.71) 1971, 285 f.; BayObLG NJW-RR (16.4.92) 1992, S. 1039 (1041 a.E. beginnend); Staud/Mader/Schermaier (2014) § 467 BGB Rz. 1; MünchKomm/Westermann (2012) § 467 BGB Rz. 1.

59 Claussen, NJ 1993, S. 404 (405 u. öfter).

60 Vgl. nur Palandt/Putzo (2014) § 448 BGB Rz. 7.

61 Flik, NJ 1993, S. 507 (509).

62 BGH (11.7.14) NJW 2014, S. 3024; zustimmend Böttcher, ZfIR 2014, S. 867 (868).

63 Allgemein Dresden (23.4.01) OLG E 4, 76; BayObLG NJW-RR (23.5.97) 1998, 86; Demharter § 7 GBO Rz. 21; Bauer/Oefele/Maaß § 7 GBO Rz. 41; Staud/Schermaier (2009) § 1095 BGB Rz. 3; Soergel/Stürner (2001) § 1095 BGB Rz. 1; BaRo/Wegmann (2012) § 1094 BGB Rz. 6; MünchKomm/Westermann (2013) § 1095 Rz. 1.

Vorschläge in diese Richtung hat es vor der Schaffung von § 20 Abs. 4 S. 1 VermG gegeben.[64] Ein derart ausgestaltetes Vorkaufsrecht erfasst das gesamte Grundstück, wobei der Verkaufsfall abweichend von § 463 BGB ausgestaltet und beschränkt ist.

Im Beispiel 2 und im Beispiel 3 könnte wiederum nur der alleinige Nutzer ausüben, da die von den übrigen Berechtigten genutzten Teilflächen nicht verkauft und daher deren Vorkaufsrechte nicht ausgelöst wurden. Im Beispiel 4 würde ein solches Vorkaufsrecht hingegen nicht helfen; da sich das Vorkaufsrecht auf das gesamte Grundstück erstreckt, muss der interessierte Berechtigte auch das gesamte Grundstück erwerben.

44 Mit Blick auf das Einräumungsverfahren wäre dies die am wenigsten aufwendige Lösung gewesen. Welcher Teil des Grundstücks verkauft werden muss, gehört zum Inhalt des Vorkaufsrechts und muss hinreichend bestimmt im Grundbuch eingetragen werden. Da es nicht mehr um die Beschaffenheit des Grundstücks geht, kann auf allgemein zugängliche Anhaltspunkte zurückgegriffen werden;[65] so genügt nicht der Hinweis auf ein bestehendes Nutzungsverhältnis, wohl aber die Anknüpfung an tatsächliche Gegebenheiten auf dem Grundstück.[66] Deshalb hätte im Grundbuch der Eintrag genügt, dass die Ausübung des Vorkaufsrechts durch den Verkauf der allein genutzten Teilfläche beschränkt ist; die genaue Belegenheit lässt sich ohne Weiteres am Grundstück selbst festmachen. Schließlich wäre eine solche Gestaltung auch verfassungsrechtlich unbedenklich gewesen, da eine Teilung des Grundstücks entgegen dem Willen des Verpflichteten nicht erforderlich werden kann; weil das Vorkaufsrecht das gesamte Grundstück erfasst, greift § 467 BGB auch nicht entsprechend ein.[67]

iii. Schlussfolgerungen

45 Die Schaffung eines dinglichen Vorkaufsrechts über das gesamte Grundstück, das in seiner Ausübung auf den Verkauf einer realen Teilfläche beschränkt ist, wäre eine gangbare Alternative zur bestehenden Regelung gewesen. Das hätte das Problem des Mehrerwerbs nicht gelöst. Insoweit geht es jedoch lediglich um

---

64 Vgl. bspw. Claussen, NJ 1993, S. 404 (406); Flik, NJ 1993, S. 507 (509).

65 Zu eng daher Flik, NJ 1993, S. 507 (509), weil er auch insoweit eine der Eintragungsbewilligung beigefügte Karte für erforderlich hält, welche die Verteilung der einzelnen Nutzungsverhältnisse dokumentiert.

66 Demharter § 7 GBO Rz. 22; Bauer/Oefele/Maaß § 7 GBO Rz. 42.

67 Bedenken gegen diese Option des Gesetzgebers Fieberg/Plesse § 20 VermG Rz. 21; sämtliche Nachweise betreffen Vorkaufsrechte an unselbständigen Teilflächen, vgl. insbesondere BGH MDR (15.1.71) 1971, 285; BayObLG NJW-RR (16.4.92) 1992, 1039. Für unproblematisch anwendbar hält § 508 BGB a. F. Flik, NJ 1993, S. 507 (509).

eine Verteilung der Last, ggf. eine verbleibende Teilfläche zu veräußern. Da der Verpflichtete bereits das Vorkaufsrecht hinnehmen muss, erscheint es nicht unbillig, diese Last dem bzw. den Berechtigten aufzuerlegen. Mit der Schaffung von § 20 Abs. 7 a S. 1 VermG hat der Gesetzgeber einen Schritt in diese Richtung getan. Damit besteht die Möglichkeit, die Unzulänglichkeiten über eine analoge Anwendung dieser Vorschrift zu korrigieren. Das ist gerechtfertigt, da der Gesetzgeber den wirtschaftlichen Zweck des Vorkaufsrechts nach § 20 VermG klar formuliert hat; warum er den mit § 20 Abs. 7 a S. 1 VermG eingeschlagenen Weg nicht zu Ende gegangen ist, bleibt hingegen ungewiss. Folgt man diesem Vorschlag, erfasst das Vorkaufsrecht eines Berechtigten auch die Teilflächen der Mitnutzer; es ist aber in seiner Ausübung auf den Verkauf der von ihm genutzten Teilfläche beschränkt.

c. Fehlen eines Nutzungsverhältnisses an unselbständigen Teilflächen

46 Für den Fall, dass nur ein Teil des Grundstücks im Sinne von § 20 Abs. 1 VermG genutzt wird, hat sich der Gesetzgeber für das so genannte Überwiegensprinzip entschieden: Nur wenn die genutzte Teilfläche im Verhältnis zur Gesamtfläche des Grundstücks überwiegt, besteht gemäß § 20 Abs. 3 S. 1 VermG überhaupt ein Anspruch der Nutzer auf Einräumung eines Vorkaufsrechts; das Vorkaufsrecht erstreckt sich in diesem Fall aber gemäß § 20 Abs. 3 S. 2 VermG auf das gesamte Grundstück. Wird nach dieser Regelung ein Vorkaufsrecht eingeräumt, ermöglicht es dem Berechtigten, Fläche über bestehende Nutzungsrechte hinaus zu erwerben.

47 Das Überwiegensprinzip ist verfassungsrechtlich nicht unbedenklich. Soweit § 20 Abs. 3 VermG einen Anspruch auf Einräumung eines Vorkaufsrechts gewährt, schränkt dieser Anspruch wiederum den Restitutionsanspruch ein und muss dem Grundsatz der Verhältnismäßigkeit genügen (Rz. 39). Um einen Ausgleich der am Restitutionsverfahren beteiligten Interessen zu erreichen, wäre wiederum ein in der Ausübung auf den Verkauf der tatsächlich genutzten Teilfläche beschränktes Vorkaufsrecht für den Restitutionsberechtigten schonender und daher besser geeignet gewesen; er hätte zumindest die Möglichkeit gehabt, die ungenutzte Teilfläche des Grundstücks abzuteilen und frei vom Vorkaufsrecht zu verkaufen. Die Entziehung dieser Möglichkeit ist weder durch ein berechtigtes Interesse der Nutzer noch durch praktische Zwänge gedeckt.

48 Soweit nach § 20 Abs. 3 S. 1 VermG ein Anspruch auf Einräumung eines Vorkaufsrechts versagt wird, geschieht dies zu Lasten der Nutzer; das ist mit Blick auf Art. 14 GG nicht weniger bedenklich. Die gemeinsame Erklärung vom

15. Juni 1990 garantiert auch dem Nutzungsberechtigten die Berücksichtigung seiner Interessen, vgl. S. 2 i.V.m. S. 4 Ziff. 5 Anlage III EV. Dem hatte der Gesetzgeber ursprünglich durch einen uneingeschränkten Anspruch auf Einräumung eines Vorkaufsrechts Rechnung getragen, vgl. § 20 Abs. 1 VermG a. F. Auch dieser öffentlich-rechtliche Anspruch genügt den Anforderungen des Schutzbereichs von Art. 14 GG; er ist dem Nutzungsberechtigten endgültig zugewiesen (Rz. 10) und zumindest potenziell vermögenswert.

49 § 20 Abs. 3 S. 1 VermG gleicht die beteiligten Interessen nicht aus, sondern lässt die Belange der betroffenen Nutzer völlig außen vor, obwohl es eine geeignete Alternative gegeben hätte. § 20 Abs. 3 S. 1 VermG überschreitet daher die Grenzen einer Schrankenbestimmung und stellt eine Enteignung im Sinne Art. 14 Abs. 3 GG dar; insoweit fehlt zumindest die gemäß Art. 14 Abs. 3 S. 2 GG erforderliche Ausgleichsregelung. Zudem bestehen Bedenken mit Blick auf Art. 3 Abs. 1 GG; das Verhältnis der genutzten Teilfläche zur Gesamtfläche des Grundstücks ist kein geeignetes Differenzierungskriterium, da es völlig zufällig ist und mit dem Zweck des Vorkaufsrechts in keinem erkennbaren Zusammenhang steht.

50 Trotz dieser verfassungsrechtlichen Bedenken scheidet eine Korrektur bei der Anwendung von § 20 Abs. 3 S. 2 VermG aus, da der Gesetzgeber bewusst die Kongruenz von Nutzungs- und Vorkaufsrecht durchbrochen hat.[68] Dafür, dass der Gesetzgeber die Regelung von sich aus korrigiert, gibt es keine Anzeichen. Da sich bislang auch im Schrifttum niemand an dieser Regelung gestoßen hat, besteht hierfür offenbar auch keine Notwendigkeit. Erledigt hat sich diese Problematik allerdings nicht. Beruft sich nämlich der Verpflichtete vor den Zivilgerichten auf die Kongruenz und teilt das angerufene Gericht die verfassungsrechtlichen Bedenken, muss es gemäß Art. 100 Abs. 1 GG die Entscheidung des Bundesverfassungsgerichts einholen, das die geltende Regelung als unzureichend verwerfen und den Handlungsbedarf des Gesetzgebers auslösen kann, §§ 13 Nr. 11, 80 Abs. 1, 81 BVerfGG.

Beispiel 5: Das gesamte Grundstück des Verpflichteten ist mit einem Vorkaufsrecht des berechtigten Nutzers belastet, obwohl das Nutzungsrecht lediglich etwas mehr als die Hälfte der Gesamtfläche erfasst. Der Verpflichtete verkauft den ungenutzten Teil an den Dritten. Obwohl der Berechtigte das Vorkaufsrecht ausübt, weigert sich der Verpflichtete, den verkauften Teil zu übereignen. Wenn der Gesetzgeber Vorkaufs- und Nutzungsrecht kongruent hätte ausgestalten müssen, ist § 20 Abs. 3 S. 2 VermG verfassungswidrig, und der Verpflichtete könnte sich erfolgreich gegen das Übereignungsbegehren des Berechtigten verteidigen.

---

68 BT-Drs. 12/6228, S. 104.

Der Berechtigte kann den unerwünschten Erwerb der Gesamtfläche nicht verhindern (Rz. 34); das Vorkaufsrecht ist für das gesamte Grundstück begründet worden. Ein Nutzer, dessen Antrag auf Einräumung eines Vorkaufsrechts wegen § 20 Abs. 3 S. 1 VermG bestandskräftig abgelehnt wurde, kann auch nicht erreichen, dass diese Entscheidung revidiert wird. Er kann einen Antrag auf Rücknahme des rechtswidrigen Verwaltungsaktes stellen, §§ 31 Abs. 7 VermG i.V.m. § 48 VwVfG; dieser Antrag hat jedoch bei unveränderter Rechtslage wenig Aussicht auf Erfolg. Zum einen hat der Betroffene die Entscheidung akzeptiert; eine Wiederaufnahme des Verfahrens würde den Rechtsfrieden erneut stören. Zum anderen wären Nutzungsberechtigte benachteiligt, die wegen § 20 Abs. 3 S. 1 VermG keinen Antrag auf Einräumung eines Vorkaufsrechts gestellt haben und dies wegen § 30 a Abs. 4 S. 1 VermG auch nicht mehr nachholen können. 51

II. Konsequenzen der Vorkaufsrechte

1. Für den Verpflichteten

Grundsätzlich kann der Verpflichtete mit dem Grundstück jenseits des Vorkaufsfalls nach Belieben verfahren; er muss insbesondere dem Berechtigten die Ausübung des Vorkaufsrechts nicht ermöglichen.[69] Der Verpflichtete kann das Grundstück veräußern oder belasten; insoweit unterliegt er keinen rechtlichen Beschränkungen. Nur beim Verkauf stellt ein Vorkaufsrecht ein tatsächliches Hindernis dar. Ein Interessent muss damit rechnen, dass er das Eigentum nicht erwerben kann, falls der Berechtigte das Vorkaufsrecht ausübt. Der Berechtigte kann sich im Vorfeld verbindlich äußern, ob er ausüben wird oder nicht; dazu ist er aber nicht verpflichtet. Bedenkt man den Aufwand an Zeit und Geld, den der Erwerb einer Immobilie erfordert, ist ein Vorkaufsrecht geeignet, Interessenten abzuschrecken. Dem Eigentümer bleibt daher nichts anderes übrig, als einen Anreiz über den Preis zu schaffen; auf diesem Wege führt das Vorkaufsrecht zu einer Entwertung des Grundstücks.[70] Für die Vorkaufsrechte nach dem Vermögensgesetz gilt das in besonderem Maße. Betroffen sind Erholungs- und kleine Wohngrundstücke im Beitrittsgebiet, die häufig abseits der Ballungszentren liegen und sich daher ohnehin nur eines kleinen Interessentenkreises erfreuen werden. 52

69 RG (17.6.29) Z 125, 123, 126; (14.2.29) Z 123, S. 265 (269 m.w.N.); (11.10.91) NJW 1992, S. 236; (9.2.90) NJW 1990, S. 1473 (1474); BGH (11.12.63) NJW 1964, S. 540 (541); Reinicke/Tiedtke, KaufR (2009), Rz. 1107; Walter, Kaufrecht, § 13 III 5, S. 615; Winkler, NJW 1970, S. 99.

70 Ebenso z.B. VGH Weimar (7.9.10) NVwZ-RR 2011, S. 180; Amann, NotBZ 2010, S. 201.

Berechtigt das Vorkaufsrecht den Nutzer, stellt das bestehende Nutzungsverhältnis ein zusätzliches Hindernis dar.

53 Zudem beeinträchtigt das Vorkaufsrecht die Beleihbarkeit.[71] Die Beeinträchtigung folgt weniger daraus, dass das Vorkaufsrecht den Verkauf des Grundstücks erschwert; das hat nur Bedeutung für einen freihändigen Verkauf gemäß §§ 20 a S. 5, 20 Abs. 8 VermG i.V.m. § 1098 Abs. 1 S. 2 BGB. Eine zwangsweise Verwertung des Grundstücks ist uneingeschränkt möglich. Im Falle einer Zwangsvollstreckung stellt auch der durch eine Vormerkung gesicherte Verschaffungsanspruch kein die Veräußerung hinderndes Recht im Sinne von § 771 ZPO dar;[72] dasselbe muss für das dingliche Vorkaufsrecht gelten. Das Problem besteht vielmehr darin, dass die mit Ausübung des Vorkaufsrechts einsetzende Vormerkungswirkung zur Unwirksamkeit nachfolgender Grundstücksbelastungen führt (Rz. 63). Da weder der Eintritt des Vorkaufsfalls noch die Ausübung des Vorkaufsrechts[73] eintragungsfähig sind und sich daher dem Grundbuch nicht entnehmen lassen, muss sich ein Kreditgeber auf die Angaben des Verpflichteten verlassen; das bleibt ein Unsicherheitsfaktor, auch wenn sich der Kreditgeber beim Berechtigten rückversichern kann. Gefährlich ist vor allem der Fall einer Umgehung (Rz. 210 ff.), bei dem die Parteien des Erstvertrags den Vorkaufsfall verschleiern.

54 Bei den Vorkaufsrechten nach dem Vermögensgesetz wirken beide Aspekte nicht wechselseitig verstärkend. Der Kreditgeber muss nicht wegen des Vorkaufsrechts um den Veräußerungserlös fürchten; ein Verkauf des Grundstücks im Wege der Zwangsversteigerung löst das Vorkaufsrecht gemäß §§ 20 a S. 5, 20 Abs. 8 VermG i.V.m. § 471 BGB nicht aus und lässt es erlöschen (Rz. 289 ff.). Der Käufer kann das Grundstück uneingeschränkt zur Finanzierung einsetzen; er muss lediglich seine Zahlungsverpflichtung den Gegebenheiten anpassen. Übt der Berechtigte nicht aus, erlischt das Vorkaufsrecht mit Fristablauf und kann gemäß § 894 BGB gelöscht werden (Rz. 286); anderenfalls erübrigt sich die Finanzierung.

---

71 Amann, NotBZ 2010, S. 201 (202); Heilmann, S. 5; Flik, NJ 1993, S. 507 (509); ders., BWNotZ 1993, S. 1 (6).

72 Wieczorek/Schütze/Salzmann § 771 ZPO Rz. 56; Zöller/Herget § 771 ZPO Rz. 14, Punkt „Obligatorische Rechte".

73 BayObLG (1.8.00) NJW-RR 2000, S. 1687.

2. Für den Berechtigten

Für den Berechtigten ist ein Vorkaufsrecht nach dem Vermögensgesetz ausschließlich vorteilhaft. Abgesehen von der Möglichkeit, das Grundstück zu erwerben, kann sich der Berechtigte unter Umständen vom Verpflichteten einen Verzicht auf das bei der Veräußerung störende Vorkaufsrecht vergüten lassen.[74] Die Einräumung des Vorkaufsrecht erfordert gemäß § 20 Abs. 1 VermG einen formlosen Antrag nebst Nachweis des Nutzungsrechts und ist im Übrigen mit keinerlei Aufwand verbunden; das gesamte Verfahren, einschließlich dem Widerspruchsverfahren und dem Verfahren vor dem Grundbuchamt,[75] ist gemäß § 38 VermG kostenfrei. 55

III. Rechtsnatur der Vorkaufsrechte

Subjektive Rechte lassen sich aufgrund gemeinsamer Merkmale systematisieren; 56
die Folge sind Oberbegriffe, welche die Natur des betreffenden Rechts beschreiben. Es soll im Folgenden darum gehen, aus den vom Gesetzgeber verwendeten Oberbegriffen Schlüsse auf die Rechtsnatur der Vorkaufrechte zu ziehen; es handelt sich um dingliche Vorkaufsrechte,[76] die gemäß §§ 20 a S. 5, 20 Abs. 8 VermG i.V.m. § 1098 Abs. 2 BGB wie eine Vormerkung wirken. Zudem sollen wissenschaftliche Kontroversen aufgegriffen werden; diskutiert wird vor allem, ob die Vorkaufsrechte zu den Gestaltungsrechten und zu den bedingten Rechten gehören. Es soll noch nicht um die Konstruktion zum Zustandekommen des Zweitvertrags gehen (dazu Rz. 369 ff.); Begriffe wie Ermächtigung, Option oder Offerte spielen vorerst keine Rolle.

1. Subjektives Kaufrecht

Trotz gesetzlicher Grundlage handelt es sich bei den Vorkaufsrechten nach dem 57
Vermögensgesetz um subjektive Rechte; die Entscheidung über die Ausübung des Vorkaufsrechts liegt allein beim Berechtigten als Privatperson.[77] Ein Vorkaufsrecht ist ein Kaufrecht, das vorab mit Blick auf einen künftigen Kaufvertrag eingeräumt wird. Der Inhaber ist gem. § 463 BGB berechtigt, den Gegenstand zu

74 Flik, NJ 1993, S. 507 (508).

75 Flik a.a.O.

76 BT-Drs. 11/7831, S. 12.

77 Grundlegend BVerfG (9.1.91) NJW 1991, S. 1807. Zur Abgrenzung öffentlicher Vorkaufsrechte vgl. Ebert, NJW 1956, S. 1621 f.

kaufen; das Gesetz spricht auch in §§ 463 ff. BGB von einem Recht.[78] Es handelt sich nicht um einen Anspruch im Sinne § 194 Abs. 1 BGB: Das Vorkaufsrecht verpflichtet nicht zum Verkauf;[79] auch führt es nicht dazu, dass der Verpflichtete dem Berechtigten beim Erwerb den Vorzug geben muss.

58 Im Falle eines grundbuchlich gesicherten Vorkaufsrechts kann sich der Berechtigte wegen der Vormerkungswirkung gegen den Dritten als Mitbewerber durchsetzen. Bei einem ungesicherten Vorkaufsrecht ist dies anders; der Verpflichtete ist nicht gehindert, den Vertrag mit dem Dritten zu erfüllen und den Berechtigten auf Sekundäransprüche zu verweisen. Diese Ansprüche knüpfen gemäß §§ 280 Abs. 1 u. 3, 283 BGB an die Nichterfüllung der Übergabe- und Übereignungsverpflichtung aus § 433 Abs. 1 S. 1 BGB an und haben nichts mit einem nicht gewährten Vorzug zu tun. Da die Vorkaufsrechte nach dem Vermögensgesetz gemäß § 20 Abs. 8 VermG sowohl durch Vorschriften zum gesicherten als auch zum ungesicherten Vorkaufsrecht geprägt werden, ist ein einheitliches Begriffsverständnis geboten.

59 Gegenstand der Vorkaufsrechte nach dem Vermögensgesetz ist grundsätzlich ein Grundstück. Das Vorkaufsrecht soll es dem Berechtigten ermöglichen, das Eigentum an diesem Gegenstand zu erwerben; das geschieht über einen Kaufvertrag, der gemäß 464 Abs. 2 BGB durch Ausübung des Vorkaufsrechts zustande kommt. Ein und dasselbe Vorkaufsrecht kann aber wiederholt zur Ausübung berechtigen; das gilt zumindest für Vorkaufsrechte, die mehrere Verkaufsfälle erfassen, wie z.B. die Vorkaufsrechte gemäß § 1097 Hs. 2 BGB. Deshalb ist vom Vorkaufsrecht die Möglichkeit zu unterscheiden, das Vorkaufsrecht auszuüben; diese Ausübungsmöglichkeit ist ein eigenständiges, subjektives Recht des Vorkaufsberechtigten.[80]

2. Vormerkung

60 Die Vorkaufsrechte nach dem Vermögensgesetz wirken gemäß §§ 20 a S. 5, 20 Abs. 8 VermG i.V.m. § 1098 Abs. 2 BGB wie eine Vormerkung. Eine Vormerkung

---

78 **A.A.** Böttcher, RNotZ 2010, S. 557 (565).

79 Larenz, SchR II/1 (1986) § 44 III, S. 151. Insoweit missverständlich die Formulierung von Oechsler, Vertragsrecht (2013) § 2 D, Rz. 534 a.E.

80 Zwischen Vorkaufsrecht als Dauergestaltungsrecht und Ausübungsmöglichkeit im konkreten Vorkaufsfall unterscheidet Staud/Rieble (2012) § 397 BGB Rz. 74. Für ein durch Vormerkung gesichertes Rückübereignungsverlangen ebenfalls OLG München (29.5.07) NJW-RR 2008, S. 106; LG Regensburg (07.04.08) MittBayNot 2008, S. 293.

sichert gemäß § 883 Abs. 1 Var. 1 BGB einen Anspruch auf Einräumung oder Aufhebung eines Rechts an einem Grundstück.

a. *Wirkung einer Vormerkung*

Eine Verfügung, die nach Eintragung der Vormerkung über das Grundstück getroffen wird, ist gegenüber dem Vormerkungsberechtigten insoweit unwirksam, als sie den gesicherten Anspruch vereiteln oder beeinträchtigen würde, §§ 883 Abs. 2 S. 1 Var. 1, 888 Abs. 1 BGB. Die Folge ist, dass dem Vormerkungsverpflichteten die Erfüllung des gesicherten Anspruchs möglich bleibt; es tritt keine Unmöglichkeit gemäß § 275 BGB ein. 61

i. *Relative Unwirksamkeit*

Die Vormerkung schützt den Berechtigten vor Verfügungen über das belastete Grundstück, indem sie einer solchen Verfügung die Wirksamkeit nimmt. Die sonstigen Wirkungen der Vormerkung sind in diesem Zusammenhang ohne Bedeutung; sie betreffen lediglich das Innenverhältnis zwischen Verpflichtetem und Berechtigtem in Sonderkonstellationen, etwa im Rahmen eines Insolvenzverfahrens oder beim Tod des Verpflichteten, vgl. § 106 InsO bzw. § 884 BGB. Die in § 883 Abs. 3 BGB geregelte Rangwirkung entfaltet eine Vormerkung hingegen nicht bei auf Übereignung gerichteten Ansprüchen;[81] nur um solche Ansprüche geht es aber bei den Vorkaufsrechten nach dem Vermögensgesetz. 62

Die Unwirksamkeit betrifft nur Verfügungen, d.h. Rechtsgeschäfte oder Zwangsvollstreckungsmaßnahmen, durch die ein bestehendes Recht unmittelbar übertragen, belastet, aufgehoben oder inhaltlich geändert wird; Einwirkungen tatsächlicher Art oder der Abschluss von Nutzungsverträgen[82] fallen nicht unter den Begriff der Verfügung. Eine Vormerkung erfasst alle Verfügungen, die nicht mehr möglich gewesen wären, hätte der Verpflichtete dem Berechtigten statt der Vormerkung den Gegenstand des gesicherten Anspruchs verschafft. Deshalb stört den Berechtigten eine weitere Vormerkung zugunsten eines Dritten nicht;[83] wegen der Vormerkung des Berechtigten hätte der Verpflichtete über den 63

---

81 Assmann, S. 145 ff.

82 RG (22.12.22) Z 106, S. 109 (111 f.); BGH (3.3.54) NJW 1954, S. 953; Assmann, S. 99; Soergel/Stürner (2002) § 883 Rz. 29 f. Für einen entsprechende Anwendung von § 883 Abs. 2 BGB und damit **a.A.** Staud/Gursky (2013) § 883 Rz. 211 m.w.N. für beide Auffassungen; Reinicke, NJW 1954, S. 1236 (1237).

83 Assmann, S. 161 f.

Gegenstand nicht wirksam an den Dritten verfügen können.[84] Eine Übertragung oder Aufhebung des Rechts, das Gegenstand des gesicherten Anspruchs ist, würde die Erfüllung vereiteln, eine Belastung oder inhaltliche Änderung würde sie beeinträchtigen.[85]

64 Eine Vormerkung entsteht mit ihrer Eintragung in das Grundbuch. Das gilt grundsätzlich auch dann, wenn die Vormerkung einen bedingten oder künftigen Anspruch sichert.[86] Allerdings ist ein künftiger Anspruch erst vormerkungsfähig, wenn bereits der „Boden" für seine Entstehung bereitet ist; das setzt voraus, dass die Entstehung des zu sichernden Anspruchs zumindest nicht mehr vom Willen des Schuldners abhängt.[87] Ist die Eintragung dennoch bereits erfolgt, so entsteht die Vormerkung erst später; bis zu diesem Zeitpunkt ist das Grundbuch unrichtig, Vormerkungsschutz besteht nicht.

65 Ferner ist die Unwirksamkeit relativ; das hat zwei Dimensionen: Nur der Vormerkungsberechtigte kann sich auf die Unwirksamkeit der Verfügung berufen;[88] seine Willensbetätigung löst erst die Unwirksamkeit aus. Sodann erfasst die Unwirksamkeit nicht die gesamte Verfügung; unwirksam ist lediglich die Aufgabe der für die Erfüllung des gesicherten Anspruchs erforderlichen Rechtsmacht durch den Verpflichteten.[89] Im Übrigen bleibt die Verfügung auch gegenüber dem Vormerkungsberechtigten wirksam; der Dritte erwirbt das Recht in vollem Umfang und mit Behaltensgrund. Schon wegen § 137 BGB löst die Vormerkung weder ein Veräußerungsverbot[90] noch eine Grundbuchsperre aus; durch die

84 So verstanden setzt sich ein bestehende gegen eine hinzutretenden Vormerkung durch, Prütting/Eickmann (2013) § 1098 BGB Rz. 8.

85 Assmann, S. 130 u. 135.

86 Streitig. Wie hier BGH (31.10.80) NJW 1981, 446; BGH (3.12.99) NJW 2000, S. 1033; Assmann, S. 143; Staud/Gursky (2013) § 883 BGB Rz. 229; wohl auch Westermann (2011) § 82 Rz. 9. Nach **a.A.** entsteht die Vormerkung erst mit dem gesicherten Anspruch, vgl. bspw. Hager JuS 1987, S. 555 (558).

87 BGH (9.3.06) NJW 2006, S. 2408 (2409); (13.6.02) NJW 2002, S. 2461 (2462); (14.9.01) NJW 2002, S. 213 (214); Assmann, S. 51 f. jeweils m.w.N.

88 OLG Hamburg (2.10.61) NJW 1961, S. 2350 (2351); Assmann, S. 137 ff.

89 Umfangreiche Nachweise bei Assmann, S. 119 (Fz. 208). Zum Vorkaufsrecht Gursky, JR 1983, S. 3 (4). Zur herkömmlichen Vorstellung vom relativ unwirksamen Eigentum des Dritten vgl. bspw. OLG Hamburg (2.10.61) NJW 1961, S. 2350 (2351); Löhnig, JA 2000, S. 918.

90 Zum Vorkaufsrecht vgl. RG Z 113, S. 408; KG (3.5.62) NJW 1962, S. 1446 (1447). Nicht übertragbar daher RG (30.3.31) Z 132, S. 145 (148 f.).

vormerkungswidrige Eintragung des Dritten wird das Grundbuch daher auch nicht unrichtig.[91]

Die zuletzt genannte Dimension der relativen Unwirksamkeit führt nicht zu einer dem deutschen Bürgerlichen Recht an sich fremden Duplizität der Verfügungsmacht. Übereignet der Vormerkungsverpflichtete das Grundstück einem Dritten, bleibt er nicht für den Vorkaufsberechtigten Eigentümer;[92] dann müsste auch das Grundbuch unrichtig sein. Es kommt vielmehr zu einer Situation, die der einer Ermächtigung gemäß § 185 Abs. 1 BGB gleicht; der Vormerkungsverpflichtete bleibt in der Lage, zugunsten des Vormerkungsberechtigten über das vom Dritten vormerkungswidrig erworbene Recht zu verfügen. Die Lösung des Problems über eine Konvaleszenz gemäß § 185 Abs. 2 S. 1 Var. 1 BGB[93] überzeugt nicht; der Zustimmung des Dritten gemäß § 888 Abs. 1 BGB fehlt der Erklärungswert einer Genehmigung,[94] weil diese Zustimmung lediglich den Erfordernissen des Grundbuchverkehrs Rechnung trägt und darüber hinaus keinen Erklärungswert hat. Der Verpflichtete verfügt daher aus eigener Kraft. 66

Der Dritte wird auch gegenüber dem Berechtigten vollumfänglich Eigentümer; zudem erwirbt der Berechtigte das Eigentum später nicht vom Verpflichteten, sondern vom Dritten. Beides ist für den Berechtigten nicht nachteilig. Die Vormerkung schützt den Berechtigten auch vor einer Verfügung des Dritten an eine vierte Person; denn die Person des Verfügenden ist gleichgültig,[95] weil sich § 883 Abs. 2 BGB eine Beschränkung auf Verfügungen des Vormerkungsverpflichteten nicht entnehmen lässt. Der gutgläubige Erwerb einer vierten Person gemäß § 892 BGB ist regelmäßig nicht möglich; die Verfügungsmacht des Vormerkungsverpflichteten ist durch Eintragung der Vormerkung ausgewiesen. Die Rechtskraft eines Urteils, das dem Dritten zwischenzeitlich das Recht ab- und dem Vierten zuspricht, wird durch § 325 Abs. 1 ZPO nicht auf den Vormerkungsberechtigten erstreckt;[96] die Verfügungsmacht des Vormerkungsverpflichteten kann nicht Gegenstand dieses Prozesses sein. 67

---

91 Zum Vorkaufsrecht: Wiederum KG (3.5.62) NJW 1962, S. 1446 (1448); Lutter, MDR 1962, S. 177 (178). **A.A.** Weber, DNotZ 1961, S. 236 (242).

92 So allerdings und damit a.A. etwa Böttcher, RNotZ 2010, S. 557 (559).

93 Prütting/Eickmann (2013) § 1098 BGB Rz. 6 u. 8.

94 Assmann, S. 419; Staud/Gursky (2013) § 888 BGB Rz. 17 ff.; MünchKomm/Kohler (2013) § 888 BGB Rz. 2. **A.A.** wohl RGRK/Augustin (1979) § 888 BGB Rz. 2.

95 Staud/Gursky (2013) § 883 Rz. 233.

96 Bedenken mit Blick auf § 325 ZPO formuliert bspw. Assmann, S. 132.

ii. Beginn der Vormerkungswirkung

68 Die Unwirksamkeit tritt ein, wenn der Vormerkungsberechtigte den gesicherten Anspruch geltend macht.[97] Eine vormerkungswidrige Verfügung ist daher zunächst uneingeschränkt wirksam; erst die Geltendmachung des Anspruchs begründet die Verfügungsmacht des Vormerkungsverpflichteten. Diese Vorstellung des Gesetzgebers kommt in § 1098 Abs. 2 BGB deutlich zum Ausdruck: Das Vorkaufsrecht wirkt Dritten gegenüber wie eine Vormerkung; wäre die Verfügung von vornherein unwirksam und daher der Rechtserwerb durch den Dritten von Anfang an beschränkt, hätte die Vormerkung keine Drittwirkung. Dass der Dritte am Ende das erworbene Recht verliert, ist nicht durch die Vormerkung bewirkt, sondern durch die Verfügung des Vormerkungsverpflichteten an den Vormerkungsberechtigten.

69 Es besteht kein Bedürfnis, die Geltendmachung unabhängig von einer vormerkungswidrigen Verfügung zuzulassen. Da die Vormerkung mit dem gesicherten Anspruch steht und fällt, setzt eine vormerkungswidrige Verfügung voraus, dass der gesicherte Anspruch noch nicht erfüllt ist, vgl. § 362 Abs. 1 BGB. Hält der Vormerkungsberechtigte am gesicherten Anspruch fest, ist ein neuerlicher Kontakt zum Vormerkungsverpflichteten unvermeidbar, der analog § 133 BGB nur als Geltendmachung der Vormerkung verstanden werden kann.

70 Häufig wird die Wirkung einer Vormerkung auf den Zeitpunkt ihrer Entstehung zurückbezogen;[98] dieselbe Vorstellung vermittelt die Parallele zur Anfechtung.[99] Eine solche Rückwirkung ist jedoch unnötig kompliziert; ex nunc werden alle Verfügungen unwirksam, die nach Entstehung der Vormerkung erfolgt sind und mit dem gesicherten Anspruch kollidieren.[100] Die Vormerkung kann im Falle eines bedingten oder künftigen Anspruchs also nur wirken, wenn der Anspruch wirksam geworden bzw. entstanden ist.[101] Um die Rechtsnachfolge des Vormerkungsberechtigten nach dem Vormerkungsverpflichteten zu erreichen, wird der Zeitpunkt der Unwirksamkeit mitunter hinausgezögert und auf die Erfüllung des gesicherten Anspruchs durch den Vormerkungsverpflichteten bzw.

---

97 KG Rpfleger 1965, 14, 15; Assmann, S. 137 und öfter; Staud/Gursky (2013) § 883 BGB Rz. 248; Soergel/Stürner (2002) § 883 BGB Rz. 37; MünchKomm/ Kohler (2013) § 883 BGB Rz. 50.

98 Vgl. dazu kritisch Assmann, S. 133 f.; auch Staud/Gursky (2013) § 883 BGB Rz. 246.

99 Vgl. bspw. Assmann, S. 137; Ruhwedel JuS 1980, 161 ff.; zur relativen Verfügungsbeschränkung allgemein bspw. Paulus AcP 155 (1955) 277, 288 ff.

100 So deutlich BayObLG (10.2.71) NJW 1971, S. 809; Wieling/Klinck AcP 202 (2002) S. 745 (754).

101 Assmann, S. 143 m.w.N.

den Erwerb des Rechts durch den Vormerkungsberechtigten abgestellt;[102] hierfür besteht kein Bedürfnis (Rz. 67).

b. Vormerkungswirkung eines Vorkaufsrechts

Bezugspunkt der Vormerkungswirkung ist schon nach dem Wortlaut von § 1098 Abs. 2 BGB nicht das Kaufrecht, sondern der Auflassungsanspruch des Berechtigten aus §§ 464 Abs. 2, 433 Abs. 1 BGB. Deshalb lässt sich über die Vormerkungswirkung keine Ausübungsmöglichkeit des Berechtigten begründen, falls der Verpflichtete über das Grundstück vor Eintritt des Vorkaufsfalls verfügt.[103] § 1098 Abs. 2 BGB regelt ausschließlich das Verhältnis zum Dritten; dies verdeutlicht, dass sich die Vormerkungswirkung auf den Schutz vor nachteiligen Verfügungen beschränkt. Beim Eigentumserwerb stellen sich keine Rangfragen im Sinne § 883 Abs. 3 BGB; und § 884 BGB betrifft nicht das Verhältnis des Berechtigten zum Dritten. 71

Mit § 883 Abs. 3 BGB hat die Frage, ob für ein Grundstück mehrere dingliche Vorkaufsrechte bestellt werden können, nichts zu tun. Für die Vorkaufsrechte nach dem Vermögensgesetz ist dies von Bedeutung, falls der Verpflichtete ein weiteres dingliches Vorkaufsrecht rechtsgeschäftlich bestellen will. An einem Grundstück können mehrere Vorkaufsrechte bestellt werden,[104] deren Rang sich nach § 879 BGB richtet. Tritt der Vorkaufsfall ein, werden alle Vorkaufsrechte ausgelöst; der im Rang Bevorrechtigte kann sich durchsetzen. Bei ihrer Entstehung dürften Vorkaufsrechte nach dem Vermögensgesetz nicht mit anderen dinglichen Vorkaufsrechten auf rechtsgeschäftlicher Grundlage konkurrieren, denn Gegenstand eines Restitutionsverfahrens sind in der Regel volkseigene Grundstücke (Rz. 9), bei deren Enteignung auch die Rechte Dritter erloschen sind. Auch das Zivilrecht der DDR kannte mit §§ 306–309 ZGB ein rechtsgeschäftliches Vorkaufsrecht an Grundstücken.[105] Die Vorschriften gehörten zum Kapitel über das persönliche Eigentum und galten nicht für Volkseigentum. Solches Eigentum war gemäß §§ 20 Abs. 3, 18 Abs. 1 ZGB grundsätzlich unveräußerlich und jenseits der §§ 287–290 ZGB nicht belastbar. 72

---

102 Staud/Gursky (2013) § 883 BGB Rz. 246; Soergel/Stürner (2002) § 883 BGB Rz. 37. Auch Assmann, S. 34 u. 136, die allerdings von einer sofortigen relativen Unwirksamkeit ausgeht, die bei Eintragung des Vormerkungsberechtigten in eine absolute Unwirksamkeit umschlägt.

103 Auch wenn wohl nicht so gemeint, kommt man auf diese Idee bei MünchKomm/Westermann (2013) § 1098 BGB Rz. 8.

104 BGH (3.5.61) Z 35, S. 146; Prütting/Eickmann (2013) § 1094 BGB Rz. 4.

105 Vgl. zu diesen Vorkaufsrechten Andrae, NJ 1994, S. 251.

73 Denkbar ist ein Konkurrenzverhältnis zu gesetzlichen Vorkaufsrechten. Da auch die Verkaufsrechte nach dem Vermögensgesetz auf einer gesetzlichen Grundlage beruhen, ist im Zweifel durch Auslegung beider Gesetze ein Vorrang zu ermitteln;[106] ein gleicher Rang ist nicht denkbar. Kollidiert z.B. ein Vorkaufsrecht nach dem Vermögensgesetz mit einem Vorkaufsrecht der Gemeinde nach dem BauGB, erlischt das Vorkaufsrecht nach dem Vermögensgesetz analog § 28 Abs. 2 S. 4 BGB; Vorkaufsrechte nach dem Vermögensgesetz entstehen nicht durch Rechtsgeschäft, bestehen aber als rechtsgeschäftliche Vorkaufsrechte. Rechtsgeschäftlich können mehrere Vorkaufsrechte mit gleichem Rang begründet werden, sofern diese nicht kollidieren;[107] das geschieht zwangsläufig bei einer Mehrheit von Berechtigten (Rz. 352). Zu einer Kollision kommt es allerdings nur nicht, wenn die Ausübung des Vorkaufsrechts auf eine Gemeinschaft am Grundstück hinausläuft; dies ist mit dem Zweck eines gesetzlichen Vorkaufsrechts nicht vereinbar.

74 Auch für das dingliche Vorkaufsrecht bleibt es dabei, dass tatsächliche Einwirkungen[108] oder der Abschluss von Nutzungsverträgen[109] keine Verfügungen sind. Ein Nutzungsvertrag des Verpflichteten bindet wegen § 566 BGB auch den Berechtigten. Das gilt nicht für einen Nutzungsvertrag des Dritten als vormerkungswidrigen Eigentümer, weil es im Verhältnis zwischen Berechtigtem und Drittem an einem Veräußerungsvertrag fehlt.[110] Das dingliche Vorkaufsrecht löst keine Grundbuchsperre aus; der Erwerber ist ausreichend gewarnt, weil sich das Vorkaufsrecht aus dem Grundbuch ergibt.

Auch ein gesetzliches Vorkaufsrecht löst keine Grundbuchsperre aus;[111] *anderes gilt nur, wenn das Gesetz die Eigentumsumschreibung von einem Negativ-Attest abhängig macht.*[112] *Eine Grundbuchsperre wurde aus Gründen der Rechtssicherheit vor allem bei*

---

106 Ähnlich Böhringer, RpflStud 2014, S. 13. Zur Konkurrenz von gesetzlichem und rechtsgeschäftlichem Vorkaufsrecht OVG Lüneburg (14.1.13) DNotI 2010, S. 137.

107 BGH (11.7.14) NJW 2014, S. 3024; OLG Hamm (20.3.89) NJW-RR 1989, S. 912; OLG Düsseldorf (15.1.81) RPfleger 1981, S. 479; Prütting/Eickmann (2013) § 1094 BGB Rz. 4; Böttcher, ZfIR 2014, S. 867 (868); Staud/Schermaier (2009) § 1094 BGB Rz. 12; Soergel/Stürner (2001) § 1094 BGB Rz. 4; MünchKomm/Westermann (2013) § 1094 BGB Rz. 8. Eine Erwerbergemeinschaft nicht im Blick hat Pawlitschek, S. 76 f.

108 OLG München (15.11.62) NJW 1963, S. 301; MünchKomm/Westermann (2013) § 1098 BGB Rz. 7.

109 **A.A.** Peßler, NJW 1960, S. 1785 (1788).

110 MünchKomm/Westermann (2013) § 1098 BGB Rz. 7.

111 RG Z 132, S. 424; OLG Celle DNotZ 1952, S. 364; OLG München DNotZ 1941, S. 174.

112 Böhringer, RpflStud 2014, S. 13 (15 f.).

der Einführung der Vorkaufsrechte nach dem BauGB diskutiert;[113] *infolge dieser Diskussion hat man bei den Vorkaufsrechten nach dem BauGB auf die Vormerkungswirkung verzichtet und das Erfordernis eines Negativ-Attests*[114] *eingeführt, vgl. § 28 Abs. 1 S. 2 BauGB. Dingliche Vorkaufsrechte, die nicht der Eintragung im Grundbuch bedürfen und bei denen die Eigentumsumschreibung nicht von einem Negativ-Attest abhängt, findet man daher nur noch in älteren Gesetzen; ein Beispiel ist Art. 3 des bayrischen AlmG.*[115] *Erstaunlicherweise bedurften die Vorkaufsrechte nach dem Vermögensgesetz trotz dinglicher Konzeption ursprünglich nicht der Eintragung; dieses Versehen hat der Gesetzgeber mit Einführung von §§ 20 a S. 5, 20 Abs. 6 S. 1 BGB durch das RegVBG*[116] *korrigiert.*

Die Vormerkungswirkung setzt ein, sobald der Berechtigte das Vorkaufsrecht ausübt; denn in der Ausübung des Vorkaufsrechts liegt die erforderliche Willensbetätigung des Berechtigten. Damit sich das Vorkaufsrecht durchsetzen kann, muss es also zur Zeit der Verfügung bestanden haben; Vorkaufsrechte nach dem Vermögensgesetz bedürfen hierfür gemäß § 20 Abs. 6 S. 1 VermG der Eintragung im Grundbuch. Zudem muss zur Zeit der Verfügung der Vorkaufsfall eingetreten gewesen sein;[117] erst mit Abschluss des Erstvertrags hat sich der Übereignungsanspruch des Berechtigten hinreichend verdichtet. Obwohl es dafür in § 1098 Abs. 2 BGB keine Anhaltspunkte gibt, wird bei Bestimmung der Reichweite dieses Grundsatzes zwischen der Übereignung und der Belastung des Grundstücks unterschieden. 75

i. Übereignung des Grundstücks

Im Falle einer Übereignung des Grundstücks, also einer den Erwerb vereitelnden Verfügung, soll die Vormerkungswirkung bereits mit Entstehung des Vorkaufsrechts einsetzen.[118] Zu dieser Ausnahme sieht man sich wegen folgender Konstellation gezwungen: Hält man am Vorkaufsfall als auslösendes Moment der 76

---

113 Trotz Rechtsunsicherheit gegen eine Sperre Ebert, NJW 1956, S. 1621 (1624); ders., NJW 1961, S. 1430 (1435); Eppig, DNotZ 1960, S. 532; Lutter, MDR 1962, S. 177. **A.A.** Weber, DNotZ 1961, S. 236 (244 ff.).

114 Göhner, S. 130 ff.

115 Gesetz über den Schutz der Almen und die Förderung der Almwirtschaft vom 28. April 1932, BayBS IV, S. 359. Zur Dinglichkeit dieses Vorkaufsrechts vgl. BayObLG (28.5.82) Z 32, 222 (229).

116 Vgl. Fz. 35. Zu den Problemen vor der Korrektur vgl. Schnabel, ZOV 1993, S. 294.

117 RG (28.4.37) Z 154, S. 370 (377); Peßler, NJW 1960, S. 1785 (1788); Weber, DNotZ 1961, S. 236 (241).

118 BGH (14.1.72) Z 58, S. 78; (26.1.73) Z 60, S. 275; HK-BGB/Staudinger (2012) § 1098 BGB Rz. 6; Prütting/Eickmann (2013) § 1098 BGB Rz. 8; Staud/Schermaier (2009) § 1098 BGB Rz. 15; Soergel/Stürner (2001) § 1098 BGB Rz. 4; MünchKomm/

Vormerkungswirkung fest, so scheint es möglich zu sein, den vom Vorkaufsrecht vermittelten Vormerkungsschutz durch Abtretung eines vor Eintritt des Vorkaufsfalls seinerseits vorgemerkten Auflassungsanspruchs zu unterlaufen.

Beispiel 6 (nach BGH Z 60, S. 275): Der Eigentümer verkauft das mit einem dinglichen Vorkaufsrecht belastete Grundstück an seinen gesetzlichen Erben; zur Sicherung des Auflassungsanspruchs wird im Grundbuch eine Vormerkung eingetragen. Der Erbe verkauft das Grundstück unter Abtretung sämtlicher Ansprüche gegen den Verpflichteten an einen Dritten; auch die Abtretung wird im Grundbuch eingetragen. Daraufhin lässt der Verpflichtete das Grundstück an den Dritten auf; nachdem der Ditte als Eigentümer im Grundbuch eingetragen ist, übt der Berechtigte das Vorkaufsrecht aus. Wegen § 470 BGB tritt der Vorkaufsfall erst durch den Verkauf an den Dritten ein; weil es aber die vom Dritten erworbene Vormerkung bereits vor Eintritt des Vorkaufsfalls gab, hat es den Anschein, als müsse der Vorkaufsfall als auslösendes Moment für den Vormerkungsschutz aufgegeben werden, damit sich der Berechtigte gegen den Dritten durchsetzen kann.

77 Eine Abwandlung verdeutlicht, dass eine Vorverlagerung der Vormerkungswirkung das Problem nicht löst; entsteht das Vorkaufsrecht erst zwischen Verkauf und Weiterverkauf, müsste man die Vormerkungswirkung auf die Zeit vor Entstehung des Vorkaufsrechts verlagern und damit einen weiteren Grundsatz durchbrechen (Rz. 75).

Als der Verpflichtete im Beispiel 6 an den Erben verkauft, ist das Grundstück noch unbelastet; erst nach der Auflassungsvormerkung wird ein Vorkaufsrecht nach § 20 VermG im Grundbuch eingetragen. Ändert man den Fall insoweit ab, besteht dasselbe Problem.

78 Es fällt auf, dass nicht die Einräumung der Vormerkung, sondern die Abtretung des Auflassungsanspruchs vom Zwischenerwerber an den Dritten gemäß §§ 398, 401 BGB das Problem darstellt;[119] insoweit lässt sich Abhilfe über die Vormerkungswirkung des Vorkaufsrechts schaffen. Mit dem Zwischenerwerber verkauft ein Nichtverpflichteter; dennoch löst dieser Kaufvertrag das Vorkaufsrecht aus, weil der Kaufvertrag ausgeführt wurde (Rz. 201 ff.). Deshalb wird auch die Auflassung des Verpflichteten an den Dritten von der Vormerkungswirkung des Vorkaufsrechts erfasst; diese Verfügung geschieht erst nach Eintritt des Vorkaufskaufsfalls. Obwohl ein Nichtverpflichteter verkauft, ist durch die Ausübung des Vorkaufsrechts ein Zweitvertrag zwischen Verpflichtetem und Berechtigtem zustande gekommen (Rz. 399); die Vermerkungswirkung versetzt also den Verpflichteten in die Lage, diesen Zweitvertrag zu erfüllen (Rz. 66). Die Vormerkung

Westermann (2013) § 1098 BGB Rz. 8. Speziell für die Vorkaufsrechte nach dem VermG Böhringer, OV spezial 18/93, S. 2 (4).

119 BGH (26.1.73) Z 60, S. 275; der BGH verfolgt diesen Gedanken jedoch nicht weiter.

in der Hand des Dritten ändert daran nichts, denn hätte der Verpflichtete dem Zwischenerwerber gleich Eigentum am Grundstück verschafft (Rz. 63), wäre der Eigentumserwerb des Dritten ebenfalls am Vorkaufsrecht gescheitert. Man kann also beim Eigentumserwerb uneingeschränkt am Vorkaufsfall als auslösendes Moment für die Vormerkung festhalten.

Im Beispiel 6 hat der Dritte letztlich auch Übereignungsanspruch und Vormerkung relativ unwirksam erworben. Auf dem dargestellten Weg ließe sich der Fall auch lösen, wenn der Zwischenerwerber dem Dritten das Grundstück gemäß § 185 Abs. 1 BGB übereignet; auf die Person des Verfügenden kommt es bei der Vormerkung nicht an (Rz. 67).

Akzeptiert man zudem, dass die Ausführung des Kaufvertrags zu einer Bindungswirkung führt, die das Vorkaufsrecht unabhängig von der Wirksamkeit des Vertrags auslöst (Rz. 127 ff.), ist eine Auflassung vor dem Kauf nur noch in Ausnahmefällen denkbar. 79

Beispiel 7: Der Verpflichtete tauscht das mit einem Vorkaufsrecht belastete Grundstück gegen ein Grundstück des Dritten. Die Grundstücke werden aufgelassen und im Grundbuch umgeschrieben. Später fragt der Verpflichtete, ob der Dritte vielleicht bereit wäre, sein Grundstück zurückzunehmen und stattdessen einen Kaufpreis zu entrichten; der Dritte ist einverstanden. Die Auflassung liegt nur vor dem Kauf, wenn es sich nicht um eine Umgehung handelt; anderenfalls löst bereits der nichtige, aber ausgeführte Tauschvertrag das Vorkaufsrecht aus (Rz. 226 ff.). Ohne eine Umgehung lässt sich die Ausübung des Vorkaufsrechts nicht begründen; der Rückkauf kann das Vorkaufsrecht nicht auslösen, weil er nicht das belastete Grundstück zum Gegenstand hat.

ii. Belastungen des Grundstücks

Die Kollision einer Belastung des Grundstücks vor Eintritt des Vorkaufsfalls mit dem Auflassungsanspruch des Berechtigten wird für möglich gehalten, wenn sich der Verpflichtete trotz Belastung zu lastenfreier Übereignung verpflichtet.[120] 80

Beispiel 8: Der Verpflichtete bestellt an dem mit einem dinglichen Vorkaufsrecht belasteten Grundstück eine Hypothek zugunsten einer vierten Person; nachdem die Hypothek im Grundbuch eingetragen wurde, verkauft der Verpflichtete das Grundstück an den Dritten, ohne dass eine Abrede hinsichtlich der Hypothek getroffen wird. Die Ausübung des Vorkaufsrechts führt gemäß §§ 464 Abs. 2, 433 Abs. 1 S. 2, 442 Abs. 2 BGB zu einem Anspruch des Berechtigten auf lastenfreie Übereignung des Grundstücks.

---

120 Dernburg/Raape (1915) § 197 IV 2; Immerwahr JhJb. 40 (1899), S. 279 (330); MünchKomm/Westermann (2013) § 1098 BGB Rz. 8; Wieling/Klinck AcP 202 (2002) S. 745 (754 ff.).

81 Gegen eine Erstreckung der Vormerkungswirkung auf das Vorfeld des Vorkaufsfalls spricht, dass die ohnehin mit einem Vorkaufsrecht verbundene Unsicherheit (Rz. 53) verstärkt wird;[121] eine solche Erstreckung würde den Parteien des Erstvertrags die Möglichkeit eröffnen, über die Vertragsgestaltung gezielt auf den Bestand fremder dinglicher Rechte einzuwirken. War das Grundstück bei Eintritt des Vorkaufsfalls bereits belastet und ist der Verpflichtete nicht in der Lage, diese Belastung gemäß § 442 Abs. 2 BGB zu beseitigen, bestand für den Berechtigten nie die Möglichkeit eines lastenfreien Erwerbs; es kann daher nur um eine Anpassung des Zweitvertrags gehen, die über eine Minderung gemäß §§ 437 Nr. 2, 441 BGB möglich ist.

82 Die Vormerkungswirkung verhindert, dass dem Verpflichteten durch die Verfügung die Erfüllung des Auflassungsanspruchs unmöglich wird (Rz. 66); eine Beschränkung der Vormerkungswirkung erweitert daher zugleich das Feld der Unmöglichkeit. Ist oder wird dem Verpflichteten die Ablösung einer im Vorfeld des Vorkaufsfalls begründeten Belastung gemäß § 275 Abs. 1 Var. 1 BGB unmöglich, ist der Anspruch des Berechtigten auf Beseitigung der Belastung aus §§ 437 Nr. 1, 439 Abs. 1 BGB ausgeschlossen. Damit bleibt der Berechtigte unter Umständen ungeschützt; das liegt aber daran, dass der Berechtigte vor Eintritt des Vorkaufsfalls mit dem Grundstück nach Belieben verfahren kann (Rz. 52).

83 Die Anknüpfung der Vormerkungswirkung an den Vorkaufsfall zwingt nicht zur Anerkennung eines gutgläubigen Erwerbs der Belastung. Der Eintritt des Vorkaufsfalls und die Ausübung des Vorkaufsrechts sind nicht eintragungsfähig;[122] beide werden nicht von §§ 891 ff. BGB erfasst und können daher nicht gutgläubig überwunden werden. Deshalb ist es auch entbehrlich, die Eintragung einer Vormerkung zu fingieren.[123] Über die Vormerkungswirkung informiert die Eintragung des Vorkaufsrechts; akzeptiert man die Möglichkeit eines Auseinanderfallens von Eintragung und Wirkung (Rz. 64), kann trotz Anbindung an den Vorkaufsfall auf die Eintragung des Vorkaufsrechts zurückgegriffen werden. Ein Auseinanderfallen von Eintragung und Wirkung ist keine singuläre Erscheinung

---

121 Auf den Vorkaufsfall stellen ohne Einschränkung ab RG (28.4.37) Z 154, S. 370 (376 unten beginnend); BGH (26.1.73) Z 60, S. 275 (294); HK-BGB/Staudinger (2012) § 1098 BGB Rz. 6; Prütting/Eickmann (2013) § 1098 BGB Rz. 9; Jauernig/Berger (2014) § 1098 BGB Rz. 3; Weber, DNotZ 1961, S. 236 (241).

122 Kein Ausübungsvermerk mgl.: BayObLG (1.8.00) NJW-RR 2000, S. 1687. Für die Möglichkeit gutgläubigen Erwerbs bei Weiterveräußerung durch den Dritten bei nicht eingetragenen Vorkaufsrechten nach BauGB Weber, DNotZ 1961, S. 236 (243).

123 Zu dieser Fiktion vgl. BGH (26.1.73) Z 60, S. 275 (293); BayObLG (10.2.71) NJW 1971, S. 809.

beim Vorkaufsrecht; auch der Löschungsanspruch gemäß § 1179 a Abs. 1 S. 1 BGB wird durch die nachrangige Hypothek im Grundbuch ausgewiesen, dennoch setzt die von § 1179 a Abs. 1 S. 3 BGB angeordnete Vormerkungswirkung erst mit der Vereinigung von Hypothek und Eigentum ein.[124]

Mit Blick auf die negativen Folgen für die Beleihbarkeit ist versucht worden, das vom Vorkaufsrecht ausgehende Risiko für den Kreditgeber aufzufangen; das ist jedoch nicht möglich.[125] Der Vorschlag, ein mit dem Vorkaufsrecht kollidierendes Grundpfandrecht als Pfandrecht am Kaufpreis fortbestehen zu lassen,[126] entbehrt einer gesetzlichen Grundlage; das Bürgerliche Gesetzbuch kennt keine allgemeine Surrogation.[127] Gegen eine teleologische Reduktion von § 1098 Abs. 2 BGB auf Verfügungen mit vereitelnder Wirkung spricht, dass der Vorkaufsfall eine in der Konzeption des Vorkaufsrechts angelegte Zäsur darstellt; bei einer Belastung nach Eintritt des Vorkaufsfalls sind die Defizite eines Schutzes des Berechtigten (Rz. 82) nicht mehr hinnehmbar. 84

3. Dingliches Recht

Die Frage, worin die Dinglichkeit eines Vorkaufsrechts besteht, gehört zu den unübersichtlichen Materien. Das liegt vor allem daran, dass der Begriff der Dinglichkeit nicht abschließend geklärt ist.[128] Der Begriff des dinglichen Vorkaufsrechts wird – genau wie die Vorstellung vom dinglichen Recht allgemein – während der Entstehung des Bürgerlichen Gesetzbuches entscheidend geprägt. Wurden später gesetzliche Vorkaufsrechte als dinglich bezeichnet, handelte es sich stets um Vorkaufsrechte mit Merkmalen der §§ 1094 ff. BGB, vgl. insbesondere auch § 20 Abs. 8 VermG. Deshalb wird die Frage der Dinglichkeit hauptsächlich im Zusammenhang mit den dinglichen Vorkaufsrechten nach dem Bürgerlichen Gesetzbuch diskutiert.[129] 85

Dabei geht es weniger um einzelne Wesensmerkmale; diese haben sich mittlerweile herauskristallisiert: Ein dingliches Recht ordnet einer Person einen Gegenstand in absoluter Weise zu, indem es eine unmittelbare Rechtsbeziehung 86

124 Vgl. dazu BGH (9.3.06) NJW 2006, S. 2408.

125 Deshalb hat man bei der Neufassung der Vorkaufsrechte nach dem BauGB auf die Vormerkungswirkung verzichtet, vgl. Bielenberg, DNotZ 1976, S. 710 (714).

126 Kettnaker, DNotV 1932, S. 637.

127 Verbunden mit dem Versuch, diesen Vorschlag für die Vorkaufsrechte nach dem BauGB fruchtbar zu machen Weber, DNotZ 1961, S. 236 (242).

128 Staud/Seiler (2012) Einl. zu §§ 854 ff. Rz. 17; Westermann (2011) § 1 Rz. 2; Wieling § 1 II, S. 12 (oben).

129 Vgl. MünchKomm/Westermann (2013) § 1094 BGB Rz. 4.

seines Inhabers zu diesem Gegenstand begründet. Dadurch unterscheidet sich das dingliche Recht von seinem Pendant, dem obligatorischen Recht; dieses ordnet einen Gegenstand lediglich relativ zu, indem es eine unmittelbare Beziehung seines Inhabers zu einer anderen Person begründet.[130] Geht man der Frage nach, ob ein bestimmtes Recht dinglich ist oder nicht, erweisen sich die Wesensmerkmale als unzureichend. Dies mag der Grund dafür sein, dass bei Stellungnahmen zur Dinglichkeit eines Vorkaufsrechts auf das Modell der Dinglichkeit allenfalls kurz zurückgegriffen wird.[131]

87 Gegenstand eines dinglichen Vorkaufsrechts ist in der Regel das Grundstück; aber: Ordnet das dingliche Vorkaufsrecht seinem Inhaber das betreffende Grundstück absolut zu? Es ist versucht worden, die Absolutheit an Klagschutz, Verfügungsschutz und/oder Vollstreckungsfestigkeit festzumachen.[132] Herausgabeanspruch (Rz. 442 ff.) und deliktische Ansprüche des Berechtigten (Rz. 457 ff.) sind umstritten, auch die Vollstreckungsfestigkeit ist zweifelhaft (Rz. 291 ff.). Verfügungsschutz genießt der Berechtigte gemäß § 1098 Abs. 2 BGB über die Vormerkungswirkung des Vorkaufsrechts; die Dinglichkeit der Vormerkung ist jedoch ihrerseits umstritten (Rz. 97 ff.). Dies lässt die Frage nach Ursache und Wirkung ins Blickfeld treten: Ist das Vorkaufsrecht dinglich, weil Klagschutz und Vollstreckungsfestigkeit bestehen, oder bestehen Klagschutz und Vollstreckungsfestigkeit, weil das Vorkaufsrecht dinglich ist?

88 Begibt man sich auf die Suche nach einer unmittelbaren Gegenstandsbeziehung stößt man auf vergleichbare Schwierigkeiten; es stellt sich insbesondere die Frage, woran man diese Beziehung festmachen soll. Es muss daher im Folgenden erst ein weiterer Versuch unternommen werden, das Modell der Dinglichkeit zu justieren, bevor die Frage nach der Dinglichkeit eines Vorkaufsrechts und konkret der Vorkaufsrechte nach dem Vermögensgesetz beantworten lässt.

a. Merkmale der Dinglichkeit

89 Zum Erwerb dinglicher Rechte gehört ein Behaltensgrund; dies ist ein Rechtsverhältnis, dem man entnehmen kann, warum das Recht erworben wird und

---

130 Mit im Einzelnen unterschiedlichen Akzentuierungen bspw. Assmann, S. 282 ff.; Canaris, FS Flume (1978), S. 373 ff.; Wieling § 1 II 2, S. 14 ff.; Westermann (2011) § 1 Rz. 2; Larenz/Neuner § 20 Rz. 55 ff. Wilhelm (2010) Rz. 75 ff.

131 Vgl. bspw. Schurig, S. 99 ff.; Westermann (2011) § 1 Rz. 18 u. § 124 Rz. 2; Wilhelm (2010) Rz. 2304 u. 2306.

132 Canaris, FS Flume (1978), S. 373f.; Westermann (2011) § 2 Rz. 2; ähnlich Wilhelm (2010) Rz. 66. Zu den einzelnen Aspekten beim dinglichen Vorkaufsrecht MünchKomm/Westermann (2013) § 1098 BGB Rz. 7.

behalten werden darf. Auch dingliche Vorkaufsrechte haben einen Behaltensgrund; bei den Vorkaufsrechten nach dem Vermögensgesetz ist dies ein Verwaltungsakt (Rz. 7). Die Unterscheidung zwischen Recht und Behaltensgrund ist Ausdruck des Trennungs- und Abstraktionsprinzips; da dieses Prinzip kein rein sachenrechtliches ist, fehlt ihm die für ein Unterscheidungsmerkmal erforderliche Exklusivität. Auch der Erwerb eines Schuldanerkenntnisses kann abstrakt sein und deshalb eines Behaltensgrunds bedürfen; fehlt dieser, kann das Schuldanerkenntnis gemäß § 812 Abs. 2 BGB kondiziert werden. Ausgangspunkt bleiben daher die Merkmale Zuordnung und Gegenstandsbeziehung (Rz. 86).

Grundlage rechtsgeschäftlicher, dinglicher Vorkaufsrechte ist kein obligatorisches Vorkaufsrecht,[133] *sondern eine Vorkaufsabrede:*[134] *Ein obligatorisches Vorkaufsrecht begründet keine Verpflichtung zur Einräumung eines dinglichen Vorkaufsrechts; anders herum stellt das dingliche Vorkaufsrecht nicht lediglich ein Absicherung eines obligatorischen Vorkaufsrechts dar. Ein obligatorisches Vorkaufsrecht kann aber einem dinglichen Vorkaufsrecht vorgeschaltet sein und die Zeit bis zur Eintragung abdecken.*[135]

i. Absolute Zuordnung eines Gegenstands

Gegenstand eines dinglichen Rechts kann eine Sache sein. Das dingliche Voll- 90
recht an einer Sache ist das Eigentum; es ordnet die Sache vollständig zu und berechtigt den Eigentümer, nach Belieben zu verfahren, § 903 BGB. Hiervon zu unterscheiden ist das beschränkt-dingliche Recht; dieses ordnet die Sache teilweise zu und berechtigt seinen Inhaber, mit der Sache in bestimmter Weise zu verfahren.[136] Für den Eigentümer bedeutet ein beschränkt-dingliches Recht stets eine Beschränkung; der Eigentümer muss dulden, dass der Berechtigte im Rahmen seines Rechts mit dem Gegenstand wie ein Eigentümer verfährt. Die Befugnisse, die ein beschränkt-dingliches Recht vermittelt, sind vom Eigentum abgespalten; bildlich gesprochen, stellt das beschränkt-dingliche Recht einen Splitter des Vollrechts dar.[137] Hinsichtlich der dem Inhaber eingeräumten

---

133 Vgl. BGH (22.11.13) NJW 2014, S. 622; OLG Düsseldorf (29.3.99) DNotZ 1999, S. 1015; Jauernig/Berger (2014) § 1094 BGB Rz. 4; HK-BGB/Staudinger § 1094 Rz. 2. **A.A.** vor allem Immerwahr JhrJb. 40 (1899) 279, 282 ff.

134 Pawlitschek, S. 121 ff. u. 173.

135 BGH (22.11.13) NJW 2014, S. 622. Kritisch zu den Anforderungen an eine solche Vorschaltung Salzig, ZfIR 2014, S. 298.

136 Staud/Seiler (2012) Einl. zu §§ 854 ff. BGB Rz. 18; Wieling § 1 II 1b, S. 16. So wohl auch Motive III, S. 2 und Canaris FS Flume, S. 373.

137 Baur/Stürner § 3 Rz. 23; Westermann (2011) § 1 Rz. 14; Wieling § 1 II 3a, S. 18; Wilhelm (2010) Rz. 113. **A.A.** Stadler AcP 189 (1989) 425, 428 ff.

Befugnisse unterscheidet man zwischen Nutzungs-, Verwertungs- und Erwerbsrechten. Das Merkmal der Absolutheit lässt sich als Gegenstück zur Relativität erfassen: Auch das obligatorische Recht ordnet dem Berechtigten einen Gegenstand zu; diese Zuordnung wird jedoch über die Person des Verpflichteten vermittelt und ist so gesehen relativ. Ein obligatorisches Recht muss kein Anspruch im Sinne von § 194 Abs. 1 BGB sein;[138] das Nutzungsrecht des Mieters erschöpft sich z.B. nicht im Anspruch auf Überlassung der Mietsache.

ii. Unmittelbare Beziehung zum Gegenstand

91 Obligatorische Rechte können in einer mit beschränkt-dinglichen Rechten vergleichbaren Weise zum Umgang mit einer Sache berechtigen. So gibt es z.B. mit Blick auf die Befugnisse keinen Unterschied zwischen dem dinglichen Nießbrauch und der schuldrechtlichen Pacht eines Grundstücks; beide Rechtsinstitute berechtigen in vergleichbarer Weise zur Nutzung des Grundstücks. Eine rechtliche Beziehung zwischen dem Berechtigten und dem Gegenstand besteht hingegen nur bei dinglichen Rechten. Diese Beziehung muss sich nicht in der Zuordnung des Gegenstands erschöpfen. Auch das dingliche Recht kann zu einem Rechtsverhältnis zwischen Personen führen; erst dann lässt sich die unmittelbare Gegenstandsbeziehung überhaupt nachweisen. Dass auch das dingliche Recht Rechtsverhältnissen zwischen dem Inhabers des Rechts und anderen Personen vermittelt, bedeutet also nicht, dass es die Beziehung zum Gegenstand nicht gibt;[139] diese Beziehung beschreibt das Phänomen, dass ein durch das dingliche Recht vermitteltes Rechtsverhältnis der Sache folgt. Das Besondere an solchen Rechtsverhältnissen ist, dass diese mit der Zuordnung des Gegenstands stehen und fallen bzw. sich bei einem Zuordnungswechsel neu ausrichten.

92 Ein dingliches Recht kann Ansprüche vermitteln; solche Ansprüche bezeichnet man als dingliche Ansprüche.[140] Weil das Eigentum den Gegenstand vollständig zuordnet, muss auf der Seite des Eigentümers erst eine weitere Person hinzutreten, damit es zu einer Neuausrichtung kommt. So entsteht z.B. der Herausgabeanspruch des Eigentümers aus § 985 BGB, sobald die Ausübung des Eigentums durch eine unberechtigte Vorenthaltung des Besitzes beeinträchtigt wird. Veräußert der Eigentümer die Sache, während die Beeinträchtigung andauert, richtet sich dieser Anspruch neu aus; er erlischt in der Person des ursprünglichen Eigentümers und entsteht in der Person des Erwerbers neu.

---

138 **A.A.** offenbar Böttcher, RNotZ 2010, S. 557 (565).

139 Zu diesem Einwand vgl. bspw. Wilhelm Rz. 77 m.N. in Fz. 149.

140 Vgl. nur Westermann (2011) § 1 Rz. 5.

Dasselbe gilt für ein beschränkt-dingliches Recht; auch hier löst eine Beeinträchtigung der Ausübung des Vorkaufsrechts dingliche Ansprüche aus, die sich bei einem Zuordnungswechsel auf Seiten des Inhabers neu ausrichten. Es besteht hier aber zudem ein dauerndes Rechtsverhältnis zwischen dem Inhaber des Rechts und dem Eigentümer. Weil die Sache beiden zugeordnet ist, müssen Befugnisse abgegrenzt werden. Soweit es um diese Abgrenzung geht, muss das Rechtsverhältnis kein Anspruch sein, und die Neuausrichtung kann beide Seiten betreffen. Der zum Nießbrauch Berechtigte kann bspw. vom Eigentümer Überlassung zur Nutzung verlangen, §§ 1030 Abs. 1, 1136 Abs. 1 BGB.[141] Wechselt der Eigentümer und damit die Zuordnung des Grundstücks, dann wechselt auch der Anspruchsgegner; der Berechtigte kann jetzt Überlassung vom neuen Eigentümer verlangen. 93

Beim obligatorischen Recht besteht ebenfalls eine Beziehung des Berechtigten zum Gegenstand; diese wird jedoch durch die Person des Verpflichteten vermittelt und ist so gesehen nur mittelbar. Die Attribute absolut/unmittelbar auf der einen und relativ/mittelbar auf der anderen Seite sind festgefügte Paare.[142] Der Mieter hat einen Anspruch auf Überlassung der Mietsache; dieser Anspruch besteht gemäß § 535 Abs. 1 S. 1 BGB aber nur gegenüber dem Vermieter. Der Vermieter vermittelt die Beziehung zur Mietsache, auch wenn er zugleich deren Eigentümer ist. Das zeigt sich, wenn der Vermieter die Mietsache veräußert; ist der Vermieter infolge der Veräußerung zur Überlassung nicht mehr in der Lage, erlischt der Anspruch des Mieters gemäß § 275 Abs. 1 Var. 1 BGB. Eine Ausrichtung des Überlassungsanspruchs auf den Erwerber findet grundsätzlich nicht statt; der Anspruch folgt dem Eigentum nicht. Gemäß § 566 Abs. 1 BGB bricht ausnahmsweise eine Veräußerung die Miete nicht. Wäre das Nutzungsrecht des Mieters ein dingliches Recht, hätte es dieser Regelung nicht bedurft. Im Übrigen hängt die Ausnahme von zusätzlichen Voraussetzungen ab, die nicht erfüllt sein müssen. 94

b. Dinglichkeit der Vorkaufsrechte

Die Vorkaufsrechte nach dem Vermögensgesetz orientieren sich an den dinglichen Vorkaufsrechten des Bürgerlichen Gesetzbuchs. Markantestes Merkmal ist die 95

141 Ob man in diesem Zusammenhang nicht vorzugsweise auf § 1065 BGB i.V.m. § 985 BGB als Anspruchsgrundlage zurückgreifen sollte, so bspw. MünchKomm/Pohlmann (2013) § 1036 BGB Rz. 3 m.w.N. auch für die Gegenauffassung, ist hierbei ohne Belang.

142 Vgl. etwa Heck, § 1 Ziff. 5; Wilhelm (2010) Rz. 75.

Vormerkungswirkung gemäß § 1098 Abs. 2 BGB; daher liegt die Frage nahe, ob sich die Dinglichkeit eines Vorkaufsrechts hieran festmachen lässt.[143] Dass ein obligatorisches Vorkaufsrecht unter Umständen durch Bestellung einer Vormerkung gesichert werden kann,[144] lässt die Vormerkungswirkung als Anknüpfungspunkt nicht entfallen; dabei kann es sich um eine mit § 566 Abs. 1 BGB vergleichbare Ausnahmeregelung handeln (Rz. 94). Alternativ zur Vormerkungswirkung kommt nur das Kaufrecht (Rz. 57) in Betracht. Ein dingliches Vorkaufsrecht kann nur an Grundstücken oder grundstücksgleichen Rechten und für mehrere oder alle Verkaufsfälle bestehen;[145] beides ist jedoch für die Frage der Dinglichkeit nicht aussagekräftig, weil gemäß § 463 Abs. 1 BGB auch an diesen Gegenständen ein persönliches Vorkaufsrecht bzw. gemäß § 1097 Hs. 1 BGB das dingliche Vorkaufsrecht für nur einen Vorkaufsfall begründet werden kann.

96 Zum Teil wird versucht, die Dinglichkeit von Vorkaufsrechten mit den Regelungen in §§ 1100 bis 1102 BGB zu begründen,[146] auf die auch §§ 20 a S. 5, 20 Abs. 8 VermG verweisen. Das passt insoweit zu den Merkmalen der Dinglichkeit, als diese Vorschriften das Rechtsverhältnis zwischen Berechtigtem und Drittem regeln. Diese Regelungen sind jedoch für den Nachweis der Dinglichkeit des Vorkaufsrechts nicht ergiebig: Gegenstand dieser Regelungen ist die Rückabwicklung des Erstvertrags; es geht also nicht unmittelbar um das Vorkaufsrecht, sondern lediglich um die Folgen seiner Ausübung. Die Aussage, ein dingliches Vorkaufsrecht wirke gegenüber Dritten,[147] betrifft häufig gar nicht die Rechtsnatur; anderenfalls ist ein solche Aussage zu ungenau.

i. Vormerkungswirkung als Anknüpfungspunkt

97 Eine Vormerkung führt zur Beschränkung des Eigentums; der Verpflichtete kann entgegen § 903 S. 1 BGB nicht mehr mit voller Wirkung gegenüber dem Berechtigten über das Grundstück verfügen, § 883 Abs. 2 BGB. Diese Beschränkung setzt aber erst mit der Ausübung des Vorkaufsrechts ein (Rz. 75); das würde

143 So HK-BGB/Staudinger (2012) § 1094 BGB Rz. 1; wohl auch Oetker/Maultzsch, Vertragliche Schuldverhältnisse (2013) § 2 H IV 2a Rz. 495.

144 Larenz, SchR II/1 (1986) § 44 III, S. 155; Oetker/Maultzsch, Vertragliche Schuldverhältnisse (2013) § 2 H IV 2a, Rz. 496; Reinicke/Tiedtke, KaufR (2009), Rz. 1114; Schlechtriem, SchR BT (2003) § 6 III 3, Rz. 171 a.E.

145 Diese Merkmale betonen bspw. Jauernig/Berger (2014) § 1094 BGB Rz. 2; Walter, Kaufrecht, § 13 III 2, S. 610; die Dinglichkeit des Vorkaufsrechts der Miterben macht Letzterer aber nicht daran fest, vgl. § 13 III 3 e, S. 612.

146 Schurig, S. 104.

147 Vgl. z.B. Schreiber, Jura 2012, S. 114.

bedeuten, dass das Vorkaufsrecht mit der Ausübung dinglich wird. Zudem ist das Grundstück dem Berechtigten nur zugeordnet, wenn der Beschränkung des Eigentümers eine Befugnis auf Seiten des Berechtigten entspricht (Rz. 90 f.); die Ausübung des Vorkaufsrecht allein verleiht dem Berechtigten aber keinerlei Rechtsmacht über das betreffende Grundstück.

Auch eine unmittelbare Beziehung des Berechtigten zu dem Grundstück lässt 98 sich nicht nachweisen. Der Anspruch des Vormerkungsberechtigten aus § 888 BGB steht und fällt nicht mit dem Eigentum, sondern mit der Eintragung im Grundbuch. Die Vormerkung wirkt geradezu konträr zu einem dinglichen Recht; während sich das dingliche Recht bei einer Sonderrechtsnachfolge auf den Erwerber ausrichtet, ermöglicht die Vormerkung ihrem Berechtigten, sich trotz der Sonderrechtsnachfolge weiter an den Verpflichteten zu halten. Der durch eine Vormerkung gesicherte Auflassungsanspruch ist kein dinglicher Anspruch.

Der Blick auf die Vormerkung verzerrt das Bild; löst man sich davon, tritt 99 die Zuordnung des Grundstücks klar zutage. Über §§ 1098 Abs. 2, 883 Abs. 2 BGB erhält das Vorkaufsrecht dem Verpflichteten die Rechtsmacht, den durch die Ausübung des Vorkaufsrechts begründeten Übereignungsanspruch des Berechtigten zu erfüllen (Rz. 66). Die Rechtsmacht des Verpflichteten ist ein Splitter des Eigentums am Grundstück, das der Dritte vormerkungswidrig erworben hat. Über die Vormerkungswirkung ordnet das dingliche Vorkaufsrecht das Grundstück also dem Verpflichteten zu Lasten des Dritten zu. Die Vormerkung wirkt dinglich; sie ist aber kein dingliches Recht[148] und kann daher nicht zur Dinglichkeit des Vorkaufsrechts führen.[149]

ii. Kaufsrecht als Anknüpfungspunkt

Wenn die Vorkaufsrechte nach dem Vermögensgesetz beschränkt-dingliche 100 Rechte eigener Art sind, müssten sie sich als „Eigentumssplitter“ begreifen lassen; zudem müsste eine unmittelbare Beziehung des Vorkaufsberechtigten zum belasteten Grundstück nachweisbar sein.

(A) Zuordnung des Gegenstands

Dingliche Vorkaufsrechte sind Sachenrechte und gehören im diesem geschlosse- 101 nen Kreise zur Gruppe der Erwerbsrechte;[150] als Beschränkung des Eigentümers kommt daher der Verlust der Befugnis in Betracht, nicht an den Berechtigten

148 Assmann, S. 277 ff. m.w.N. auch zur Gegenauffassung.

149 Diese Vorstellung legt zugrunde Böhringer, RpflStud 2014, S. 13 (14).

150 Baur/Stürner § 3 Rz. 42; Wieling § 1 II 3a, S. 18.

zu veräußern.[151] Genau genommen, eröffnet ein Vorkaufsrecht dem Berechtigten nur die Möglichkeit, das Grundstück zu kaufen, §§ 1098 Abs. 1 S. 2, 464 Abs. 2 BGB; erst der Kaufvertrag mit dem Verpflichteten berechtigt zum Eigentumserwerb, § 433 Abs. 1 BGB. Es geht um rechtliche Grenzen; daher kann man auf die tatsächlichen Beschränkungen (Rz. 52) nicht abstellen.[152] Der Verpflichtete kann den Berechtigten als Käufer aber nicht ablehnen; die Beschränkung des Eigentümers besteht daher im Verlust der Möglichkeit, nicht an den Berechtigten zu übereignen.

102 Ohne die Vormerkungswirkung (Rz. 97 ff.) könnte der Verpflichtete trotz des Vorkaufsrechts an den Dritten übereignen; dies würde aber gemäß §§ 280, 283 BGB Schadensersatzansprüche des Vorkaufsberechtigten auslösen, weshalb das Belieben auch ohne die Vormerkungswirkung nicht mehr frei wäre. Obligatorische Vorkaufsrechte haben also die gleiche Wirkung;[153] das belegt noch einmal, dass sich die Dinglichkeit nicht am Inhalt des Rechts festmachen lässt. Hier zeigt sich zudem noch einmal, dass bereits der Anspruch seinen Gegenstand dem Erwerber zuordnet; um ein dingliches Recht handelt es sich jedoch erst, wenn diese Zuordnung absolut ist, also gegenüber jedermann wirkt (Rz. 90). Entscheidend ist die unmittelbare Beziehung des Berechtigten zu dem belasteten Grundstück (Rz. 94).

(B) Unmittelbare Beziehung zum Gegenstand

103 Die unmittelbare Beziehung zum Gegenstand zeigt sich im Falle einer Sonderrechtsnachfolge;[154] da es sich bei den Vorkaufsrechten nach dem Vermögensgesetz lediglich um beschränkt-dingliche Rechte handeln kann, ist an eine Sonderrechtsnachfolge aufseiten des Berechtigten, also beim Vorkaufsrecht, als auch aufseiten des Verpflichteten, also beim Eigentum zu denken (Rz. 93). Bei den Vorkaufsrechten nach dem Vermögensgesetz ist eine Sonderrechtsnachfolge

---

151 VGH Weimar (7.9.10) NVwZ-RR 2011, S. 180; ähnlich Böhringer, RpflStud 2014, S. 13. In diese Richtung für die Vorkaufsrechte nach dem BGB auch z.B. Wilhelm (2010) Rz. 115 und 2304.

152 Der VGH Weimar hatte a.a.O. diese Möglichkeit, da es um die verfassungsrechtliche Eigentumsgarantie ging. Ähnlich wie der VGH Weimar: Falkner, MittBayNot 2012, S. 519.

153 Zumindest im Ausgangspunkt etwa RG (5.11.07) Z 67, 42 (44 unten).

154 Die „Befangenheit des Grundstücks“ macht am Eigentümerwechsel fest Böhringer, RpflStud 2014, S. 13 (14). An der Rechtsnachfolge und gerade nicht an der Vormerkungswirkung macht die Dinglichkeit eines Vorkaufsrechts fest BayObLG (28.5.82) Z 32, 222 (229).

aufseiten des Berechtigten ausgeschlossen, weil diese gemäß §§ 20 a S. 5, 20 Abs. 7 S. 1 VermG nicht übertragbar sind.

Nicht uninteressant in diesem Zusammenhang ist § 1099 Abs. 1 BGB, der gemäß §§ 20 a S. 5, 20 Abs. 8 VermG auch für die Vorkaufsrechte nach dem Vermögensgesetz gilt. Das dort geregelte Anzeigerecht scheint auf den ersten Blick dem Vorkaufsrecht zu entspringen und sich in Abhängigkeit von der Zuordnung des Grundstücks neu auszurichten; denn es berechtigt jeden Erwerber, der das Eigentum an dem belasteten Grundstück nach dem Dritten erwirbt. Dieser Schein trügt: Zum einen ist Quelle dieses Anzeigerechts nicht das Vorkaufsrecht; vorausgesetzt, das Vorkaufsrecht ist dinglich, wäre dieses Anzeigerecht lediglich ein Splitter des Eigentums, der wieder dem Eigentümer zugewiesen wird und könnte unmittelbar aus dem Eigentum hergeleitet werden. Zum anderen richtet sich das Anzeigerecht im Falle eines Eigentumswechsels nicht neu aus, da es gemäß § 1099 Abs. 1 BGB auch dem ursprünglichen Eigentümer erhalten bleibt. 104

Zu berücksichtigen ist ferner, dass eine Veräußerung in Erfüllung eines Vertrags, der das Vorkaufsrecht auslöst, den Nachweis der Dinglichkeit nicht zulässt, weil das Vorkaufsrecht in diesem Fall erlischt; entweder der Berechtigte übt aus und setzt seinen Anspruch auf Übereignung des Grundstücks gegen den Verpflichteten durch, oder der Berechtigte übt nicht aus, und es greifen §§ 20 a S. 5, 20 Abs. 6 S. 2 VermG ein (Rz. 286). Damit sind die Nachweismöglichkeiten für die Dinglichkeit erheblich reduziert: Es muss sich um eine Veräußerung aufseiten des Verpflichteten handeln, deren schuldrechtliche Grundlage das Vorkaufsrecht nicht auslöst. 105

Die Ausübung eines Vorkaufsrechts nach dem Vermögensgesetz ist ausgeschlossen, wenn ein Miteigentumsanteil an einen Miteigentümer verkauft wird, §§ 20 a S. 5, 20 Abs. 2 S. 3 VermG; das Vorkaufsrecht berechtigt nach Übertragung des Anteils gegenüber den verbleibenden Eigentümern (Rz. 292). Hier wird das Rechtsverhältnis zwischen Berechtigtem und Verpflichtetem neu ausgerichtet, da sich die Berechtigung gegenüber dem Anteilserwerber erweitert. Eine Ausrichtung auf eine neue Person findet aber nicht statt. 106

Vorkaufsrechte nach dem Vermögensgesetz erstrecken sich zudem nicht auf einen Verkauf, der mit Rücksicht auf ein künftiges Erbrecht an einen gesetzlichen Erben erfolgt, §§ 20 a S. 5, 20 Abs. 8 VermG i.V.m. 470 BGB; sie erfassen schließlich auch eine Veräußerung durch den Verpflichteten nicht, die aufgrund eines Vertrags erfolgt, der kein Kaufvertrag ist. Die Dinglichkeit der Vorkaufsrechte nach dem Vermögensgesetz hängt also davon ab, dass das Vorkaufsrecht in diesen beiden Fällen die Veräußerung übersteht und sich auf den Erwerber ausrichtet; das muss im Ergebnis so sein, weil der Gesetzgeber dingliche Vorkaufsrechte 107 schaffen wollte. In der Gesetzesbegründung werden die Vorkaufsrechte nach dem Vermögensgesetz als dinglich bezeichnet[155] und ausdrücklich in Anlehnung an § 1097 BGB ausgestaltet;[156] Letzteres belegt auch die Verweisung auf §§ 1098 ff. BGB in § 20 Abs. 8 VermG.

108 Dennoch soll ein Vorkaufsrecht nach dem Vermögensgesetz erlöschen, wenn das Grundstück veräußert, aber nicht verkauft wurde;[157] begründet wird dies mit dem Hinweis auf die Rechtslage bei einem Vorkaufsrecht gemäß § 1097 Var. 1 BGB.[158] Dieses Vorkaufsrecht erlischt, weil es auf einen Verkauf durch den bestellenden Eigentümer beschränkt ist; es macht keinen Sinn das Vorkaufsrecht zu erhalten, weil ein Verkauf durch den Erwerber dieses nicht mehr auslösen könnte.[159] Die Vorkaufsrechte nach dem Vermögensgesetz unterliegen keiner vergleichbaren Einschränkung; diese sind nicht auf einen Verkauf durch den im Restitutionsverfahren Begünstigten beschränkt. In der Gesetzesbegründung findet man den Hinweis, dass § 20 Abs. 6 S. 2 VermG „der in § 1097 BGB für das dingliche Vorkaufsrecht vorgesehenen Regel" entsprechen soll;[160] die abweichende Formulierung beider Vorschriften sowie der Umstand, dass in § 20 Abs. 8 VermG nicht einfach auf § 1097 Var. 1 BGB verwiesen wurde, sprechen dagegen, dass der Gesetzgeber eine in jeder Hinsicht identische Regelung wollte.

Wird ein Grundstück rechtsgeschäftlich mit einem Vorkaufsrecht belastet, verpflichtet es im Zweifel gemäß § 1097 Hs. 1 BGB nur den ursprünglichen Eigentümer und dessen Erben;

155 BT-Drs. 11/7831, S. 12.

156 BT-Drs. 12/6228, S. 104.

157 Flik, NJ 1993, S. 507 (508); Heilmann, S. 22; FRMN/Fieberg/Plesse § 20 Rz. 33; Böhringer, OV spezial 18/93, S. 2 (4).

158 Zu § 1097 BGB: OLG Düsseldorf (28.11.12) NotBZ 2013, S. 41; OLG München (18.12.09) NotBZ 2010, S. 232; OLG Stuttgart (8.4.97) DNotZ 1998, S. 305; OLG Schleswig SchlHA 1958, S. 313; Amann, NotBZ 2010, S. 201 (207); Palandt/Bassenge (2014) § 1097 BGB Rz. 5; Prütting/Eickmann (2013) § 1094 BGB Rz. 8 u. § 1097 BGB Rz. 1; Erman/Grziwotz (2014) § 1097 BGB Rz. 3; RGRK/Rothe (1996) § 1097 BGB Rz. 2 und Fz. 157; BaRo/Wegmann (2012) § 1097 BGB Rz. 6 ff.

159 Zweibrücken Rpfleger 1999, 532; Stuttgart Rpfleger 1997, 473; Staud/Schermaier (2009) § 1097 BGB Rz. 14; MünchKomm/Westermann (2013) § 1097 BGB Rz. 5; Soergel/Stürner (2001) § 1097 BGB Rz. 4. Deshalb besteht entgegen OLG Stuttgart (8.4.97) DNotZ 1998, S. 305 kein Widerspruch zum Fortbestehen eines Vorkaufsrechts bei Übernahme des Grundstücks durch einen von ursprünglich mehreren Mitverpflichteten.

160 BT-Drs. 12/6228, S. 104, Sp. 2.

der Zusatz „für den ersten Verkaufsfall" räumt die Zweifel nicht aus.[161] *Es handelt sich daher bei einem Vorkaufsrecht nach § 1097 Hs. 1 BGB nicht um ein dingliches Recht. Anderes gilt für ein Vorkaufsrecht für mehrere oder alle Verkaufsfälle gemäß § 1097 Hs. 2 BGB; dieses übersteht eine Übereignung ohne Verkaufsfall und richtet sich auf den Erwerber aus.*[162]

Der auf § 1097 BGB gerichtete Blick des Gesetzgebers ist der Grund dafür, dass 109
sich die Dinglichkeit der Vorkaufsrechte nach dem Vermögensgesetzt so schwer nachweisen lässt; die in §§ 1094 ff. BGB geregelten Vorkaufsrechte haben während ihrer Entstehungsgeschichte eine erhebliche Entdinglichung erfahren. Die Verfasser des Bürgerlichen Gesetzbuchs sahen die Besonderheit des dinglichen Vorkaufsrechts darin, dass es den Erwerber bindet;[163] dies deckt sich mit den Merkmalen der Dinglichkeit. Dieser Vorstellung entspricht noch heute das Vorkaufsrecht des Miterben;[164] dieses erlischt gemäß § 2035 Abs. 1 BGB mit Übertragung des Erbteils gegenüber dem Veräußerer und berechtigt zur Ausübung des Vorkaufsrechts gegenüber dem Erwerber.[165] Einem allgemeinen Vorkaufsrecht mit solcher Durchsetzungskraft standen die Verfasser des Bürgerlichen Gesetzbuchs skeptisch gegenüber; man befürchtete im Grundstücksverkehr eine dauernde, für die wirtschaftliche Entwicklung hinderliche Belastung des Grundeigentums.[166] Ganz auf ein dingliches Vorkaufsrecht verzichten wollte man dennoch nicht, weil man sich positive Impulse für die Landwirtschaft versprach;[167] Großgrundbesitzer sollten die Möglichkeit erhalten, Land in jeder Hinsicht wirtschaftlich nutzbar an Kleingrundbesitzer abzugeben, ohne endgültig die Kontrolle zu verlieren. Deshalb entschied man sich für einen Mittelweg; man sah ein dingliches Vorkaufsrecht an Grundstücken vor, beschränkte jedoch die Durchsetzungskraft gemäß § 957 Abs. 1 E I auf einen Übereignungsanspruch des

161 Vgl. nur OLG München (18.12.09) NotBZ 2010, S. 232. Zustimmend Amann, NotBZ 2010, S. 201 (207); DNotI-Report 2011, S. 97.

162 RG JW 1911, S. 976; Palandt/Bassenge (2014) § 1097 BGB Rz. 6; Erman/Grziwotz (2014) § 1097 BGB Rz. 5; Staud/Schermaier (2009) § 1097 BGB Rz. 18; MünchKomm/Westermann (2013) § 1097 BGB Rz. 5.

163 Mugdan III, S. 249 unten = Motive III, S. 447.

164 Auch die Verfasser des BGB sind davon ausgegangen, mit den heutigen §§ 2034 ff. BGB ein dingliches Vorkaufsrecht zu schaffen, Mugdan V, S. 498 ff. Eine durchaus ähnliche Wirkung hatte auch das Vorkaufsrecht nach §§ 306, 307 ZGB der DDR, vgl. Andrae NJ 1994, S. 251.

165 Daran machen die Dinglichkeit ebenfalls fest: BGH BB 1967, 1104; Erman/Bayer (2014) § 2035 BGB Rz. 1; Knüfermann, S. 93 f.

166 Mot. III, S. 448.

167 Mot. III, S. 448 f. ; Heck, § 111 III.

Berechtigten gegen den Dritten.[168] Die Zweite Kommission ging den Weg der Entdinglichung konsequent zu Ende, indem sie die Drittwirkung des Vorkaufsrechts auf das erst von ihr eingefügte Rechtsinstitut der Vormerkung reduzierte.[169] Die Bezeichnung als dingliches Vorkaufsrecht blieb und wurde zu einem Etikett, dem die endgültige Regelung der heutigen §§ 1094 ff. BGB im Kern gar nicht mehr entspricht.

110 Soweit zu der Frage Stellung genommen wird, was mit einem Vorkaufsrecht nach dem Vermögensgesetz geschieht, wenn das Grundstück an einen künftigen Erben verkauft und übereignet wird, lautet die Antwort kurz: Es erlischt.[170] Begründet wird dies mit der Rechtslage bei § 470 BGB, der gemäß §§ 20 a S. 5, 20 Abs. 8 VermG auch für die Vorkaufsrechte nach dem Vermögensgesetz gilt. Unmittelbar ist § 470 BGB allerdings eine Bestimmung zum rechtsgeschäftlichen, obligatorischen Vorkaufsrecht, für das ein Fortbestehen gemäß §§ 133, 157 BGB keinen Sinn macht; in der Regel ist der Erwerb durch den Erben endgültig, ein obligatorisches Vorkaufsrecht richtet sich aber nicht auf den Erwerber aus. Die Stellungnahmen zum Erlöschen des Vorkaufsrechts bei unmittelbarer Anwendung von § 470 BGB[171] betreffen daher allein das obligatorische Vorkaufsrecht.

Vor dem Hintergrund, dass ein obligatorisches Vorkaufsrecht erlischt, ist § 470 BGB rechtspolitisch problematisch:[172] Die Vorschrift nimmt Rücksicht auf ein künftiges Erbrecht und führt so im Zweifel zum Erlöschen des obligatorischen Vorkaufsrechts; würde die Rechtsnachfolge gemäß § 1922 Abs. 1 BGB von Todes wegen eintreten, bliebe das Vorkaufsrecht erhalten.

111 Die Vorkaufsrechte nach dem Vermögensgesetz überstehen daher eine Veräußerung, welche das Vorkaufsrecht nicht auslöst. Auf diese Weise geht die Position des Berechtigten erst verloren, wenn er wenigsten einmal auf das Grundstück zugreifen konnte;[173] dies wird dem angestrebten Ausgleich der beteiligten Interessen (Rz. 9 ff.) am besten gerecht. Gegen ein Fortbestehen der Vorkaufsrechte im Falle eines Verkaufs an den gesetzlichen Erben spricht nicht § 20 Abs. 6 S. 2

168 Mot. III, S. 450.

169 Prot. III, S. 758.

170 FRMN/Fieberg/Plesse § 20 VermG Rz. 44.

171 Erman/Grunewald (2014) § 470 BGB Rz. 1; Staud/Mader/Schermaier (2014) § 470 BGB Rz. 7; RGRK/Mezger (1978) § 511 BGB Anm. II; MünchKomm/Westermann (2012) § 470 BGB Rz. 1.

172 Innozenz, Rz. 352; Erman/Grunewald (2014) § 470 BGB Rz. 1; MünchKomm/Westermann (2012) § 470 BGB Rz. 1.

173 Ein solches Vorkaufsrecht könnte häufig mit dem Zusatz „für den ersten Verkaufsfall" gemeint sein, vgl. Zeiß, DNotZ 1998, S. 308.

VermG. Der Begriff des Verkaufsfalls erfasst auch einen Verkauf, der das Vorkaufsrecht nicht auslöst; dadurch unterscheidet sich dieser Begriff von dem des Vorkaufsfalls (Rz. 117).[174] Der Verkauf an den gesetzlichen Erben kann aber nicht gemeint sein, weil das Vorkaufsrecht in diesem Fall gerade nicht „gilt".

Insoweit gleichen die Vorkaufsrechte nach dem Vermögensgesetzt dem Vorkaufsrecht gemäß § 577 Abs. 1 BGB; auch beim Vorkaufsrecht des Mieters handelt es sich um ein Vorkaufsrecht für den ersten Verkaufsfall, welches eine Sonderrechtsnachfolge ohne Vorkaufsfall übersteht.[175] Das Vorkaufsrecht des Mieters übersteht die Sonderrechtsnachfolge allerdings nur Kraft gesetzlicher Anordnung in § 566 Abs. 1 BGB; es handelt sich daher nicht um dingliches Recht (vgl. Rz. 94). Wird der in § 566 Abs. 1 BGB geregelte Grundsatz z.B. durch eine Kündigung gemäß § 57 a ZVG oder § 111 InsO durchbrochen, erlischt auch das Vorkaufsrecht.[176]

4. Gestaltungsrecht

Auch die Antwort auf die Frage, ob das Vorkaufsrecht ein Gestaltungsrecht ist,[177] 112
hängt davon ab, was man unter einem Gestaltungsrecht versteht; genau wie bei der Dinglichkeit fehlt ein einheitliches Begriffsverständnis. Kontrovers diskutiert werden die Konturen des Begriffs, wobei eine Einordnung des Vorkaufsrechts in die Gruppe der Gestaltungsrechte nur über die umstrittenen Randbereiche möglich ist. Wie weit sich das Vorkaufsrecht in diesem Randbereich bewegt, hängt davon ab, wie man das Zustandekommen des Zweitvertrags konstruiert. Das Zustandekommen des Zweitvertrags wird daher meist im Zusammenhang mit der Rechtsnatur des Vorkaufsrechts diskutiert. Dadurch wird jedoch der Blick auf die konstruktive Komponente verstellt. Aus bestimmtem Blickwinkel mag die Diskussion um einzelne Facetten der Rechtsnatur müßig erscheinen;[178] für die konstruktiven Fragen gilt dies jedoch nicht (Rz. 369).

Verzichtet man auf eine Willenserklärung des Verpflichteten, kommt der 113
Zweitvertrag allein durch die Ausübungserklärung des Berechtigten zustande (Rz. 372). Eine solche Wirkung des Vorkaufsrechts scheint mit der Wirkung

174 Zur Unterscheidung vgl. Stöber (2012) § 44 ZVG Rz. 5.27.

175 Vgl. dazu BGH (21.1.15) ZfIR 2015, S. 278. **A.A.** noch BGH (22.6.07) NJW 2007, S. 2699; auch Falkner, MittBayNot 2012, S. 519.

176 Für ein vertragliches Vormietrecht KG Berlin (23.9.10) MDR 2011, S. 218.

177 Von einem Gestaltungsrecht sprechen z.B. Prütting/Eickmann (2013) § 1094 BGB Rz. 1; Jauernig/Berger (2014) § 1094 BGB Rz. 2; Innozenz, Rz. 410; Knüfermann, S. 99.

178 Oechsler, Vertragsrecht (2013) § 2 D, Rz. 534; MünchKomm/Westermann (2012) § 463 BGB Rz. 7; Walter, Kaufrecht, § 13 III 1, S. 609. **Dagegen** der Appell von Larenz, SchR II/1 (1986), § 44 III (S. 152).

bspw. einer Kündigung vergleichbar. Während allerdings die Kündigung ein Vertragsverhältnis einseitig beendet, ließe das Vorkaufsrecht einseitig ein Vertragsverhältnis entstehen. Handelt es sich dennoch um ein Gestaltungsrecht? Verzichtet man hingegen nicht auf eine Willenserklärung des Verpflichteten, ist die Ausübungserklärung des Berechtigten lediglich die Annahme eines Antrags im Sinne §§ 147 ff. BGB (Rz. 370). Ist auch die Annahme eines bindenden Antrags Ausübung eines Gestaltungsrechts?[179] Gegen eine Qualifizierung der Annahme als Gestaltungsrecht spricht § 180 BGB; eine Vertretung ohne Vertretungsmacht wäre nicht möglich. Gründe, dem Berechtigten bei der Ausübung des Vorkaufsrecht ggf. die Möglichkeit einer Genehmigung zu versagen, sind nicht ersichtlich: Die Rückwirkung der Genehmigung[180] steht gemäß § 184 Abs. 1 BGB unter dem Vorbehalt anderweitiger gesetzlicher Bestimmung; eine solche Bestimmung besteht beim Vorkaufsrecht in Gestalt der Ausübungsfrist in § 469 BGB.

114 Weil sich die Ausübung des Vorkaufsrechts als Annahme begreifen lässt, ermöglicht allein die Einordnung als Gestaltungsrecht[181] keinen Rückschluss auf die Möglichkeit eines einseitigen Verzichts. Im Übrigen wird aus der Einordnung als Gestaltungsrecht hauptsächlich die Schlussfolgerung gezogen, dass die Ausübungserklärung bedingungsfeindlich ist.[182] Qualifiziert man die Ausübungserklärung des Berechtigten als Annahme im Sinne §§ 147 ff. BGB, bedarf es eines Rückgriffs auf ein Gestaltungsrecht nicht; da sich die Annahme eines Antrags in schlichter Zustimmung erschöpfen muss, kann sie ohnehin nicht an eine Bedingung geknüpft werden. Es besteht daher keine Veranlassung, das Vorkaufsrecht in den Kreis der Gestaltungsrechte zu pressen.

5. Bedingtes Recht

115 Zum Teil wird angenommen, ein Vorkaufsrecht sei durch den Abschluss des Erstvertrags aufschiebend bedingt; trete der Vorkaufsfall nicht ein, entstehe das Vorkaufsrecht nicht.[183] Dagegen spricht, dass ein Vorkaufsrecht seinen Verpflichteten bereits mit Begründung bindet; der Verpflichtete kann nicht mehr nur an einen Dritten übereignen (Rz. 101). Zudem stellt sich die Frage nach dem

---

179 **Dagegen** Oetker/Maultzsch, Vertragliche Schuldverhältnisse (2013) § 2 H IV 2b, Rz. 497.

180 Überlegungen zum Verhältnis von Rückwirkung und Ausübungsfrist in BGH (15.6.60) NJW 1960, S. 1805 (1806).

181 So offenbar Innozenz, Rz. 444.

182 Vgl. bspw. BGH (15.6.60) NJW 1960, S. 1805 (1807); Medicus/Lorenz, SchR (2014), § 86 III 5, Rz. 329.

183 Larenz, SchR II/1 (1986) § 44 III (S. 151 u. 153).

Unterschied zwischen einer Bedingung und einer Voraussetzung. Während der Begriff der Bedingung rechtsgeschäftlich geprägt ist, beschreibt eine Voraussetzung den Teil einer Norm. Der Vorkaufsfall ist gemäß § 463 BGB Voraussetzung für die Ausübung des Vorkaufsrechts; auch das spricht gegen die Einordnung als Bedingung. Auch der Duldungsanspruch aus § 1147 BGB setzt z.B. den Eintritt des Sicherungsfalls voraus; dennoch kommt man nicht auf die Idee, die Hypothek als bedingtes Recht anzusehen.

6. Übertragbares Recht

Die Vorkaufsrechte nach dem Vermögensgesetz sind nicht übertragbar und ge- 116
hen nicht auf den Erben über, §§ 20 a S. 5, 20 Abs. 7 S. 1 VermG; sie sollen den Verlust einer eigentumsähnlichen Position ausgleichen (Rz. 18) und sind daher untrennbar mit der Person verbunden, die diese Position verloren hat.[184] Es handelt sich daher um mit § 1094 Abs. 1 BGB vergleichbare subjektiv-persönliche Vorkaufsrechte. Der Berechtigte kann das Vorkaufsrecht auch nicht mit Zustimmung des Verpflichteten übertragen. Bei einem persönlichen Vorkaufsrecht aus Rechtsgeschäft ist dies möglich;[185] im Unterschied zu § 473 S. 1 BGB ordnet § 20 Abs. 7 S. 1 BGB aber nicht ausdrücklich die Zulässigkeit einer abweichenden Vereinbarung der Beteiligten an. § 473 S. 1 BGB hat im Übrigen den gleichen Wortlaut und Hintergrund; auch diese Vorschrift ist dem geschuldet, dass ein Vorkaufsrecht in der Regel auf die persönlichen Interessen des Berechtigten zugeschnitten ist.[186] Dennoch hat der Gesetzgeber nicht auf § 473 S. 1 BGB verwiesen; Grund hierfür kann nur gewesen sein, dass eine abweichende Vereinbarung gerade nicht möglich sein sollte.

---

184 Unübertragbarkeit wegen des besonderen Zwecks, vgl. BT-Drs. 12/6228, S. 104 (Sp. 2).

185 RG Z 48, S. 105 (112); BGH WM 1963, S. 617; Walter, Kaufrecht, § 13 III 4, S. 614.

186 Mot. II, S. 351 oben.

C. Vorkaufsfall

Ist der Vorkaufsfall eingetreten, kann der Berechtigte das Vorkaufsrecht ausüben und einen Kaufvertrag mit dem Verpflichteten zustande bringen. Der Vorkaufsfall fasst die Voraussetzungen der Ausübung des Vorkaufsrechts zusammen; in diesem Sinne verwendet auch das Vermögensgesetz diesen Terminus, vgl. § 20 Abs. 7 a S. 1 VermG. Anders als bei den Vorkaufsrechten nach dem Vermögensgesetz handelt es sich bei den rechtsgeschäftlichen Vorkaufsrechten nach dem Bürgerlichen Gesetzbuch nicht um einen gesetzlichen Terminus; die einschlägigen Vorschriften verwenden den Begriff des Vorkaufsfalls nicht. Die Frage, ob ein Vorkaufsrecht ausgeübt werden kann, lässt sich nicht ohne Auseinandersetzung mit der sogenannten Umgehungsproblematik beantworten. Nicht selten versucht der Verpflichtete zu verhindern, dass der Vorkaufsfall eintritt; überschreitet er dabei die Grenze des Zulässigen, ist man sich heute[187] einig, dass der Berechtigte dennoch ausüben kann. Für den Vorkaufsfall bedeutet dies, dass es neben einem Normalfall Sonderfälle gibt, die ein Vorkaufsrecht auslösen;[188] der erste Blick soll aber dem Normalfall gelten. 117

I. Normalfall

Den Normalfall kennzeichnet, dass sich der Verpflichtete den Vorstellungen des Gesetzgebers entsprechend verhält: Führt der direkte Weg zur Verwirklichung seiner Interessen über das Vorkaufsrecht, wird er diesen Weg dessen ungeachtet gehen oder von der Realisierung dieser Interessen absehen. Die Vorstellung, der Verpflichtete müsse seine Interessen verfolgen, als gäbe es das Vorkaufsrecht nicht,[189] geht zu weit. Zum einen ist anerkannt, dass der Verpflichtete dem Berechtigten die Ausübung des Vorkaufsrechts nicht ermöglichen muss (Rz. 52); das bedeutet aber, dass der Verpflichtete bei der Auswahl seiner Ziele das Vorkaufsrecht durchaus im Blick haben darf. Zum anderen muss der Verpflichtete im Verhältnis zum Dritten für den Fall der Ausübung des Vorkaufsrechts vorsorgen 118

187 **A.A.** früher BGH WM 1960, 551, heute BGH Z 115, 335, jeweils der V. Senat.

188 Vglb. klar zwischen Vorkaufsfall und Umgehung differenziert bspw. MünchKomm/Westermann (2012) § 463 BGB Rz. 14 ff.; vage Schlechtriem, SchR BT (2003) § 6 III 3, Rz. 165 u. 167. Schurig, S. 128 ff., trennt begrifflich, bestimmt aber den Vorkaufsfall nicht unabhängig von der Umgehungsproblematik.

189 So bspw. Schurig, S. 152; ähnlich Reinicke/Tiedtke, KaufR (2009), Rz. 1110.

(Rz. 226); dass der Gesetzgeber ihm diese Möglichkeit nicht nehmen wollte, zeigt § 465 BGB.

119 Der direkte Weg führt über ein Vorkaufsrecht, wenn sich der Verpflichtete entschließt, den belasteten Gegenstand zu versilbern. Der Verpflichtete verhält sich den Vorstellungen des Gesetzgebers entsprechend, wenn er mit einem Dritten schlicht einen Kaufvertrag schließt und dabei das Vorkaufsrecht nur aus Gründen der Vorsorge berücksichtigt. Insbesondere das spätere Rechtsverhältnis zum Berechtigten darf beim Abschluss des Erstvertrags keine Rolle spielen. Diese Vorstellung des Gesetzgebers hat sich erst im Laufe des Gesetzgebungsverfahrens verfestigt. So ging der erste Entwurf zum BGB noch davon aus, dass der Verpflichtete bei der Gestaltung des Vertrags mit dem Dritten dafür Sorge treffen könne, dass dem Berechtigten eine dem Dritten gewährte Stundung nicht zugute kommt.[190] Der hierdurch drohende Missbrauch wurde erkannt und am Entwurf entsprechende Korrekturen vorgenommen.[191] Für den Fall einer dem Dritten gewährten Stundung erfuhren die Interessen des Verpflichteten im Verhältnis zum Berechtigten mit der Regelung des heutigen § 468 Abs. 1 BGB Berücksichtigung.

120 Welche Voraussetzungen das Vorkaufsrecht auslösen, ist eine Frage der inhaltlichen Ausgestaltung und daher grundsätzlich nach dem Willen der Schöpfer zu beurteilen. Für die Vorkaufsrechte nach dem Vermögensgesetz gelten die Regelungen in §§ 20, 20 a VermG, die durch eine Verweisung auf vorkaufsrechtliche Vorschriften des Bürgerlichen Gesetzbuchs ergänzt werden, §§ 20 a S. 5, 20 Abs. 8 VermG.

1. Vertragsschluss

121 Der Vorkaufsfall setzt gemäß § 463 BGB den Abschluss eines Vertrags voraus; das gilt gemäß §§ 20 a S. 5, 20 Abs. 8 VermG auch für die Vorkaufsrechte nach dem Vermögensgesetz. Wider Erwarten ist es nicht einfach, die Frage zu beantworten, wann ein Vertrag geschlossen ist; im Schrifttum findet man lediglich Analysen zur Auswirkung einzelner Unwirksamkeitsgründe auf den Eintritt des Vorkaufsfalls, die eine Verallgemeinerung vermissen lassen,[192] bzw. mit einer vorab erfolgten Verallgemeinerung nicht in Einklang gebracht werden.[193]

---

190 Motive II, S. 347; Mugdan II, S. 193.

191 Mugdan II, S. 798.

192 Vgl. etwa Erman/Grunewald (2014) § 463 BGB Rz. 11 ff.; RGRK/Mezger (1978) § 504 BGB Rz. 7.

193 Hierzu gehören etwa Soergel/Wertenbruch (2009) § 463 BGB Rz. 57 ff.; Staud/Mader/Schermaier (2014) § 463 BGB Rz. 13 ff.; MünchKomm/Westermann (2012) § 463 BGB Rz. 14 ff.

a. *Voluntatives Moment*

Ein Vertrag ist ein mehrseitiges Rechtsgeschäft; sein Abschluss setzt daher übereinstimmende, auf dieselben Rechtsfolgen gerichtete Willenserklärungen der Parteien voraus (Konsens). Ein Vertrag ist also geschlossen, wenn sich die Parteien vollständig – vgl. § 154 Abs. 1 BGB – geeinigt haben. Die bloße Einräumung eines Ankaufrechts[194] oder der bloße Antrag auf Abschluss eines Vertrags[195] berechtigen daher nicht zur Ausübung des Vorkaufsrechts. 122

b. *Normatives Moment*

Als normatives Moment wird überwiegend verlangt, dass der Erstvertrag wirksam ist.[196] Bezeichnungen wie „rechtswirksam"[197] oder „rechtsgültig"[198] beschreiben keine niedrigere Schwelle; diese Bezeichnungen kündigen lediglich die Ausnahme beim aufschiebend bedingten Vertrag an, wie sich einer anschließenden Analyse einzelner Konstellationen entnehmen lässt.[199] Die Wirksamkeit ist aber nicht der einzig denkbare Anknüpfungspunkt für den Vorkaufsfall. Nach dem Wortlaut von § 463 BGB genügt es, dass Verpflichteter und Dritter einen Vertrag geschlossen haben;[200] im Vordergrund steht also nicht die Wirksamkeit, sondern der Vertragsschluss. Der Vertragsschluss markiert den Moment, in dem die Rechtsordnung an die Vereinbarung Rechtsfolgen knüpft und die Parteien an den Vertrag bindet.[201] Diese Bindung der Parteien und die Wirksamkeit des Vertrags fallen grundsätzlich zusammen; ist der Vertrag wirksam, sind die Parteien gebunden. Das kann aber ausnahmsweise anders sein, wie das Beispiel 123

---

194 RG Recht 1908, Nr. 3777; Soergel/Wertenbruch (2009) § 463 BGB Rz. 57; Staud/Mader/Schermaier (2014) § 463 BGB Rz. 35.

195 RG Recht 1928, Nr. 1828; Z 98, 44, 49; Soergel/Wertenbruch (2009) § 463 BGB Rz. 57; Staud/Mader/Schermaier (2014) § 463 BGB Rz. 35.

196 Vgl. etwa BGH (20.2.57) NJW 1957, S. 830; (3.10.56) DNotZ 1957, S. 16; (4.6.54) NJW 1954, S. 1442; HK-BGB/Staudinger (2012) § 1098 BGB Rz. 3; Pawlitschek, S. 66 f.; Prütting/Eickmann (2013) § 1097 BGB Rz. 3; Staud/Mader/Schermaier (2014) § 463 BGB Rz. 35.

197 Vgl. etwa Jauernig/Berger (2014) § 1097 BGB Rz. 1; Oetker/Maultzsch, Vertragliche Schuldverhältnisse (2002) § 2 H IV 3a, Rz. 501; MünchKomm/Westermann (2012) § 463 BGB Rz. 14.

198 Vgl. Larenz, SchR II/1 (1986) § 44 III (S. 152); Schlechtriem, SchR BT (2003), § 6 III 3, Rz. 165; Schurig, S. 139.

199 Ausdrücklich von einer Ausnahme spricht bspw. Schurig, S. 139.

200 Darauf weist zu Recht hin Dietzel, JR 1975, S. 8 (12, Sp. 1 oben).

201 Staud/Bork (2010) Vorbem. zu §§ 145 ff. BGB Rz. 8.

eines aufschiebend bedingten Vertrags verdeutlicht; die Parteien sind gebunden, obwohl der Vertrag gemäß § 158 Abs. 1 BGB noch nicht wirksam ist.

124 Der Gesetzgeber hatte den aufschiebend bedingten Vertrag im Blick;[202] daher hat er vermutlich bewusst von einem „perfekten" Vertrag gesprochen[203] und bei der Schaffung des heutigen § 463 BGB gerade nicht auf die Wirksamkeit des Vertrags abgestellt. Ziel des Gesetzgebers war es, dem Berechtigten die Entscheidung über die Ausübung des Vorkaufsrechts auf verlässlicher Grundlage zu ermöglichen:[204] Eine unverbindliche Bereitwilligkeit des Dritten sollte nicht genügen, weil sich diese juristisch nicht klar umgrenzen ließe und dem Verpflichteten die Möglichkeit eröffnen würde, den Berechtigten durch das Vorschieben eines nicht ernsthaft interessierten Dritten zu bedrängen; die Bindung des Dritten ist eine eindeutig feststellbare Zäsur, die für die Ernsthaftigkeit des Dritten nicht weniger Garantie ist, als die Wirksamkeit des Vertrags. Zudem sollte der Inhalt des Vertrags nicht mehr im Fluss sein, weil dies eine Unterscheidung zwischen zulässigen und unzulässigen Änderungen erforderlich machen, und damit zu erheblicher Rechtsunsicherheit führen würde; sobald ein Vertrag bindet, steht sein Inhalt fest und kann durch Auslegung ermittelt werden. Die Bindung des Verpflichteten beseitigt jede Rechtsunsicherheit; rechtlich hat der Berechtigte eine Möglichkeit, auch gegen den Willen des Verpflichteten auf den belasteten Gegenstand zuzugreifen.

125 Willkürlich ist das Kriterium der Wirksamkeit allerdings nicht;[205] es geht um die Auslegung von § 463 BGB, wobei die Wirksamkeit die Anforderungen des Gesetzgebers ebenfalls erfüllt. Wortlaut und Entstehungsgeschichte legen es aber nahe, für den Vorkaufsfall nicht auf die Wirksamkeit des Vertrags, sondern auf den Eintritt der Bindungswirkung abzustellen.[206] Die Bindungswirkung des Vertrags lässt sich unter Umständen nicht ganz einfach feststellen; das gilt aber für die Wirksamkeit ganz genauso. Die Ausübung des Vorkaufsrechts vor Wirksamkeit ist auch nicht sinnlos, weil der Berechtigte den Erwerb des belasteten Gegenstands noch nicht erzwingen kann;[207] der Berechtigte genießt infolge der Ausübung des Vorkaufsrechts Schutz und kann sich um die Wirksamkeit des Zweitvertrags selbst bemühen. Im Übrigen erweist sich dieser Ansatz auch mit Blick auf die einzelnen Fallkonstellationen als deutlich leistungsfähiger.

---

202 Mot. II, S. 346.

203 Mot. II, S. 345.

204 Mot. II, S. 345; Mugdan II, S. 792 oben.

205 Diesen Vorwurf erhebt Dietzel, JR 1975, S. 8 (9, Sp. 2).

206 Wie hier Dietzel, JR 1975, S. 8 (12, Sp. 1).

207 RG (17.1.20) Z 98, S. 47; BGH (4.6.54) Z 14, S. 1 (3).

i. Nichtiger Vertrag

Ist der Erstvertrag nichtig, tritt der Vorkaufsfall grundsätzlich nicht ein; der Berechtigte kann daher das Vorkaufsrecht nicht ausüben.[208] 126

Beispiel 9: Der Verpflichtete verkauft das belastete Grundstück privatschriftlich an den Dritten; aufgrund späterer Differenzen wird dieser Vertrag nie ausgeführt. Der Berechtigte kann nicht ausüben, weil der Erstvertrag wegen Formmangels nichtig ist, §§ 311 b Abs. 1, 125 S. 1 BGB.

Dabei bleibt es auch, wenn man den Eintritt einer Bindungswirkung genügen lässt; obwohl sich die Parteien einig sind, löst der nichtige Vertrag keine Rechtsfolgen aus, die Rechtsordnung versagt diesem Vertrag jedwede Anerkennung. Etwas anderes kann sich allerdings ergeben, wenn die Parteien den Erstvertrag ausführen.[209] Die Ausführung des Vertrags kann gemäß § 311 b Abs. 1 S. 2 BGB einen Formmangel heilen. Der Vertrag wird wirksam und bindet die Parteien. Tritt Heilung ein, kann der Berechtigte folglich auch sein Vorkaufsrecht ausüben.[210]

Im Beispiel 9 müsste der Verpflichtete dem Dritten das Grundstück auflassen und der Dritte als neuer Eigentümer im Grundbuch eingetragen werden, § 311 Abs. 1 S. 2 BGB; folglich könnte der Berechtigte das Vorkaufsrecht ausüben.

Eine ausführungsbedingte Bindung kann sich auch aus Bereicherungsrecht ergeben. Seltener wird der Fall sein, dass die Parteien den Erstvertrag in Kenntnis der Nichtigkeit ausführen. Wird in Kenntnis der Nichtschuld geleistet, kann das zum Zwecke der Erfüllung Geleistete nicht zurückgefordert werden, § 814 BGB; indem die Rechtsordnung eine Rückabwicklung verwehrt, sind die Parteien faktisch an den nichtigen Vertrag gebunden, sobald beide ausgeführt haben. Dasselbe gilt aber, wenn eine der Parteien den Vertrag ausführt, der wegen Verstoßes gegen die guten Sitten nichtig ist. Der sittenwidrig handelnden Partei ist eine Rückforderung des Geleisteten verwehrt, § 817 S. 2 BGB. Insoweit genügt irgendeine Ausführungshandlung der wissenden bzw. sittenwidrig handelnden Partei; die Vereinbarung muss nicht vollständig ausgeführt, das Grundstück 127

---

208 Jüngst: OVG Münster (13.8.14) NuR 2014, S. 883. Im Übrigen: RG JW 1922, 218; 1927, 1516; OGH Z 1, 327, 330; BGH (11.10.91) NJW 1992, S. 236; (11.10.91) WM 1960, 551, 552; Schreiber, Jura 2012, S. 114 (116); Erman/Grunewald (2014) § 463 BGB Rz. 10; Staud/Mader/Schermaier (2014) § 463 BGB Rz. 36; Oetker/Maultzsch (2013) § 2 H IV 3a, Rz. 501; MünchKomm/Westermann (2012) § 463 BGB Rz. 14. Speziell für §§ 311 b Abs. 1 S. 1, 125 S. 1 BGB Walter, Kaufrecht, § 13 III 4, S. 612.

209 In diese Richtung Knüfermann, S. 45 f. Ablehnend Klinke, S. 27 ff.

210 Staud/Mader/Schermaier (2014) § 463 BGB Rz. 36; Schurig, S. 147.

insbesondere nicht wirksam übereignet worden sein. Weder § 814 BGB, noch § 817 S. 2 BGB setzen voraus, dass die nicht bestehende Leistungsverpflichtung vollständig erfüllt wird.

Beispiel 10: Der Verpflichtete nutzt die Unerfahrenheit des Dritten aus und lässt sich einen Kaufpreis versprechen, der doppelt so hoch wie der Verkehrswert des Grundstücks ist. Der Verpflichtete übergibt dem Dritten das Grundstück. Der Kaufvertrag zwischen Berechtigtem und Verpflichtetem ist gemäß § 138 Abs. 2 BGB wegen Wuchers nichtig. Der Verpflichtete kann dennoch weder kondizieren noch vindizieren; § 817 S. 2 BGB blockiert auch den Anspruch aus § 985 BGB.[211] Der Dritte kann die Rückabwicklung betreiben; dazu muss er aber erst tätig werden.

128 In diesen Fällen muss der Berechtigte ausüben können, wenn sein Vorkaufsrecht nicht leerlaufen soll. Die Bedenken des Gesetzgebers, auf das Vorfeld des Vertrags abzustellen (Rz. 124), greifen nicht mehr Platz. Zudem wollte der Gesetzgeber mit dem Erfordernis eines „perfekten" Vertrags den Berechtigten schützen; wenn durch dieses Erfordernis das Vorkaufsrecht leer zu laufen droht, muss dem entgegenwirkt werden. Die inhaltliche Übereinstimmung von Erst- und Zweitvertrag gemäß § 464 Abs. 2 BGB steht einer solchen Lösung nicht entgegen; die Nichtigkeit auslösenden Elemente des Erstvertrags werden nicht Teil des Zweitvertrags (Rz. 378). Mit Erhalt einer Zahlung durch den Dritten kommt ein weiteres Argument hinzu: Der Verpflichtete hat sein Interesse, den belasteten Gegenstand zu versilbern, bereits realisiert; wenn aber bereits ein darauf gerichteter Vertrag das Vorkaufsrecht auslöst, muss dies bei Realisierung erst recht so sein.

129 Die Ausübungsmöglichkeit für den Berechtigten lässt sich durch Auslegung von § 463 BGB erreichen; auch ein nichtiger Vertrag ist im Sinne der Vorschrift geschlossen, wenn die Rechtsordnung an diesen anknüpft und die Parteien faktisch daran bindet. Da man sich innerhalb des Wortlauts bewegt, handelt es sich nicht um eine analoge Anwendung von § 463 BGB; eine solche wäre nicht unproblematisch: Das dingliche Vorkaufsrecht würde ausgelöst, obwohl die Voraussetzungen eigentlich nicht erfüllt sind; das kollidiert mit dem sachenrechtlichen Typenzwang (Rz. 238).

---

211 So Palandt/Bassenge (2014) Einl. v. § 854 BGB Rz. 11; Larenz/Canaris (1994) § 68 III 3e, S. 165. **A.A.** BGH (20.5.64) Z 41, S. 341; (8.1.75) Z 63, S. 365; Staud/Gursky (2013) § 985 BGB Rz. 110.

ii. *Aufschiebend bedingter Vertrag*

Steht der Vertrag unter einer aufschiebenden Bedingung, ist der Vertrag nicht wirksam; dennoch ist anerkannt, dass der Berechtigte dessen ungeachtet ausüben kann.[212] 130

Beispiel 11: Der Verpflichtete verkauft das belastete Grundstück an den Dritten. Der Dritte beabsichtigt das Grundstück selbst zu nutzen, sobald der Nutzungsvertrag mit dem Berechtigten gekündigt werden kann; er muss allerdings damit rechnen, dass der Berechtigte von seinem Recht gemäß § 12 Abs. 4 SchuldRAnpG Gebrauch macht und das vorhandene Wochenendhäuschen entfernt. Daher soll der Vertrag erst gelten, wenn das zuständige Bauamt auf Anfrage bestätigt, dass auf dem Grundstück ggf. ein neues Wochenendhäuschen errichten werden darf; der notarielle Kaufvertrag enthält eine entsprechende Klausel. Dieser Vertrag ist im Sinne § 158 Abs. 1 BGB aufschiebend bedingt.

Der dahingehende Wille des Gesetzgebers lässt sich am Gesetz selbst festmachen. 131 § 465 BGB regelt u.a., ob eine spezielle, aufschiebende Bedingung des Erstvertrags gemäß § 464 Abs. 2 BGB Teil des Zweitvertrags wird; das setzt voraus, dass der Berechtigte vor Bedingungseintritt ausüben kann. Durch eine Ausübung des Vorkaufsrechts vor Bedingungseintritt wird die Stellung des Berechtigten verbessert. Der Berechtigte kann das Grundstück erst nach Bedingungseintritt erwerben; auch der Zweitvertrag kommt gemäß § 464 Abs. 2 BGB bedingt zustande,[213] sodass der in ihm angelegte Übereignungsanspruch erst mit Eintritt der Bedingung entsteht, § 159 BGB. Der Berechtigte genießt aber durch das vorgezogene Zustandekommen des Zweitvertrags den Schutz der §§ 160 ff. BGB; zudem lassen sich auf diesem Wege ausnahmsweise Bedingungen neutralisieren, die ausschließlich im Interesse des Dritten vereinbart wurden (Rz. 378).[214]

Im Beispiel 11 scheitert der Zweitvertrag nicht, wenn das zuständige Bauamt die entsprechende Anfrage negativ bescheidet; da weder der Verpflichtete noch der Berechtigte ein neues Gebäude errichten wollen, war ein positiver Bescheid ausschließlich für den Dritten von Interesse.

---

212 RG Z 98, S. 44 (49); (24.2.23) 106, S. 320 (324); OLG Stuttgart DNotZ 1950, S. 61; Motive II, S. 346; Mugdan II, S. 192; Erman/Grunewald (2014) § 463 BGB Rz. 13; Soergel/Wertenbruch (2009) § 463 BGB Rz. 59; RGRK/Mezger (1978) § 504 BGB Rz. 7; Planck (1906) § 504 BGB lit. a); Staud/Mader/Schermaier (2014) § 463 BGB Rz. 41; Oetker/Maultzsch, Vertragliche Schuldverhältnisse (2013) § 2 H IV 3a, Rz. 501; Schurig, S. 141; MünchKomm/Westermann (2012) § 463 BGB Rz. 16.

213 BGH (15.5.98) NJW 1998, S. 2352 (2353); Oetker/Maultzsch, Vertragliche Schuldverhältnisse (2013) § 2 H IV 3a, Rz. 502.

214 Beschränkt auf die auflösende Bedingung und auch im Übrigen zurückhaltend Schurig, S. 139, Fz. 638.

132 Das Wirksamkeitserfordernis lässt sich nicht dadurch retten, dass man auch den Vorkaufsfall als aufschiebend bedingt ansieht und die Wirkung der Ausübung des Vorkaufsrechts auf den Zeitpunkt des Bedingungseintritts verlagert.[215] Auf diese Weise lässt man eine Ausübung des Vorkaufsrechts ohne Vorkaufsfall zu, was mit dem gewöhnlichen Verständnis von § 463 BGB nicht vereinbar ist. Zudem muss bei Beantwortung der Frage, ab wann der Berechtigte das Vorkaufsrecht ausüben kann, auf die Bindungswirkung zurückgegriffen werden;[216] der Vorkaufsfall wird nur nicht mehr beim Namen genannt. Besteht man grundsätzlich auf der Wirksamkeit des Erstvertrags, ist man im Falle eines aufschiebend bedingten Vertrags zu einer Ausnahme gezwungen.

133 Lässt man hingegen das Einsetzen verbindlicher Wirkungen des Vertrags genügen, bleibt es beim Grundsatz. Ein aufschiebend bedingter Vertrag löst bereits vor Eintritt der Bedingung Rechtsfolgen aus, vgl. § 160 ff. BGB; diese Rechtsfolgen betreffen auch beide Parteien, vgl. nur § 162 BGB. Gemäß § 464 Abs. 2 BGB kommt durch die Ausübung des Vorkaufsrechts ein aufschiebend bedingter Zweitvertrag zustande, so dass die Erwerbschance für den Berechtigten ungewiss ist; anerkennt man die Möglichkeit einer erneuten Ausübung, droht das Vorkaufsrecht nicht unterlaufen zu werden (Rz. 275 ff.). Ein Festhalten am Grundsatz ist also möglich und vermeidet zumindest die Trübung des Gesamtbildes, die mit jeder Ausnahme verbunden ist.

iii. Genehmigungsbedürftiger Vertrag

134 Bedarf der Vertrag schließlich einer Genehmigung, wird der Vertrag erst mit deren Erteilung wirksam. Trotz der Parallele zum aufschiebend bedingten Vertrag, ist man hier überwiegend konsequent und lehnt den Eintritt des Vorkaufsfalls ab.[217] Der Gesetzgeber hat vor dem Hintergrund des Vorkaufsfalls über den

---

215 **A.A.** Burballa, Vorkaufsfall, S. 81; Erman/Grunewald (2014) § 464 BGB Rz. 13; Pawlitschek, S. 72; Staud/Mader/Schermaier (2014) § 463 BGB Rz. 41; Schurig, S. 141; MünchKomm/Westermann (2012) § 463 BGB Rz. 16.

216 Schurig, S. 141.

217 Speziell für die Vorkaufsrechte nach dem Vermögensgesetz Flik, NJ 1993, S. 507 (509). Im Übrigen zudem RG Z 98, S. 44; Z 106, S. 320 (324); (23.6.26) Z 114, 155, 158; (28.4.37) Z 154, S. 370 (377); BGH (4.6.54) Z 14, S. 1 (2 f.); BGH (20.2.57) NJW 1957, S. 830 (831); Z 23, S. 344 (348); MDR 1960, S. 751; (1.10.10) NJW 2010, S. 3774; OLG Stuttgart DNotZ 1950, S. 61; OVG Lüneburg (14.1.13) NuR 2014, S. 209; Prütting/Eickmann (2013) § 1098 BGB Rz. 2; Enneccerus/Lehmann § 117 II 1a; Haegele, DNotZ 1961, S. 229 (233); wohl auch Soergel/Wertenbruch (2009) § 463 BGB Rz. 58; RGRK/Mezger (1978) § 504 BGB Rz. 7; Otker/Maultzsch, Vertragliche

genehmigungsbedürftigen Vertrag nicht nachgedacht; also belässt man es beim Grundsatz und verlangt für den Vorkaufsfall einen wirksamen Vertrag.

Auch im Falle des genehmigungsbedürftigen Vertrags lässt sich eine Abkehr vom Wirksamkeitserfordernis nicht mit Sachzwängen begründen. Unsicherheit über die Genehmigungsbedürftigkeit des Erstvertrags ist geeignet, den Berechtigten zur Ausübung des Vorkaufsrechts vor Eintritt des Vorkaufsfalls zu veranlassen.[218] Diese Eignung geht jedoch auf das allgemeine Lebensrisiko einer unzutreffenden Einschätzung der Rechtslage zurück, das man auch dem Berechtigten nicht abnehmen kann. Zudem kann der Berechtigte nach den Befürwortern der Wirksamkeit den Eintritt des Vorkaufsfalls abwarten, weil er nicht ausüben muss.[219] Dies lässt sich zugleich dem Hinweis entgegen halten, der Erstvertrag sei durch die Ausübung des Vorkaufsrechts zum Scheitern verurteilt und die Einholung der Genehmigung daher entbehrlich.[220] 135

Die Verwerfungen in der Konstruktion sind aber auch beim genehmigungsbedürftigen Vertrag vorhanden (Rz. 132): Die Bindungswirkung des Vertrags lässt sich nicht ignorieren, kann aber unter Beibehaltung des Wirksamkeitserfordernisses nicht überzeugend berücksichtigt werden. Das gilt insbesondere für den Ansatz, die Wirkungen der Ausübungserklärung auf den Zeitpunkt der Genehmigung zu verschieben.[221] Anders als bei der aufschiebenden Bedingung kann dies nicht über einen Schwebezustand des Vorkaufsfalls erreicht werden; dies würde im Zusammenspiel mit der Vormerkungswirkung zu Ungereimtheiten führen. 136

Beispiel 12 (nach RG Z 154, S. 370): Der Verpflichtete verkauft dem Dritten das mit einem dinglichen Vorkaufsrecht belastete Grundstück, und der Berechtigte übt aus. Nach Eintragung einer Auflassungsvormerkung zugunsten des Dritten erfolgt die Eintragung einer Zwangshypothek zugunsten eines Vierten. Sofort nach Erteilung der behördlichen Genehmigung des Erstvertrags lässt der Verpflichtete dem Berechtigten das Grundstück auf. Die Vormerkungswirkung setzt erst mit dem Vorkaufsfall ein (Rz. 75 ff.); stellt man wie damals noch das Reichsgericht auf die Erteilung der Genehmigung ab, muss der Berechtigte die Hypothek hinnehmen, obwohl diese ohne das Vorkaufsrecht an der Auflassungsvormerkung des Dritten gescheitert wäre.

Schuldverhältnisse (2002), § 2 H IV 3a, S. 171; Pawlitschek, S. 73 f.; Peßler, NJW 1960, S. 1785; Schlechtriem, SchR BT (2003), § 6 III 3, Rz. 165; Walter, Kaufrecht, § 13 III 4, S. 612.

218 Dietzel, JR 1975, S. 8 (Sp. 2).

219 Vgl. nur Schurig, S. 146.

220 Dietzel, JR 1975, S. 8 (9, Sp. 2).

221 BGH (15.5.98) NJW 1998, 2352; Brandenburg (3.7.08) ZOV 2008, 254; Erman/Grunewald (2014) § 463 BGB Rz. 14 und § 464 BGB Rz. 2; Staud/Mader/Schermaier (2014) § 463 BGB Rz. 43; Göhner, S. 31 f.; Pawlitschek, S. 74; Schurig, S. 146.

137 Deshalb lässt sich die Wirksamkeit des Zweitvertrags nur über eine entsprechend bedingte Ausübung des Vorkaufsrechts erreichen;[222] der Verpflichtete habe Gewissheit über den neuen Rechtszustand und bedürfe daher nicht des hierauf abzielenden Schutzes der Bedingungsfeindlichkeit. Diese Ausnahme führt unverändert zu einer Trübung des Gesamtbildes; zudem lässt sich die Gewissheit des Verpflichteten auch als Beleg dafür begreifen, dass die Ausübung des Vorkaufsrechts auch in diesen Fällen gar nicht unter einer Bedingung steht. Stellt man auf die Verbindlichkeit des Erstvertrags ab, lassen sich wiederum klare und daher überzeugende Ergebnisse erzielen; insbesondere ergibt sich der zu Recht eingeforderte[223] Gleichklang zum aufschiebend bedingten Vertrag.

138 Der Gewinn an Klarheit zeigt sich deutlich bei der Frage, ob ein während des Schwebezustands hinzutretendes Vorkaufsrecht durch spätere Genehmigung ausgelöst wird. Diese Frage muss verneint werden, weil sich die Erstvertragsparteien auf das Vorkaufsrecht nicht einstellen konnten.[224] Hält man am Wirksamkeitserfordernis fest, tritt der Vorkaufsfall erst mit Genehmigung und damit zu einem Zeitpunkt ein, in dem das Vorkaufsrecht bereits besteht. Will man die Auslösung des Vorkaufsrechts vermeiden, muss man doch auf die Bindungswirkung abstellen;[225] diese Inkonsequenz lässt sich aber nicht überzeugend begründen. Für die Vorkaufsrechte nach dem Vermögensgesetz war eine solche Konstellation denkbar, weil der Antrag auf Einräumung gemäß § 30 a Abs. 4 S. 1 VermG bis zur Bestandskraft des Rückübertragungsbescheids gestellt werden konnte;[226] bekannt geworden ist ein solcher Fall nicht.

139 Das wichtigste Beispiel einer Genehmigung durch Dritte ist die behördliche Genehmigung. Fehlt allein eine behördliche Genehmigung, löst der Vertrag bereits Rechtsfolgen aus; der Erstvertrag bindet unabhängig von der Genehmigung. So können sich die Parteien nicht mehr einseitig vom Vertrag lösen,[227] und sie sind einander verpflichtet, auf die Erteilung der Genehmigung hinzuwirken,

---

222 BGH (15.5.98) NJW 1989, S. 2352 (2353 a.E. beginnend); Burballa, Vorkaufsfall, S. 113 f.; Schurig, Fz. 644.

223 Diezel, JR 1975, S. 8 (10).

224 **A.A.** noch RG (10.4.37) Z 154, S. 304 (308). Wie hier BGH (15.6.60) NJW 1960, S. 1808 (1809 f.).

225 So BGH (15.6.60) NJW 1960, S. 1808 (1809 f.); (10.7.57) DNotZ 1957, S. 657; KG (14.10.37) JW 1937, S. 3178.

226 Eine erhebliche Schutzlücke auf Seiten der Nutzer sieht hierin Göhner, S. 213 u. 220.

227 MünchKomm/Bayreuther (2012) Vor § 182 Rz. 17.

§ 242 BGB.[228] Deshalb ist der Vorkaufsfall unabhängig von der Genehmigung eingetreten, und das Vorkaufsrecht kann ausgeübt werden.[229]

Beispiel 13: Das mit einem Vorkaufsrecht belastete Grundstück liegt am Rande einer kleinen Ansammlung von Wochenendhäuschen mitten in einem Waldstück, bauplanungsrechtlich im Außenbereich gemäß § 35 BauGB. Daher bedarf der notariell beurkundete Kaufvertrag behördlicher Genehmigung gemäß § 2 Abs. 1 S. 1 GrdstVG, um wirksam zu werden.

Obwohl man diese Bindungswirkung im Blick hat,[230] wird am Wirksamkeits- 140
erfordernis festgehalten; die Erwerbschance sei ungewiss und berge die Gefahr, dass das Vorkaufsrecht leerlaufe;[231] diese Gefahr kann aber gebannt werden, indem man das Kaufrecht erst bei endgültigem Erwerb des Grundstücks erlöschen lässt (Rz. 279). Durch die Vorverlagerung ginge den Parteien des Erstvertrags zudem die Möglichkeit verloren, den Inhalt des Zweitvertrags während des Schwebezustands zu ändern.[232] Wegen der Bindungswirkung des Erstvertrags ist eine Änderung aber nur einvernehmlich möglich; es besteht also kein Unterschied zur Änderung nach Erteilung der Genehmigung, die anerkanntermaßen nicht mehr möglich ist (Rz. 159). Gegen ein Abstellen auf die Bindungswirkung spricht schließlich nicht, dass der Zweitvertrag damit stets einer eigenen Genehmigung bedarf: Knüpft die behördliche Genehmigung an die Person des Erwerbers an,[233] gilt dies ohnehin; zudem können die Parteien ergründen, ob die Beantragung einer Genehmigung für den Erstvertrag sinnvoll ist, indem sie die Entscheidung des Berechtigten abwarten.

Eine behördliche Genehmigung ist nicht das einzige Beispiel für eine Geneh- 141
migung durch Dritte; es reicht, wenn eine Person genehmigen muss, die nicht Partei des Erstvertrags ist.

---

228 Palandt/Grüneberg (2014) § 242 Rz. 33.

229 Wie hier allerdings nur Dietzel, JR 1975, S. 8 (11, Sp. 2 unten beginnend). Eine Genehmigung fingiert OLG Schleswig (13.1.00) AgrarR 2000, S. 136.

230 Vgl. bspw. RG (23.6.26) Z 114, 155, 157 u. 159; BGH (4.6.54) Z 14, S. 1 (2 f.); (10.7.57) WM 1957, S. 116; (15.6.60) Z 32, S. 383; (15.5.98) NJW 1998, S. 2352 (2353); MünchKomm/Westermann (2012) § 463 BGB Rz. 16.

231 Diese Gefahr haben im Blick RG (17.1.20) Z 98, S. 44 (49); Schurig, S. 146 u. 141.

232 Diesen Aspekt im Blick hat vor allem die Rechtsprechung, vgl. RG (24.2.23) Z 106, S. 320 (323); BGH (4.6.54) Z 14, S. 1 (3); (15.6.60) Z 32, 383 (388); (15.5.98) NJW 1998, S. 2352 (2352, Sp. 2).

233 Jeweils mit Bsp. Dietzel, JR 1975, S. 8 (12, Sp. 1); Prütting/Eickmann (2013) § 1098 BGB Rz. 10. In diese Richtung auch Jauernig/Berger (2014) § 1098 BGB Rz. 2 a.E.

Beispiel 14 (nach BGH NJW 1990, 1473): Der Verpflichtete verkauft das belastete Grundstück an den Dritten. Der notarielle Kaufvertrag enthält eine Vereinbarung zwischen Verpflichtetem und Berechtigtem, dass Letzterer das Vorkaufsrecht nicht ausüben wird; insoweit war der Verpflichtete als vollmachtloser Vertreter für den Berechtigten aufgetreten. Der Berechtigte verweigert die Genehmigung für diesen letzten Passus und übt aus. Die Vereinbarung über die Nichtausübung des Vorkaufsrechts bedurfte gemäß § 177 Abs. 1 BGB der Genehmigung durch den Berechtigten, was gemäß § 139 BGB den gesamten Erstvertrag in der Schwebe gehalten hat;[234] *dennoch waren die Parteien des Erstvertrags bereits an den Vertrag gebunden (Rz. 137 a.E.), der Normalfall bereits eingetreten und die Ausübung des Vorkaufsrechts durch den Berechtigten wirksam. Der BGH kommt in seiner Entscheidung zum gleichen Ergebnis; er nimmt aber einen Umgehungsfall an und verkehrt damit zumindest die Beweislast.*

142 Ist eine Genehmigung durch eine der Parteien des Erstvertrags erforderlich, gilt etwas anderes. Ein solches Genehmigungserfordernis dient regelmäßig dem Schutz dieser Partei, vgl. §§ 108 Abs. 1, 177 Abs. 1, 1366 Abs. 1, 1829 Abs. 1 BGB; sie ist nicht an den Vertrag gebunden und gerade nicht zur Mitwirkung verpflichtet. Der Vorkaufsfall tritt daher grundsätzlich erst mit Erteilung der Genehmigung ein.

Beispiel 15: Der Verpflichtete möchte das belastete Grundstück an den Dritten verkaufen. Da der Dritte nicht sicher ist, ob er den Notartermin einhalten kann, kommt man überein, dass für ihn eine Angestellte des Notars als vollmachtlose Vertreterin auftreten soll. Als der Dritte tatsächlich nicht erscheint, verfährt man abredegemäße. Der so beurkundete Vertrag bedarf der Genehmigung durch den Dritten, § 177 Abs. 1 BGB; der Vertrag bindet den Dritten nicht und löst daher das Vorkaufsrecht (noch) nicht aus.

143 Die andere Partei ist regelmäßig gebunden; diese kann sich, muss sich ggf. aber auch erst vom Vertrag lösen, vgl. §§ 109, 178, 1366 oder 1830 BGB. Das reicht im Rahmen von § 463 BGB aber nicht aus (Rz. 124). Durch die Einschaltung eines vollmachtlosen Vertreters können die Parteien des Erstvertrags den Berechtigten bedrängen (Rz. 135); will man die Möglichkeit einer Stellvertretung aber nicht beschränken, muss man dies hinnehmen. Allein darin besteht das Problem; dass der Verpflichtete den Erstvertrag genehmigt, den Zweitvertrag aber nicht, kann der Berechtigte gemäß § 826 BGB verhindern (Rz. 396).

144 Dass der Verpflichtete gemäß § 179 Abs. 1 BGB einen vollmachtlosen Vertreter des Dritten in Anspruch nehmen kann, spielt mit Blick auf den ursprünglich intendierten, genehmigungsbedürftigen Vertrag keine Rolle; diese Möglichkeit besteht erst, wenn der Dritte die Genehmigung des Vertrags verweigert, § 179 Abs. 1 BGB. Macht der Verpflichtete davon Gebrauch, wird der vollmachtlose

234 BGH Z 53, 315, 318.

Vertreter nicht Partei des im Namen des Dritten geschlossenen Vertrags;[235] es entsteht vielmehr ein weiteres, vertragsähnliches Schuldverhältnis, das den Berechtigten zur Ausübung des Vorkaufsrechts berechtigen kann. Sollte allerdings die Verweigerung der Genehmigung ausnahmsweise treuewidrig sein, tritt auch der Vorkaufsfall ein.

c. Unwandelbarkeit

Waren die Voraussetzungen von § 463 BGB einmal erfüllt, kann der Berechtigte ausüben; darauf, ob die Voraussetzungen zum Zeitpunkt der Ausübung des Vorkaufsrechts noch immer erfüllt sind, kommt es nicht an.[236] Das lässt sich mit dem Verhältnis zwischen Erst- und Zweitvertrag (Rz. 377) begründen; beide haben ein eigenes, von einander unabhängiges Schicksal. Zudem liegt diese Vorstellung des Gesetzgebers § 465 BGB zugrunde, der für die Vorkaufsrechte nach dem Vermögensgesetz gemäß §§ 20 a S. 5, 20 Abs. 8 VermG gilt; § 465 BGB stellt klar, dass eine bestimmte Bedingung und ein bestimmtes Rücktrittsrecht keinen Einfluss auf den Eintritt des Vorkaufsfalls haben.[237] 145

Dies war ursprüngliche Funktion der Regelung im heutigen § 465 BGB; das zeigt ihre anfängliche Stellung bei der Regelung zum Vorkaufsfall, vgl. § 481 Abs. 2 E I. Im Laufe des Gesetzgebungsverfahrens bekam die Vorschrift eine neue Ausrichtung; sie regelt in bis heute gültiger Fassung den Inhalt des Zweitvertrags, was systematisch in der Standortverschiebung zum Ausdruck kommt. Wie der Wortlaut der Vorschrift zeigt, wurde die ursprüngliche Funktion aber nicht aufgegeben; der Gesetzgeber hat nicht lediglich eine Ausnahme von § 464 Abs. 2 BGB geregelt, sondern relative Unwirksamkeit angeordnet. 146

i. Anfechtung

Anerkannt ist, dass die bloße, nicht genutzte Anfechtbarkeit des Erstvertrags keinen Einfluss auf die Möglichkeit des Berechtigten hat, das Vorkaufsrecht auszuüben.[238] Im Übrigen müssen nach der Person des Anfechtenden zwei Fallkonstellationen unterschieden werden. 147

---

235 Palandt/Grüneberg (2014) § 179 Rz. 5.

236 So deutlich Staud/Mader/Schermaier (2014) § 463 BGB Rz. 40 m.w.N.

237 Prot. II, S. 97; Schlechtriem, SchR BT (2003) § 6 III 3, Rz. 168.

238 RG (5.7.22) SeuffA 78, Nr. 14; BGH (11.2.77) NJW 1977, S. 762; Erman/Grunewald (2014) § 463 BGB Rz. 11; Staud/Mader/Schermaier (2014) § 463 BGB Rz. 38; Soergel/Wertenbruch (2009) § 463 BGB Rz. 60; RGRK/Mezger (1978) § 504 BGB Rz. 7;

(A) Durch den Dritten

148 Eine Anfechtung durch den Dritten hat nicht zwangsläufig Rückwirkungen auf den Vorkaufsfall bzw. Zweitvertrag;[239] man ist heute also überwiegend bestrebt, dem Berechtigten die Zugriffsmöglichkeit zu erhalten. Dem wird entgegengehalten, dass es infolge der Anfechtung an einem für die Ausübung des Vorkaufsrechts erforderlichen, wirksamen Erstvertrag fehle; dieses Verständnis von § 463 BGB ist aber zu eng (Rz. 125). Zudem wollte der Verpflichtete den Gegenstand des Vorkaufsrechts zu den Bedingungen des Erstvertrags aus der Hand geben,[240] ohne dass sein Wille fehlerbehaftet ist.

149 Eine generelle Erhaltung des Vorkaufsfalls scheint damit zu kollidieren, dass die Anfechtung gemäß § 142 Abs. 1 BGB auf den Zeitpunkt der Vornahme des Rechtsgeschäfts zurückwirkt. Deshalb wird eine Erhaltung des Vorkaufsfalls über eine Beschränkung des Anfechtungsrechts versucht. Dafür wird zum Teil verlangt, dass der Dritte kein Interesse an einer Anfechtung hat; insbesondere nach der Ausübung des Vorkaufsrechts könne diese unzulässig sein.[241] Nach anderer Auffassung ist eine Anfechtung durch den Dritten nach Ausübung des Vorkaufsrechts generell ausgeschlossen; anderenfalls führe diese zu einer nicht gebotenen bzw. mit dem Zweck der Anfechtungsregeln nicht vereinbaren Drittwirkung.[242] Diese beiden Standpunkte verdeutlichen das Problem: Will man die Interessen des Dritten nicht vernachlässigen, muss man die Erhaltung des Vorkaufsfalls auf Ausnahmefälle reduzieren und damit die ohnehin schwache Position des Berechtigten weiter entwerten. Der Dritte hat auch nach Ausübung des Vorkaufsrechts ein Interesse daran, sich vom fehlerbehafteten Erstvertrag zu lösen, weil auch im Falle eines dinglichen Vorkaufsrechts keineswegs ausgeschlossen ist, dass der

---

Oetker/Maultzsch, Vertragliche Schuldverhältnisse (2013) § 2 H IV 3a, Rz. 501. Walter, Kaufrecht, § 13 III 4, S. 613; MünchKomm/Westermann (2012) § 463 BGB Rz. 15.

239 RG (5.7.22) SeuffA 78, Nr. 14; Schreiber, Jura 2012, S. 114 (116); Ehrenforth, AZP 150, S. 420; Erman/Grunewald (2014) § 463 BGB Rz. 11; Soergel/Wertenbruch (2009) § 463 BGB Rz. 60; Staud/Mader/Schermaier (2014) § 463 BGB Rz. 38; Mayer, NJW 1984, S. 100 (102); Peßler, NJW 1960, S. 1785 (1787); Schurig, S. 145; MünchKomm/Westermann (2012) § 463 BGB Rz. 15. **A.A.** Burkert, NJW 1987, S. 3157 (3158); Oetker/Maultzsch, Oetker/Maultzsch, Vertragliche Schuldverhältnisse (2013) § 2 H IV 3a, Rz. 501; auch – allerdings unter Hinweis auf das RG a.a.O. – Walter, Kaufrecht, § 13 III 4, S. 613.

240 Darauf weist hin Erman/Grunewald (2014) § 463 Rz. 11.

241 Schurig, S. 145.

242 Staud/Mader/Schermaier (2014) § 463 BGB Rz. 38; MünchKomm/Westermann (2012) § 463 BGB Rz. 15.

Verpflichtete wieder auf den Dritten zurückkommt. Kommt der Berechtigte z.B. mit der Zahlung des Kaufpreises in Verzug, kann der Verpflichtete gemäß § 323 Abs. 1 BGB vom Vertrag zurücktreten; damit wäre die Erfüllung des Erstvertrags wieder möglich.

Mit Blick auf § 469 Abs. 2 BGB bestehen ferner Bedenken gegen die Unterscheidung, ob die Ausübung des Vorkaufsrechts der Anfechtung nachfolgt oder umgekehrt.[243] Die Ausübungsfrist ist ein Kompromiss zwischen dem Bedürfnis der Parteien des Erstvertrags nach einer zügigen Entscheidung und dem Bedürfnis des Berechtigten, sich die Entscheidung zu überlegen.[244] Hinge die Möglichkeit zur Ausübung des Vorkaufsrechts von der fortbestehenden Wirksamkeit des Vertrags ab, könnte der Berechtigte die Frist nicht ausschöpfen, sondern er müsste sich beeilen.[245] Dass der Gesetzgeber mit der Regelung in § 469 Abs. 2 BGB zumindest auch eine Bedenkzeit zugunsten des Berechtigten vor Augen hatte, lässt sich der Vorschrift selbst entnehmen. Dem Berechtigten wurde bspw. nicht auferlegt, das Vorkaufsrecht unverzüglich auszuüben, was denkbar gewesen wäre und der Herbeiführung einer zügigen Entscheidung besser entsprochen hätte. Zudem differenziert § 469 Abs. 2 S. 1 BGB bei der Frist zwischen Mobilien und Immobilien, was sich nur mit der unterschiedlichen Bedeutung und einer dieser angemessenen Bedenkzeit für den Berechtigten sinnvoll erklären lässt. 150

Im Übrigen trügt der Schein, dass die Erhaltung des Vorkaufsfalls mit der Rückwirkung der Anfechtung kollidiert. Eine Anfechtung des Dritten kann den Erstvertrag rückwirkend beseitigen; er bleibt aber unverändert eine verlässliche Entscheidungsgrundlage für den Berechtigten und erfüllt damit weiterhin seinen Zweck im Rahmen von § 463 BGB (Rz. 124).[246] Das lässt sich anhand der Konstruktion zum Zustandekommen des Zweitvertrags (Rz. 375) veranschaulichen; ficht der Dritte seine Willenserklärung wirksam an, kann die Willenserklärung des Verpflichteten immer noch Grundlage des Zweitvertrags sein. Es spricht daher nichts dagegen, dass dem Berechtigten im Falle einer Anfechtung durch den Dritten der Vorkaufsfall generell erhalten bleibt.[247] 151

243 Diese Unterscheidung treffen z.B.: Burballa, Vorkaufsfall, S. 99 ff.; Pawlitschek, S. 69; Peßler, NJW 1960, S. 1785 (1787 a.E. beginnend).

244 BayObLG (28.5.82) Z 32, S 222 (227 u. 234); Erman/Grunewald (2014) § 469 BGB Rz. 1.

245 Grunewald, FS Gernhuber (1993), S. 137 (149 f.).

246 Burballa, Vorkaufsfall, S. 103; Hees, S. 152; Pawlitschek, S. 70.

247 Soergel/Wertenbruch (2009) § 463 BGB Rz. 60; wohl auch RGRK/Mezger (1978) § 504 BGB Rz. 7. Beschränkt auf die Zeit nach Ausübung zudem Burballa, Vorkaufsfall, S. 112. **A.A.** Planck, § 504 BGB lit. a.

152 Damit hat es der Berechtigte in der Hand, sich für oder gegen den Zweitvertrag zu entscheiden. Der Anfechtungsgrund besteht gemäß § 464 Abs. 2 BGB auf für den Zweitvertrag. Hat der Berechtigte das Vorkaufsrecht in Kenntnis des Anfechtungsgrunds ausgeübt, liegt darin eine die Anfechtung ausschließende Bestätigung im Sinne von § 144 BGB. Wird der Anfechtungsgrund erst nach der Ausübung des Vorkaufsrechts offenbar, erfolgt eine selbständig Beurteilung einer Anfechtungsmöglichkeit für den Berechtigten (Rz. 384).

(B) Durch den Verpflichteten

153 Im Falle einer Anfechtung durch den Verpflichteten ist der Ausgangspunkt vergleichbar. Im Zentrum der Betrachtung steht das Anfechtungsrecht des Verpflichteten; dieses geht dem Verpflichteten nur verloren, wenn der zur Anfechtung berechtigende Umstand nach der Ausübung des Vorkaufsrechts keine Rolle mehr spielt.[248] Das wird mehr oder weniger deutlich auf den Vorkaufsfall übertragen; soweit der Verpflichtete zur Anfechtung berechtigt ist, erlischt auch der Vorkaufsfall, wodurch eine offene Ausübungsmöglichkeit beseitigt bzw. einer bereits erfolgten Ausübung des Vorkaufsrechts die Grundlage entzogen wird. Dem ist im Ergebnis zuzustimmen; die Verknüpfung von Vorkaufsfall und Anfechtungsrecht erweist sich jedoch auch in diesem Zusammenhang als problematisch.

154 Diese Verknüpfung soll wiederum die Grenze zwischen den Interessen der Beteiligten ziehen: Obwohl der Anfechtungsgrund im Verhältnis zum Berechtigten keine Rolle spielt, hat auch der Verpflichtete mit Blick auf ein denkbares Scheitern des Zweitvertrags (Rz. 149 a.E.) ein Interesse daran, den Erstvertrag zu beseitigen. Der Vorschlag, das Anfechtungsrecht des Verpflichteten in diesen Fällen unangetastet zu lassen und den Vorkaufsfall analog § 162 BGB zu fingieren,[249] schafft nur auf den ersten Blick Abhilfe; wenn der Verpflichtete ein Interesse an der Anfechtung des Erstvertrags hat, ist es kaum möglich, sein Verhalten gegenüber dem Berechtigten als treuewidrig einzustufen. Für den Berechtigten bedeutet die Erhaltung des Vorkaufsfalls eine Besserstellung; da es sich aber um einen

248 BGH (25.9.86) NJW 1987, S. 890 (893); Erman/Grunewald (2014) § 463 BGB Rz. 11; Staud/Mader/Schermaier (2014) § 463 BGB Rz. 38; Schurig, S. 144; MünchKomm/Westermann (2012) § 463 BGB Rz. 15. Wohl RGRK/Mezger (1978) § 504 BGB Rz. 7. Beschränkt auf die Zeit nach Ausübung auch: Burballa, Vorkaufsfall, S. 103; Pawlitschek, S. 70. Für ein Anfechtungsrecht ohne Einschränkungen Schreiber, Jura 2012, S. 114 (116).

249 Schurig, S. 144.

Ausnahmetatbestand handelt, bürdet man ihm die Darlegungs- bzw. Beweislast und somit auch das damit verbundene Prozessrisiko auf.

Auch in diesem Zusammenhang lässt sich die Frage nach dem Schicksal des Vorkaufsfalls ohne Rückgriff auf das Anfechtungsrecht beantworten. Der Verpflichtete kann nach den allgemeinen Grundsätzen anfechten; den Vorkaufsfall lässt dies unberührt, weil der Erstvertrag im Rahmen von § 463 BGB dennoch seinen Zweck erfüllt (Rz. 124). Das heißt nicht, dass der Verpflichtete endgültig vertraglich an den Berechtigten gebunden ist; der Umstand aus dem Erstvertrag kann auch im Zweitvertrag zur Anfechtung berechtigen, sofern er dort von Bedeutung ist (Rz. 381 ff.). Damit werden nicht nur die vorstehenden Einwände vermieden; das Ergebnis ist eine Lösung ohne Ausnahmen: Ist der Vorkaufsfall einmal eingetreten, kann der Berechtigte ausüben; das gilt auch für den Fall einer Anfechtung des Erstvertrags, unabhängig davon, ob diese durch den Dritten oder durch den Verpflichteten erfolgt. 155

ii. Auflösende Bedingung

Bei einer auflösenden Bedingung wird der Eintritt des Vorkaufsfalls nicht bezweifelt, solange sich der Vertrag in der Schwebe befindet;[250] die Ausübung des Vorkaufsrecht muss möglich sein, weil erst der Eintritt der Bedingung die Wirkung des Erstvertrags gemäß § 158 Abs. 2 BGB entfallen lässt. Nach Eintritt der Bedingung kann hingegen kein Zweitvertrag mehr zustande kommen; hätte der Berechtigte vorher ausgeübt, wäre die Bedingung gemäß § 464 Abs. 2 BGB Teil des Zweitvertrags geworden und dessen Wirkungen hätten mit Eintritt der Bedingung ebenfalls geendet. Um dieses Ergebnis zu erreichen, muss man die Unwandelbarkeit des Vorkaufsfalls nicht aufgeben. Nachdem die auflösende Bedingung eingetreten ist, geht die Ausübung des Vorkaufsrechts ins Leere. Der Zweitvertrag muss gemäß § 464 Abs. 2 BGB die gleiche Bedingung enthalten wie der Erstvertrag; das ist jedoch nicht möglich, da es sich nicht mehr um ein künftiges, ungewisses Ereignis handelt. Übt der Berechtigte dennoch aus, führt die Unwirksamkeit der Bedingungsabrede gemäß § 139 BGB zur Unwirksamkeit des gesamten Zweitvertrags. Der Vorteil dieses Begründungsansatzes ist, dass eine 156

250 Erman/Grunewald (2014) § 463 BGB Rz. 13; Soergel/Wertenbruch (2009) § 463 BGB Rz. 59 a.E.; Staud/Mader/Schermaier (2014) § 463 BGB Rz. 42; RGRK/Mezger (1978) § 504 BGB Rz. 7; Burballa, Vorkaufsfall, S. 78; Pawlitschek, S. 73; Oetker/Maultzsch, Vertragliche Schuldverhältnisse (2013) § 2 H IV 3a, Rz. 502; Schurig, S. 139; MünchKomm/Westermann (2012) § 463 BGB Rz. 16.

für den Zweitvertrag bedeutungslose Bedingung der Ausübung des Vorkaufsrechts nicht entgegensteht (Rz. 378).

iii. Rücktritt

157 Beim Rücktritt ist die Unwandelbarkeit hingegen uneingeschränkt anerkannt; sowohl Vorbehalt als auch Ausübung eines Rücktrittsrechts im Erstvertragsverhältnis lassen den Verkaufsfall unberührt.[251] Diskutiert wird in diesem Zusammenhang häufig, inwieweit ein Rücktrittsvorbehalt über § 464 Abs. 2 BGB Eingang in den Zweitvertrag finden und auch dort zum Rücktritt berechtigen kann (Rz. 397). Da die Vorkaufsrechte nach dem Vermögensgesetz gemäß § 20 Abs. 6 S. 2 VermG auf den ersten Verkaufsfall beschränkt sind, stellt sich zudem die Frage, wie sich ein Rücktritt im Erstvertragsverhältnis auf den Fortbestand des Vorkaufsrechts auswirkt (Rz. 278 ff.). Beide Fragen haben aber mit dem Vorkaufsfall nichts mehr zu tun. Seit ein Wegfall der Geschäftsgrundlage gem. § 313 BGB zum Rücktritt berechtigt, kann insoweit nichts anderes gelten.[252]

iv. Aufhebungsvereinbarung

158 Heben Verpflichteter und Dritter den Kaufvertrag einvernehmlich auf, berührt dies den Eintritt des Vorkaufsfalls nicht, und der Berechtigte kann dennoch ausüben.[253] Abweichende Stellungnahmen beim Fehlen einer erforderlichen, behördlichen Genehmigung,[254] hängen mit der Auffassung zum Vorkaufsfall bei bedingten Verträgen zusammen (Rz. 140). Das Argument, der Berechtigte habe

---

251 BGH (1.10.10) NJW 2010, S. 3774; (11.2.77) Z 67, S. 395 (397); OLG Schleswig (13.1.00) AgrarR 2000, S. 412; Burballa, Vorkaufsfall, S. 98; Esser/Weyers, SchR II/1 (1998), § 10 Ziff. 3, S. 114; Soergel/Wertenbruch (2009) § 463 BGB Rz. 62; Staud/Mader/Schermaier (2014) § 463 BGB Rz. 39; Oetker/Maultzsch, Vertragliche Schuldverhältnisse (2013) § 2 H IV 3a, Rz. 502; MünchKomm/Westermann (2012) § 463 BGB Rz. 15.

252 **A.A.** Pawlitschek, S. 81.

253 RG Z 106, S. 320 (323 f.); (7.7.27) Z 118, S. 5 (8); BGH (1.10.10) NJW 2010, S. 3774; OLG Schleswig (13.1.00) AgrarR 2000, S. 412; Palandt/Weidenkaff (2014) § 463 BGB Rz. 6; MünchKomm/Westermann (2012) § 463 BGB Rz. 15; Göhner, S. 37; Walter, Kaufrecht, § 13 III 4, S. 613; Oertmann, JW 1927, S. 2413 (2414). A.A. für den Fall einvernehmlicher Rückübertragung entgegen § 814 BGB Knüfermann, Miterbenvorkaufsrecht, S. 46.

254 RG Z 106, S. 320 (323 f.); (7.7.27) Z 118, S. 5 (8); BGH (15.5.98) NJW 1998, S. 2352 (2353); (17.12.58) NJW 1959, S. 478; BGH (20.2.57) NJW 1957, S. 830 (831); (4.6.54) NJW 1954, S. 1442; Brandenburg NotBZ 2001, S. 466; Ebert, NJW 1961, S. 1430 (1434); Flik, NJ 1993, 507 (509); Staud/Mader/Schermaier (2014) § 463 BGB Rz. 40.

keinen Anspruch auf Eintritt des Vorkaufsfalls, überzeugt nicht; es geht nicht um den Eintritt des Vorkaufsfalls, sondern um dessen Fortbestehen. Gegen eine derart lange Hoheit über beide Verträge spricht zudem, dass diese Missbrauchsmöglichkeiten eröffnet (Rz. 135). Die Vertragshoheit lässt sich verkürzen, indem man die Unwandelbarkeit des Vorkaufsfalls an den Zugang der Ausübungserklärung knüpft;[255] das würde den Berechtigten aber unverändert zu einer schnellen Entscheidung drängen, was mit Sinn und Zweck von § 469 Abs. 2 BGB kollidiert (Rz. 150).[256]

Nichts anderes kann für eine Änderung des Erstvertrags gelten, weil sich diese als Teilaufhebung begreifen lässt;[257] ist das Vorkaufsrecht ausgelöst, muss der Berechtigte eine Änderung nicht hinnehmen und kann zu den ursprünglichen Konditionen ausüben.[258] Es gibt allerdings keinen Grund, dem Berechtigten die Änderungen zu verweigern, solange es sich bei dem geänderten Vertrag noch um einen Kaufvertrag handelt. Der geänderte Kaufvertrag stellt einen weiteren Vorkaufsfall dar (Rz. 279); der Berechtigte kann daher die Änderungen akzeptieren und das Vorkaufsrecht mit Blick auf den geänderten Vertrag erneut ausüben.[259] Übt der Berechtigte erneut aus, wird der Zweitvertrag ebenfalls abgeändert. 159

2. Vertragsgegenstand

Die Berechtigung zum Vorkauf muss gemäß § 463 BGB in Ansehung des mit dem Erstvertrag veräußerten Gegenstands bestehen. Ein Vorkaufsrecht nach dem Vermögensgesetz besteht grundsätzlich an dem belasteten Grundstück. Eine mit § 1096 BGB vergleichbare Erstreckung auf Zubehör ist in §§ 20, 20 a 160

255 So bspw. Staud/Mader/Schermaier (2014) § 463 BGB Rz. 40; Grunewald EwiR 1998, S. 637.

256 Im Unterschied zur Anfechtung insoweit Burballa, Vorkaufsfall, S. 119.

257 Ähnlich Burballa, Vorkaufsfall, S. 120.

258 Für § 577 BGB LG Berlin (1.8.13) WuM 2014, S. 738. Allgemein Erman/Grunewald (2014) § 463 BGB Rz. 15; dies., FS Gernhuber (1993), S. 137 (149 f.); Hees, S. 132 ff.; Oertmann, JW 1927, S. 2413 (2414); Schurig, S. 169 ff.; Vogt, FS Hagen (1999), S. 219 ff. **A.A.** RG (28.4.37) Z 154, S. 370 (377); (7.7.27) Z 118, S. 7; (7.7.27) JW 1927, S. 2413 (2414); BGH (11.7.69) NJW 1969, S. 1959 (1960); obiter OVG Saarlouis (3.6.09) BRS 74, Nr. 131; Staud/Mader/Schermaier (2014) § 463 BGB Rz. 20; Pikart, WM 1971, 490 (492); Peßler, NJW 1960, S. 1785 (1787); Weber, DNotZ 1961, S. 236 (241); MünchKomm/Westermann (2012) § 463 BGB Rz. 29; Winkler, NJW 1970, S. 99.

259 Im Ergebnis ebenso Burballa, Vorkaufsfall, S. 123; Erman/Grunewald (2014) § 463 BGB Rz. 15; Oertmann, JW 1927, S. 2413 (2414); Schurig, S. 171.

VermG nicht vorgesehen. Gemäß §§ 20 a S. 5, 20 Abs. 2 S. 2 VermG erfasst ein Vorkaufsrecht nach dem Vermögensgesetz aber zudem bestehende Miteigentumsanteile. Eine Veränderung im Zuschnitt wirkt sich auf den Vorkaufsfall aus: Das Grundstück kann geteilt oder mit anderen Grundstücken verbunden werden; Miteigentumsanteile können entstehen oder verschmelzen.

a. Grundstück

161 Wird das belastete Grundstück geteilt, setzt sich ein Vorkaufsrecht nach dem Vermögensgesetz grundsätzlich an den aus der Teilung hervorgegangenen Grundstücken fort; dies ist eine Folge der Dinglichkeit (Rz. 100 ff.).[260] Folgt man der hier vorgeschlagenen Synchronisierung von Nutzungs- und Vorkaufsrecht (Rz. 45), führt dies zu einer wichtigen Ausnahme: Handelt es sich um ein gemeinschaftliches Vorkaufsrechts gemäß § 20 Abs. 4 VermG, setzt sich das Vorkaufsrecht nur an dem Teilgrundstück fort, an dem auch das Nutzungsrecht besteht.

Beispiel 16: Das belastete Grundstück besteht aus zwei unselbständige Parzellen, die jeweils von einem Nutzer allein genutzt wurden. Diese beiden Nutzer sind gemäß § 20 Abs. 4 S. 1 VermG Inhaber eines Vorkaufsrecht über das gesamte Grundstück; das Vorkaufsrecht erstreckt sich also auch auf die jeweilige Parzelle des anderen. Teilt der Verpflichtete das Grundstück und macht aus den Parzellen zwei selbständige Grundstücke, erlöschen die Vorkaufsrechte an der Parzelle des anderen Nutzers und beschränken sich auf das jeweils genutzte Grundstück.

162 Im Übrigen erlischt das Vorkaufsrecht, weil es in seiner Ausübung auf die berechtigt genutzte Teilfläche beschränkt ist und die Gründe, die eine Erstreckung auf das gesamte Grundstück erforderlich gemacht haben, nicht mehr Platz greifen: Das Restitutionsverfahren ist abgeschlossen, und der Verpflichtete betreibt die Teilung des Grundstücks von sich aus (Rz. 36 ff.). Die auch insoweit bestehende Lücke der Regelung in § 20 VermG kann durch die analoge Anwendung von § 1026 BGB geschlossen werden; bei entsprechend rechtsgeschäftlich vereinbarten, dinglichen Vorkaufsrechten ist die entsprechende Anwendung von § 1026 BGB anerkannt.[261]

163 Eine Vereinigung des belasteten Grundstücks mit einem nicht belasteten ist wegen § 5 Abs. 1 S. 1 GBO nicht möglich. Die Folge wäre ein zulässiges, in seiner Ausübung auf eine Teilfläche beschränktes Vorkaufsrecht (Rz. 43); durch die

---

260 Zum Vorkaufsrecht allgemein DNotI-Report 2008, S. 42; 2010, S. 109; jeweils m.w.N. Allgemein zum Verhalten beschränkt-dinglicher Immobiliarrechte bei Teilung des belasteten Grundstück vgl. Schreiber/Berger, Kap. I Rz. 13 f.

261 Staud/Schermaier (2009) § 1095 BGB Rz. 3; Erman/Grziwotz (2014) § 1094 Rz. 8.

Vereinigung würde aber aus einer klaren unnötig eine kompliziertere Grundbuchlage entstehen. Eine Ausweitung des Vorkaufsrechts kann sich im Falle eines Mengekaufs[262] ergeben: Verkauft der Verpflichtete den belasteten Gegenstand mit anderen Gegenständen, kann der Verpflichtete unter Voraussetzung von § 467 S. 2 BGB Erstreckung des Vorkaufs verlangen; für die Vorkaufsrechte nach dem Vermögensgesetz verweisen §§ 20 a S. 5, 20 Abs. 8 VermG auf § 467 BGB. § 467 BGB gilt entsprechend, wenn das Vorkaufsrecht nur an einem Teil des an den Dritten verkauften Grundstücks besteht;[263] wegen § 20 Abs. 3 VermG (Rz. 46 ff.) kommt diese Konstellation bei Vorkaufsrechten nach dem Vermögensgesetz allerdings nicht vor.

Der Bezugspunkt des Erstreckungsverlangens bleibt in § 467 S. 2 BGB vage; 164
in Betracht kommen Vorkaufsrecht[264] oder Zweitvertrag. Für die Erstreckung des Vorkaufsrechts streitet der Wortlaut; das Gesetz bedient sich des Begriffs „Vorkauf" aus § 463 BGB und nicht des Begriffs „Kauf" aus § 464 Abs. 2 BGB. Dennoch scheint auf den ersten Blick das Vorkaufsrecht für die Situation nach Ausübung ungeeignet und ein Wechsel zum Zweitvertrag als Bezugspunkt angezeigt;[265] die Norm differenziert jedoch nicht zwischen beiden Situationen. Während sich bei genauer Betrachtung der Zweitvertrag durchweg als ungeeignet erweist, lassen sich beide Situationen mit dem Vorkaufsrecht als Bezugspunkt ohne Weiteres bewältigen.

Lehnt man das Zustandekommen eines doppelt bedingten Zweitvertrags be- 165
reits bei Begründung des Vorkaufsrechts ab (Rz. 369 ff.), bereitet ein auf den Zweitvertrag bezogenes Erstreckungsverlangen beim Zustandekommen konstruktive Schwierigkeiten: Eine Erstreckung des Zweitvertrags vor Ausübung ließe sich nur über einen antizipierten Änderungsantrag konstruieren; durch die Ausübungserklärung käme der Zweitvertrag zustande und würde zugleich geändert, was mit Blick auf den rechtsgeschäftlichen Willen der Beteiligten fragwürdig ist. Folgt das Erstreckungsverlangen der Ausübung nach, gibt es Probleme bei der Auflösung des Zweitvertrags, wenn sich der Berechtigte verweigert: Der Weg über ein bereits im Erstreckungsverlangen liegendes, durch die Ablehnung des Berechtigten bedingtes Einverständnis des Verpflichteten mit der Aufhebung des

262 Zum Begriff, vgl. Mot. II, S. 349; Prot. II, S. 105.

263 Karlsruhe NJW-RR 1996, 916; BayObLG NJW-RR 1992, S. 1039; Erman/Grunewald (2014) § 467 BGB Rz. 1; Palandt/Weidenkaff (2014) § 467 BGB Rz. 1; Walter, Kaufrecht, § 13 III 5, S. 615.

264 So wohl: BGH (27.1.12) NJW 2012, S. 1354; OLG Celle (4.1.12) NJW-RR 2012, S. 1162.

265 So RG (21.5.31) Z 133, S. 76 (78 unten beginnend).

Zweitvertrags[266] ist nicht gangbar; mit der Ablehnung der Erstreckung trifft der Berechtigte keine Aussage zum Fortbestand des bestehenden Zweitvertrags, sodass es für eine einvernehmliche Aufhebung an einer Willenserklärung des Berechtigten fehlt.

166 Wählt man das Vorkaufsrecht als Bezugspunkt, lassen sich nicht nur beide Situationen problemlos erfassen, auch das weitere Prozedere richtet sich schlicht nach §§ 464 ff. BGB: Der Verpflichtete ist an das geäußerte Verlangen gebunden, der Berechtigte unterliegt der Frist aus § 469 BGB usw. Verlangt der Verpflichtete bereits zuvor Erstreckung, kommt durch die Ausübung über § 464 Abs. 2 BGB ein Zweitvertrag über alle Gegenstände zustande.[267] Akzeptiert man, dass ein Vorkaufsrecht nicht bereits mit Ausübung erlischt (Rz. 279), bereitet die Vorstellung einer nachträglichen Ausweitung keinerlei Schwierigkeiten; der Berechtigte kann noch einmal, nunmehr das erstreckte Vorkaufsrecht ausüben.

167 Damit ist zugleich die Frage beantwortet, ob der Berechtigte im Falle nachträglichen, berechtigten Erstreckungsverlangens an die Ausübung gebunden ist. § 467 S. 2 BGB ließe sich auch ein Anspruch des Verpflichteten auf Erstreckung entnehmen.[268] Ein solcher Anspruch kollidiert allerdings nicht nur mit dem Grundsatz der Privatautonomie; der Berechtigte hat lediglich das Vorkaufsrecht ausgeübt und damit den Willen zum Erwerb allein des belasteten Gegenstandes geäußert. Ein solcher Anspruch torpediert die mit § 467 BGB angestrebte, bestmögliche Berücksichtigung der beiderseitigen Interessen. § 467 S. 1 BGB dient den Interessen des Berechtigten; das Vorkaufsrecht soll nicht nur auch beim Mengekauf den Zugriff ermöglichen, sondern dies zudem isoliert auf den belasteten Gegenstand. § 467 S. 2 BGB berücksichtigt hingegen das Interesse des Verpflichteten; hat sich der belastete Gegenstand positiv auf den Verkauf weiterer Gegenstände ausgewirkt, soll dem Verpflichteten dieser Vorteil erhalten werden.[269] Diesem Interesse des Verpflichteten ist bereits gedient, wenn er den belasteten Gegenstand nicht isoliert an den Berechtigten abgeben muss; schließlich kann er unverändert auf den Erstvertrag mit dem Dritten zurückgreifen. Wenn der

---

266 Vgl. dazu RG (21.5.31) Z 133, S. 76 (80 unten beginnend); Immerwahr, JherJB 1899, S. 279 (315); RGRK/Mezger (1978) § 508 BGB Rz. 4; Eneccerus/Lehmann (1930) § 117 (§ 340) Anm. III 3.

267 RG (21.5.31) Z 133, S. 76 (78 unten beginnend).

268 So vertreten im älteren Schrifttum, vgl. etwa Planck (1906) § 508 BGB.

269 Prot. II, S. 105.

Berechtigte den Gegenstand aber nicht isoliert erwerben kann, entspricht es der Intention von § 467 BGB, ihn nicht am Zweitvertrag festzuhalten.[270]

Auf diese Weise minimiert sich für den Berechtigten das Prognoserisiko; er muss zumindest nicht damit rechnen, alle Gegenstände kaufen und vor allem bezahlen zu müssen.[271] Hält der Berechtigte das Erstreckungsverlangen des Verpflichteten für unberechtigt, kann er an der Ausübung des ursprünglichen Vorkaufsrechts festhalten und die Erstreckungsbefugnis gerichtlich überprüfen lassen; ist das ursprüngliche Vorkaufsrecht aber tatsächlich ersetzt worden, kann der Berechtigte unter Umständen wegen der Ausübungsfrist in § 469 BGB nicht mehr umschwenken. Ein gewisses Prognoserisiko verbleibt also beim Berechtigten. Will der Berechtigten nicht Gefahr laufen, das Grundstück nicht zu bekommen, sollte er auf das Erstreckungsverlagen eingehen, und Letzteres auf dieser Grundlage gerichtlich überprüfen lassen; er muss jedoch damit rechnen, dass die Erstreckung berechtigt verlangt wurde, und der Zweitvertrag über alle Gegenstände zustande gekommen ist. 168

Das Erstreckungsverlangen kann nur vom Verpflichteten ausgehen;[272] eine entsprechende Anwendung von § 467 S. 2 BGB zugunsten des Berechtigten scheidet wegen des Schutzzwecks dieser Vorschrift (Rz. 167) aus. Im Übrigen setzt § 467 S. 2 BGB voraus, dass eine isolierte Übernahme durch den Berechtigten für den Verpflichteten nachteilig ist. Gemeint ist vor allem ein wirtschaftlicher Nachteil;[273] die Menge kann mehr wert sein, als ihre Einzelteile. Die Voraussetzung ist erfüllt, wenn mit dem Rest kein Kaufpreis erzielen lässt, welcher den Minderungsbetrag gemäß § 467 S. 2 BGB abdeckt; dazu kommt es vor allem, wenn das Vorkaufsrecht das „Filetstück" zum Gegenstand hat.[274] Es genügt allerdings, dass der Dritte nicht bereit ist, den Rest zu übernehmen;[275] in diesem Fall trüge der Verpflichtete das Risiko, einen neuen Käufer zu finden. 169

---

270 Für eine Entschließungsmöglichkeit auch RG (21.5.31) Z 133, S. 76 (79); Erman/Grunewald (2014) § 467 BGB Rz. 4; Palandt/Weidenkaff (2014) § 467 BGB Rz. 4; MünchKomm/Westermann (2012) § 467 BGB Rz. 1 u. 5. Aus der älteren Literaur Eneccerus/Lehmann (1954) § 117 III 3.

271 Vgl. auch dazu RG (21.5.31) Z 133, S. 76 (80).

272 BGH NJW 1991, S. 294; VGH Hessen (8.4.11) MittBayNot 2012, S. 70; BayVGH NJW-RR 2002, S. 230; Erman/Grunewald (2014) § 467 BGB Rz. 3 a.E.; Palandt/Weidenkaff (2014) § 467 BGB Rz. 4.

273 BGH MDR 1970, S. 221; OLG Stuttgart (20.8.98) R 1999, S. 1 (Rz. 4); BayObLG NJW 1967, S. 113.

274 BGH (27.1.12) NJW 2012, S. 1354. **A.A.** wohl Kreße, NJ 2013, S. 156: Einzelverkauf müsse wirtschaftlich sinnlos sein.

275 OLG Stuttgart (20.8.98) R 1999, S. 1 (Rz. 5 ff.); Grunewald, FS Gernhuber, S. 144.

170 Ob man dem Berechtigten bei fortbestehender Bereitschaft des Dritten über § 242 BGB die Möglichkeit eröffnet, die wirtschaftlichen Nachteile durch ein verbindliches Zahlungsangebot zu kompensieren, ist umstritten.[276] Das Argument, der Gesetzgeber habe sich für die Erstreckung und damit gegen eine Kompensation entschieden, überzeugt nicht; es geht nur um eine eng umrissene Sondersituation, die über § 242 BGB erfasst werden soll. Die Bemessung der Kompensation bereitet ebenfalls keine Schwierigkeiten; der Betrag entspricht dem, was der Verpflichtete bei Zusammenrechnung der Einzelkaufpreise einbüßt. Kommt dem Berechtigten dieser Betrag zu hoch vor, kann er das Erstreckungsangebot des Verpflichteten immer noch annehmen. Für die Kompensationsmöglichkeit spricht, dass auf diese Weise am wenigsten in die Vertragsverhältnisse eingegriffen und damit dem Parteiwillen am weitesten Rechnung getragen wird; dieser Vorteil wiegt die Erhöhung des Konfliktpotentials auf, das im Übrigen stets mit der Anwendung von § 242 BGB verbunden ist.

Bei rechtsgeschäftlichen Vorkaufsrechten kann ein Erstreckungsverlangen gemäß § 242 BGB treuewidrig sein, wenn der wirtschaftliche Nachteil bei Bestellung des Vorkaufsrechts bereits feststand. Das allein genügt jedoch nicht;[277] wenn auch der Berechtigte dies erkennen konnte, ist dieser nicht schutzbedürftig. War der Nachteil für beide Seiten gleichermaßen erkennbar, kann das Vorkaufsrecht abweichend von § 467 S. 2 BGB ausgestaltet sein; diese Möglichkeit besteht jedoch nicht für dingliche Vorkaufsrechte (vgl. Rz. 238).

171 Soweit die Voraussetzungen erfüllt sind, hängt die Reichweite der Erstreckung vom Verlangen des Verpflichteten ab; der Verpflichtete kann dieses Verlangen auch auf einzelne Gegenstände beschränken.[278] Der Einwand, ein solcher Vertrag sei nicht geschlossen worden und könne daher auch nicht verlangt werden, überzeugt nicht. § 467 S. 2 BGB zielt nicht auf die Herstellung der inhaltlichen Identität von Erst- und Zweitvertrag beim Mengekauf ab; lassen sich bspw. trennbare und nicht trennbare Gegenstände unterscheiden, ist inhaltliche Identität auch über § 467 S. 2 BGB nicht zu erreichen. Zudem überlässt es § 467 S. 2 BGB dem Verpflichteten, ob er die Nachteile hinnimmt oder nicht.

---

276 **Dafür** Erman/Grunewald (2014) § 467 BGB Rz. 3. **Dagegen** OLG Stuttgart (20.8.98) R 1999, S. 1 (Rz. 5 ff.); Staud/Mader/Schermaier (2014) § 467 BGB Rz. 8.

277 **A.A.** OLG Celle (4.1.12) NJW-RR 2012, S. 1162.

278 MünchKomm/Westermann (2012) § 467 BGB Rz. 4. **A.A.** Erman/Grunewald (2014) § 467 BGB Rz. 3.

b. Miteigentumsanteil

Gemäß § 20 Abs. 2 S. 1 VermG kann Gegenstand eines Vorkaufsrechts nach dem Vermögensgesetz auch ein Miteigentumsanteil sein. Die Formulierung von § 20 Abs. 2 VermG ist nicht gelungen. Das Erfordernis eines Enteignungsakts gemäß § 20 Abs. 2 S. 1 VermG für und die Auslösung des Vorkaufsrechts gemäß § 20 Abs. 2 S. 2 VermG durch die übrigen Miteigentumsanteile wecken Zweifel, ob in diesen Fällen nicht auch das Grundstück Gegenstand des Vorkaufsrechts sein soll; § 20 Abs. 2 S. 3 VermG und § 20 Abs. 4 S. 1 VermG sprechen allerdings deutlich vom Vorkaufsrecht an einem Miteigentumsanteil. § 20 Abs. 2 S. 2 VermG stellt offenbar lediglich klar, dass das Vorkaufsrecht an einem Miteigentumsanteil auch durch den Verkauf des gesamten Grundstücks ausgelöst wird. Ob Grundstück oder Miteigentumsanteil den Gegenstand des Vorkaufsrecht darstellen, ist anhand der Grundbucheintragung zu ermitteln,[279] welche auf den begründenden Verwaltungsakt verweisen wird. 172

Im umgekehrten Fall gilt dasselbe; die Veräußerung eines Miteigentumsanteils löst das Vorkaufsrecht am Grundstück ebenfalls aus.[280] Das kann nicht anders sein, weil sich die Veräußerung des Grundstücks durch mehrere Eigentümer stets auch als Veräußerung der Miteigentumsanteile begreifen lässt. Anders verhält es sich bei einer Beteiligung an einer ungeteilten Erbengemeinschaft. Im Unterschied zur Eigentümergemeinschaft beschränkt sich die Gemeinschaft nicht auf das mit dem Vorkaufsrecht belastete Grundstück; der Verkauf eines Nachlassanteils löst daher das Vorkaufsrecht an einem zum Nachlass gehörenden Grundstück nicht aus (Bsp. Rz. 176).[281] 173

Kommt es zu einer Umgruppierung der Miteigentumsanteile setzt sich ein Vorkaufsrecht nach dem Vermögensgesetz an den neuen Miteigentumsanteilen fort. Neue Miteigentumsanteile entstehen, wenn ein einzelner Anteil veräußert wird, ohne das Vorkaufrecht auszulösen. Entweder der Erwerber ist selbst Miteigentümer (Rz. 190 ff.); der erworbene verschmilzt mit dem bereits gehaltenen Anteil. Oder der Anteil wird von mehreren, bislang Unbeteiligten erworben; der veräußerte Anteil zerfällt in mehrere Teile. Wird das Vorkaufsrecht ausgelöst, findet keine inhaltliche Änderung statt: Übt der Berechtigte aus, verhindert die Vormerkungswirkung (Rz. 61 ff.) auch eine Neugruppierung der Anteile; übt der 174

279 Vgl. nur BGH (11.7.14) NJW 2014, S. 3024 m.w.N.

280 RG Recht (15.11.23) Nr. 824; BGH (16.2.84) NJW 1984, S. 1617; Jauernig/Berger (2014) § 1097 BGB Rz. 1.

281 BGH (14.11.1969) WM 1970, S. 321 (a.E. beginnend); LG München (10.5.85) MittBayNot 1986, S. 179 (180); Prütting/Eickmann (2013) § 1097 BGB Rz. 4.

Berechtigte nicht aus und wird der Erstvertrag ausgeführt, erlischt das Vorkaufsrecht (Rz. 286).

3. Kaufvertrag

175 Bei dem abgeschlossenen Vertrag muss es sich gemäß §§ 20 a S. 5, 20 Abs. 8 VermG i.V.m. § 463 BGB um einen Kaufvertrag handeln; andere Verträge vermögen den Normalfall nicht auszulösen, selbst wenn es sich um entgeltliche Verträge handelt. Dass häufig auf die Nichteignung anderer Vertragstypen wie bspw. Tausch, Schenkung usw. hingewiesen wird,[282] erschließt sich aus der Nähe zur Umgehungsproblematik (Rz. 210 ff.); auf die Idee, auch derartige Verträge zu erfassen, kommt man nur vor diesem Hintergrund. Spezifikum eines Kaufvertrags ist die Übereignung einer Sache gegen Zahlung eines Entgelts, § 433 BGB; die Zahlungsverpflichtung des Erwerbers unterscheidet den Kaufvertrag von anderen Veräußerungsverträgen. Ob es sich um einen Kaufvertrag handelt, ist durch Auslegung zu ermitteln, §§ 133, 157 BGB; das kann im Einzelfall schwierig sein.[283]

Beispiel 17 (nach RG Z 171, 185): Der Verpflichtete anerkennt in einer notariellen Vereinbarung, vom Dritten 12.000 € erhalten zu haben und verpflichtet sich, über das Grundstück nicht anderweitig zu verfügen, sondern vielmehr daran mitzuwirken, dass der Dritte oder eine andere Person Eigentümer des Grundstücks werde. In diesem Fall sollte der durch den Dritten gezahlte Betrag erkennbar Gegenleistung für den Erwerb des Grundstücks sein; es handelt sich daher um einen Kaufvertrag, §§ 133, 157 BGB.

---

282 Vgl. etwa RG (17.6.29) Z 125, S. 123 (125); BGH (27.10.67) Z 49, S. 7 (10 f.); LM Nr. 3 zu § 1098 BGB; Ebert, NJW 1961, S. 1430 (1434); HK-BGB/Staudinger (2012) § 1098 BGB Rz. 3; Prütting/Eickmann (2013) § 1097 BGB Rz. 4; Erman/Grunewald (2014) § 463 BGB Rz. 8; Erman/Grziwotz (2014) § 1097 BGB Rz. 2; Soergel/Wertenbruch (2009) § 463 BGB Rz. 39 ff.; Jauernig/Berger (2014) § 1097 BGB Rz. 1; Staud/Mader/Schermaier (2014) § 463 BGB Rz. 12 ff. u. (2009) § 1097 BGB Rz. 4; RGRK/Mezger (1978) § 504 BGB Rz. 8; RGRK/Rothe (1996) § 1097 BGB Rz. 6; Schlechtriem, SchR BT (2003) § 6 III 3, Rz. 167; Schreiber, Jura 2012, S. 114 (116); Soergel/Stürner (2001) § 1097 BGB Rz. 3; Walter, Kaufrecht, § 13 III 4, S. 613. Auf einen Hinweis jenseits der Umgehungsproblematik verzichtet konsequenterweise MünchKomm/Westermann (2012) § 463 BGB Rz. 14 ff.

283 Insoweit einfach gelagert z.B. OVG Saarlouis (3.6.09) BRS 74, Nr. 131.

Soweit von einer wirtschaftlichen bzw. interessengerechten Betrachtungsweise[284] oder von einem engen Begriffsverständnis die Rede ist,[285] darf dies in diesem Zusammenhang nicht missverstanden werden. Es geht dabei ausschließlich um die Reichweite des Vorkaufsfalls (Rz. 237 f.) und nicht um die Typisierung des Erstvertrags. Eine erweiterte Betrachtungsweise des Vertrags jenseits der Auslegung ist mit dem Grundsatz der Privatautonomie nicht vereinbar. 176

Beispiel 18 (nach BGH WM 1970, S. 321): Der Erblasser hinterlässt ein Grundstück, das mit einem Vorkaufsrecht belastet ist. Einer der Erben verkauft seinen Anteil am ungeteilten Nachlass formwirksam an einen Dritten. Wenig später wird ebenfalls formwirksam die Erbengemeinschaft auseinandergesetzt; dabei übernimmt der Dritte das Grundstück gegen Zahlung eines Ausgleichsbetrags in Alleineigentum. Nunmehr übt der Berechtigte das Vorkaufsrecht aus. Der Kauf des Erbteils löst das Vorkaufsrecht nicht aus, weil nicht dieser, sondern das Grundstück Gegenstand des Vorkaufsrechts ist (Rz. 160). Die Auseinandersetzung ist hingegen kein Kaufvertrag. Das Vorgehen der Parteien des Erstvertrags spricht für eine Umgehung (Rz. 210 ff.); wichtig ist jedoch der Befund, dass es sich nicht um einen Normalfall handelt.

a. Kaufnahe Abreden

Der Gesetzgeber hat Regelungen zur Anwendbarkeit des Kaufrechts auf ähnliche Verträge in §§ 445, 493 BGB a.F. nur gestrichen, weil er sie für selbstverständlich hielt.[286] Andere Abreden werden daher von § 463 BGB erfasst, wenn sie dem Anforderungsprofil von § 433 BGB entsprechen; methodologisch handelt es sich um eine Auslegung von § 433 BGB.[287] Unverzichtbar sind Zahlungs- und Übereignungsverpflichtung. Soweit darüber hinaus eine Ausübung des Vorkaufsrechts für möglich gehalten wird,[288] geschieht dies wiederum vor dem Hintergrund der Umgehungsproblematik (Rz. 237). 177

Eine Zahlungsverpflichtung geht der Dritte im Zweifel nicht ein, wenn er das belastete Grundstück vom Verpflichteten zur Tilgung einer Geldschuld akzeptiert; 178

---

284 BGH (11.10.91) NJW 1992, S. 236 (237); Schurig, S. 130 ff., m.w.N. in Fz. 595; MünchKomm/Westermann (2012) § 463 BGB Rz. 18. Ähnlich Hees, S. 19 ff.

285 Oetker/Maultzsch, Vertragliche Schuldverhältnisse (2013) § 2 H IV 3a, Rz. 500.

286 BT-Drs. 14/6040 S. 203.

287 Als gesetzliche Analogie versteht §§ 445, 493 BGB a.F. offenbar Pawlitschek, S. 41 f.

288 Für die Leistung an Erfüllungs statt: Burbulla Jura 2002, S. 687 (691); Knüfermann, S. 26 f.; Staud/Mader/Schermaier (2014) § 463 BGB Rz. 17; Schermaier AcP 196 (1996) S. 256 (261); Schurig, S. 136. Für den Tausch: Göhner, S. 28 ff.; Grunewald, FS Gernhuber (1993) S. 137 (139 f.).

deshalb wird der Normalfall durch eine solche Abrede nicht ausgelöst.[289] Es kann sich insoweit um einen Kauf mit Verrechnungsabrede handeln; das setzt aber entsprechenden Parteiwillen voraus, §§ 133, 157 BGB. Im Zweifel gelten §§ 364 f. BGB, die gerade nicht von einem Kauf mit Verrechnungsabrede ausgehen; anderenfalls wäre § 365 BGB überflüssig. Für wechselseitige und gleichzeitige Verpflichtungen zu Sachleistungen gilt dasselbe; auch diese können Bestandteil zweier Kaufverträge sein, die über eine Verrechnungsabrede miteinander verbunden sind. Im Zweifel handelt es sich jedoch um einen Tausch, § 480 BGB.

179 Schließlich ist auch ein gemischter Vertrag grundsätzlich nicht geeignet, das Vorkaufsrecht auszulösen; ein Tausch mit Barzulage oder eine gemischte Schenkung sind keine Kaufverträge.[290] Um einen gemischten Vertag handelt es sich nicht, wenn der auf Zahlung gerichtete Parteiwille bestimmend bzw. vorrangig war; in diesem Fall handelt es sich im Übrigen um eine Nebenleistung (Rz. 407 ff.), die den Charakter des Vertrags nicht beeinflusst.

b. Ausnahmetatbestände

180 Nicht jeder Kaufvertrag löst das Vorkaufsrecht aus; in diesem Zusammenhang sind eine Reihe von Ausnahmetatbeständen zu beachten.

i. Verkauf bei Zwangsvollstreckung oder Insolvenz

181 Erfolgt der Verkauf im Wege der Zwangsvollstreckung oder aus einer Insolvenzmasse, ist ein Vorkaufsrecht gemäß § 471 BGB grundsätzlich ausgeschlossen; auch das gilt für die Vorkaufsrechte nach dem Vermögensgesetz, § 20 Abs. 8, 20 a S. 5 VermG. Der Gesetzesbegründung zum Vermögensgesetz lässt sich nicht entnehmen, warum der Gesetzgeber diesen Ausschluss für die Vorkaufsrechte in §§ 20, 20 a VermG anordnet. Es ist deshalb davon auszugehen, dass er sich nicht von anderen Erwägungen hat leiten lassen, als bei der Schaffung von § 1098 Abs. 1 S. 1 BGB. Dass der Gesetzgeber unmittelbar auf § 471 BGB und nicht auf § 1098 Abs. 1 S. 1 BGB verweist, ist wohl eher dem geschuldet, dass § 473 BGB außen vor bleiben sollte.

---

289 Ebenso OGHBrZ Köln (2.11.49) NJW 1950, S. 224; Dernburg/Raape (1915) § 196 II 3; Crome, System II, S. 495. **A.A.** Hees, S. 39 ff.

290 Zur Schenkung: RG (15.12.20) Z 101, S. 99 (101); KG MDR 2000, S. 147; Hees, S. 31 ff. Zu Tausch und Schenkung: Erman/Grunewald (2014) § 463 BGB Rz. 8; Erman/Grziwotz (2014) § 1097 BGB Rz. 2; Pawlitschek, S. 58 ff.; Soergel/Wertenbruch (2009) § 463 BGB Rz. 42 u. 50; Staud/Mader/Schermaier (2014) § 463 Rz. 13 f.; RGRK/Mezger (1978) § 504 BGB Rz. 8. Vgl. auch (17.6.29) Z 125, S. 123 (125).

Bei einem dinglichen Vorkaufsrecht dient dieser Ausschluss dem Schutz der Gläubiger des Verpflichteten;[291] eine Regelung zur Handhabung der Ausübung im Zwangsversteigerungsverfahren wäre kompliziert und daher geeignet, eine Zwangsvollstreckung in das belastete Grundstück ungünstig zu beeinflussen.[292] Der Berechtigte wird gemäß §§ 41 Abs. 1, 9 Nr. 1 ZVG zum Termin geladen; er kann sich daher einfach an der Versteigerung beteiligen und sein Erwerbsinteresse realisieren.[293] 182

Bei einer Zwangsversteigerung finden gemäß § 45 Abs. 1 ZVG grundsätzlich nur dingliche Rechte Berücksichtigung. Beim obligatorischen Vorkaufsrecht soll § 471 BGB einen Schadensersatzanspruch des Berechtigten gegen den Verpflichteten verhindern.[294] Durch den Zuschlag wird der Ersteher gemäß § 90 Abs. 1 ZVG unmittelbar Eigentümer des Grundstücks. Könnte der Berechtigte dennoch ausüben, wäre dem Verpflichteten die Erfüllung des Zweitvertrags gemäß § 275 Abs. 1 Var. 1 BGB unmöglich,[295] und er würde gemäß §§ 280 Abs. 1 u. 3, 283 BGB haften, da die Unmöglichkeit letztlich auf Geldmangel beruht. Der Verpflichtete kann aber die Versteigerung nicht verhindern und verliert das Eigentum unfreiwillig; eine solche Haftung ist daher unbillig.[296]

Der Ausschluss erfasst sowohl eine Versteigerung im Rahmen einer Einzelvollstreckung gemäß § 866 Abs. 1 ZPO, als auch einer Gesamtvollstreckung gemäß § 165 InsO; er gilt gemäß §§ 20 Abs. 8, 20 a S. 5 VermG i.V.m. § 1098 Abs. 1 S. 2 BGB hingegen nicht, wenn der Insolvenzverwalter das belastete Grundstück aus freier Hand verkauft,[297] weil in diesem Fall keine verfahrensrechtlichen Komplikationen drohen. 183

Wegen der abweichenden Zweckrichtung des Ausschlusses hat der Gesetzgeber beim obligatorischen Vorkaufsrecht diese Ausnahme nicht formuliert. Ein freihändiger Verkauf durch einen Insolvenzverwalter würde nicht zwingend zu einem Schadensersatzanspruch führen. Ein solcher würde aber der Masse drohen, da sich das obligatorische Vorkaufsrecht nicht aus dem Grundbuch ergeben muss und vom Insolvenzverwalter übersehen werden kann.[298]

---

291 Erman/Grunewald (2014) § 471 BGB Rz. 3; Soergel//Wertenbruch (2009) § 471 BGB Rz. 6; MünchKomm/Westermann (2012) § 471 BGB Rz. 2.

292 Mugdan III, S. 254 = Motive III, S. 455.

293 Mugdan III, S. 713; Planck § 1098 BGB Ziff. 2 lit. i.

294 Mugdan II, S. 194 f. Im Anschluss an die Motive Erman/Grunewald (2014) § 471 BGB Rz. 1; Soergel/Wertenbruch (2009) § 471 BGB Rz. 1; RGRK/Mezger (1978) § 512 BGB Anm. II; Planck § 512 BGB Ziff. 1 a.E. Diese Zweckrichtung der Vorschrift lehnt ab MünchKomm/Westermann (2012) § 471 BGB Rz. 1.

295 Erman/Grunewald (2014) § 471 BGB Rz. 2; Stöber NJW 1988, 3122.

296 Mugdan II, S. 195 oben u. 799.

297 BGH (27.1.12) NJW 2012, S. 1354.

298 Mugdan II, S. 799.

184 Der Ausschluss erfasst hingegen nicht eine Versteigerung gemäß § 753 Abs. 1 S. 1 BGB zur Auflösung einer Gemeinschaft.[299] Eine Teilungsversteigerung dient nicht Gläubigerinteressen; daher ist § 471 BGB bereits nach dem Wortlaut auf Vollstreckungsverfahren beschränkt. Dass es sich dennoch nicht um einen Vorkaufsfall handelt, wenn einer der bisherigen Miteigentümer den Zuschlag erhält,[300] hat mit der Versteigerung nichts zu tun (dazu Rz. 190). Für die Vorkaufsrechte nach dem Vermögensgesetz ist dies von besonderer Bedeutung, da auf Seiten des Verpflichteten häufig Erbengemeinschaften stehen werden (Rz. 28), deren Auflösung vergleichbaren Regeln unterworfen ist, vgl. bspw. § 2042 BGB.

185 Dass der Gesetzgeber die Teilungsversteigerung vom Anwendungsbereich des § 471 BGB ausnimmt, beleuchtet den Hintergrund der Regelung. Es kann dem Gesetzgeber nicht allein um die Vereinfachung des Zwangsversteigerungsverfahrens gegangen sein, wie es bei flüchtiger Lektüre der Motive scheinen mag. Zudem führt § 471 BGB nicht dazu, dass nur eine freiwillige Veräußerung das Vorkaufsrecht auslöst;[301] die Teilungsversteigerung dient gerade dazu, eine Eigentümergemeinschaft gegen den Willen eines Miteigentümers und ggf. eben auch Mitverpflichteten aufzulösen.

186 Dogmatisch bedeutet der Ausschluss, dass das Vorkaufsrecht abweichend von § 463 BGB trotz eines Kaufvertrags zwischen Verpflichtetem und Drittem nicht ausgelöst wird; es handelt sich um einen Verkauf, aber nicht um einen Verkaufsfall. Dass § 471 BGB bei der Rechtsfolge ansetzt, ist konstruktiv denkbar; man könnte ebenso gut davon ausgehen, dass der Vorkaufsfall eintritt, und der Berechtigte lediglich nicht ausüben kann. Gemäß § 485 E I sollte das Vorkaufsrecht „nicht ausgeübt werden" können; die Zweite Kommission hat dies unverändert gelassen,[302] erst infolge der redaktionellen Überarbeitung hat die Vorschrift ihre heutige Fassung erhalten. Es besteht aber kein Grund, nicht am eindeutigen Wortlaut zu orientieren und § 471 BGB nur auf die Ausübung zu beziehen.

---

299 Mugdan II, S. 195 oben. LG Berlin (1.2.89) NJW-RR 1989, S. 1151; Erman/Grunewald (2014) § 471 BGB Rz. 2; Staud/Mader/Schermaier (2014) § 471 BGB Rz. 6; RGRK/Rothe (1996) § 1097 BGB Rz. 8; Planck § 512 BGB Ziff. 1; Soergel/Wertenbruch (2009) § 471 BGB Rz. 2; Reinicke/Tiedke, Kaufrecht (2009), Rz. 1116. Differenzierend MünchKomm/Westermann (2012) § 471 Rz. 4.

300 Vgl. etwa Staud/Mader/Schermaier (2014) § 471 BGB Rz. 6; MünchKomm/Westermann (2012) § 463 BGB Rz. 23.

301 So aber bspw. RGRK/Mezger (1978) § 512 BGB I. a.E.; MünchKomm/Westermann (2012) § 471 BGB Rz. 1.

302 Mugdan II, S. 799.

ii. Verkauf an gesetzlichen Erben

Das Vorkaufsrecht erstreckt sich zudem nicht auf einen Verkauf, der mit Rücksicht auf ein künftiges Erbrecht an einen gesetzlichen Erben erfolgt, §§ 20 a S. 5, 20 Abs. 8 VermG i.V.m. § 470 BGB. Allein der Verkauf an einen gesetzlichen Erben reicht allerdings nicht aus; das Erbrecht muss vielmehr eines der Motive des Verpflichteten sein.[303] Technisch ist die Verweisung auf § 470 BGB missglückt, weil diese Vorschrift auf rechtsgeschäftliche Vorkaufsrechte zugeschnitten ist. Bei § 470 BGB handelt es sich um eine Auslegungsregel für einen Zweifelsfall,[304] der einem gesetzlichen Vorkaufsrecht wesensfremd ist; ein Vorkaufsrecht nach dem Vermögensgesetz soll den Verkauf an gesetzliche Erben grundsätzlich nicht erfassen. 187

Sachlich ist diese Ausnahmeregelung hingegen durchaus gerechtfertigt. Der Umstand, dass rechtsgeschäftliche Schöpfer eines Vorkaufsrechts im Zweifel keine Erschwernisse bei der Weitergabe von Vermögen an die nächste Generation wollen,[305] ist allein nicht tragfähig; ein Vorkaufsrecht behindert diese Weitergabe nicht, wenn der Verpflichtete das Grundstück bspw. verschenkt oder vererbt. Auch der Hinweis, an Familienangehörige werde häufig billiger verkauft, trägt allein ebenfalls nicht;[306] eine gemischte Schenkung löst ein Vorkaufsrecht nicht aus. In § 470 BGB kommt vielmehr erneut der Grundsatz zum Ausdruck, dass ein Vorkaufsrecht nicht ausgelöst wird, wenn der Verpflichtete mit dem Verkauf Ziele verfolgt, die sich nicht in der schlichten Versilberung des vorkaufsrechtsbelasteten Gegenstandes erschöpfen (Rz. 179). Wenn das gesetzliche Erbrecht Motiv für die Veräußerung ist, geht es um Versilberung unter Erhaltung des Familienbesitzes.[307] 188

Voraussetzung für die Ausnahme ist gemäß § 470 zudem, dass der Verkauf an einen gesetzlichen Erben erfolgt. Die Ausnahme greift auch ein, wenn mehrere gesetzliche Erben das Grundstück kaufen. Jüngst hat sich die Frage gestellt, ob § 470 BGB analog gilt, wenn der Verkauf mehrere Erben als Gesellschaft bürgerlichen Rechts erfolgt. Das Umgehungspotential eines solchen Verkaufs (Rz. 213) 189

303 Erman/Grunewald (2014) § 470 BGB Rz. 3.

304 Erman/Grunewald (2014) § 470 BGB Rz. 1.

305 Erman/Grunewald (2014) § 470 BGB Rz. 1.

306 **A.A.** zur vglb. Regelung in § 26 Nr. 1 BauGB: OLG Celle (21.11.13) ZfIR 2014, S. 532; zustimmend Grziwotz, ZfIR 2014, S. 533 (534).

307 Grziwotz, ZfIR 2014, S. 533 (534); Soergel/Wertenbruch (2009) § 470 BGB Rz. 1; Walter, Kaufrecht, § 13 III 4, S. 614.

ist kein Argument dagegen;[308] die Umgehung ist ein Sonderfall (Rz. 210), die Frage muss aber für den Normalfall beantwortet werden. Im Übrigen kann das Umgehungspotential dennoch genutzt werden, indem die Erben den Erstvertrag als Käufergemeinschaft schließen und die Ansprüche aus § 433 Abs. 1 BGB an die Gesellschaft abtreten. Für eine Analogie fehlt es vielmehr an einer regelungsbedürftigen Lücke; die Erben können den aufgezeigten Zwischenschritt einlegen. Entscheidend bleibt, ob der Verkauf durch das künftige Erbrecht motiviert ist; dafür spricht die Zusammensetzung der Gemeinschaft, solange es keine Anhaltspunkte für eine Umgehung (Rz. 223 f.) gibt. Steht dieses Motiv fest, lässt sich der Erstvertrag gemäß §§ 133, 157 BGB entsprechend auslegen; die Parteien wollten eine Käufergemeinschaft mit anschließender Abtretung. Schadensersatzansprüche gegen den Notar helfen nicht; die durch Ausübung des Vorkaufsrechts gescheiterte Erhaltung des Familienbesitzes wäre ein ideeller Schaden, der gemäß § 253 BGB keine Erstattung in Geld findet.

iii. Anteilsverkauf unter Miteigentümern

190 Die Ausübung des Vorkaufsrechts ist ferner ausgeschlossen, wenn ein Miteigentumsanteil am belasteten Grundstück an einen Miteigentümer verkauft wird, §§ 20 a S. 5, 20 Abs. 2 S. 3 VermG. Dasselbe gilt, wenn im Falle einer Teilungsversteigerung (Rz. 184) einer der Mitverpflichteten den Zuschlag erhält; weil der Ersteigerer bereits Bruchteilseigentümer ist, erwirbt er nur die übrigen Bruchteile hinzu. Damit schützt der Gesetzgeber die Gemeinschaft; solange nicht ein Miteigentümer seinen Anteil an eine fremde Person verkauft und damit die Gemeinschaft von innen heraus öffnet, kann eine fremde Personen nicht in die Eigentümergemeinschaft eindringen. Ob dies nicht für jede Bruchteilsgemeinschaft gilt, wird kontrovers diskutiert;[309] dagegen spricht, dass ein Miteigentümer gemäß §§ 747 S. 1, 137 BGB über seinen Anteil verfügen kann, die übrigen Miteigentümer im Unterschied zu Miterben aber nicht zum Vorkauf berechtigt sind. Weil bei Vorkaufsrechten nach dem Vermögensgesetz häufig Gemeinschaften auf Seiten des Verpflichteten stehen werden (Rz. 28), ist Klarstellung durch §§ 20 a S. 5, 20 Abs. 2 S. 3 VermG zu begrüßen.

---

308 So aber zu § 26 Nr. 1 BauGB: OLG Celle (21.11.13) ZfIR 2014, S. 532; unter Hinweis auf § 470 BGB zustimmend Grziwotz, ZfIR 2014, S. 533 (534).

309 **Dafür** BGH NJW (23.4.54) 1954, S. 1035; bestätigend (28.4.67) NJW 1967, S. 1607 (1608). **Dagegen** Erman/Grunewald (2014) § 463 BGB Rz. 9; Schurig, S. 165 ff.

Ob ein durch Rechtsgeschäft begründetes, dingliches Vorkaufsrecht auf den Verkauf an einen Miteigentümer erstreckt werden kann, ist ebenfalls umstritten.[310] *Dafür spricht, dass der Gesetzgeber gemäß § 1095 BGB von der Belastbarkeit eines Miteigentumsanteils ausgegangen ist, ohne das Vorkaufsrecht für die Teilungsversteigerung auszuschließen.*

iv. Verkauf an den Berechtigten

Der Verkauf des belasteten Grundstücks an den Berechtigten löst das Vorkaufs- 191
recht nicht aus; der Zweck des Vorkaufsrechts wird auf direktem Wege erreicht. § 20 Abs. 7 a S. 1 VermG erstreckt diesen Grundsatz auf den Fall, dass einer von mehreren Vorkaufsberechtigten die von ihm genutzte Teilfläche direkt vom Verpflichteten kauft (Rz. 29 ff.); da die übrigen Berechtigen außen Vor bleiben, sind Käufer und Berechtigter identisch, und der Käufer erreicht das Ziel ohne Vorkaufsrecht. Umfasst der Kaufvertrag zwischen einem Vorkaufsberechtigten und dem Verpflichteten hingegen auch von anderen genutzte Teilflächen, können die übrigen Berechtigten ausüben und in Konkurrenz zum Erstkäufer treten; in diesem Fall sind aber Erstkäufer und Berechtigte nicht identisch, so dass auch der Erstkäufer ausüben kann (Rz. 208).

v. Nicht in Geld schätzbare Nebenleistung

Weiterhin ist das Vorkaufsrecht trotz Abschluss eines Kaufvertrags ausgeschlos- 192
sen, wenn der Berechtigte eine Nebenleistung nicht erbringen kann; dies ist eine Folge des Grundsatzes, dass der Berechtigte mit dem Grundstück nach Belieben verfahren kann (Rz. 52). Vor diesem Hintergrund steht § 466 BGB;[311] die Vorschrift bestätigt diesen Grundsatz, indem sie den Interessen des Berechtigten Geltung verschafft. Das Vorkaufsrecht wäre wertlos, wenn auch die kleinste Nebenleistung das Vorkaufsrecht leer laufen ließe; deshalb ist die Ausübung gemäß § 466 S. 1 BGB nicht ausgeschlossen, wenn sich die Nebenleistung in Geld schätzen lässt. Für die Vorkaufsrechte nach dem Vermögensgesetz gilt § 466 BGB wiederum über die Verweisung in §§ 20 S. 5, 20 Abs. 8 VermG.

Beispiel 19 (nach VGH München NJW 1996, 2321): Der Verpflichtete veräußert dem Dritten das mit einem Vorkaufsrecht belastete Wohn- und Seegrundstück mit einer Fläche von ca. 2 ha; als Gegenleistung wird die Übereignung einer nahezu wertlosen Streuwiese mit einer Fläche von 0,2 ha und eine „Tauschaufzahlung" von 200.000 € vereinbart.

---

310 **Dafür** Schurig, S. 168. **Dagegen** BGH NJW (23.4.54) 1954, S. 1035; bestätigend (28.4.67) NJW 1967, S. 1607 (1608).

311 Prot. II, S. 103 f.

193 Auch wenn dem Verpflichteten ein Weg zur Vereitelung des Vorkaufsrechts abgeschnitten wird,[312] regelt § 466 BGB keinen Umgehungsfall.[313] Der Verpflichtete muss die Nebenleistung ernsthaft wollen; um einen Umgehungsfall handelt es sich erst, wenn die Nebenleistung lediglich einen Umweg auf dem Weg zur Versilberung darstellt (Rz. 210). Es bleibt daher dabei, dass der Gesetzgeber die Umgehung nicht regeln wollte (Rz. 225).

Im Beispiel 19 läge ein Umgehungsfall vor, wenn die Abrede über die Streuwiese nur mit Blick auf das Vorkaufsrecht getroffen wurde; das darf allerdings nicht einfach unterstellt werden.

194 Der Begriff der Nebenleistung in § 466 BGB unterscheidet sich vom dem der Pflichtverletzungsdogmatik. Um eine Nebenleistung handelt es sich, wenn die Zahlung bestimmend bzw. vorrangig ist;[314] einer auf eine solche Leistung gerichteten Pflicht fehlt das Gewicht, den Charakter des Vertrags zu prägen (Rz. 179). Auch eine teilweise unentgeltliche Zuwendung kann von der Zahlung in vergleichbarer Weise dominiert werden; in diesem Fall gilt § 466 BGB analog.[315]

195 Ob allein die Zahlungspflicht den Vertrag prägt, richtet sich nach dem Parteiwillen; das quantitative Überwiegen allein sagt darüber nichts aus.[316] Da der Vorrang der Zahlungsverpflichtung zu den Voraussetzungen der Ausübung gehört, liegt die Darlegungs- und Beweislast beim Berechtigten, der allerdings die Interessen der Parteien nicht kennt; das quantitative Verhältnis wird häufig alles sein, worauf sich der Berechtigte stützen kann, wenn er die Übereignung des Grundstücks über das Vorkaufsrecht erstreiten will. Ein entsprechend deutliches Überwiegen sollte daher im Prozess für die Annahme einer tatsächlichen Vermutung und die damit verbundene Umkehr der Darlegungs- und Beweislast genügen.

Im Beispiel 19 wird der Berechtigte kaum etwas vortragen können, woran sich die Interessen von Verpflichtetem und Drittem festmachen ließe. Der VGH unterstreicht, dass es auf das quantitative Verhältnis der Verpflichtungen nicht ankommt; letztlich wendet er allerdings § 507 S. 1 BGB a. F. an, ohne den vorrangig auf die Zahlungsverpflichtung gerichteten Parteiwillen festzumachen.

---

312 Prot. II, S. 103.

313 **A.A.** Esser/Weyers, SchR II/1 (1998), § 10 Ziff. 3, S. 114.

314 OLG Brandenburg NotBZ 2001, 466; VGH München (26.9.95) NJW 1996, 2321 zum Vorkaufsrecht nach Art. 34 BayNatSchG; Staud/Mader/Schermaier (2014) § 463 BGB Rz. 13.

315 Schurig, S. 138.

316 OLG Brandenburg NotBZ 2001, 466; VGH München (26.9.95) NJW 1996, 2321 zum Vorkaufsrecht nach Art. 34 BayNatSchG; Staud/Mader/Schermaier (2014) § 463 BGB Rz. 13.

Lässt sich allerdings die Nebenleistung nicht in Geld schätzen, bleibt es gemäß § 466 S. 2 Hs. 1 BGB beim Grundsatz. Das trifft vor allem auf höchstpersönliche Dienste, insbesondere Pflegedienste zu;[317] dem Verpflichteten darf es nicht zuzumuten sein, sich der Dienste anderweitig zu versichern. Als Ausnahme von der Ausnahme trifft insoweit die Darlegungs- und Beweislast den Verpflichteten. Keinen Marktwert hat lediglich die Höchstpersönlichkeit; soweit die Dienste auf dem Markt zu haben sind, muss der Berechtigte im Falle des § 466 S. 2 Hs. 2 BGB dennoch gemäß § 466 S. 1 BGB den Marktwert entrichten. 196

Beispiel 20 (nach RG Z 121, S. 137): Der Verpflichtete verkauft das mit einem Vorkaufsrecht belastete Grundstück an seine Nichte, die sich in dem Kaufvertrag zur Pflege ihres betagten Onkels verpflichtet. Diese Pflegeleistung ist höchstpersönlich und lässt sich daher nicht in Geld schätzen.

Gemäß § 466 S. 2 Hs. 2 BGB ist die Ausübung zudem nicht ausgeschlossen, wenn der Kaufvertrag auch ohne die Nebenleistung geschlossen sein würde. Zum Teil wird bezweifelt, dass es sich dabei um ein eigenständiges Tatbestandsmerkmal handelt; hänge das Zustandekommen des Vertrags von der Leistung ab, könne es sich kaum noch um eine Nebenleistungspflicht handeln.[318] Bei § 466 S. 2 Hs. 2 BGB variiert aber der Bezugspunkt; die Nebenleistung wird nicht mehr an der Zahlung, sondern unmittelbar am Parteiwillen gemessen. Es kommt darauf an, ob die Nebenleistung durch den Dritten für den Verpflichteten nur mit dem Grundstück zu haben war; falls dem nicht so ist, kann sich der Verpflichtete die Dienste des Dritten auf anderem Wege, etwa durch Geld, sichern. 197

Wäre die Nichte im Beispiel 20 bereit gewesen, ihren Onkel auch ohne das Grundstück bzw. für anderes Entgelt zu pflegen, wird das Vorkaufsrecht ausgelöst; übt der Berechtigte aus, muss er allerdings gemäß § 466 S. 1 BGB den Wert der Pflegeleistung entrichten (Rz. 196).

Die Darlegungs- und Beweislast trifft bei § 466 S. 2 Hs. 2 BGB wieder den Berechtigten; insoweit ist auch eine prozessuale Entlastung nicht möglich. Nicht alles ist für Geld zu haben; gäbe es diesen Erfahrungssatz, wäre die Beweislast regelmäßig verkehrt, was mit der vom Gesetzgeber angestrebten Verteilung kollidieren würde. 198

317 RG (10.05.28) Z 121, S. 137 (139 f.); Larenz, SchR II/1 (1986) § 44 III (S. 154); Staud/Mader/Schermaier (2014) § 466 BGB Rz. 2. Auch Vereinbarung einer Selbstbewirtschaftung, zu welcher der Berechtigte nicht in der Lage ist, vgl. OVG Bautzen (3.12.10) NuR 2011, S. 352.

318 Schurig, S. 133 (Fn. 624); ihm folgend Staud/Mader/Schermaier (2014) § 466 BGB Rz. 3.

vi. Bezug zu einem anderen Vorkaufsrecht

199 Schließlich wird ein Vorkaufsrecht nicht durch einen Kaufvertrag ausgelöst, der durch Ausübung eines anderen Vorkaufsrechts (Rz. 72) über § 464 Abs. 2 BGB zustande kommt. Eine solche „Vorkaufsspirale“[319] würde ein vorrangiges Vorkaufsrecht unterlaufen; das nachrangige Vorkaufsrecht erfasst diesen Kaufvertrag nicht. Dasselbe gilt, wenn der Berechtigte das Grundstück unmittelbar an den vorrangig Berechtigten verkauft;[320] der Zweck des Vorkaufsrechts wird in diesem Fall erreicht, auch ohne dass dieses ausgelöst wurde (Rz. 191). Für ein nachrangiges Vorkaufsrecht gilt das Vorstehende nur zum Teil. Eine „Vorkaufsspirale“ entsteht ebenfalls nicht; insoweit ist es allerdings nicht mit dem Hinweis getan, Vorkaufsrechte nach dem Vermögensgesetz bestünden nur für den ersten Verkaufsfall (Rz. 279). Der vorrangig Berechtigte kann sein Interesse an dem Grundstück vielmehr unmittelbar mit dem Verpflichteten erreichen; ein schützenswertes Interesse an einem Umweg über den nachrangig Berechtigten ist nicht ersichtlich. Verkauft hingegen der Verpflichtete das Grundstück unmittelbar an einen nachrangig Berechtigten, kann der vorrangig Berechtigte ausüben; insoweit wird kein Vorrang unterlaufen.

4. Vertragsparteien

200 Gemäß § 463 BGB muss es sich schließlich um einen Kaufvertrag zwischen dem Verpflichteten und einem Dritten handeln.

a. Kaufvertrag des Verpflichteten

201 Bereits bei der Schaffung des Bürgerlichen Gesetzbuchs ist die Frage diskutiert worden, ob auch der Verkauf durch einen Nichtverpflichteten zumindest ein dingliches Vorkaufsrecht auszulösen vermag; die Antwort auf diese Frage wurde ausdrücklich offengelassen.[321] Das Vorkaufsrecht wird ausgelöst, sobald der vom Nichtverpflichteten geschlossene Kaufvertrag ausgeführt wird;[322] die Situation ist mit der im Falle eines nichtigen Vertrags vergleichbar und der dort entwickelte Ansatz (Rz. 126) daher übertragbar. Kann der Nichtverpflichtete von vornherein nicht erfüllen, kommt der Kaufvertrag mit dem Erwerber gemäß §§ 311 a,

---

319 Zum Begriff vgl. DNotI-Report 2010, S. 137 (138).

320 Ebenso DNotI-Report 2010, S. 137.

321 Prot. III, S. 765.

322 Schurig, S. 148 ff.; differenzierend Staud/Mader/Schermaier (2014) § 463 BGB Rz. 53.

275 BGB ohne Primärleistungspflichten zustande; erst die Ausführung zeigt, ob der Vertrag den Anforderungen von § 463 BGB genügt.

Zu einem schuldrechtlichen Band zwischen Verpflichtetem und Erwerber kommt es nicht, wenn der Verpflichtete nur an der Ausführung des vom Nichtverpflichteten geschlossenen Kaufvertrags mitwirkt; der Kaufvertrag steht aber einer Rückabwicklung entgegen und bindet damit auch den Verpflichteten. Genau wie im Falle eines nichtigen Vertrags reicht es aus, dass der bereicherungsrechtliche Anspruch blockiert ist. 202

Stimmt der Verpflichtete der Verfügung zu, wird das Vorkaufsrecht ausgelöst; aber auch ein gutgläubiger Erwerb hat die gleiche Konsequenz.[323] Mangels Mitwirkung fehlt es an einer privatautonomen Entscheidung des Verpflichteten; aus Sicht des Eigentümers durchbricht der gutgläubige Erwerb aber gerade den Grundsatz der Privatautonomie. Die Rechtsordnung bindet den Eigentümer, wenn die Verfügung wirksam ist. Der Verpflichtete steht insbesondere mit Blick auf § 816 Abs. 1 S. 1 BGB so, als habe er das Grundstück verkauft; es ist nicht ersichtlich, warum das nicht auch für den Berechtigten gelten soll. Zudem führt eine Verneinung des Vorkaufsfalls bei einem dinglichen Vorkaufsrecht zu einer nicht gerechtfertigten Privilegierung des gutgläubigen Erwerbers; hätte der Erwerber mit dem Verpflichteten kontrahiert hätte, wäre das Vorkaufsrecht ausgelöst worden. 203

Übt der Berechtigte aus, kommt gemäß § 464 Abs. 2 BGB zwischen ihm und dem Verpflichteten der Vertrag zustande, wie ihn der Nichtverpflichtete mit dem Erwerber geschlossen hat. Auf die Gutgläubigkeit des Berechtigten kommt es nicht an,[324] weil sich dieser an den Verpflichteten halten kann. 204

Dem aus einem obligatorischen Vorkaufsrecht Berechtigten ist mit diesem Ansatz nicht geholfen; infolge der Ausführung des Erstvertrags erlischt der Anspruch aus dem Zweitvertrag gemäß § 275 Abs. 1 Var. 1 BGB. Dem Berechtigten bleibt ein Schadensersatzanspruch gegen den Verpflichteten (Rz. 182 a.E.); ein solcher Anspruch besteht allerdings mangels Verschuldens nicht, wenn der Verpflichtete keine Anhaltspunkte für einen Verkauf durch den Nichtverpflichteten hatte. § 823 Abs. 1 BGB erfasst das obligatorische Vorkaufsrecht nicht (Rz. 458); gegen den Nichtverpflichteten besteht daher nur ein Anspruch gemäß § 826 BGB.[325]

---

323 Für das dingliche Vorkaufsrecht ebenso Schurig, S. 151. **A.A.** Staud/Mader/Schermaier (2014) § 463 BGB Rz. 53.

324 Ein Problem bei Bösgläubigkeit sieht Schurig, S. 150; er kommt aber zum gleichen Ergebnis.

325 OLG Jena (22.10.98) AgrarR 1999, S. 197. Trotz gewisser Sympathien für einen Anspruch aus § 823 Abs. 1 BGB im Ergebnis ebenso Schurig, S. 149.

b. Mit einem Dritten

205 Ob es sich bei der Figur des Dritten um ein eigenständiges Tatbestandsmerkmal handelt, ist umstritten.[326] Die Rechtsprechung lässt an diesem Merkmal Fälle ausscheiden, bei denen ein möglicherweise Berechtigter von der Ausübung ausgenommen werden soll. Insoweit hat die Diskussion erheblich weniger Gewicht, als es auf den ersten Blick scheint. Es geht vor allem darum, ob nicht die bereits behandelten Ausnahmetatbestände (Rz. 180 ff.) hier zu verorten sind.[327] Wenn es sich bereits nicht um einen Kaufvertrag handelt, stellt sich die Frage nach der Figur des Dritten nicht; im Übrigen greift die Rechtsprechung bei zwei der Ausnahmetatbestände auf die Figur des Dritten zurück:[328] Bei einem Verkauf mit Rücksicht auf ein künftiges Erbrecht sei der gesetzliche Erbe nicht Dritter im Sinne § 463 BGB; dasselbe gelte für den Ersteigerer, wenn die Zwangsversteigerung zur Auflösung einer Eigentümergemeinschaft erfolgt und dieser einer der ursprünglichen Teilhaber ist. Aber auch die anderen beiden Ausnahmefälle ließen sich problemlos hier einordnen: Der Erwerber ist nicht Dritter, wenn der Verkauf im Zuge der Zwangsvollstreckung erfolgt oder wenn er ausschließlicher Nutzer der an ihn veräußerten Teilfläche ist, § 20 Abs. 7 a S. 1 VermG.

206 Für eine Kultivierung der Figur des Dritten spricht, dass diesem Teil der Norm anderenfalls eine rein deklaratorische Funktion zukäme; er würde lediglich klarstellen, dass ein Verkauf an den Berechtigten selbst keinen Verkaufsfall[329] darstellt. Dass Verpflichteter und Dritter nicht identisch sein dürfen, begreift man hingegen eher mit Blick auf den Kaufvertrag;[330] man kann ein Grundstück nicht an sich selbst verkaufen. Der Gesetzgeber hat der Figur des Dritten keine Bedeutung

---

326 **Dafür** etwa Prütting/Eickmann (2013) § 1097 BGB Rz. 3; Jauernig/Berger (2014) § 1097 BGB Rz. 2; Staud/Mader/Schermaier (2014) § 463 BGB Rz. 46; MünchKomm/Westermann (2012) § 463 BGB Rz. 23 f.; Oetker/Maultzsch, Vertragliche Schuldverhältnisse (2013) § 2 H IV 3a, Rz. 504; Walter, Kaufrecht, § 13 III 4, S. 613; Schreiber, Jura 2012, S. 114 (116); Burballa, Vorkaufsfall, S. 137 f. **Dagegen** im Falle eines Kindskaufs Staud/Mader/Schermaier (2014) § 470 BGB Rz. 1; Schurig, S. 166.

327 Anschaulich OVG Saarlouis (3.6.09) BRS 74, Nr. 131: Selbstverständlich ist eine GbR Dritte, wenn ein Gesellschafter an diese veräußert; inhaltlich es geht darum, ob das Grundstück eingebracht oder verkauft wird.

328 BGH (14.11.69) WM 1970, S. 321; (28.4.67) NJW 1967, S. 1607; (23.4.54) NJW 1954, S. 1035; OLG Stuttgart (8.4.97) DNotZ 1998, S. 305 (307); BayObLG (8.10.80) JurBüro 1981, S. 752.

329 Vgl. OLG München (27.9.11) DNotZ 2012, S. 201; DNotI-Report 2011, S. 97 (98 f.) m.w.N.; Burballa, Vorkaufsfall, S. 138; Klinke, S. 53.

330 Dennoch auf die Figur des Dritten zurück greift OVG (3.6.09) BauR 2009, 1628.

beigemessen; den Materialien lässt sich vor allem mit Blick auf §§ 470, 471 BGB nichts entnehmen. Der Zweiten Kommission lag ein auf die Regelung des heutigen § 470 BGB zielender Antrag vor,[331] der vom Antragsteller damit begründet war, „daß die nahen Familienangehörigen einem anderen gegenüber gewissermaßen eine Einheit darstellen." Darauf hat sich die Kommission aber nicht eingelassen; der Antrag wurde u.a. mit der Begründung abgelehnt, die Reichweite des Vorkaufsrechts könne ggf. rechtsgeschäftlich entsprechend angepasst werden.

Im Folgenden wurde der Einordnung beim Kaufvertrag der Vorzug gegeben, 207
weil sich die Ausnahmetatbestände eher an der Besonderheit des Geschäfts als an der Person des Erwerbers orientieren.[332] Der Verkauf an einen künftigen, gesetzlichen Erben ist nicht generell dem Vorkaufsrecht entzogen, sondern nur, wenn er mit Rücksicht auf dieses Erbrecht erfolgt. Auch ein Ersteigerer kann grundsätzlich Dritter sein; dies nicht, wenn der Ersteigerer Miteigentümer gewesen und die Versteigerung zur Auflösung der Gemeinschaft erfolgt ist. Bei einem Vorkaufsrecht nach § 20 VermG schließlich kommt grundsätzlich jeder Mitnutzer als Dritter in Betracht; eine Ausnahme gilt nur, wenn sich der Verkauf auf die von ihm genutzte Teilfläche beschränkt.

Wichtig ist die Erkenntnis, dass es unverändert um die Bestimmung der 208
Reichweite bzw. des Inhalts des Vorkaufsrechts geht, was sich nach dem Willen der Schöpfer des Vorkaufsrechts richtet. Ob man bei der Auslegung nach nicht erfassten Verträgen oder nicht erfassten Erwerbern fragt, ist nebensächlich. An der Figur des Dritte führt allerdings kein Weg vorbei, wenn es um eine Veräußerung an einen von mehreren Berechtigten geht. Anerkennt man als Dritten nur eine Person außerhalb des Berechtigtenkreises,[333] führt dies in dieser Konstellation zu nicht sachgemäßen Ergebnissen. Ein Erwerber ist vielmehr Dritter, wenn er nicht mit dem Berechtigten identisch ist.[334]

Beispiel 21 (nach OLG Hamm DNotZ 1989, S. 786): Das Grundstück besteht aus zwei unselbständigen Parzellen, die jeweils allein von einem gemäß § 20 VermG Vorkaufsberechtigten genutzt werden. Der Verpflichtete verkauft das gesamte Grundstück an einen der beiden Berechtigten allein. Sieht man den Erstkäufer nicht als Dritten, könnte der andere Berechtigte nicht ausüben; das wäre nicht sachgerecht. Lässt man den anderen Berechtigten aber ausüben, würde sich dieser gegenüber dem Erstkäufer durchsetzen können; das ist

331 Vgl. zu dem Ganzen Prot. II, S. 104 = Mugdan II, S. 796.

332 Ebenso, allerdings wiederum beschränkt auf den Kindskauf Staud/Mader/Schermaier (2014) § 470 BGB Rz. 1; Schurig, S. 166.

333 Vgl. dazu Innozenz, Rz. 291 m.w.N.

334 BGH NJW-RR 2009, S. 1172; OLG Hamm DNotZ 1989, S. 786. A.A. DNotI-Report 2011, S. 97 (98 f.).

ebenfalls nicht sachgerecht. Der Abschluss der Erstvertrags stellt gemäß §§ 133, 157 BGB eine Ausübung des Vorkaufsrechts durch den Erstkäufer dar; übt auch der andere Berechtigte aus, führt dies gemäß § 20 Abs. 4 S. 1 VermG zu der im Vorkaufsrecht angelegten Käufergemeinschaft.

II. Sonderfälle

209 Einen Sonderfall kennzeichnet, dass das Verhalten des Verpflichteten nicht den Vorstellungen des Gesetzgebers entspricht: Er verfolgt Interessen auch mit Blick auf das Vorkaufsrecht, indem er versucht, den belasteten Gegenstand am Vorkaufsrecht vorbei oder unter Einflussnahme auf die Ausübungsentscheidung des Berechtigten zu versilbern.

1. Umgehung

210 Unter Umgehung werden im Folgenden lediglich rechtsgeschäftliche Bestrebungen des Verpflichteten verstanden, das belastete Grundstück zu versilbern, ohne das Vorkaufsrecht auszulösen.[335] Der Verpflichtete schließt nicht einfach seinem wirtschaftlichen Ziel entsprechend einen Kaufvertrag; allein wegen des Vorkaufsrechts versucht er, dieses Ziel durch eine andere bzw. besondere Gestaltung des Vertrags zu erreichen.[336] Die Umgehung lässt sich also nicht alleine am Inhalt des Erstvertrags festmachen;[337] es kommt vielmehr auf die besondere Motivationslage des Verpflichteten an. Deshalb handelt es sich nicht um eine Umgehung, wenn die gewählte Vertragsgestaltung von weiteren, legitimen Zwecken gedeckt ist, die der Verpflichtete mit dem Grundstück statt oder neben der Versilberung verfolgt. Vom Inhalt des Erstvertrags hängt eine Umgehung nur insoweit ab, als es einen direkten Weg zum wirtschaftlichen Ziel des Verpflichteten geben muss, der über das Vorkaufsrecht führt; geht der Verpflichtete den direkten Weg, handelt es sich nicht um eine Umgehung, selbst wenn das Grundstück am Vorkaufsrecht vorbei versilbert werden soll. Der Verpflichtete ist in der Auswahl seiner wirtschaftlichen

---

335 Ähnlich Schurig, S. 157, allerdings ohne der Motivationslage des Verpflichteten maßgebliche Bedeutung beizumessen. Ebenso Burbulla, Jura 2002, S. 687 (688), der allerdings bei einen Großteil der Fallkonstellationen nicht von Umgehung sprechen will (a.a.O., S. 692). Ebenso Knüfermann, Miterbenvorkaufsrecht, S. 42, der allerdings anschließend zum Teil auf den hier in Bezug auf den Vorkaufsfall verwendeten Begriff der Vereitelung ausweicht.

336 Ähnlich: DNotI-Report 2011, S. 97 (99) m.w.N.; Burballa, Vorkaufsfall, S. 52.; Pawlitschek, S. 130 ff.

337 So etwa Walter, Kaufrecht, § 13 III 5, S. 616; Winkler, NJW 1970, S. 99; von moralischer Wertung spricht Kreße, NJ 2013, S. 156.

Ziele frei (Rz. 52) und darf dabei auch das Vorkaufsrecht im Auge behalten; insoweit muss der Berechtigte die Nichtauslösung des Vorkaufsrechts hinnehmen.

Beispiel 22: Auch um das Vorkaufsrecht nicht auszulösen, verkauft der Verpflichtete das belastete Grundstück einem gesetzlichen Erben. Das Grundstück wird mit Blick auf § 470 BGB am Vorkaufsrecht vorbei versilbert, ohne dass es sich um eine Umgehung handelt.

a. Gangbare Wege

Um den Eintritt des Normalfalls zu vereiteln, kann konstruktiv bei jeder einzelnen Voraussetzung angesetzt werden; aufgrund der privatrechtlichen Gestaltungsfreiheit sind der Phantasie keine Grenzen gesetzt.[338] So kann der Verpflichtete bspw. einvernehmlich mit dem Dritten versuchen, den Erstvertrag unwirksam zu halten; es fehlt am Abschluss eines wirksamen Vertrags. 211

Beispiel 23 (nach BGH Z 115, 335): Der Verpflichtete bietet dem Dritten unwiderruflich den Kauf des belasteten Grundstücks an. Die notarielle Urkunde enthält ferner eine ebenfalls unwiderrufliche Vollmacht, die dem Dritten umfassend Verfügungen über das Grundstück, insbesondere auch die Auflassung an sich selbst gestattet. Schließlich bewilligt der Verpflichtete zugunsten des Dritten eine Auflassungsvormerkung und einen dinglichen Nießbrauch; beides wird auch im Grundbuch eingetragen. Der Dritte übernimmt im Gegenzug Verbindlichkeiten des Verpflichteten, ohne allerdings das Angebot des Verpflichteten anzunehmen.

Häufig versucht der Verpflichtete, das wirtschaftliche Ziel eines Kaufvertrags durch eine andere vertragliche Gestaltung zu erreichen; es fehlt am Abschluss eines Kaufvertrags. Beim Erfordernis eines Kaufvertrags anzusetzen, liegt nahe und ist durchaus beliebt; daher wird gerade diese Fixierung eines Vorkaufsrechts als unbefriedigend empfunden.[339] Zu den „Klassikern" gehört hier die Ausgestaltung als Tauschvertrag, wobei die Versilberung über eine Barzulage[340] oder Rückkaufverpflichtung realisiert wird. 212

Beispiel 24 (nach RG Z 88, 361): Der Verpflichtete tauscht das belastete Grundstück gegen ein vergleichbares Grundstück des Dritten; der Eigentümerwechsel wird im Grundbuch eingetragen. In einer notariellen Zusatzvereinbarung hat sich der Dritte aber verpflichtet, das dem Verpflichteten übertragene Grundstück nach Jahr und Tag zurückzukaufen.

Ebenfalls als „klassisch" kann man die Ausgestaltung als Schenkung bezeichnen; 213
um die Versilberung zu realisieren, übernimmt der Beschenkte eine Zahlungsverpflichtung in Form eines abstrakten Schuldanerkenntnisses oder wiederum

338 Zu einer ausführlichen Analyse von Fallgruppen vgl. Innozenz, Rz. 240 ff.

339 Vgl. nur Schurig, S. 129 ff.

340 Vgl. hierzu bspw. VGH München (26.9.95) NJW 1996, 2321.

einer Barzulage.[341] Die Übertragung auf eine Gesellschaft der Verpflichteten mit anschließendem Verkauf der Gesellschaftsanteile ist eine vergleichbar geeignete Grundlage.[342] Aber auch nicht auf Austausch gerichtete Vertragstypen sind fruchtbar gemacht worden.

Beispiel 25 (nach BGH Z 25, 174): Der Verpflichtete übereignet das Grundstück zur Sicherung eines Gelddarlehens, wobei ausweislich der notariellen Vereinbarung Rückzahlung des Darlehens und Rückübertragung des Grundstücks praktisch ausgeschlossen sind. Zweck auch dieser Vereinbarung ist es, das belastete Grundstück zu versilbern; als Umweg wird ein Darlehensvertrag mit Sicherungsübereignung gewählt.

214 Denkbar, wenn auch sicherlich nur eingeschränkt gangbar, ist der Weg über § 466 S. 2 BGB: Der Verpflichtete verkauft das Grundstück an einen ihm vertrauten Dritten und vereinbart eine Nebenleistung mit stark persönlichem Einschlag, wie bspw. die Pflege im Alter[343] oder die Verpflichtung, selbst auf dem Grundstück zu wohnen;[344] über den Normalfall wird das Vorkaufsrecht nicht ausgelöst, weil sich die Nebenleistung nicht in Geld schätzen lässt und nur für das Grundstück zu haben war (Rz. 192).

215 Bei dinglichen bzw. dinglich gesicherten Vorkaufsrechten sind damit die Ansatzpunkte erschöpft. Die Einräumung eines reinen Nutzungsrechts vermittelt keinen Anspruch auf Verschaffung des Eigentums, selbst wenn die Nutzung lang und intensiv angelegt ist.[345] Auch der Weg über die übrigen Ausnahmetatbestände ist nicht ergiebig.[346] Die Zwangsversteigerung eines Grundstücks verursacht erhebliche Kosten; diese ist auch nicht geeignet, einen Erwerb durch den Berechtigten zu verhindern, da dieser als Inhaber eines im Grundbuch eingetragenen Rechts von der Zwangsversteigerung benachrichtigt würde und sich als Bieter beteiligen könnte (Rz. 291). Der Verkauf des belasteten Grundstücks an einen gesetzlichen Erben, damit dieser versilbert und den Erlös auskehrt, macht keinen Sinn; das dingliche Vorkaufsrecht geht auf den Erben über und berechtigt diesem

---

341 Vgl. bspw. BGH (25.9.86) NJW 1987, S. 890.

342 BGH (27.1.12) NJW 2012, S. 1354; OLG Celle (21.11.13) ZfIR 2014, S. 532; vgl. auch OVG Saarlouis (3.6.09) BauR 2009, 1628; OLG Nürnberg (27.9.90) NJW-RR 1992, S. 461. Ungeeignet hingegen eine unentgeltliche Übertragung der Anteile, eine identitätswahrende Umwandlung oder allein ein Gesellschafterwechsel; Umgehung spielt insoweit keine Rolle, z.B.: BGH (9.7.68) Z 50, S. 307; OLG Nürnberg (19.3.12) MDR 2012, S. 639; Kreße, NJ 2012, S. 156.

343 Vgl. zu einem Normalfall RG Z (10.5.28) 121, 137.

344 Beispiel von Ebert, NJW 1961, S. 1430 (1435).

345 BGH (26.9.03) NJW 2003, S. 3769; OLG Hamm, Urt. v. 11.6.12, Az. 22 U 25/12.

346 A.A. für die Zwangsversteigerung Knüfermann, Miterbenvorkaufsrecht, S. 35 ff.

gegenüber (Rz. 110 a.E.). Ebenfalls kein Umgehungspotential hat der Weg über die Einschaltung eines Nichtverpflichteten; ein dingliches Vorkaufsrecht wird in diesen Fällen ausgelöst (Rz. 201).

Bei obligatorischen Vorkaufsrechten steht der Weg über die Ausnahmetatbestände offen.[347] *Da der Berechtigte eines solchen Vorkaufsrechts einen Erwerb durch den Dritten nicht verhindern kann, dient eine Umgehung in diesen Fällen der Vermeidung von Schadensersatzansprüchen.*

b. Gründe des Verpflichteten

Die Gründe dafür, warum der Verpflichtete eine Umgehung anstrebt, sind vielfäl- 216
tig. Bei den Vorkaufsrechten nach dem Vermögensgesetz ist zu berücksichtigen, dass die vereinigungsbedingte Bereinigung offener Vermögensfragen das Verhältnis der Beteiligten häufig schwer belastet hat; die Wahrscheinlichkeit, dass der Verpflichtete versucht, einen Erwerb durch den Berechtigten zu verhindern, ist bei einem Vorkaufsrecht nach dem Vermögensgesetz erhöht. Das macht die Vorkaufsrechte nach dem Vermögensgesetz für Umgehungsversuche besonders anfällig.

Hochgradig anfällig für Umgehungsversuche sind im Preis limitierte Vorkaufsrechte (Rz. 402), weil der Zweitvertrag mit einem niedrigeren Kaufpreis zustande kommt; in diesen Fällen tritt an die Stelle des ideellen, ein wirtschaftlicher Grund.

c. Nichtigkeit des Erstvertrags

Gegen ein Verbotsgesetz im Sinne von § 134 BGB verstoßen die Parteien des 217
Erstvertrags auch bei einem gesetzlichen Vorkaufsrecht nicht; die Regelung zum Vorkaufsrecht ist kein Verbotsgesetz.[348] Es liegt aber nahe, dass der von Umgehungsabsicht geprägte Erstvertrag sittenwidrig und gemäß § 138 Abs. 1 BGB nichtig ist;[349] eine darüber hinaus gehende Schädigungsabsicht ist nicht

---

347 Insbesondere für die Zwangsversteigerung Erman/Grunewald (2014) § 471 BGB Rz. 2 a.E.; RGRK/Mezger (1978) § 512 BGB II a.E. Das überzeugt vor allem mit Blick auf § 1228 ff. BGB (Grunewald a.a.O.); ob dies allerdings ein Argument für die Reichweite von § 471 BGB sein kann, erscheint zweifelhaft.

348 Pawlitschek, S. 9 m.w.N. **A.A.** BGH (25.1.61) NJW 1961, 775 (776).

349 So etwa RG Z 88, S. 361; Z 123, S. 269; (17.6.29) Z 125, 123 (126); BGH (11.12.63) 1964, S. 540 (541 m.w.N.); (14.11.69) WM 1970, S. 321; WM 1970, S. 1315 (1318); (14.9.01) NJW 2002, S. 213 (216); Palandt/Ellenberger (2014) § 138 BGB Rz. 61; Larenz, SchR II/1 (1986) § 44 III (Fz. 39); Peßler, NJW 1960, S. 1785 (1786); Walter, Kaufrecht, § 13 III 4, S. 613 u. § 13 III 5, S. 615; Winkler, NJW 1970, S. 99.

erforderlich.[350] Der Gesetzgeber hat es für selbstverständlich gehalten, dass eine vertragliche Bestimmung, die lediglich zum Zwecke der Vereitelung getroffen wurde, den Berechtigten nicht bindet.[351]

218 Dennoch gibt es Gegenstimmen. So basiert etwa der Vorschlag, auf Umgehungsgeschäfte § 465 BGB entsprechend anzuwenden,[352] auf der Prämisse, dass die Vereinbarung im Verhältnis zwischen Verpflichtetem und Drittem wirksam ist; Rechtsfolge von § 465 BGB ist Unwirksamkeit allein gegenüber dem Berechtigten. Ähnlich verhält es sich mit dem Vorschlag, Umgehungsversuchen durch eine extensive Auslegung von § 463 BGB auf andere Vertragstypen zu begegnen; dieser Vorschlag ist als Alternative zu § 138 Abs. 1 BGB gedacht.[353] Diese Gegenstimmen vermögen jedoch nicht zu überzeugen; die Voraussetzungen von § 138 Abs. 1 BGB sind erfüllt, dass muss bei der Lösung der Umgehungsproblematik Berücksichtigung finden.

219 Es ist die besondere Motivationslage des Verpflichteten, die aus dem Veräußerungsvertrag mit dem Dritten eine Umgehung macht (Rz. 210); auch die Beweggründe der Parteien sowie die von ihnen verfolgten Zwecke sind geeignet, die Sittenwidrigkeit eines Rechtsgeschäfts zu begründen, s.g. Umstandssittenwidrigkeit.[354] Das Vorkaufsrecht ist Teil der Rechtsordnung und beschränkt den Verpflichteten in seiner Dispositionsfreiheit; das Ziel, den belasteten Gegenstand zu versilbern, muss er auf Verlangen versuchen mit dem Berechtigten zu erreichen (Rz. 101). Dieser Beschränkung versucht sich der Verpflichtete im Falle einer Umgehung zu entledigen; entgegen der Vorstellung des Gesetzgebers (Rz. 188) versucht der Verpflichtete über den Erstvertrag das künftige Rechtsverhältnis zum Berechtigten zu gestalten. Er versucht den Zweitvertrag zu vermeiden und widersetzt sich damit auch der Sittenordnung.[355] Dass sich der Verpflichtete letztendlich nicht befreien kann, ändert nichts; durch sein Verhalten bringt er den Berechtigten zumindest prozessual in Bedrängnis (Rz. 223).

---

350 A.A. insoweit wohl Knüfermann, Miterbenvorkaufsrecht, S. 45.

351 Motive II, S. 346; Mugdan II, S. 192 und 792.

352 Palandt/Weidenkaff (2014) § 465 BGB Rz. 4; Schurig, S. 154.

353 Schurig, S. 159. Deutlich auch bei: Knüfermann, Miterbenvorkaufsrecht, S. 44; Pawlitschek, S. 85.

354 Vgl. dazu allgemein MünchKomm/Armbrüster (2012) § 138 BGB Rz. 9; Palandt/Ellenberger (2014) § 138 BGB Rz. 8; Staud/Sack/Fischinger (2011) § 138 BGB Rz. 9 f.

355 Zur Rechtsordnung als Teil der Sittenordnung vgl. allgemein MünchKomm/Armbrüster (2012) § 138 BGB Rz. 12; Palandt/Ellenberger (2014) § 138 BGB Rz. 3; Staud/Sack/Fischinger (2011) § 138 BGB Rz. 52.

Die Umstandssittenwidrigkeit setzt voraus, dass der Berechtigte vom Vorkaufsrecht Gebrauch machen will;[356] anderenfalls droht kein Zweitvertrag, gegen den sich der Verpflichtete auflehnen könnte. Zudem müssen beide Parteien des Erstvertrags die sittenwidrigen Umstände kennen oder sich der Kenntnisnahme zumindest grob fahrlässig verschließen und auf diese Weise dem Gesamtcharakter des Erstvertrags das Gepräge der Sittenwidrigkeit[357] geben; einen sittenwidrigen Beweggrund des einen muss sich der andere Beteiligte zu eigen machen, indem er ihn bspw. billigt, fördert oder ausnutzt.[358] Für den Dritten wird die Umgehung in der Regel zumindest auf der Hand liegen. Lässt er sich dennoch auf den Erstvertrag ein, missachtet er das Vorkaufsrecht in gleicher Weise wie der Verpflichtete. Der Dritte macht die Umgehung überhaupt erst möglich; ohne den Dritten kann der Verpflichtete den Erstvertrag nicht gestalten. Zudem partizipiert der Dritte am sittenwidrigen Verhalten des Verpflichteten, soweit sich die vom Normalfall abweichende Gestaltung des Vertrags mit seinen Interessen deckt; erst das Verhalten des Verpflichteten eröffnet ihm die Möglichkeit, diese Interessen zu Lasten des Berechtigten durchzusetzen. 220

Beispiel 26 (nach BGH NJW 1964, 540): Der Dritte lässt sich auf einen Tauschvertrag über das belastete Grundstück ein, weil dieser für ihn wirtschaftlich äußerst günstig ist und ihm die über die versprochene Barzulage hinaus erforderlichen Geldmittel fehlen. Der BGH hat die Sittenwidrigkeit unter Hinweis auf legitime Interessen des Dritten verneint. Es ist ein legitimes Interesse des Dritten, ein günstiges Geschäft wahrzunehmen und statt Bargeld einen anderen Gegenstand dafür einzusetzen; wenn es dem Verpflichteten aber ausschließlich darum ging, das belastete Grundstück zu versilbern, hätte sich dem Dritten diese Gelegenheit ohne das sittenwidrige Verhalten des Verpflichteten nicht geboten. Es wäre daher der Hinweis überzeugender gewesen, dass der Verpflichtete über die Versilberung hinausgehende Zwecke verfolgt hat; es drohte nämlich die Zwangsversteigerung des Grundstücks, und der Vertrag mit dem Dritten war für den Verpflichteten mit Blick auf die Barzulage die einzige, schnell zu realisierende Abwendungsmöglichkeit. Der Tausch war nicht allein durch das Vorkaufsrecht, sondern auch durch die drohende Zwangsversteigerung motiviert, sodass es bereits an einer Umgehung fehlt, die hätte sittenwidrig sein können.

Bleibt dem Dritten ausnahmsweise die Versilberungsabsicht des Verpflichteten und dies in nicht vorwerfbarer Weise verborgen, verhält er sich nicht sittenwidrig, und der Erstvertrag kommt wirksam zustande; die Voraussetzungen von § 138 Abs. 1 BGB sind in einem solchen Fall nicht erfüllt. Ein Rückgriff auf § 117 Abs. 1 BGB scheidet aus, soweit der Verpflichtete versucht, den Eintritt 221

356 BGH (14.9.01) NJW 2002, S. 213 (216).

357 BGH (11.10.91) NJW 1992, S. 236; WM 1970, S. 321; NJW 1964, S. 540.

358 Palandt/Ellenberger (2014) § 138 BGB Rz. 40.

des Normalfalls zu vermeiden; der Verpflichtete kann der Beschränkung durch das Vorkaufsrecht nur entkommen, wenn der Vertrag mit dem Dritten wirksam ist.[359] Fehlt es dem Erstvertrag nachweislich an Ernstlichkeit, handelt es sich nicht um eine Umgehung, sondern um eine Einflussnahme (Rz. 242 ff.).

Beispiel 27: Der Verpflichtete ist fest entschlossen, den Erwerb des belasteten Grundstücks durch den Berechtigten zu verhindern. Ein Freund des Verpflichteten sucht in der Nachbargemeinde ein Grundstück. Der Verpflichtete schaltet daher in der Presse eine Anzeige, dass er das belastete Grundstück gern gegen ein Grundstück in der Nachbargemeinde tauschen würde. Dem Dritten, der sich auf diese Anzeige meldet, gibt er als Grund den Pflegebedarf seiner in der Nachbargemeinde lebenden Mutter an. Die Grundstücke werden getauscht. Kurze Zeit später verkauft der Verpflichtete sein neues Grundstück an den Freund. Hier kennt der Dritte die Versilberungsabsicht des Verpflichteten nicht; der Tauschvertrag ist daher wirksam.

222 Die Rechtsfolge von § 138 Abs. 1 BGB erfasst das gesamte Umgehungsgeschäft. Dazu gehören auch den Erstvertrag vorbereitende Rechtsgeschäfte, wie z.B. die Übertragung des Grundstücks auf eine anschließend verkaufte Gesellschaft.[360] Die Prägung der Umgehung kann sich auf Teile des Erstvertrags beschränken;[361] allerdings ist regelmäßig die Hauptleistungspflicht des Dritten betroffen, sodass kein lebensfähiger Rest des Erstvertrags übrig bleibt, der auf den Prüfstand von § 139 BGB gestellt werden könnte. Ein lebensfähiger Rest des Erstvertrags bleibt, soweit der BGH von einem Fremdkörper spricht (Rz. 410); diese Problematik hat allerdings mit der Umgehung nichts zu tun: Die Parteien des Erstvertrags versuchen den Vorkaufsfall gerade nicht zu vermeiden, sondern für Interessen im Zusammenhang mit dem Verkauf auszunutzen.[362]

d. Beweislast

223 Die Umgehung muss im Falle eines Zivilprozesses grundsätzlich der Berechtigte darlegen und ggf. beweisen. Da eine Umgehung ausschließlich von der Motivationslage des Verpflichteten abhängt (Rz. 210), muss die Beweisführung

---

359 BGH Z 23, 294, 298; im Ergebnis ebenso Burbulla, Vorkaufsrecht, S. 10.

360 Ausweislich der Ausführungen zu § 275 BGB offenbar a.A. BGH (27.1.12) NJW 2012, S. 1354.

361 BGH WM 1970, S. 321; WM 1966, S. 72; WM 1962, S. 1091; WM 1957, S. 1162; Peßler, NJW 1960, S. 1785 (1786); Walter, Kaufrecht, § 13 III 5, S. 617.

362 Insoweit etwas verwirrend Tiedtke, der die Fremdkörperproblematik in die Diskussion der Umgehungsproblematik einbettet, vgl. Reinicke/Tiedtke, KaufR (2009), Rz. 1117 ff.

zwangsläufig über Indizien erfolgen.[363] Ein solches Indiz ist vor allem, dass das Geschäft wirtschaftlich dem Verkauf des Gegenstands gleichkommt.[364] Häufig verspricht der Verpflichtete unter anderer Bezeichnung die Zahlung einer Summe, die im Wesentlichen den Verkehrswert des belasteten Grundstücks abdeckt (Rz. 211). Auch die zeitnahe Veräußerung des Gegenstandes, den der Verpflichtete im Tausch für das belastete Grundstück erhalten hat, deutet auf eine Umgehung. Das gilt vor allem für leicht veräußerlicher Tauschgegenstände, wie bspw. Gold oder Aktien;[365] das Indiz wird verstärkt, wenn sich der Dritte diese Gegenstände erst beschaffen musste.

224 Es handelt sich dabei nicht um einen Anscheinsbeweis;[366] ein entsprechender Erfahrungssatz ist nicht belegt. Fehlen entsprechende Indizien, löst der Vertrag das Vorkaufsrecht nicht aus.[367] Trägt der Berechtigte hingegen Indizien vor und gelingt ihm ggf. insoweit der Beweis, ist es am Verpflichteten, dieses zu entkräften und eine Alternative zu Versilberung und Umgehung darzulegen und ggf. zu beweisen.[368] Es liegt nahe, dass sich der Verpflichtete mit dem Dritten abstimmt und diesen als Zeugen benennt; das lässt sich aber nicht ändern und ist im Übrigen nicht so einfach. Bestimmte Gestaltungen lassen sich ohne Umgehung nicht erklären; so verhält es sich z.B., wenn der Verpflichtete das Grundstück unentgeltlich einer eigens dafür gegründeten Gesellschaft überträgt, um anschließend die Gesellschaft zu verkaufen.[369] Eine falsche Zeugenaussage ist strafbar; nicht immer wird der Erwerb des Grundstücks das damit verbundene Risiko rechtfertigen. Das Risiko ist sogar erhöht, weil der Dritten mit dem Verpflichteten eine Verschwiegenheitsgemeinschaft eingeht. Zumindest muss der Dritte den Richter überzeugen; das hierfür erforderliche Geschick steigt mit höherer Komplexität der Aussage.

e. Ausübungsmöglichkeit

225 Der Gesetzgeber war sich der Umgehungsproblematik bewusst, hat deren Bewältigung aber Rechtsprechung und Literatur überlassen.[370] Sieht sich der Berechtigte einem Umgehungsversuch ausgesetzt, stellt sich erst einmal die

363 Burballa, Vorkaufsfall, S. 64.
364 BGH (27.1.12) NJW 2012, S. 1354.
365 Ein Hinweis auf eine derartige Fallgestaltung bspw. bei Schurig, S. 128.
366 Burbulla, Vorkaufsfall, S. 66 f. **A.A.** Soergel/Stürner (2001) Vor § 1094 BGB Rz. 7.
367 Vgl. z.B. OLG Düsseldorf (26.5.10) NJW-RR 2011, 307.
368 Ähnlich Burballa, Vorkaufsfall, S. 68.
369 BGH (27.1.12) NJW 2012, S. 1354.
370 Motive II, S. 345 unten.

Frage, ob das Vorkaufsrecht ausgeübt werden kann; erst danach kann es um die Frage gehen, wie man dem Berechtigten dies ermöglicht.

i. Ob der Berechtigte ausüben kann

226 Versuchen die Parteien das Vorkaufsrecht zu umgehen, ist der Erstvertrag nichtig, und ein nichtiger Vertrag löst grundsätzlich das Vorkaufsrecht nicht aus (Rz. 126); dass der Berechtigte dennoch ausüben kann, versteht sich also nicht von selbst. Eine entsprechende Intention des Gesetzgebers lässt sich insbesondere nicht an § 465 BGB festmachen. Diese Vorschrift trifft keine auf die Umgehung übertragbare Regelung;[371] § 465 BGB zielt nicht darauf ab, den Berechtigten vor Manipulationen des Zweitvertrags zu schützen.[372] Der Gesetzgeber wollte die Umgehungsproblematik nicht regeln; bei § 465 BGB kann es daher nur darum gehen, dass der Verpflichtete im Erstvertrag Vorsorge für den Fall der Ausübung treffen muss (Rz. 417).

227 Berücksichtigt man den anerkannten Grundsatz, dass der Verpflichtete dem Berechtigten die Ausübung nicht ermöglichen muss (Rz. 52), drängt sich die Frage auf, ob es dabei nicht sein Bewenden haben muss.[373] Lässt man dies Frage unbeantwortet, vermag keiner der Vorschläge zur Lösung der Umgehungsproblematik zu überzeugen. Hätte der Verpflichtete wirksam oder gar nicht kontrahiert, wenn man die Umgehung hinwegdenkt?[374] Warum entspricht der umgehungsbedingte Zustand ohne Vertrag der Situation von § 463 BGB und rechtfertigt eine entsprechende Anwendung? Die Fiktion in § 162 BGB schließlich soll einen Zustand herstellen, der bei treuegemäßem Verhalten bestünde; warum entspricht diesem Zustand nur ein wirksamer Vertrag?

228 Lässt man den Berechtigten im Falle einer Umgehung unabhängig vom Normalfall ausüben,[375] wird die gerade gestellte Frage verneint; eine Begründung hierfür fehlt allerdings und ist auch nicht ersichtlich. Mit dem Hinweis, dass sich der Verpflichtete sittenwidrig verhält, ist es nicht getan; den Eintritt des Vorkaufsfalls unmittelbar an die Sittenwidrigkeit anzuknüpfen, wäre eine

---

371 Hees, S. 70. Nur vom Vorsorgezweck sprechen auch Medicus/Lorenz, SchR (2014) Rz. 328. Über § 465 BGB gehen und daher wohl **a.A.** BGH Z 67, S. 395 (398); (25.9.86) NJW 1987, S. 890 (893); Innozenz, Rz. 375 f.; Staud/Mader/Schermaier (2014) § 465 BGB Rz. 1; Walter, Kaufrecht, § 13 III 5, S. 615; Schurig, S. 154; MünchKomm/Westermann (2012) § 465 BGB Rz. 1.

372 **A.A.** Tiedtke, NJW 1987, S. 874 (875).

373 Probst, JR 1992, S. 419 (421); ihm folgend Böttcher, RNotZ 2010, S. 557 (565).

374 Mit Blick auf § 249 Abs. 1 BGB formuliert dies deutlich Probst, JR 1992, 419 (421).

375 So etwa obiter OLG Düsseldorf (26.5.10) NJW-RR 2011, S. 307 m.w.N.

Sanktionierung des Verpflichteten, was grundsätzlich nicht Aufgabe des Zivilrechts ist. Das bedeutet allerdings keinen Freibrief für den Verpflichteten. In der Regel wird ein durch Umgehung geprägter Erstvertrag ausgeführt; der Dritte will das Grundstück und der Verpflichtete das Entgelt. In diesem Regelfall hindert die Nichtigkeit den Eintritt des Normalfalles nicht (Rz. 127 ff.); das Vorkaufsrecht wird also regulär ausgelöst. Damit ist zugleich dem Vorwurf, der BGH lasse mit seiner Rechtsprechung zur umgehungsbedingten Nichtigkeit die Interessen des Berechtigten unberücksichtigt,[376] die Grundlage entzogen. Wird allerdings ausnahmsweise nicht ausgeführt, bleibt dem Berechtigten die Ausübung verwehrt: Der Verpflichtete hat die mit dem Erstvertrag angestrebten Ziele rechtlich und tatsächlich verfehlt; er steht nicht anders, als hätte er überhaupt nicht kontrahiert.

Ist der Erstvertrag ausnahmsweise trotz Umgehung wirksam (Rz. 221), drängt 229
sich schließlich die Frage auf, ob der gutgläubige Dritte nicht schutzwürdig ist. Lässt man den Zweitvertrag unabhängig vom Normalfall zustande kommen, wird diese Frage verneint; zumindest für dingliche Vorkaufsrechte lässt sich dies wiederum kaum begründen. Das Grundbuch weist als Beschränkung ein Vorkaufsrecht aus; der Dritte darf sich also darauf verlassen, dass das Eigentum des Verpflichteten insoweit keinen weiteren Beschränkungen unterliegt, § 891 Abs. 1 BGB. Eine umgehungsbedingte Verpflichtung jenseits des Normalfalls wäre aber eine solche, weitergehende Beschränkung, die den Eigentumserwerb durch den gutgläubigen Dritten nicht verhindern kann, § 892 BGB. Das harmoniert mit der im Rahmen von § 138 Abs. 1 BGB ermittelten Grenze: Solange der Dritte von der Umgehung nichts weiß, ist er geschützt. Einfach behaupten kann der Verpflichtete die Unkenntnis des Dritten nicht; die Umgehungswege sind oft verzweigt und daher ohne Mitwirkung des Dritten nicht gangbar.

ii. Wie der Berechtigte ausüben kann

Häufig handelt es sich bei dem umgehungsbedingt nichtigen Erstvertrag zudem 230
nicht um einen Kaufvertrag (Rz. 212 ff.). Insoweit dem Berechtigten dennoch die Ausübung zu ermöglichen, kollidiert nicht mit der durch das Eigentum vermittelten Freiheit des Verpflichteten. Der Verpflichtete hat auf tatsächlichem Wege die mit dem Erstvertrag verfolgten Ziele erreicht und damit rechtliche Reflexe ausgelöst (Rz. 127 ff.); die rechtliche Einordnung des Erstvertrags hat damit nichts zu tun und erfolgt unabhängig vom Parteiwillen. Wird z.B. ein Gegenstand

376 So etwa Schurig, S. 159; zustimmend: Pawlitschek, S. 8 f.; Böttcher, RNotZ 2010, S. 557 (563) m.w.N.

unentgeltlich veräußert, handelt es sich um eine Schenkung, unabhängig davon, ob die Parteien dies wollen oder nicht.

(A) Sittenwidrige Schädigung

231 Nach einer ersten Auffassung hat der Berechtigte einen deliktischen Schadensersatzanspruch aus § 826 BGB und kann vom Verpflichteten gemäß § 249 Abs. 1 BGB verlangen, gestellt zu werden, als sei wirksam ausgeübt worden.[377] Dieser Ansatz unterscheidet sich von den Übrigen darin, dass er den Nichteintritt des Vorkaufsfalls hinnimmt, sodass der Zweitvertrag autonom und nicht über das Vorkaufsrecht zustande kommt. Nur ein Anspruch auf Naturalrestitution ist interessant; dem Berechtigten droht vor allem ein ideeller Schaden, der gemäß § 253 BGB nicht in Geld erstattet wird. Der Vorkaufsberechtigte muss den Gegenstand bezahlen; ein Vermögensschaden entsteht ihm daher nur, soweit der Verpflichtete unter Wert veräußert.[378] Die Äußerung des Gesetzgebers, dass ein Schadensersatzanspruch ausscheide, wenn der belastete Gegenstand „durch einen anderen, nicht als Kaufvertrag anzusehenden Vertrag veräußert hat“,[379] bezieht sich nicht auf die Umgehungsproblematik. Wenn sich der Verpflichtete den Vorstellungen des Gesetzgebers entsprechend verhält, dann verfolgt er mit diesem anderen Vertrag nicht das Interesse, den belasteten Gegenstand zu versilbern; dann scheidet ein Schadensersatzanspruch aus.

232 Einem Schadensersatzverlangen kann der Verpflichtete nachkommen, indem er mit dem Berechtigten einen Kaufvertrag schließt, der inhaltlich dem Vertrag mit dem Dritten entspricht und ihm eine Auflassungsvormerkung bewilligt; der Berechtigte wäre in der Lage, dies klageweise durchzusetzen und gemäß § 894 ZPO zu vollstrecken.[380] Eine Verfügung über das Grundstück bzw. die Bewilligung einer Vormerkung zugunsten des Dritten wären geeignet, den Erwerb des Grundstücks endgültig zu verhindern; sie wären daher in gleicher Weise sittenwidrig wie der Erstvertrag (Rz. 219 f.) und würden dessen Schicksal teilen. Das nicht ausgelöste Vorkaufsrecht würde schließlich durch Eigentumserwerb des Berechtigten erlöschen (Rz. 294).

---

377 BGH Z 14, 1, 6; WM 1960, 551 (553); Göhner, S. 43 ff.; Peßler, NJW 1960, 1785 (1786). Sogar einen Anspruch gegen den Dritten für möglich hält: Falkner, MittBayNot 2012, S. 519 m.w.N.

378 Das übersieht bei seinem Plädoyer für eine Lösung der Umgehungsproblematik über einen auf Zahlung gerichteten, vertraglichen Schadensersatzanspruch Probst, JR 1992, 419 (421).

379 Mugdan II, S. 192.

380 Diesen Aspekt berücksichtigt nicht Burbulla, Jura 2002, S. 687 (692).

Da sich der Verpflichtete im Umgehungsfalle sittenwidrig verhält, erscheint ein Rückgriff auf § 826 BGB nahe liegend; dieser erweist sich jedoch bei näherer Betrachtung als problematisch. Das Problem sind nicht die Beweisprobleme des Berechtigten;[381] diese stellen sich unabhängig davon, wie man die Umgehungsproblematik löst. Der Berechtigte muss den Anspruch erst geltend machen, womit er das Eingreifen des Vorkaufsrechts in der Hand hat; das ist systemwidrig. Bei einem Vorkaufsrecht nach dem Vermögensgesetz führt das dazu, dass der Berechtigte entgegen der gesetzgeberischen Intention (Rz. 22) auf die nächste Gelegenheit zum Zugriff warten könnte; setzt er den Anspruch aus § 826 BGB nicht durch, lässt sich das Erlöschen des Vorkaufsrechts kaum begründen, und dieses richtet sich auf den Erwerber aus (Rz. 103 ff.). Zudem hätte der Berechtigte für seine Entscheidung gemäß §§ 199 Abs. 1, 195 BGB drei Jahre Zeit, selbst wenn ihm das Umgehungsgeschäft § 469 Abs. 2 S. 1 BGB mitgeteilt wurde. Vorstehende Einwände ließen sich über § 242 BGB beheben; dadurch würde dieser Ansatz allerdings erheblich verkompliziert und könnte dennoch nicht überzeugen. 233

Ebenfalls unmittelbar an die Sittenwidrigkeit knüpft der Vorschlag an, es dem Verpflichteten zu verwehren, sich gegenüber dem Berechtigten auf die Sittenwidrigkeit zu berufen;[382] diese Auffassung variiert nur leicht zur Lösung der Umgehungsproblematik über § 826 BGB und sieht sich daher den gleichen Bedenken ausgesetzt. 234

(B) Anpassung des Erstvertrags

Ferner klingt immer wieder an, dass sich Umgehungsfälle über Auslegung oder Umdeutung des Erstvertrags bewältigen ließen;[383] es wird versucht, den Erstvertrag an den Vorkaufsfall anzupassen. Dieser Weg scheint gangbar, da sich der Dritte stets in irgendeiner Form zur Zahlung verpflichtet. 235

Im Beispiel 25 waren Rückzahlung der Valuta und Rückübertragung des zur Sicherheit übereigneten Gegenstandes nur theoretisch denkbar, der „Darlehensvertrag" also auf endgültigen und entgeltlichen Erwerb gerichtet. Das hat den BGH veranlasst, hierin einen Kaufvertrag zu sehen.

---

381 Hier setzen mit der Kritik an Burballa, Vorkaufsfall, S. 49; Hees, S. 48.

382 Alberty, AcP 150, S. 550; Ebert, NJW 1956, S. 1621 (1624).

383 Motive II, S. 345; BGH Z 25, 174; (11.10.91) NJW 1992, S. 236 (a.E. beginnend); wohl auch OLG Nürnberg (27.9.90) NJW-RR 1992, S. 461; Kreße, NJ 2013, S. 156; Probst, JR 1992, S. 419 (421); Burbulla, Vorkaufsfall, S. 9 f.; Schlechtriem, SchR BT (2003) § 6 III 3, Rz. 165; Schurig, S. 160; Walter, Kaufrecht, § 13 III 4, S. 613.

236 Doch der Schein trügt. Die von den Parteien verfolgten wirtschaftlichen Ziele hätten sich auch über einen Kaufvertrag erreichen lassen; sie haben aber die vertraglichen Pflichten so gestaltet, dass diese gerade nicht § 433 BGB entsprechen. Darin liegt der Unterschied zur irrtümlichen Falschbezeichnung, deren Unbeachtlichkeit bei der Begründung des Auslegungsergebnisses häufig anklingt. Wollten die Parteien tatsächlich einerseits die Rechtsfolgen von §§ 433 ff. BGB, andererseits aber das Vorkaufsrecht nicht auslösen, ist dies rechtlich nicht möglich und der darauf gerichtete Wille perplex, sodass überhaupt keine Rechtsfolgen eintreten dürften. Um das zu vermeiden, müsste man den erkennbar auf das Vorkaufsrecht gerichteten Willen der Parteien des Erstvertrags ausblenden, was sich methodisch jedoch nicht begründen lässt. Ein Rückgriff auf § 463 BGB wäre ein Zirkelschluss, weil dieser gerade nicht anwendbar ist. Auch eine Umdeutung des nichtigen Vertrags ist nicht möglich; gemäß § 140 BGB muss anzunehmen sein, dass die Parteien in Kenntnis der Nichtigkeit einen Kaufvertrag geschlossen hätten, was gerade nicht zutrifft. Der rechtsgeschäftliche Wille der Parteien des Erstvertrags ist daher kein überzeugender Ausgangspunkt, um dem Berechtigten die Ausübung zu ermöglichen. Nicht zuletzt spricht gegen diesen Ansatz, dass er nicht alle bekannten Fälle zu bewältigen vermag.

Im Beispiel 27 lässt sich beim besten Willen aus dem Tausch kein Kauf machen.

(C) Anpassung des Vorkaufsfalls

237 Mit dem Vorschlag, die Fixierung des Vorkaufsrechts auf einen Kaufvertrag aufzugeben und die Ausübung stets zu gestatten, wenn der Verpflichtete den mit dem Erstvertrag verfolgten Zweck auch mit dem Berechtigten erreichen kann,[384] wird der umgekehrte Weg beschritten und versucht, den Vorkaufsfall an den Erstvertrag anzupassen; wie weit man dabei bereit ist, sich vom Begriff des Kaufvertrags zu lösen, variiert.[385] Das bedeutet eine Ausdehnung des Vorkaufsrechts, die vom Willen seiner Schöpfer gedeckt sein muss; dieser Wille ist durch Auslegung der

---

384 RG Z 171, S. 185 (191 ff.); BGH (27.1.12) NJW 2012, S. 1354; (11.10.91) NJW 1992, S. 236 (237); (15.6.57) WM 1957, S. 1162 (1165); NJW 1957, S. 627; OLG Düsseldorf (26.5.10) NJW-RR 2011, S. 307; Böttcher, RNotZ 2010, S. 557 (562). Noch Burbulla, Jura 2002, S. 687 (690 f.); später nicht mehr, ders., Vorkaufsfall, S. 20. Wohl auch: Jauernig/Berger (2014) § 1097 BGB Rz. 1; Ebert, NJW 1956, S. 1621 (1624); Klinke, S. 10 ff.; Knüfermann, Miterbenvorkaufsrecht, 33 ff.; Schlechtriem, SchR BT (2003) § 6 III 3, Rz. 165. Das Vorkaufsrecht dehnt ebenfalls aus Innozenz, Rz. 240 ff. Vor allem aber befürwortet von Schurig, S. 130 ff. Die Idee verfolgt zurück Probst, JR 1992, S. 419 (420).

385 Insoweit differenzierend bspw. Burbulla, Jura 2002, S. 687 (689 f.).

das Vorkaufsrecht begründenden Regelungen zu ermitteln.[386] Dass die Schöpfer eines Vorkaufsrechts die Möglichkeit einer Umgehung nicht gewollt haben, darf unterstellt werden. Es geht jedoch über die Bewältigung der Umgehungsproblematik hinaus, soweit auch Erstverträge erfasst werden, denen dieser Makel gar nicht anhaftet;[387] eine Ausdehnung in diesem Umfang würde den Rahmen eines Vorkaufsrechts sprengen und zu einem umfassenden Vorerwerbsrecht führen. Das kann nicht der Wille eines Schöpfers gewesen sein, der bewusst die Bezeichnung „Vorkaufsrecht" verwendet.[388] Das gilt insbesondere für Vorkaufsrechte auf gesetzlicher Grundlage, deren Auslegung ihre Grenze im Wortlaut findet.[389]

Im Ergebnis gilt für Vorkaufsrechte auf vertraglicher Grundlage nichts anderes.[390] Parteien können die Voraussetzungen der Ausübung abweichend von § 463 BGB regeln[391] und so ein umfassendes, obligatorisches Vorerwerbsrecht schaffen. Die Auslegung von Willenserklärungen ist auch nicht durch den buchstäblichen Sinn der gewählten Worte beschränkt, § 133 BGB. Voraussetzung bleibt aber, dass die Parteien erkennbar über die Voraussetzungen der Ausübung nachgedacht haben. Vereinbaren die Parteien schlicht ein Vorkaufsrecht, müssen Lücken durch das dispositive Recht in Gestalt von § 463 BGB geschlossen werden; eine Auslegung, die darüber hinweg geht, lässt § 463 BGB einfach leer laufen.

Im Übrigen ließe sich eine Ausdehnung des Vorkaufsrechts methodisch nur über 238
Auslegung oder analoge Anwendung von § 463 BGB erreichen.[392] Gegen eine extensive Auslegung von § 463 BGB spricht auch insoweit die Wortlautgrenze;[393] Tausch- oder Schenkungsverträge etwa sind eben keine Kaufverträge. Gegen eine analoge Anwendung spricht, dass es sich bei den Vorkaufsrechten nach dem Vermögensgesetz um dingliche Rechte handelt. Der Inhalt dinglicher Rechte

---

386 Burbulla, Vorkaufsfall, S. 14 f.; Knüfermann, Miterbenvorkaufsrecht, S. 26. Konsequent auf den Willen stellen ab: Innozenz, Rz. 240 ff.; Pawlitschek, S. 89 f. Bei einem rechtsgeschäftlichen Vorkaufsrecht unter Berücksichtigung von Treu und Glauben, vgl. auch BGH (11.10.91) NJW 1992, S. 236 (237).

387 Burballa, Vorkaufsfall, S. 18. Für die Ausweitung des Vorkaufsrechts unabhängig von einer Umgehung z.B. deutlich Böttcher, RNotZ 2010, S. 557; Knüfermann, S. 42.

388 Im Ergebnis ebenso Burbulla, Vorkaufsfall, S. 15 ff.

389 Zur Auslegung von Gesetzen vgl. nur Larenz/Neuner § 4 Rz. 33 ff.

390 Burbulla, Vorkaufsfall, S. 22 ff. **A.A.** BGH NJW 1987, 890, 892, Sp. 1; Pawlitschek, S. 45 ff.; Probst, JR 1992, 419 (421).

391 Staud/Mader/Schermaier (2014) § 463 BGB Rz. 10; Oetker/Maultzsch, Vertragliche Schuldverhältnisse (2013) § 2 H IV 3a, Rz. 500; Probst, JR 1992, 419 (421); MünchKomm/Westermann (2012) § 463 BGB Rz. 14.

392 Diese Unterscheidung fehlt bei Innozenz, Rz. 240 ff.; konsequent hingegen Knüfermann, S. 28 ff.

393 Ebenso Pawlitschek, S. 42.

ist gesetzlich zwingend fixiert (numerus clausus);[394] insbesondere mit Blick auf § 823 Abs. 1 BGB muss klar sein, welche Verhaltensanforderungen die Rechtsordnung in Anbetracht eines dinglichen Vorkaufsrechts stellt. Diese Klarheit ist gefährdet, wenn der Inhalt des Rechts über die Grenzen der gesetzlichen Bestimmungen hinaus geändert wird.

Aus gesetzgeberischer Sicht ist dieser Ansatz nicht uninteressant, weist er doch den Weg zu einer höheren Abstraktionsstufe bei der Regelung von Vorzugsrechten.[395] *Im Zentrum könnte eine Vorschrift stehen, die den Kerngedanken dieser Auffassung aufgreift: Der Berechtigte kann ein Vorerwerbsrecht ausüben, wenn der Verpflichtete mit einem Dritten einen Veräußerungsvertrag über den belasteten Gegenstand schließt, und der Verpflichtete die damit verfolgten Zwecke auch mit dem Berechtigten erreichen kann. Absatz zwei dieser Vorschrift erklärt, dass Entsprechendes für ein Vornutzungsrecht gilt. Systematischer Standort eines solchen Regelungskomplexes wäre der allgemeine Teil des Schuldrechts; er beträfe die Ausübung eines Rechts und wäre daher mit §§ 346 ff. BGB vergleichbar. Vorschriften im besonderen Teil des Schuldrechts wären damit entbehrlich.*

(D) Fiktion des Vorkaufsfalls

239 Eine letzte Auffassung will es dem Verpflichteten verwehren, sich auf den Nichteintritt des Vorkaufsfalls zu berufen und den Eintritt des Vorkaufsfalls fingieren, §§ 162, 242 BGB.[396] Ob insoweit § 162 BGB direkt, analog oder gar nicht zur Anwendung gelangt, kann dahinstehen; entscheidend ist, dass das Vorkaufsrecht über den Grundsatz von Treu und Glauben ausgelöst wird. Versteht man den Erstvertrag als Bedingung beim Zustandekommen des Zweitvertrags (Rz. 370), handelt es sich um eine Potestativbedingung,[397] und eine direkte Anwendung ist konsequent;[398] anderenfalls kommt lediglich eine analoge Anwendung in Betracht.[399] Dagegen spricht, dass § 162 BGB als Konkretisierung des Grundsatzes

---

394 Zu numerus clausus und Typenzwang allgemein vgl. etwa BGH Z 23, 294, 299.

395 Zu gesetzgeberischen Versuchen in diese Richtung vgl. Ebert, NJW 1956, S. 1621 (1623 f.); ders., NJW 1961, S. 1430 (1434).

396 BGH (14.9.01) NJW 2002, S. 213 (216); NJW 1998, S. 2136 (2137); (11.10.91) NJW 1992, S. 236 (237); (15.6.57) WM 1957, 1162, 1165; Burbulla, Vorkaufsfall, S. 53 ff.; ders., Jura 2002, S. 687 (693); Palandt/Ellenberger (2014) § 138 Rz. 61wohl auch Esser/Weyers, SchR II/1 (1998), § 10 Ziff. 3, S. 114; Schreiber, Jura 2012, S. 114 (116).

397 Oetker/Maultzsch, Vertragliche Schuldverhältnisse (2013) § 2 H IV 1, Rz. 492.

398 BGH (11.10.91) Z 115, S. 335 (338); Staud/Mader/Schermaier (2014) § 463 BGB Rz. 31; Oetker/Maultzsch, Vertragliche Schuldverhältnisse (2013) § 2 H IV 3a, Rz. 500.

399 So bspw. Schurig a.a.O.; MünchKomm/Westermann (2012) § 463 BGB Rz. 22. Nicht eindeutig Esser/Weyers, SchR II/1, § 10 Ziff. 3, S. 114.

von Treu und Glauben verstanden wird;[400] deshalb könnte unmittelbar auf § 242 BGB in einer mit § 162 BGB vergleichbaren Ausprägung abgestellt werden. Für eine analoge Anwendung von § 162 BGB streitet, dass diese in anderem Zusammenhang anerkannt ist.[401] Die Annahme einer aus Treu und Glauben gespeisten Nebenpflicht des Vorkaufsschuldverhältnisses (Rz. 368), die durch einen umgehungsmotivierten Vertrag verletzt wird, mündet konsequenterweise im Schadensersatz; fingiert man dennoch den Vorkaufsfall,[402] besteht insoweit kein Unterschied zur Lösung über §§ 162, 242 BGB.

Dieser Ansatz hält einer näheren Betrachtung stand. Mit Blick auf die Bedeu- 240
tung des Grundsatzes von Treu und Glauben ist der Anwendungsbereich von § 242 BGB nicht auf Schuldverhältnisse beschränkt; über den Wortlaut hinaus genügt jeder qualifizierte soziale Kontakt.[403] Kontakt hatten die Beteiligten, der durch das Verfahren zur Begründung des Vorkaufsrechts qualifiziert wurde; bei Vorkaufsrechten gemäß § 20 VermG kann zudem auf das Nutzungsverhältnis abgestellt werden, womit das Vorkaufsrecht untrennbar zusammenhängt. Dieser Ansatz sieht sich auch nicht der Kritik ausgesetzt, nicht systemkonform zu sein (Rz. 233): Der Berechtigte hat den Eintritt des Vorkaufsfalls nicht in der Hand, weil der über § 242 BGB gewährte Schutz grundsätzlich nicht zur Disposition steht.[404]

Einer ganzen Reihe denkbarer Gegenargumente ist durch die Klarstellung der 241
Boden entzogen, dass es hier nur noch um eine rechtliche Bewertung des Erstvertrags geht, die vom Parteiwillen unabhängig ist (Rz. 230). Deshalb ist dem Verpflichteten der Einwand abgeschnitten, er hätte ohne die Umgehung gar keinen Vertrag geschlossen; über § 162 BGB soll eine vertragliche Bindung nicht erst erreicht, sondern einer bestehenden lediglich zum Durchbruch verholfen werden, weshalb tatsächlich eine vergleichbare Situation besteht. Auch sind deshalb Umgehungen nicht mit dem Verhindern des Eintritts einer Potestativbedingung

---

400 Palandt/Ellenberger (2014) § 162 BGB Rz. 1; MünchKomm/Westermann (2012) § 162 BGB Rz. 1.

401 Palandt/Ellenberger (2014) § 162 BGB Rz. 6; MünchKomm/Westermann (2012) § 162 BGB Rz. 18 ff.

402 So Pawlitschek, S. 150 ff.

403 Palandt/Grüneberg (2014) § 242 Rz. 5; MünchKomm/Roth/Schubert (2012) § 242 Rz. 88; Weber JuS 1992, 635.

404 Palandt/Grüneberg (2014) § 242 BGB Rz. 20 f.; Staud/Looschelders/Olzen (2009) § 242 BGB Rz. 322.

vergleichbar und insoweit gegen die Anwendbarkeit von § 162 BGB erhobenen Bedenken[405] irrelevant.

2. Einflussnahme

242 Versucht der Verpflichtete, die Entscheidung des Berechtigten zu beeinflussen, kann dies geschehen, um Letzterem die Ausübung zu verleiden oder um diese zu erschleichen.[406]

a. Ausübung des Vorkaufsrechts verleiden

243 Um dem Berechtigten die Ausübung zu verleiden, können Verpflichteter und Dritter den Kaufvertrag gezielt unlukrativ gestalten; einzelne Abreden haben ausschließlich den Zweck, den Berechtigten abzuschrecken. Genau wie bei der Umgehung versucht der Verpflichtete das belastete Grundstück am Vorkaufsrecht vorbei zu versilbern; allerdings nimmt er den Eintritt des Normalfalles hin und setzt darauf, dass der Berechtigte nicht ausübt. Es ist wiederum die besondere Motivationslage, die aus dem Erstvertrag einen Sonderfall macht. An dieser Motivationslage fehlt es, wenn der Verpflichtete mit den betreffenden Passagen seine Interessen zu erreichen sucht; solche Passagen dienen nicht ausschließlich der Abschreckung. Der Verpflichtete darf unverändert mit dem belasteten Grundstück tun und lassen, was er will (Rz. 52); er darf daher auch mit dem Dritten einen unlukrativen Vertrag schließen. Die Grenze des Zulässigen ist erst überschritten, wenn der Verpflichtete die nachteiligen Konsequenzen dieses Vertrags selbst gar nicht tragen will.

244 Ein vergleichbares Abschreckungspotential haben Abreden im Erstvertrag, die der BGH als Fremdkörper bezeichnet; beide Fallgruppen weisen Parallelen auf, sie sind aber nicht identisch. Bei einem Fremdkörper (Rz. 415) geht es um die Verlagerung von Kosten, weil das Vorkaufsrecht ausgeübt wurde; beim Verleiden soll die Ausübung des Vorkaufsrechts verhindert werden. Beides kann aber miteinander einhergehen; die Verlagerung der Risiken kann gewollt sein, falls sich der Berechtigte die Ausübung nicht verleiden lässt. Eine klare Abgrenzung wird häufig nicht möglich sein,[407] ist aber auch nicht erforderlich. Lässt sich die für das

---

405 BGH (25.9.96) NJW 1996, 3338 (3340); Palandt/Ellenberger (2014) § 162 BGB Rz. 1; Pawlitschek, S. 91 ff. MünchKomm/Westermann (2012) § 162 BGB Rz. 6.

406 Diese Unterscheidung geht zurück auf Schurig, S. 152.

407 Vgl. etwa OLG Stuttgart (22.12.00) R 2001, S. 145. Eine Einheit bildet beides offenbar auch für Althammer, NZM 2008, S. 25.

Verleiden erforderliche Motivationslage nicht nachweisen, kann es sich immer noch um einen Fremdkörper handeln.

i. Gangbare Wege

Der Verpflichtete kann sich des Erstvertrags bedienen und dort die der Abschreckung dienenden Abreden integrieren. Denkbar ist etwa die Vereinbarung einer Vertragsstrafe für den Fall der Weiterveräußerung, wenn der Berechtigte das Grundstück nicht behalten will;[408] am häufigsten wird allerdings beim Kaufpreis angesetzt. 245

Beispiel 28 (nach BGH WM 1980, 938): Der Verpflichtete verkauft dem Dritten das belastete Grundstück; zur Abschreckung des Berechtigten werden als Kaufpreis 75.000 € beurkundet. Eine privatschriftliche Zusatzvereinbarung weist den tatsächlich gewollten Kaufpreis mit 45.000 € aus, was dem Verkehrswert des Grundstücks entspricht.

Der Verpflichtete kann aber auch vor Veräußerung auf das Grundstück einwirken, indem er es mit dinglichen Nutzungsrechten belastet. Grundpfandrechte sind nicht geeignet, da diese einer Übernahme des Grundstücks durch den Berechtigten nicht entgegenstehen; die Höhe der Grundschuld könnte vom später vereinbarten Kaufpreis einfach abgezogen werden. 246

Beispiel 29 (nach BGH NJW 1961, S. 775): Zur Abschreckung des Berechtigten räumt der Verpflichtete dem Dritten und seiner Ehefrau ein dingliches Nießbrauchrecht am bereits mit einem Vorkaufsrecht belasteten Grundstück ein; erst danach wird verkauft.

Der durch ein Vorkaufsrecht nach § 20 VermG Verpflichtete wird nicht auf das Grundstück einwirken. Ein Nießbrauch könnte sich gegenüber dem schuldrechtlichen Nutzungsrecht des Berechtigten durchsetzen; insbesondere §§ 1060, 1024 BGB gelten nicht.[409] Der Verpflichtete würde sich allerdings schadensersatzpflichtig machen, da er seiner Gebrauchsüberlassungspflicht aus dem Nutzungsverhältnis nicht mehr nachkommen könnte, §§ 536 a Abs. 1, 536 Abs. 3 BGB. Diese Schadensersatzpflicht ist schwer kalkulierbar und verträgt sich nicht mit der Absicht, das Grundstück zu versilbern. Ein gemäß § 20 a VermG Verpflichteter unterliegt solchen Beschränkungen hingegen nicht. 247

Der Verpflichtete wird in der Regel versuchen, sein Ziel mit dem Dritten zu erreichen. Es ist denkbar, dass der Verpflichtete in zwei Schritten vorgeht; er schließt den unlukrativen Vertrag mit dem Dritten nur, um das Vorkaufsrecht abzustreifen und das Grundstück später anderweitig zu veräußern. Eine Nichtausübung 248

408 BGH (11.7.69) NJW 1969, S. 1959; OLG Stuttgart (22.12.00) R 2001, S. 145.

409 Palandt/Bassenge (2014) § 1024 BGB Rz. 1.

bei Fristablauf lässt aber das Vorkaufsrecht erst erlöschen, wenn der Erstvertrag endgültig ausgeführt ist (Rz. 286 f.). Insoweit den Schein aufrechtzuerhalten, ist nicht nur kostenintensiv; einem alsbaldigen Rückerwerb würde zudem der Verdacht eines Beeinflussungsversuchs anhaften (Rz. 253).

ii. Gründe des Verpflichteten

249 Die Motivationslage des Verpflichteten entspricht der Umgehung; es sind daher die gleichen Gründe, die entsprechend motivieren können (Rz. 216). Die Abschreckung ist für den Verpflichteten weniger zuverlässig als die Umgehung, weil der Verpflichtete sich nicht sicher sein kann, ob der Berechtigte nicht doch ausübt; dafür ist aber die Beweisnot des Berechtigten größer (Rz. 252).

iii. Nichtigkeit des Erstvertrags

250 Wählt der Verpflichtete den Weg über den Erstvertrag, will er zumindest einzelne Passagen des Vertrags nicht ernsthaft; diese Passagen sind nichtig. Der Dritte wird in der Regel einverstanden sein, sodass es sich um ein Scheingeschäft im Sinne § 117 Abs. 1 BGB handelt;[410] sollte der Dritte ausnahmsweise die Intention des Verpflichteten verkennen, gilt § 118 BGB. Im Übrigen greift wiederum § 138 Abs. 1 BGB ein: Die Parteien des Erstvertrags verhalten sich ebenso sittenwidrig wie bei der Umgehung (Rz. 219 f.); hinzu kommt, dass der Berechtigte noch gezielter manipuliert wird. Anders als bei der Umgehung (Rz. 222) prägt dieses Verhalten jedoch häufig nur einzelne, klar abgrenzbare Teile des Erstvertrags; ist dies der Fall, bestehen keine Bedenken, auch die Rechtsfolge von § 138 Abs. 1 BGB auf diese Teile zu beschränken.[411] Damit gelangt der Restvertrag auf den Prüfstand von § 139 BGB, und es kommt darauf an, ob die Parteien den Erstvertrag auch ohne die nichtigen Teile geschlossen hätten.

Im Beispiel 28 ist kein Vertrag mit einem Kaufpreis von 75.000 € zustande gekommen; die Kaufpreisabrede war ausweislich der Zusatzvereinbarung von den Parteien tatsächlich nicht gewollt und ist daher nichtig, § 117 Abs. 1 BGB; da ein wesentlicher Vertragsbestandteil betroffen ist, teilt der Restvertrag dieses Schicksal, § 139 BGB.[412]

251 Dasselbe gilt, wenn der Verpflichtete auf das Grundstück einwirkt: Die Bestellung der dinglichen Rechte und der Erstvertrag stehen nicht beziehungslos

410 BGH (11.10.91) NJW 1992, S. 236; WM 1980, S. 938 (939). Um einen Vereitelungsfall handelte es sich möglicherweise auch bei BGH (11.7.69) NJW 1969, S. 1559, vgl. Anmekrung Winkler, NJW 1970, S. 99.

411 Palandt/Ellenberger (2014) § 138 BGB Rz. 19.

412 Im Ergebnis ebenso BGB (11.10.91) NJW 1992, S. 236; WM 1980, S. 938 (939).

nebeneinander;[413] der Erstvertrag ist durch die Bestellung motiviert und umgekehrt. Es handelt sich daher auch insoweit um Teile eines einheitlichen Rechtsgeschäfts im Sinne § 139 BGB, wobei zumindest die Bestellung dinglicher Rechte gemäß § 138 Abs. 1 BGB nichtig ist; der Verpflichtete darf das Grundstück grundsätzlich weiter belasten,[414] allerdings nicht zu dem Zweck, dieses am Vorkaufsrecht vorbei zu versilbern. Dass es sich bei der Bestellung um ein Verfügungsgeschäft handelt, steht der Nichtigkeit nicht entgegen; die abschreckende Wirkung hängt von der Entstehung der dinglichen Rechte ab, sodass die Unsittlichkeit gerade in der Ausführung liegt.[415] Damit ist zugleich festgestellt, dass es sich insoweit nicht um ein Scheingeschäft im Sinne § 117 Abs. 1 BGB handelt.

iv. Beweislast

Manipuliert der Verpflichtete den Erstvertrag, ist die Beweisnot des Berechtigten größer als bei der Umgehung. Sämtliche Indizien, die Rückschluss auf eine entsprechende Motivation des Verpflichteten zulassen, liegen in der Sphäre der Parteien des Erstvertrags; solange hiervon nichts nach außen dringt, kann der Berechtigte nichts tun. 252

Im Beispiel 28 hatte der Berechtigte Zugriff auf die Zusatzvereinbarung; ohne diese wäre er machtlos gewesen. Der Berechtigte hätte allenfalls auf den überzogenen Kaufpreis verweisen können, der aber andere Ursachen haben kann, bspw. die Unerfahrenheit oder ein besonderes Interesse des Dritten an dem Grundstück.

Wirkt der Verpflichtete auf das Grundstück ein, kann die Beweisnot des Berechtigten wiederum über eine tatsächliche Vermutung gelindert werden:[416] Eine solche Vermutung begründen Indizien,[417] welche nach der Lebenserfahrung mit der zu beweisenden Tatsache einhergehen; die Folge ist eine Beweiserleichterung für die belastete Partei. Folgt der Bestellung beschränkt-dinglicher Nutzungsrechte ein Kaufvertrag mit dem Nutzungsberechtigten, spricht eine gewisse Lebenserfahrung dafür, dass der Berechtigte abgeschreckt werden sollte; es ist am Verpflichteten, unter Beweisantritt eine andere Erklärung anzubieten. Die 253

---

413 **A.A.** Schurig, S. 153.

414 Etwas verwirrend insoweit Schurig, der aber ebenfalls zur Sittenwidrigkeit kommt, wenn die Bestellung ausschließlich durch das Vorkaufsrecht motiviert ist, S. 153 unten beginnend.

415 Zur Unwirksamkeit von Verfügungen vgl. allgemein Palandt/Ellenberger (2014) § 138 BGB Rz. 20.

416 Für eine tatsächliche Vermutung in diesem Zusammenhang auch Schurig, S. 154.

417 Zur tatsächlichen Vermutung vgl. Wieczorek/Schütze/Assmann (2013) § 292 ZPO Rz. 13; kritisch MünchKomm/Prütting (2013) § 292 ZPO Rz. 27 f.

Behauptung, der Verpflichtete habe dem Dritten wenigstens die Nutzungsrechte verschaffen wollen, ist wenig glaubhaft.[418]

Das verdeutlicht Beispiel 29: Die Bestellung der beschränkt-dinglichen Rechte war unentgeltlich; mit dem späteren Kaufvertrag wird sich daher der Dritte zur Zahlung eines ungeschmälerten Kaufpreises verpflichten. Das wird sich kaum sinnvoll erklären lassen.

v. Ausübungsmöglichkeit

254 Soweit ein Restvertrag übrig ist, löst dieser das Vorkaufsrecht ganz normal aus; ist der gesamte Vertrag nichtig, besteht kein Unterschied zur Umgehung. Ein verdeckter Vertrag ist separat zu beurteilen, § 117 Abs. 2 BGB; ist allerdings der Gegenstand des Vorkaufsrechts ein Grundstück, fehlt es dem verdeckten Vertrag regelmäßig an der gemäß § 311 b Abs. 1 S. 1 BGB erforderlichen Beurkundung.[419]

Im Beispiel 28 ist der Vertrag mit dem Kaufpreis über 45.000 € gemäß § 125 S. 1 BGB nichtig, weil die Kaufpreisabrede nicht ordnungsgemäß notariell beurkundet wurde; erst nach Eigentumsumschreibung im Grundbuch gilt § 311 b Abs. 1 S. 2 BGB. Bei Vorkaufsrechten an anderen Gegenständen kann hingegen auf den verdeckten Vertrag abgestellt werden.[420]

255 Es kommt daher wiederum darauf an, ob der Erstvertrag ausgeführt wurde; dem Berechtigten – bspw. über eine analoge Anwendung von § 162 BGB – generell die Ausübung des Vorkaufsrechts zu ermöglichen,[421] sieht sich den gleichen Bedenken ausgesetzt wie bei der Umgehung (Rz. 228 f.).

b. Ausübung des Vorkaufsrechts erschleichen

256 Der Verpflichtete versucht die Ausübung des Vorkaufsrechts zu erschleichen, wenn er mit dem Dritten einen Kaufvertrag schließt, um das belastete Grundstück allein über das Vorkaufsrecht zu versilbern. Das ist nur möglich, wenn der Dritte an dem Vertrag nicht ernsthaft interessiert ist. Die Motivationslage des Verpflichteten ist hier entgegengesetzt zu Umgehung oder Abschreckung; er will das Rechtsverhältnis zum Berechtigten nicht vermeiden, sondern gerade herbeiführen.

---

418 Was die Nachweismöglichkeiten des Berechtigten anbelangt deutlich pessimistischer Schurig, S. 153 unten.

419 Diesen Aspekt übersieht wohl Innozenz, Rz. 320 ff.

420 Knüfermann, Miterbenvorkaufsrecht, S. 22; Schlechtriem, SchR BT (2003) § 6 III 3, Rz. 167.

421 So auch für diese Fallgruppe Schurig, S. 155.

Im Beispiel 28 (nach BGH WM 1980, 938) ist in der geheimen Zusatzvereinbarung ferner festgeschrieben, wie der Mehrerlös von 30.000 € aufgeteilt wird, falls der Berechtigte nach Vorlage des beurkundeten Kaufvertrags das Vorkaufsrecht trotz des höheren Kaufpreises ausübt. Die Parteien des Erstvertrags wollten also den Berechtigten abschrecken oder verleiten.

i. Gründe des Verpflichteten

Da Verpflichteter und Berechtigter auch unabhängig vom Vorkaufsrecht miteinander kontrahieren können, wird Ersterer diesen Weg wählen, wenn er mit dem Berechtigten nicht verhandeln will oder wenn Letzterer Verhandlungen ablehnt. Ein Grund dafür kann wiederum das durch Rückübertragung belastete Verhältnis der Beteiligten sein (Rz. 216). Hinzu kommt, dass sich das Vorkaufsrecht erschwerend auf die Suche anderer Interessenten auswirkt (Rz. 52 ff.). Hat der Verpflichtete mit solchen Widrigkeiten nicht zu kämpfen, kann es ihm darum gehen, dem Berechtigten die Vertragsbedingungen zu diktieren; das muss nicht unbedingt darauf hinauslaufen, Letzteren wirtschaftlich zu benachteiligen. 257

ii. Nichtigkeit des Erstvertrags

Da sich Verpflichteter und Dritter über die fehlende Ernsthaftigkeit einig sind, handelt es sich beim gesamten Erstvertrag um ein Scheingeschäft, das insgesamt gemäß § 117 Abs. 1 BGB nichtig ist.[422] Unabhängig davon, ist der Erstvertrag wiederum sittenwidrig und fällt in den Anwendungsbereich von § 138 Abs. 1 BGB. Der Verpflichtete verhält sich auch in diesen Fällen den Vorstellungen des Gesetzgebers zuwider; gerade vor einem nur vorgeschobenen Dritten wollte der Gesetzgeber den Berechtigten schützen (Rz. 124). Auch ein wirtschaftlich günstiger Scheinvertrag drängt den Berechtigten zum Handeln; ihm wird suggeriert, dass sich seine Situation anderenfalls durch Erlöschen des Vorkaufsrechts verschlechtert. 258

iii. Ausübungsmöglichkeit

Versucht der Verpflichtete die Ausübung des Vorkaufsrechts zu erschleichen, kann der Berechtigte das Vorkaufsrecht nicht ausüben; der Verpflichtete hat sich durch den Erstvertrag nicht gebunden, so dass das Vorkaufsrecht nicht ausgelöst wird. Da die Parteien des Erstvertrags in der Regel nicht am Erstvertrag interessiert sind, wird es auch nicht durch Ausführung des Vertrags zum 259

422 Burballa, Vorkaufsfall, S. 69; Oetker/Maultzsch, Vertragliche Schuldverhältnisse (2013) § 2 H IV 3a, Rz. 501; Schurig, S. 161.

Eintritt des Vorkaufsfalls kommen (Rz. 126 f.); den Vertrag „durchzuspielen", lohnt wegen der anfallenden Kosten nicht. Da der Verpflichtete die Ausübung des Vorkaufsrechts nicht ermöglichen muss (Rz. 52), verhält er sich im Verhältnis zum Berechtigten insbesondere nicht treuewidrig.[423] Das bedeutet zugleich, dass eine bereits erfolgte Ausübung des Vorkaufsrechts ins Leere gegangen und ein Zweitvertrag nicht zustande gekommen ist. Der Vorkaufsfall tritt nicht ein, weil der Erstvertrag nichtig ist; die Figur des Dritten (Rz. 205 ff.) spielt daher keine Rolle.[424]

Im Beispiel 28 kam es ausnahmsweise zur Ausführung des Erstvertrags und damit zur Auslösung des Vorkaufsrechts, weil Abschreckung und Erschleichen kombiniert wurden.

260 Auf eine bereits erfolgte Ausführung des Zweitvertrags hat dies keine Auswirkungen; das Verfügungsgeschäft ist abstrakt und bleibt wirksam. Der Berechtigte kann aber gemäß § 812 Abs. 1 S. 1 Var. 1 BGB bzw. gemäß § 817 S. 1 BGB die Rückabwicklung des Zweitvertrags betreiben. Der Verpflichtete hat hingegen wegen § 817 S. 2 BGB diese Möglichkeit nicht.[425] Dass der Verpflichtete in diesem Fall an den Zweitvertrag gebunden bleibt, entspricht dem oben entwickelten Grundsatz; der Verpflichtete hat seine Interessen auf tatsächlichem Wege realisiert.

iv. Beweislast

261 Will der Berechtigte den Zweitvertrag zurück abzuwickeln, ist seine Beweisnot mit dem Fall der Abschreckung vergleichbar (Rz. 252); Indizien, die den Rückschluss auf eine entsprechende Motivation des Verpflichteten zulassen, können nur aus der Sphäre der Parteien des Erstvertrags kommen.

III. Erlöschen

262 Der Vorkaufsfall tritt nur ein, wenn das Vorkaufsrecht bei Abschluss des Erstvertrags bestand.[426] Das Vorkaufsrecht kann insbesondere nicht ausgeübt werden, wenn es einmal bestanden hat, aber bei Eintritt des Verkaufsfalls bereits erloschen

---

423 **A.A.** Schurig, S. 161; ihm folgend Burballa, Vorkaufsfall, S. 70.

424 Über die Figur des Dritten wollen auch hier lösen RG Recht 1935, Nr. 7909; Walter, Kaufrecht, § 13 III 4, S. 613.

425 Zur Wirkungsweise von § 817 S. 2 BGB vgl. nur Palandt/Sprau (2014) § 817 BGB Rz. 12.

426 Prütting/Eickmann (2013) § 1097 BGB Rz. 3; Staud/Schermaier (2009) § 1097 BGB Rz. 12.

ist. Erlischt das Vorkaufsrecht außerhalb des Grundbuchs, kann der Eigentümer die Löschung im Grundbuch betreiben: Verfügt der Eigentümer über geeignete Urkunden, kann er gemäß einen Antrag gemäß § 22 Abs. 1 GBO stellen; anderenfalls muss der Eigentümer die gemäß § 19 GBO erforderliche Bewilligung des Berechtigten gemäß § 894 BGB erzwingen. Im Folgenden soll der Frage nachgegangen werden, wann die Vorkaufsrechte nach dem Vermögensgesetz erlöschen. Es geht dabei unverändert um die Ausübung des Vorkaufsrechts und damit um das Vorkaufsrecht als Kaufrecht. Die Vormerkungswirkung setzt erst durch die wirksame Ausübung des Vorkaufsrechts ein; sie ist akzessorisch mit dem Übereignungsanspruch des Berechtigten verbunden und teilt dessen Schicksal.

Für die Vorkaufsrechte nach dem Vermögensgesetz gelten die allgemeinen Er- 263
löschensgründe dinglicher Rechte; das sind bspw. Aufgebot gemäß § 1104 BGB[427] oder Versitzung[428] gemäß § 901 BGB. Im Folgenden liegt der Fokus auf spezifisch vorkaufsrechtlichen Erlöschensgründen. Dazu gehört der Verzicht nicht; dieser weist aber beim Vorkaufsrecht Besonderheiten auf. Vollständigkeit ist dennoch nicht angestrebt: So gibt es z.B. Landesgesetze, die im Interesse übergeordneter Belange rechtsgeschäftlich begründete Vorkaufsrechte erlöschen lassen;[429] die Vorkaufsrechte nach dem Vermögensgesetz beruhen aber auf bundesgesetzlicher Grundlage und sind insoweit nicht betroffen.

1. Beendigung des Nutzungsverhältnisses

Das Vorkaufsrecht gemäß § 20 VermG erlischt mit Beendigung des Nutzungs- 264
verhältnisses, § 20 Abs. 7 S. 2 VermG; das Vorkaufsrecht des Nutzers ist also akzessorisch zum Nutzungsrecht am belasteten Grundstück. Für die Beendigung des Nutzungsverhältnisses gelten die allgemeinen Grundsätze; neben einer einvernehmlichen Aufhebung gemäß § 311 Abs. 1 BGB kommt vor allem eine einseitige Kündigung durch den Verpflichteten in Betracht. Eine interessante Frage ist, ob der Verpflichtete das Nutzungsverhältnis kündigen darf, um das Grundstück zu verkaufen. Da Nutzungs- und Vorkaufsrecht die Verkehrsfähigkeit des Grundstücks beeinträchtigen (Rz. 52 ff.), liegt für den Verpflichteten der Gedanke nahe, diese Hindernisse abzustreifen.

427 Vgl. dazu etwa BGH (4.6.09) NJW-RR 2010, S. 23.

428 Zu diesem Begriff vgl. Jauernig/Berger (2014) § 1094 BGB Rz. 6.

429 Dazu etwa Böhringer, RpflStud 2014, S. 13.

a. *Ordentliches Kündigungsrecht des Verpflichteten*

265 Vom 04. Oktober 2015 an kann der Grundstückseigentümer den Nutzungsvertrag nach den allgemeinen Bestimmungen kündigen, § 23 Abs. 4 SchuldRAnpG. Soweit Gegenstand des Nutzungsverhältnisses ein Ein- oder Zweifamilienhaus ist, gelten damit die Sonderregelungen über Wohnraummietverhältnisse in §§ 549 ff. BGB. Der wohl häufigere Fall eines Gartengrundstücks ist nach den allgemeinen Bestimmungen als Pachtvertrag zu qualifizieren und kann gemäß § 584 Abs. 1 BGB vom Verpächter grundsätzlich frei, mit Jahresfrist gekündigt werden. In beiden Fällen ist gemäß § 23 Abs. 5 SchuldRAnpG eine ordentliche Kündigung nur ausgeschlossen, wenn der Nutzer am 03. Oktober 1990 bereits das 60. Lebensjahr vollendet hatte.

266 Befindet sich auf dem Grundstück ein Wochenendhaus, ist § 24 Abs. 1 SchuldRAnpG zu beachten; wohnt der Nutzer dauernd in dem Wochenendhaus, kann er der Kündigung grundsätzlich in besonderen Härtefällen widersprechen und die Fortsetzung des Vertragsverhältnisses verlangen. Diese Vorschrift spiegelt die Vorstellung des Gesetzgebers wider, dass Wochenendhäuser nur dem vorübergehenden Gebrauch dienen; zumindest deshalb greifen gemäß §§ 581 Abs. 2, 549 Abs. 2 Ziff. 1 BGB nicht die Beschränkungen des ordentlichen Kündigungsrechts für Wohnraummietverhältnisse. Dass das Wochenendhaus dem Nutzer gehört und daher streng genommen gar nicht mitverpachtet ist, suspendiert allein die Sondervorschriften für die Wohnraummiete noch nicht; da dem Nutzer der Boden nicht gehört, befindet er sich in einer vergleichbaren Situation wie der Mieter einer Wohnung, sodass eine analoge Anwendung erwogen werden müsste.

b. *Beschränkungen durch das Vorkaufsrecht*

267 Die allgemeinen Vorschriften lassen eine Kündigung zum Zwecke des Verkaufs zu; eine Beschränkung kann sich daher lediglich mit Blick auf das Vorkaufsrecht ergeben. Eine solche Kündigung des Verpflichteten wäre keine Umgehung des Vorkaufsrechts; der Verpflichtete wählt im Verhältnis zum Dritten den direkten Weg (Rz. 210). Es gibt dennoch Aspekte, die Zweifel an der Zulässigkeit eines solchen Vorgehens wecken.

268 Die akzessorische Verknüpfung von Vorkaufs- und Nutzungsrecht wird damit begründet, dass das Vorkaufsrecht nach Beendigung des Nutzungsverhältnisses seinen Zweck nicht mehr erfüllen könne.[430] Das Nutzungsrecht erlischt und kann

430 BT-Drs. 12/6228, S. 104 (Sp. 2); Rechtshb/Flotho § 20 VermG Rz. 52; Fieberg/Plesse § 20 VermG Rz. 39.

daher nicht mehr zum Eigentum erstarken (Rz. 18). Wäre dies aber der einzig denkbare Bezugspunkt für das Vorkaufsrecht, dürfte es das Vorkaufsrecht der Alteigentümer gar nicht geben; die Alteigentümer haben durch die Enteignung in der DDR jede Berechtigung an dem Grundstück verloren. Das Vermögensgesetz setzt die Gemeinsame Erklärung um und gleicht über die Vorkaufsrechte enttäuschte Erwartungen aus (Rz. 16); berücksichtigt man dies, rückt eine andere Rechtsposition ins Blickfeld, die vom Fortbestand des Nutzungsrechts unabhängig ist. Gemäß Ziff. 5 der Gemeinsamen Erklärung kann der Nutzer damit rechnen, dass ein in der DDR begründetes Nutzungsrecht erhalten bleibt. Genau wie das Vorkaufsrecht der Alteigentümer lässt sich auch das Vorkaufsrecht der Nutzer auf diese Rechtsposition beziehen; soweit das Vermögensgesetz die von Ziff. 5 der Gemeinsamen Erklärung begründete Erwartung enttäuscht, eröffnet das Vorkaufsrecht nach § 20 VermG dem Nutzer die Möglichkeit, doch noch das Eigentum zu erwerben.

Ursprünglich war das Vorkaufsrecht des Nutzers anders ausgestaltet; einmal 269
begründet, bestand es gemäß § 20 Abs. 1 VermG a.F. unabhängig vom Nutzungsrecht weiter.[431] Die Vorkaufsrechte von Alteigentümer und Nutzer waren damit gleich ausgestaltet. Durch die Anbindung des Vorkaufsrechts an das Nutzungsverhältnis hat der Gesetzgeber dem Alteigentümer die Möglichkeit eingeräumt, das Vorkaufsrecht ohne Verfügung über das Eigentum abzustreifen; da der Nutzer eine solche Möglichkeit nicht hat, widerspricht dies dem Geist der Gemeinsamen Erklärung. Dieser Widerspruch ist nicht nur vor dem Hintergrund der gemäß Art. 41 Abs. 3 EV übernommenen Verpflichtung, keine der Gemeinsamen Erklärung widersprechende Vorschriften zu erlassen, bedenklich; ins Blickfeld rücken auch Art. 3 Abs. 1 GG und Art. 14 Abs. 1 GG.

Dass der Alteigentümer die Möglichkeit hat, das Nutzungsverhältnis im Wege 270
einer ordentlichen Kündigung zu beenden, ist vor dem Hintergrund des in der Gemeinsamen Erklärung verankerten Interessenausgleichs (Rz. 10) nicht zu beanstanden; auch der Nutzer hat nach dem Sachenrechtsbereinigungsgesetz die Möglichkeit, Nutzungsrecht und Eigentum zu vereinen (Rz. 14). Was dem jeweils Berechtigten bleiben muss, ist das Vorkaufsrecht. Die Akzessorietät ist in § 20 Abs. 7 S. 2 VermG festgeschrieben; sie darf gemäß Art. 100 Abs. 1 GG nicht einfach ignoriert werden. Eine beabsichtigte Veräußerung ist ein wichtiges, allerdings nicht das einzige Motiv für eine Kündigung; zudem darf unterstellt werden, dass sich der Gesetzgeber der Gemeinsamen Erklärung verpflichtet sieht.

431 Dazu Flik, NJ 1993, S. 507 (508).

In Betracht kommt daher eine teleologische Reduktion, welche die Problematik erheblich entschärfen würde.

271 Mit einer solchen Reduktion ließe sich bei § 20 Abs. 7 S. 2 VermG ansetzen; die Folge wäre ein isoliertes und noch dazu dingliches Vorkaufsrecht (Rz. 103 ff.), das von den Vorstellungen des Gesetzgebers nicht gedeckt ist. Vorzugswürdig erscheint daher eine teleologische Reduktion des ordentlichen Kündigungsrechts; eine allein durch das Vorkaufsrecht motivierte Kündigung bleibt wirkungslos. Anders als im Falle einer Umgehung (Rz. 223 ff.) sieht sich der vorkaufsberechtigte Nutzer keinen Beweisschwierigkeiten ausgesetzt; da es um das Kündigungsrecht geht, trägt der vorkaufsverpflichtete Eigentümer die Darlegungs- und Beweislast.

272 Eine solche teleologische Reduktion des ordentlichen Kündigungsrechts hat einen interessanten Nebenaspekt. Der Gesetzgeber hat im Zuge der Verknüpfung von Vorkaufs- und Nutzungsrecht noch einmal betont, dass das Vorkaufsrecht dem Nutzer Ausgleich dafür sein soll, dass er sich einem neuen Vertragspartner gegenüber sieht (Rz. 20). Der Nachteil des neuen Vertragspartners besteht aber gerade darin, dass der Nutzer mit einer Kündigung rechnen muss, wovor ihn das Vorkaufsrecht grundsätzlich nicht schützen kann; das ist allerdings anders, wenn man das Vorkaufsrecht zum Ausgangspunkt für eine Einschränkung des Kündigungsrechts macht.

2. Eintritt des Vorkaufsfalls

273 Ist der Vorkaufsfall eingetreten, kann sowohl die Ausübung als auch die Nichtausübung des Vorkaufsrechts zum Erlöschen des Vorkaufsrechts führen.

a. Ausgeübtes Vorkaufsrecht

274 Mit wirksamer Ausübung scheint das Vorkaufsrecht seinen Zweck als Kaufrecht erfüllt zu haben und das Einsetzen der Vormerkungswirkung mit dem Erlöschen des Kaufrechts[432] einherzugehen; das gilt besonders für die Vorkaufsrechte nach dem Vermögensgesetz, da es sich um Vorkaufsrechte für den ersten Verkaufsfall handelt. Bei genauer Betrachtung zeigt sich jedoch, dass dieser Schein trügt. Zweck eines jeden Vorkaufsrechts ist es, dem Berechtigten den Zugriff auf einen Gegenstand zu ermöglichen (Rz. 7). Diese Zugriffsmöglichkeit ist auch regelmäßig gegeben, weil der Berechtigte über die Ausübung des Vorkaufsrechts einen

432 So bspw. BayObLG (10.2.71) NJW 1971, S. 809; Palandt/Bassenge (2014) § 1097 BGB Rz. 5; Staud/Schermaier (2009) § 1094 BGB Rz. 36; Soergel/Stürner (2001) § 1094 Rz. 8 ff.; MünchKomm/Westermann (2013) § 1094 BGB Rz. 14.

S. 2 VermG nur für den Fall des ersten Verkaufs[446] gelten. Das Wahlrecht des Berechtigten betrifft Erstverträge, die alternativ angelegt sind; vor diesem Hintergrund ist ein Vorkaufsfall jeder Erstvertrag und seine Alternativen.

Im Beispiel 6 etwa knüpft der Erstvertrag an den Vertrag zwischen Verpflichtetem und Erben an. Ein Wahlrecht des Berechtigten besteht in diesem Fall nicht.

Bei einem Vorkaufsrecht nach § 20 VermG besteht zudem das Problem, dass dessen Bestand vom Nutzungsverhältnis abhängig ist (Rz. 264). Der Ausschluss der Konsolidation muss daher auch für das Nutzungsrecht gelten; selbst wenn der Berechtigte zwischenzeitlich Eigentümer wird, bleibt der Nutzungsvertrag bestehen, wobei allerdings die wechselseitigen Pflichten gemäß § 242 BGB ruhen. 285

b. Nicht ausgeübtes Vorkaufsrecht

Übt der Berechtigte trotz Eintritt des Vorkaufsfalls nicht aus, erlischt das Vorkaufsrecht für einen Verkaufsfall,[447] sobald gemäß § 469 Abs. 2 BGB die Ausübungsfrist verstrichen ist.[448] Eine unwirksame Ausübung steht einer Nichtausübung des Vorkaufsrechts gleich.[449] Bei den Vorkaufsrechten nach dem Vermögensgesetz handelt es sich gemäß §§ 20 a S. 5, 20 Abs. 6 S. 2 VermG um Vorkaufsrechte für den ersten Verkaufsfall; die Bezeichnung „ein Verkaufsfall" und „erster Verkaufsfall" werden synonym gebraucht,[450] die Vorkaufsrechte nach dem Vermögensgesetz erlöschen daher in dieser Weise. Zur Löschung muss der Eigentümer den Weg über § 894 BGB gehen (Rz. 262); da das Erlöschen des Vorkaufsrechts lediglich mittelbare Folge ist, genügt der Erstvertrag nicht den Anforderungen von § 22 GBO.[451] 286

---

446 Ein Erlöschen eines Vorkaufsrechts für einen Verkaufsfall bei wirksamer Ausübung nehmen an Prütting/Eickmann (2013) § 1094 BGB Rz. 8; Jauernig/Berger (2014) § 1094 BGB Rz. 6.

447 OLG Zweibrücken NJW-RR 2000, S. 94; Palandt/Bassenge (2014) § 1097 BGB Rz. 5; HK-BGB/Staudinger (2012) § 1098 BGB Rz. 3; Prütting/Eickmann (2013) § 1094 BGB Rz. 8; Jauernig/Berger (2014) § 1094 BGB Rz. 6; Staud/Schermaier (2009) § 1094 BGB Rz. 36.

448 Larenz, SchR II/1 (1986) § 44 III (S. 153); Oetker/Maultzsch, Vertragliche Schuldverhältnisse (2013), H IV 3b, Rz. 508.

449 BGH NJW-RR 2009, 1172.

450 OLG München (18.12.09) NotBZ 2010, S. 232 m.w.N.

451 Im Ergebnis ebenso LG Koblenz MittRhNotK 1996, S. 329. **A.A.** OLG Stuttgart (8.4.97) DNotZ 1998, S. 305 (306). Differenzierend Staud/Schermaier (2009) § 1097 BGB Rz. 14 a.E.

Ein dingliches Vorkaufsrecht für mehrere Verkaufsfälle erlischt hingegen nicht; es richtet sich vielmehr auf den Erwerb aus. Ein obligatorisches Vorkaufsrecht kann nur ausnahmsweise[452] *den Eigentumserwerb des Dritten überstehen. Das ist bspw. denkbar, wenn die Vorkaufsparteien bereits bei Begründung des Vorkaufsrechts einen Rückerwerb durch den Verpflichteten in Betracht gezogen haben. Das obligatorische Vorkaufsrecht bindet aber dennoch nur den ursprünglich Verpflichteten.*

287 Da regelmäßig nicht feststeht, ob der Erstvertrag zu einer endgültigen Zugriffsmöglichkeit führen wird (Rz. 279), muss sich der Berechtigte alle Möglichkeiten durch Ausübung des Vorkaufsrechts offenhalten; nur dann kann das Vorkaufsrecht für einen Verkaufsfall weitere Ausübungsmöglichkeiten generieren. Erst die Ausübung des Vorkaufsrechts gibt dem Verpflichteten Anlass, über Gestaltungsrechte im Zweitvertragsverhältnis nachzudenken; mit dem Zweck der Ausübungsfrist (Rz. 150) ist es allerdings nicht vereinbar, das Erlöschen des Vorkaufsrechts zusätzlich davon abhängig zu machen, ob sich auch tatsächlich eine Zugriffsmöglichkeit ergeben hätte.

3. Veräußerung ohne Verkaufsfall

288 Das Schicksal eines Vorkaufsrechts nach dem Vermögensgesetz im Falle einer Veräußerung ohne Verkaufsfall an einen Dritten war bereits Teil der Untersuchung zur Dinglichkeit (Rz. 105 ff.). Im Folgenden geht es daher nur noch um Konstellationen, die für den Nachweis der Dinglichkeit ungeeignet waren oder bei denen sich die Frage nach dem Schicksal nur auf dem Boden bereits festgestellter Dinglichkeit beantworten lässt. Eine Löschung von Amts wegen gem. § 22 Abs. 1 GBO kommt in den bereits behandelten Fällen kaum in Betracht;[453] da immer die Möglichkeit einer Umgehung besteht, lässt sich auch einem Eigentumswechsel auf einer Grundlage jenseits eines Kaufvertrags nie zweifelsfrei entnehmen, ob das Vorkaufsrecht nicht dennoch ausgelöst wurde.

a. Zwangsversteigerung

289 Ein dingliches Vorkaufsrecht übersteht grundsätzlich den Zuschlag, wenn es bei der Feststellung des geringsten Gebots gemäß §§ 91 Abs. 1, 52 Abs. 1, 44 ZVG berücksichtigt wurde.[454] Das geschieht von Amts wegen, solange das Vorkaufsrecht

---

452 Zum Grundsatz vgl. nur BGH (25.1.15) ZfIR 2015, S. 278; OLG Düsseldorf (25.9.12) FGPrax 2013, S. 14; BaRo/Faust (2012) § 463 BGB Rz. 2.

453 Überlegungen in diese Richtung Amann, NotBZ 2010, S. 201 (207).

454 Dassler/Schiffhauer/Hintzgen § 44 ZVG Rz. 34; Soergel//Wertenbruch (2009) § 471 BGB Rz. 3; Staud/Schermaier (2009) § 1097 BGB Rz. 19; Planck § 1098 BGB

im Grundbuch steht und dem Recht des die Versteigerung betreibenden Gläubigers vorgeht, §§ 45 Abs. 1, 37 Ziff. 4 ZVG. Als dingliches Recht gehört ein Vorkaufsrecht gemäß § 10 Ziff. 4 ZVG zu Rangklasse vier;[455] im Verhältnis zu anderen dinglichen Rechten entscheidet gemäß § 11 Abs. 1 ZVG i.V.m. § 879 Abs. 1 BGB die Reihenfolge der Eintragung im Grundbuch.

Bleibt das Vorkaufsrecht bestehen, hängen die Folgen vom Zustand des Vorkaufsrechts ab: Ist das Vorkaufsrecht noch nicht ausgelöst, rückt der Ersteigerer in die Position des Verpflichteten nach.[456] Anderenfalls wirkt das Vorkaufsrecht trotz der Zwangsversteigerung wie eine Vormerkung;[457] Letztere wird gemäß § 48 ZVG im geringsten Gebot berücksichtigt, was zur relativen Unwirksamkeit des durch den Zuschlag ausgelösten Eigentumserwerbs führt.[458] 290

Fraglich ist, ob dieser Grundsatz auch für ein dingliches Vorkaufsrecht für den ersten Verkaufsfall gilt. Für § 1097 Var. 1 BGB wird dies verneint;[459] allerdings verbietet sich mit Blick auf die Besonderheiten von § 20 Abs. 6 S. 2 VermG auch in diesem Zusammenhang eine Parallelwertung (Rz. 108).[460] Dennoch spricht die besondere Situation bei der Zwangsversteigerung für ein Erlöschen auch der Vorkaufsrechte nach dem Vermögensgesetz.[461] Ein vollstreckungsfestes Vorkaufsrecht wäre für den Verpflichteten von erheblichem Nachteil, da es den Verkaufswert des Grundstücks beeinträchtigt (Rz. 52 ff.); ein Bieter würde dies bei der Höhe seiner Gebote berücksichtigen. Das Vorkaufsrecht nach dem Vermögensgesetz hat zudem seinen Zweck erfüllt; der Berechtigte kann auf das Grundstück zugreifen, indem er sich an der Versteigerung beteiligt (Rz. 182). Verloren 291

Ziff. 2. lit. i); RGRK/Rothe (1996) § 1097 BGB Rz. 8; Stöber (2012) § 44 ZVG Rz. 5.27.

455 Dassler/Schiffhauer/Rellermeyer § 10 ZVG Rz. 49; Stöber (2012) § 10 ZVG Rz. 8.1.

456 Angedeutet Dassler/Schiffhauer/Hintzgen § 52 ZVG Rz. 23; deutlich Stöber (2012) § 81 ZVG Rz. 10.2 lit. a u. c.

457 Stöber (2012) § 81 ZVG Rz. 10.2 lit. b.

458 Stöber (2012) § 52 ZVG Rz. 2.6 lit. a u. § 81 ZVG Rz. 10.2 lit. b; Böttcher (2010) § 52 ZVG Rz. 3.

459 OLG Zweibrücken (16.3.2011) Rpfleger 2011, S. 491; Böttcher (2010) §§ 44, 45 ZVG Rz. 74; Dassler/Schiffhauer/Hintzgen § 52 ZVG Rz. 23; Soergel/Wertenbruch (2009) § 471 BGB Rz. 3; Staud/Schermaier (2009) § 1097 BGB Rz. 14; Planck § 1098 BGB Ziff. 2. lit. i); RGRK/Rothe (1996) § 1097 BGB Rz. 8; Stöber (§ 2012) § 44 ZVG Rz. 5.27 u. § 81 ZVG Rz. 10.2 lit a; Soergel/Stürner (2001) § 1097 BGB Rz. 4. Im Ergebnis ebenso Dassler/Schiffhauer/Hintzgen § 52 ZVG Rz. 24.

460 So auch in diesem Zusammenhang bspw. Heilmann, S. 4 unten.

461 Zum Vorkaufsrecht des Mieters gemäß § 577 BGB: BGH (14.4.99) NJW 1999, S. 2044; DNotI-Report 2013, S. 140 (141) m.w.N.

geht dem Berechtigten lediglich der Vorteil, zum gleichen Preis wie ein interessierter Dritter zu erwerben; er muss aber nur ein geringfügiges Mehrgebot abgegeben.[462] Dass die Erwerbsmöglichkeit früher eintritt, kann für den Berechtigten nachteilig sein, wenn er bspw. aktuell nicht über die finanziellen Möglichkeiten verfügt. Der Berechtigte hat aber gerade keinen Einfluss auf den Zeitpunkt; er muss ständig damit rechnen, dass sich der Verpflichtete zur Veräußerung entschließt.

b. Anteilsverkauf unter Miteigentümern

292 Bei einem Anteilsverkauf unter Miteigentümern bleibt ein Vorkaufsrecht nach dem Vermögensgesetz erhalten; es verhält sich damit wie ein Vorkaufsrecht nach § 1097 Hs. 1 BGB. Gemäß § 20 a S. 5, 20 Abs. 2 S. 2 VermG steht dem Erhalt des Vorkaufsrechts nicht entgegen, dass sich die Anteile in der Person des Erwerbers vereinen.[463] Ist der Erwerber nunmehr Alleineigentümer, bleibt als Gegenstand des Vorkaufsrechts das Grundstück übrig (Rz. 160). Besteht weiterhin eine Eigentümergemeinschaft, erstreckt sich das Vorkaufsrecht auch auf den neuen, größeren Anteil; dass der Gesetzgeber die Anteile lediglich so erfasst wissen wollte, wie sie bei Entstehung des Vorkaufsrechts zugeschnitten waren, ist nicht ersichtlich. Im Übrigen vereinigen sich Miteigentumsanteile nicht, solange dadurch ein dingliches Recht erlöschen würde.[464]

293 Wird das Grundstück allerdings zwangsversteigert, erlöschen mit Zuschlag bestehende Miteigentumsanteile und damit auch das Vorkaufsrecht.[465] Berechtigte können ohne Nachteile mitbieten (Rz. 291). Dass der Berechtigte unter Umständen das gesamte Grundstück erwerben muss, stellt keinen Nachteil dar; wegen § 472 BGB hätte dasselbe auch bei Ausübung des Vorkaufsrechts passieren können.

---

462 Diese Überlegung hat den Gesetzgeber bewogen, im Zwangsversteigerungsrecht auf eine Regelung zu verzichten, dass ein Gleichgebot des Berechtigten als Mehrgebot zu gelten habe, vgl. Motive III, S. 455 = Mugdan III, S. 254.

463 Wohl Überlegungen in diese Richtung, im Ergebnis aber ausdrücklich offengelassen BGH Z (28.4.67) 48, S. 1 (3). Wie hier für Vorkaufsrechte allgemein bspw. Oetker/Maultzsch, Vertragliche Schuldverhältnisse (2013) § 2 H 3a, Rz. 504.

464 Vgl. nur MünchKomm/Schmidt (2013) § 1008 BGB Rz. 14.

465 Ähnlich einem Vorkaufsrecht an Gesellschaftsanteilen bei Auflösung der Gesellschaft, vgl. BGH (25.4.05) MDR 2005, S. 1118.

c. *Verkauf an den Berechtigten*

Veräußert der Verpflichtete das belastete Grundstück an den Berechtigten selbst, stellt dies keinen Verkaufsfall dar (Rz. 191); dennoch erlischt das Vorkaufsrecht erst, wenn sich der Eigentumserwerb als endgültig erweist (Rz. 281). Veräußert der Verpflichtete einen Grundstücksteil an den ausschließlich zur Nutzung Berechtigten, gilt dasselbe gemäß § 20 Abs. 7 a S. 2 VermG; wegen des Bedürfnisses nach Erhaltung des Vorkaufsrechts bis zur Endgültigkeit des Erwerbs (Rz. 279), ist die Vorschrift teleologisch zu reduzieren und der Eigentumserwerb als frühester Zeitpunkt zu behandeln. Folgt man der vorgeschlagenen, konsequenten Synchronisierung von Nutzungs- und Vorkaufsrecht (Rz. 45 f.), hat § 20 Abs. 7 a S. 2 VermG ohnehin nur deklaratorischen Charakter: Dem Eigentumserwerb muss die Teilung des belasteten Grundstücks vorausgegangen sein, weil anderenfalls der gemäß § 873 Abs. 1 BGB erforderliche Grundbucheintrag nicht möglich gewesen wäre; das Vorkaufsrecht der übrigen Nutzer ist in diesem Fall bereits infolge der Teilung erloschen (Rz. 161 f.). 294

4. Rechtsgeschäftliche Aufhebung

Voraussetzung einer jeden rechtsgeschäftlichen Aufhebung ist eine Verzichtserklärung des Rechtsinhabers gegenüber dem Begünstigten, im Falle eines Vorkaufsrechts also des Berechtigten gegenüber dem Verpflichteten;[466] insbesondere eine Erklärung gegenüber dem Dritten oder einer genehmigenden Behörde genügt daher nicht. Die vereinzelt vertretene Gegenauffassung[467] lässt sich kaum überzeugend begründen; jeder Verzicht hat den Charakter einer Verfügung und muss daher gegenüber dem unmittelbar Begünstigten erfolgen.[468] Wie jede Verfügung hat auch der Verzicht einen Behaltensgrund. Dabei muss es sich nicht um eine Schenkung handeln; der Berechtigte kann sich den Verzicht vergüten 295

466 RG (14.6.12) JW 1912, 858, Sp. 2.; (28.3.25) LZ 1925, 546 (Nr. 7); (25.4.25) Z 110, 409, 418; (23.6.26) Z 114, 155, 158; (26.8.43) DR 1944, 31, Sp. 2; BGH (14.11.56) DNotZ 1957, 306, 307 oben; (1.2.61) BB 1961, 383 Sp. 2; (13.7.65) WM 1965, 1178, 1180, Sp. 1 mittig; OLG Celle (23.10.62) NJW 1963, 352, Sp. 2 unten; OLG Düsseldorf (14.6.67) MDR 1967, 1014, Sp. 2. Peßler, NJW 1960, S. 1785 (1786).

467 BGH (10.6.66) WM 1966, 893, 895 Sp. 2 oben; Prütting/Eickmann (2013) § 1094 BGB Rz. 8.

468 Deshalb auch kein Verzicht zugunsten Dritter, vgl. dazu allgemein etwa RG Z 148, 257, 262 f.

lassen (Rz. 55). Zum Teil gegen die Vergütungsmöglichkeit erhobene Stimmen betreffen Vorkaufsrechte der öffentlichen Hand[469] und damit einen Sonderfall.

296 Bei der Auslegung dieser gemäß § 130 Abs. 1 S. 1 BGB empfangsbedürftigen Willenserklärung sind strenge Anforderungen zu stellen;[470] wegen des Vorkaufsrechts liegt eine unverbindliche Verständigung zwischen Verpflichtetem und Berechtigtem im Vorfeld des Verkaufs nahe. Der Empfänger darf den Verzichtswillen nicht ohne hinreichende Anhaltspunkte unterstellen; sind aber entsprechende Anhaltspunkte vorhanden, bleibt auch eine konkludente Erklärung möglich.[471] Der Berechtigte verzichtet daher nicht auf das Vorkaufsrecht, wenn er auf allgemeine Anfrage des Verpflichteten ein Interesse am Erwerb des Grundstücks verneint.[472] Im Übrigen ist die rechtsgeschäftliche Aufhebung für einzelne Rechte geregelt; deshalb hängen die weiteren Voraussetzungen vom Gegenstand des Verzichts ab.

a. Gegenstand

297 Als Gegenstand einer Verzichtserklärung des Vorkaufsberechtigten kommt das Vorkaufsrecht selbst in Betracht; das gilt auch für die Vorkaufsrechte nach dem Vermögensgesetz, da es sich um private Vorkaufsrechte handelt (Rz. 57).

Ein gesetzliches Vorkaufsrecht kann selbst nicht Gegenstand einer rechtsgeschäftlichen Aufhebung sein.[473] Der Berechtigte ist nicht dazu berufen, ein erfasstes Grundstück aus dem Tatbestand des Gesetzes herauszulösen; das ist Sache des Gesetzgebers. Der Berechtigte kann lediglich entscheiden, ob er ausüben will oder nicht.

298 Bei genauer Betrachtung gibt es zum Vorkaufsrecht als Gegenstand Alternativen.[474] Der rechtsgeschäftliche Wille des Berechtigten kann auch auf die vom Vorkaufsrecht zu unterscheidende Ausübungsmöglichkeit oder auf den aus der Ausübung des Vorkaufsrechts resultierenden Übereignungsanspruch aus dem

---

469 RG Z 120, S. 148; Ebert, NJW 1956, S. 1621 (1625); Peßler, NJW 1960, S. 1785 (1786).

470 Konkret zum Vorkaufsrecht Peßler, NJW 1960, S. 1785 (1786). Allgemein Palandt/Grüneberg § 397 BGB Rz. 6 m.w.N.; Staud/Rieble (2012) § 397 BGB Rz. 109 m.w.N.

471 BGH (1.2.61) BB 1961, 383, Sp. 2; (13.7.65) WM 1965, 1178, 1180, Sp. 1 oben.

472 Peßler, NJW 1960, S. 1785 (1786).

473 OLG Celle (23.10.62) NJW 1963, S. 352 (Sp. 2 unten); Ebert, NJW 1956, S. 1621 (1625); Haegele, DNotZ 1961, S. 229 (231). **A.A.** wohl BGH (13.7.65) WM 1965, S. 1178 (1179, Sp. 2 unten beginnend). Für das Miterbenvorkaufsrecht wohl ebenfalls a.A.: Klinke, S. 143; Knüfermann, S. 104 f.

474 Das wird gelegentlich übersehen: So geht es z.B. unter der Überschrift „Verzicht auf das Miterbenvorkaufsrecht" um den Widerruf der Ausübungserklärung bzw. die Loslösung vom Zweitvertrag bei DNotI-Report 2009, S. 11.

Zweitvertrag gerichtet sein;[475] beides sind subjektive Rechte, die als Ausfluss der Privatautonomie Gegenstand von Rechtsgeschäften und damit auch einer rechtsgeschäftlichen Aufhebung sein können. Weitere Bezugspunkte sind auch bei dinglichen Vorkaufsrechten nicht ersichtlich; insbesondere das durch Ausübung des Vorkaufsrechts begründete Rechtsverhältnis zum Dritten ist keine weitere Quelle, da es den Vorkaufsberechtigten ausschließlich verpflichtet (Rz. 436 ff.).

Zum Teil knüpft die Vorstellung vom Verzicht schlicht an das Verständnis vom Vorkaufsrecht an;[476] ohne Bestimmung des Bezugspunkts lassen sich aber nicht alle Fragen überzeugend beantworten. Kann der Verzicht einseitig erfolgen? Bei einem rechtsgeschäftlichen Vorkaufsrecht spricht der Begründungsakt für einen Vertrag, die Möglichkeit einseitiger Ausübung dagegen. Kann auf etwas verzichtet werden, das für eine juristische Sekunde entstehen muss? Die Anbindung an die Vorstellung zum Vorkaufsrecht kann zu dieser Konstruktion zwingen; das Rechtsgefühl sträubt sich. Eine Unterscheidung der Bezugspunkte schafft Abhilfe. 299

Zur Ermittlung des Gegenstands ist die Willenserklärung des Berechtigten gemäß §§ 133, 157 BGB auszulegen. Bezugspunkt einer Verzichtserklärung des Berechtigten ist das Vorkaufsrecht selbst, wenn dieses erkennbar gar nicht erst ausgelöst werden soll.[477] Im Übrigen ist die Erkenntnis entscheidend, dass sowohl zukünftige Übereignungsansprüche als auch zukünftige Ausübungsmöglichkeiten 300

---

475 Ebenso Staud/Rieble (2012) § 397 BGB Rz. 74; wohl auch OLG Celle (23.10.62) NJW 1963, S. 352 (Sp. 2 unten). Zwischen Vorkaufsrecht und Ausübungsmöglichkeit unterscheiden auch Jauernig/Berger (2014) § 1094 BGB Rz. 6; Staud/Schermaier (2009) § 1097 BGB Rz. 17; Peßler, NJW 1960, S. 1785 (1786). Auf das Problem weist hin DNotI-Report 2010, S. 109 (111). Im Zusammenhang mit der Übertragungsmöglichkeit zudem Ebert, NJW 1956, S. 1621 (1623); im Zusammenhang mit der Abgrenzung zwischen öffentlichem und Privatrecht wiederum Ebert, NJW 1961, S. 1430. Klar auf die Ausübungmöglichkeit stellt ab OLG München (18.7.12) MittBayNot 2013, S. 231.

476 Schurig versteht das Vorkaufsrecht als bedingtes Vertragsangebot und den Verzicht als dessen Ablehnung, vgl. Schurig, S. 174 unten beginnend. Ausgehend vom Verständnis des Vorkaufsrechts als doppelt bedingten Vertrag ordnet der BGH den Verzicht als Erlass des bedingten Übereignungsanspruchs ein, BGH (13.7.65) WM 1965, S. 1178 (1179, Sp. 1 unten). Ausgehend von der Einordnung des Vorkaufsrechts als Gestaltungsrecht lässt schließlich Larenz einen einseitigen Verzicht genügen, SchR II/1 (1986) § 44 III, S. 151. Pauschal auch Walter, Kaufrecht, § 13 III 4, S. 614.

477 Insoweit deutlich OLG Celle NJW 1963, 352, Sp. 2 unten.

als Bezugspunkte ausscheiden; Bezugspunkt einer Verzichtserklärung vor Eintritt eines Vorkaufsfalls ist daher stets das Vorkaufsrecht selbst.[478]

301 Eine Vorausaufhebung hätte zur Folge, dass der Übereignungsanspruch niemals entsteht und deshalb auch niemals Gegenstand einer Verfügung sein kann;[479] zumindest im Falle eines vertraglichen Primäranspruchs ist dies nicht nur ein begrifflicher Hinderungsgrund. Da es den Vertrag noch nicht gibt, dem dieser Anspruch entspringen wird, kann weder auf eine Anwartschaft als Verfügungsgegenstand ausgewichen,[480] noch auf die Wirkungsweise der Konvaleszenz zurückgriffen werden:[481] Eine Anwartschaft gibt es in diesen Fällen noch nicht. Damit die Forderung entstehen kann, um gleich darauf zu erlöschen, müsste sich der künftige Schuldner nach der Verzichtserklärung des künftigen Gläubigers doch noch diesem gegenüber vertraglich verpflichten; das ergibt keinen Sinn. Das bedeutet nicht, dass ein künftiges Recht im Übrigen nicht Gegenstand einer Verfügung sein kann; für Forderungen belegen dies anschaulich § 1204 Abs. 2 BGB und die anerkannte Möglichkeit der Vorausabtretung. Nur als Gegenstand einer Vorausaufhebung kommt ein künftiges Recht nicht in Betracht, wenn sich der auf Nichtentstehung gerichtete Parteiwille einfacher verwirklichen lässt.[482]

302 Will der Vorkaufsberechtigte den Übereignungsanspruch nicht entstehen lassen, darf er einfach das Vorkaufsrecht nicht ausüben; Bezugspunkt ist daher allenfalls die Ausübungsmöglichkeit. Ist auch die Ausübungsmöglichkeit noch eine künftige, lassen sich die vorstehenden Überlegungen übertragen; der Wille des Vorkaufsberechtigten ist darauf gerichtet, dass die Ausübungsmöglichkeit nicht entsteht.[483] Im Übrigen lässt sich die auf eine Ausübungsmöglichkeit gerichtete

---

478 Eine Verzichtserklärung vor Eintritt des Vorkaufsfalls liegt etwa den folgenden Entscheidungen zugrunde: RG (25.4.25) Z 110, S. 409; (26.8.43) DR 1944, S. 31; BGH (14.11.56) DNotZ 1957, S. 306; (10.4.61) BB 1961, S. 383; (23.5.62) Z 37, S. 147; (13.7.65) WM 1965, S. 1178; (10.6.66) WM 1966, S. 893; OLG Celle (23.10.62) NJW 1963, S. 352; OLG Düsseldorf (14.6.67) MDR 1967, S. 1014.

479 Generell gegen die Möglichkeit der Vorausaufhebung einer Forderung RG (27.5.29) Z 124, S. 325 (326); (5.7.35) Z 148, S. 257 (262). **A.A.** und damit generell **dafür** BGH (27.9.54) BB 1956, S. 1086; (28.11.63) Z 40, S. 327 (330).

480 So für die Vorausabtretung Staud/Busche (2012) § 398 BGB Rz. 73; Larenz, SchR I, (1987) § 34 III, S. 585 f.

481 So für den Vorauserlass Staud/Rieble (2012) § 397 BGB Rz. 104.

482 Vgl. bspw. BGH (28.11.63) Z 40, S. 327 (330): Nicht Vorauserlass künftiger Mietzinsansprüche, sondern Änderung des Mietvertrags.

483 Insoweit deutlich RG (26.8.43) DR 1944, S. 31. Dennoch spricht das RG vom Verzicht auf die Ausübung. Dies vielleicht deshalb, weil es sich um ein gesetzliches Vorkaufsrecht handelt, auf das nicht verzichtet werden kann. Nach hier vertretener Auffassung

Verzichtserklärung des Berechtigten als negative Ausübung des Vorkaufsrechts begreifen.[484] Im Unterschied zur schlichten Nichtausübung des Vorkaufsrechts (Rz. 286) lässt der Berechtigte nicht einfach die Ausübungsfrist verstreichen. Eine Ausübung des Vorkaufsrechts ist aber erst nach Eintritt des Verkaufsfalls möglich. Als Bezugspunkt bleibt also nur das Vorkaufsrecht selbst; dieses stellt eben ein Bündel künftiger Ausübungsmöglichkeiten dar (Rz. 279). Die rechtsgeschäftliche Aufhebung einer künftigen Ausübungsmöglichkeit ist von vornherein nur denkbar, wenn sich die Verzichtserklärung des Berechtigten auf einen konkreten Erstvertrag bezieht, der später ohne Änderungen beurkundet wird. Wegen ihres Verfügungscharakters (Rz. 295) muss die rechtsgeschäftliche Aufhebung einen hinreichend bestimmten Gegenstand haben; solange die Anforderungen der Verzichtserklärung von variierenden Erstverträgen erfüllt werden können (Rz. 279), ist der Gegenstand noch nicht hinreichend bestimmt.

Folgt man dem Vorschlag, dass ein Vorkaufsrecht weder durch Auslösung 303
noch durch Ausübung erlischt, können die Bezugspunkte nach Eintritt eines Vorkaufsfalls[485] miteinander konkurrieren. Auf das Vorkaufsrecht selbst ist der Verzichtswille des Berechtigten wiederum nur gerichtet, wenn es ihm erkennbar darum geht, dass das Vorkaufsrecht nicht erneut ausgelöst werden wird. Ein Konkurrenzverhältnis zwischen Ausübungsmöglichkeit und Übereignungsanspruch besteht hingegen nicht, weil Letzterer Erstere ablöst; es handelt sich bildlich gesprochen um die Kehrseiten einer Medaille. Insoweit ist die Verzichtserklärung des Berechtigten auf den Gegenstand gerichtet, der bei Zugang aktuell ist. Letztlich geht es darum, den Verzichtswillen des Berechtigten zu verwirklichen; im Zweifel bezieht sich daher die Verzichtserklärung auf den Gegenstand, auf den auch mit Blick auf weitere Voraussetzungen wirksam verzichtet wurde. Bringt auch dies keine Klarheit, gilt wiederum der Grundsatz strenger Anforderungen (Rz. 296); im Zweifel bezieht sich die Verzichtserklärung auf den Gegenstand, der den Berechtigten am wenigsten belastet.

---

wäre eine Umdeutung des Verzichtvertrags möglich gewesen. Einen Verzicht auf künftige Ausübungsmöglichkeiten für möglich hält auch Jauernig/Berger (2014) § 1094 BGB Rz. 6.

484 Vgl. dazu Staud/Rieble (2012) § 397 BGB Rz. 66; ähnlich Schurig, S. 174, der allerdings nicht zwischen Ausübungsmöglichkeit und Vorkaufsrecht unterscheidet und entgegen hier vertretener Auffassung auch in letzterem Fall einen einseitigen Verzicht für möglich hält.

485 Ein solcher Fall liegt etwa folgenden Entscheidungen zugrunde: RG (23.6.26) Z 114, 155; BGH (26.1.73) Z 60, 175; (9.2.90) NJW 1990, 1473.

b. Zusätzliche Voraussetzungen

304 Ob die Wirksamkeit eines Verzichts an weitere Voraussetzungen geknüpft ist, richtet sich ebenfalls nach dem konkreten Gegenstand.

i. Vorkaufsrecht als Gegenstand

305 Die rechtsgeschäftliche Aufhebung eines Vorkaufsrechts nach dem Vermögensgesetz ist geregelt; gemäß §§ 20 a S. 5, 20 Abs. 8 VermG gilt § 875 BGB. Diese Vorkaufsrechte werden nicht vertraglich begründet; es bedarf daher keines Erlassvertrags gemäß § 397 BGB, eine einseitige Erklärung genügt.[486] Versteht man das Vorkaufsrecht als einen doppelt bedingten Kaufvertrag, ist ein Erlassvertrag konsequent;[487] auf ein Vorkaufsrecht nach dem Vermögensgesetz passt diese Konstruktion aber nicht (Rz. 371). Der Berechtigte kann einen Verzicht auf das Vorkaufsrecht gemäß § 875 Abs. 1 S. 2 BGB auch gegenüber dem Grundbuchamt erklären. Begünstigt im Sinne § 875 Abs. 1 S. 2 BGB sind Eigentümer und nachrangig dinglich Berechtigte; deshalb bleibt ein Verzicht auf das Vorkaufsrecht gegenüber dem Dritten auch hier ohne unmittelbare Wirkung (Rz. 295). Ein solcher Verzicht gegenüber dem Dritten lässt sich nur über eine Nichtausübungsvereinbarung erfassen (Rz. 318). Den Verzicht auf das Vorkaufsrecht kann der Berechtigte auch jederzeit erklären;[488] es gibt keinen Grund, den Verzicht vom Eintritt des Vorkaufsfalls abhängig zu machen.

306 Neben der Verzichtserklärung des Berechtigten bedarf es der Löschung im Grundbuch, § 875 Abs. 1 S. 1 BGB; vorher kann der Berechtigte grundsätzlich seine Erklärung widerrufen, § 875 Abs. 2 BGB.[489] Bei dinglichen Vorkaufsrechten lässt sich wegen des sachenrechtlichen Publizitätsprinzips ein Absehen vom

---

486 Ein Nebeneinander von Erlass und § 875 BGB nehmen an: Prütting/Eickmann (2013) § 1094 BGB Rz. 8; Herrler, RNotZ 2010, S. 249.

487 Vgl. etwa BGH (3.5.61) Z 35, S. 146 (149); (14.11.56) DNotZ 1957, S. 306; Herrler, RNotZ 2010, S. 249 (250) m.w.N. Wohl aus diesem Grund spricht sich sehr vorsichtigt für eine Anwendung von § 875 BGB aus OLG München, Urt. v. 18.7.12, Az. 34 Wx 158/12; noch ohne Bedenken OLG München (24.7.09) MittBayNot 2010, S. 42. Wohl aus diesem Grund verlangen für den Verzicht auf gesetzliche Vorkaufsrechte einen Vertrag RG (26.8.43) DR 1944, S. 31 (Nr. 13); (23.6.26) Z 114, S. 155 (158); (28.3.25) LZ 1925, S. 546 (Nr. 7); Falkner, MittBayNot 2012, S. 519 (520); Peßler, NJW 1960, S. 1785 (1786).

488 RG (26.8.43) DR 1944, S. 31 (Nr. 13); LZ (25.3.25) 1925, S. 546 (Nr. 7); (26.6.26) Z 114, 155 (158); Gruchot 48, S. 350; BGH (14.11.56) DNotZ 1957, S. 306 (307).

489 Vgl. z.B. OLG Koblenz (8.7.10) Az. 5 U 135/10.

konstitutiven Löschungserfordernis[490] kaum überzeugend begründen. Das Publizitätsprinzip ist nicht unumstößlich; Durchbrechungen lassen sich aber stets auf ein praktisches Bedürfnis zurückführen. Übt der Berechtigte nach Verzichtserklärung aber vor Eintragung aus, lässt sich dies wiederum nur über eine Nichtausübungsvereinbarung erfassen (Rz. 315 ff.).

Auf obligatorische Vorkaufsrechte passt § 875 BGB nicht, selbst wenn diese grundbuchlich gesichert sind; im Grundbuch eingetragen wird nicht das Vorkaufsrecht selbst, sondern eine gemäß § 883 Abs. 1 S. 2 BGB zulässige Vormerkung des künftigen[491] Anspruchs auf Übereignung des Grundstücks.

307 Einer von mehreren Berechtigten kann das Vorkaufsrecht unabhängig von den anderen aufgeben;[492] dies erschließt sich ohne Weiteres, wenn man von einem Nebeneinander selbständiger Vorkaufsrechte der Berechtigten ausgeht (Rz. 352). Betrachtet man das Vorkaufsrecht als Gegenstand der rechtsgeschäftlichen Aufhebung, wenn sich der Berechtigte hinsichtlich bestimmter, zukünftiger Ausübungsmöglichkeiten erklärt (Rz. 302), stellt sich die Frage, ob ein Vorkaufsrecht auch teilweise aufgehoben werden kann.

Beispiel 32: Auf Anfrage des Verpflichteten sichert der Berechtigte verbindlich zu, dass er bei einem Kaufpreis über 20.000 € das Vorkaufsrecht aus finanziellen Gründen nicht ausüben werde. Der Berechtigte hat hier vor Eintritt des Vorkaufsfalls eine Verzichtserklärung abgegeben, die erkennbar mehrere, aber nicht alle Vorkaufsfälle erfasst. Der schlichte Hinweis auf das Eintragungserfordernis ginge am Kern des Problems vorbei; er würde lediglich die neue Frage aufwerfen, ob eine solche Eintragung möglich ist.

308 Bei dinglichen Vorkaufsrechten sprechen Grundprinzipien des Sachenrechts dagegen; Ergebnis eines Teilverzichts wäre ein inhaltlich verändertes Recht, was mit numerus clausus und Typenzwang nicht vereinbar ist. Es gilt daher der Grundsatz: Auswirkungen auf das Vorkaufsrecht hat eine Verzichtserklärung nur, wenn der Berechtigte erkennen lässt, dass das Vorkaufsrecht insgesamt nicht oder nicht mehr ausgelöst werden soll.

---

490 BGH (14.11.56) DNotZ 1957, S. 306 (307); ebenfalls befürwortet von OLG Düsseldorf (14.6.67) MDR 1967, S. 1014; zustimmend DNotI-Report 2010, S. 109 (111) m.w.N; im Ergebnis ebenso Paintner, MittBayNot 2010, S. 44. Die Dinglichkeit vernachlässigen RG (23.6.26) Z 114, 155, 158; (26.8.43) DR 1944, 31; wohl auch Schurig, S. 176.

491 Das übersieht RG (5.11.07) Z 67, S. 42 (48).

492 Amann, NotBZ 2010, S. 201 (203); DNotI-Report 2010, S. 109 (112); Herrler, RNotZ 2010, S. 249; Heinze, MittBayNot 2013, S. 233; OLG München (18.7.12) MittBayNot 2013, S. 231. **A.A.** noch OLG München (24.7.09) MittBayNot 2010, S. 42.

Im Beispiel 32 bleibt die Verzichtserklärung des Berechtigten ohne Auswirkungen auf den Bestand des Vorkaufsrechts. Bei obligatorischen Vorkaufsrechten begegnet eine inhaltliche Beschränkung hingegen keinen Bedenken; ein obligatorisches Vorkaufsrecht kann daher uneingeschränkt durch Rechtsgeschäft aufgehoben werden.[493] *Hierfür bedarf es analog § 397 Abs. 1 BGB eines Vertrags zwischen Berechtigtem und Verpflichtetem;*[494] *es geht um Aufhebung, nicht um Ausübung des Vorkaufsrechts.*

ii. Übereignungsanspruch als Gegenstand

309 Der Übereignungsanspruch ist ein vertraglich begründetes Forderungsrecht und kann daher gemäß § 397 Abs. 1 BGB nur durch Vertrag erlassen werden; Voraussetzung ist, dass der Verpflichtete eine entsprechende Verzichtserklärung des Berechtigten gemäß §§ 147 ff. BGB annimmt. Da ein solcher Erlassvertrag den Zahlungsanspruch des Verpflichteten unberührt lässt, wird in aller Regel ein Aufhebungsvertrag gemäß § 311 Abs. 1 BGB gewollt sein;[495] im Unterschied zum Erlass beseitigt der Aufhebungsvertrag das gesamte Schuldverhältnis. Vom Aufhebungsvertrag zu unterscheiden sind einseitige Rechtsgeschäfte des Berechtigten, die eine vergleichbare Wirkung auf den Zweitvertrag haben können; so beseitigen bspw. auch die einseitige Anfechtungs- oder Rücktrittserklärung das gesamte Schuldverhältnis, allerdings nur unter Voraussetzungen einer entsprechenden Berechtigung.

iii. Ausübungsmöglichkeit als Gegenstand

310 Für den Verzicht auf die Ausübungsmöglichkeit schließlich fehlt eine gesetzliche Regelung; zusätzliche Voraussetzungen neben der Verzichtserklärung bestehen daher keine. Es gibt insbesondere keinen Grund, auch insoweit einen Erlassvertrag zu verlangen.[496] Unmittelbar ist § 397 Abs. 1 BGB nicht anwendbar, da es

---

493 Motive II, S. 352; BGH (1.2.61) BB 1961, 383, Sp. 2; Staud/Rieble (2012) § 397 BGB Rz. 74; Schurig, S. 174. Auch RG (14.6.12) JW 1912, 858, Sp. 2, sofern es dort tatsächlich um ein obligatorisches Vorkaufsrecht gegangen ist; der Fundstelle lässt sich dies nicht zweifelsfrei entnehmen, da das Vorkaufsrecht an einem Grundstück nur als vertragliches qualifiziert wird. Auch RG (25.4.25) Z 110, 409, 418; allerdings lässt das RG hier unberücksichtigt, dass es sich um ein gesetzliches Vorkaufsrecht handelt, sodass ein Verzicht auf das Vorkaufsrecht selbst ausscheidet.

494 RG (14.6.12) JW 1912, 858, Sp. 2; (23.6.26) Z 114, 155, 158; OLG Celle NJW 1963, 352, Sp. 2 unten. **A.A.** Schurig, S. 175.

495 Vgl. dazu DNotI, DNotI-Report 2009, S. 11.

496 Wie hier Schurig, S. 174. Einen Erlassvertrag genügen lässt OLG München, Urt. v. 18.7.12, Az. 3 U 4588/11. **A.A.** Jauernig/Berger (2014) § 1094 BGB Rz. 6. **A.A.** auch bspw. RG (23.6.26) Z 114, 155, 158; BGH (26.1.73) Z 60, 175, 291 oben: Beide

sich bei der Ausübungsmöglichkeit nicht um eine Forderung handelt; eine entsprechende Anwendung scheidet aus, weil die Ausübungsmöglichkeit nicht unmittelbar einem Rechtsgeschäft entspringt. Ein Verzicht stellt insoweit lediglich eine negative Ausübung des Vorkaufsrechts dar (Rz. 302); es genügt daher eine Willenserklärung.

c. *Wirkung*

Liegen sämtliche Voraussetzungen der rechtsgeschäftlichen Aufhebung vor, erlischt das Vorkaufsrecht; bei den Vorkaufsrechten nach dem Vermögensgesetz gilt dies unabhängig vom Bezugspunkt der Verzichtserklärung, weil es sich um Vorkaufsrechte für den ersten Verkaufsfall handelt. Gibt der Berechtigte eine aktuelle Zugriffsmöglichkeit in Form einer Ausübungsmöglichkeit oder eines Übereignungsanspruchs auf, kann diese insbesondere nicht mehr von einem weiteren Erstvertrag überholt werden; damit spielt wiederum (Rz. 287) keine Rolle, ob das aufgehobene Recht auch tatsächlich den endgültigen Zugriff ermöglicht hätte. 311

Eine mit dem Verzicht vergleichbare Wirkung hat die Ausübung eines Gestaltungsrechts; insbesondere im Falle eines Rücktritts gibt der Berechtigte freiwillig eine Zugriffsmöglichkeit auf das Grundstück auf. Auf die Anfechtung trifft dies nur zum Teil zu: Konsequent ist das Erlöschen des Vorkaufsrechts, wenn der Willensmangel auf die Person des Berechtigten zurückgeht; da das Vorkaufsrecht fehlerfrei ausgelöst wurde, übt der Berechtigte durch die Anfechtungserklärung lediglich negativ aus (Rz. 302). Geht der Willensmangel aber auf die Person des Dritten zurück, birgt ein Erlöschen des Vorkaufsrechts im Falle einer Anfechtung des Zweitvertrags durch den Berechtigten die Gefahr, dass das Vorkaufsrecht leer läuft; ficht der Dritte auch den Erstvertrag an, stellt sich der Ausgangszustand wieder ein, nur eben ohne das Vorkaufsrecht. 312

Dieses Problem lässt sich nicht dadurch bereinigen, dass man dem Berechtigten das Vorkaufsrecht erhält. Eine Ausnahme vom Erlöschensgrundsatz hilft nicht weiter; wird der Erstvertrag nicht angefochten, bliebe das Vorkaufsrecht trotz Nichtausübung in einem Verkaufsfall erhalten. Letzteres ließe sich vermeiden, indem man das Fortbestehen des Vorkaufsrechts zusätzlich von einer Anfechtung des Erstvertrags abhängig macht; dadurch hätte aber der Dritte das Schicksal des Vorkaufsrechts in der Hand, was systemwidrig wäre. Gegen ein 313

Entscheidungen gehen auf den Gegenstand nicht ein; sie betreffen aber Verzichtserklärungen nach Eintritt des Vorkaufsfalls, ohne dass der Wille des Berechtigten erkennbar auf das Vorkaufsrecht gerichtet ist.

Wiederaufleben oder eine Wiederbegründung des Vorkaufsrechts aber sprechen die bereits geäußerten Bedenken (Rz. 278).

314 Das Problem lässt sich aber über Schadensersatz lösen. Der Verpflichtete ist gemäß § 241 Abs. 2 BGB verpflichtet, den Berechtigten über eine Anfechtung des Dritten zu informieren. Kommt der Verpflichtete dem nicht nach, haftet er dem Berechtigten gemäß § 280 Abs. 1 BGB auf Schadensersatz, der durch Aufhebung des Zweitvertrags geleistet werden kann. Auf diese Weise kann der Berechtigte unabhängig von den gemäß §§ 121, 124 BGB geltenden Anfechtungsfristen abwarten, wie sich der Dritte verhält. Erst wenn der Berechtigte von der Anfechtung des Dritten erfährt, muss auch er sich Gedanken machen; § 242 BGB setzt der Bedenkzeit Grenzen.

d. Umdeutung

315 Fehlt eine der zusätzlichen Voraussetzungen, führt eine Verzichtserklärung des Berechtigten nicht zum Erlöschen des Vorkaufsrechts. Dennoch muss die Verzichtserklärung nicht ohne Wirkung bleiben. Abgesehen von einer möglichen Verwirkung (Rz. 358 ff.),[497] kommt gemäß § 140 BGB eine Umdeutung der Verfügung in die Verpflichtung in Betracht, das Vorkaufsrecht nicht auszuüben. An die erforderliche Annahmeerklärung des Verpflichteten sind nicht allzu hohe Anforderungen zu stellen. Diese kann konkludent erfolgen; zudem ist § 151 BGB zu beachten. Verletzt der Berechtigte diese Verpflichtung und übt dennoch aus, kommt der Zweitvertrag mit dem Verpflichteten erst einmal zustande; der Berechtigte ist aber vertraglich verpflichtet, einen Antrag des Verpflichteten gemäß § 311 Abs. 1 BGB auf Vertragsaufhebung anzunehmen.

316 Umstritten ist, ob es sich insoweit um einen primären Erfüllungsanspruch aus der Nichtausübungsabrede[498] oder bereits um einen sekundären Schadensersatzanspruch handelt.[499] Der Einwand, nicht auf die sekundäre Ebene wechseln zu können, da nur ein auf Geld gerichteter Schadensersatz statt der Leistung zu erreichen sei, trifft nicht zu; auch wenn Schadensersatz statt Leistung regelmäßig zu einem Zahlungsanspruch führt, gilt dennoch gemäß § 249 Abs. 1 BGB der Grundsatz der Naturalrestitution.[500] Gegen einen Schadensersatzanspruch

---

497 BGH (13.6.65) WM 1965, S. 1178 (1180, Sp. 1 mittig); (3.2.66) WM 1966, S. 511 (512, Sp. 1 unten); (10.6.66) WM 1966, S. 893 (895, Sp. 2 mittig).

498 So BGH Z 37, 147, 149 ff.

499 So speziell zum Vorkaufsrecht RG (28.3.25) LZ 1925, 546. Allgemein zur Unterlassensverpflichtung Staud/Caspers (2014) § 275 BGB Rz. 26.

500 Vgl. nur MünchKomm/Emmerich (2012) Vor § 281 BGB Rz. 5 m.w.N.

spricht, dass dieser gemäß § 280 Abs. 1 S. 2 BGB verschuldensabhängig ist; dem Parteiwillen entspricht eher eine verschuldensunabhängige Haftung, §§ 133, 157 BGB.

Verweigert sich der Berechtigte, muss der Verpflichtete den Anspruch auf Vertragsaufhebung gerichtlich durchsetzen und gemäß § 894 ZPO vollstrecken; dazu ist er dem Dritten aus dem Erstvertrag verpflichtet. Solange der Zweitvertrag und damit der vorgemerkte Übereignungsanspruch des Berechtigten in der Welt ist, kann der Verpflichtete den Übereignungsanspruch des Dritten aus dem Erstvertrag nicht vollständig erfüllen, §§ 1098 Abs. 2, 883 Abs. 2 BGB. Gemäß § 275 BGB frei wird der Verpflichtete nicht, da er sich mit der Durchsetzung seines Aufhebungsanspruchs in zumutbarer Weise erfüllungstauglich machen kann; mit Zustandekommen des Aufhebungsvertrags erlischt der Übereignungsanspruch des Berechtigten und damit auch die streng akzessorische Vormerkung. Will der Berechtigte seinerseits Rechte aus dem Zweitvertrag geltend machen, steht dem der Einwand unzulässiger Rechtsausübung aus § 242 BGB entgegen;[501] der Berechtigte würde etwas begehren, was er im Gegenzug wieder herausgeben müsste. 317

Über eine Vereinbarung der Nichtausübung des Vorkaufsrechts lässt sich insbesondere ein Verzichtswille erfassen, den der Berechtigte verbindlich gegenüber dem Dritten erklärt.[502] Für die erforderliche Annahmeerklärung des Dritten gelten wiederum die geringen Anforderungen (Rz. 315). Verletzt der Berechtigte seine Verpflichtung, hat der Dritte gegen beide Parteien des Zweitvertrags einen Anspruch auf Abschluss eines Aufhebungsvertrags, die er ggf. gerichtlich durchsetzen und über § 894 ZPO vollstrecken kann; der Anspruch gegen den Verpflichteten ergibt sich unverändert aus dem Erstvertrag (Rz. 317), der Anspruch gegen den Berechtigten aus der Vereinbarung über die Nichtausübung des Vorkaufsrechts. Dabei bleibt es auch, wenn der Zweitvertrag bereits ausgeführt wurde. Gegen einen Auflassungsanspruch des Dritten gegen den Berechtigten spricht das Trennungs- und Abstraktionsprinzip; der Berechtigte ist nicht durch 318

501 RG (28.3.25) LZ 1925, 546 (Nr. 7); BGH WM (10.6.66) 1966, 893 (895); (13.7.65) WM 1965, S. 1178 (1180); (23.5.62) Z 37, 147, 152; OLG Düsseldorf (14.6.67) MDR 1967, S. 1014.

502 Konkret mit Blick auf den Dritten RG (28.3.25) LZ 1925, 546 (Nr. 7); BGH (13.7.65) WM 1965, 1178, 1180, Sp. 1 mittig; (10.6.66) WM 1966, 893, 895 Sp. 2. Diese Möglichkeit wird – obwohl laut Tatbestand denkbar – nicht berücksichtigt in BGH (9.2.90) NJW 1990, 1473. Mangels Erklärung gegenüber dem Dritten hingegen zu Recht nicht erwogen von RG (23.6.26) Z 114, S. 155 (158).

den Verstoß gegen die Nichtausübungsverpflichtung, sondern durch die Auflassung des Verpflichteten Eigentümer des Grundstücks geworden.

5. Tod eines der Beteiligten

319 Stirbt der Berechtigte, erlischt das Vorkaufsrecht; der Tod des Verpflichteten lässt das Vorkaufsrecht hingegen unberührt.

a. Berechtigter

320 Ein Vorkaufsrecht nach dem Vermögensgesetz geht nicht auf die Erben des Berechtigten über, §§ 20 a S. 5, 20 Abs. 7 S. 1 VermG;[503] es dient vor allem dem Ausgleich der im Restitutionsverfahren erfolgten Zurücksetzung (Rz. 16) und ist damit untrennbar mit der Person des Berechtigten verbunden. Obwohl mit § 473 S. 1 BGB eine wortgleiche Regelung existiert, hat der Gesetzgeber von einer Verweisung in § 20 Abs. 8 VermG abgesehen; das vermeidet Unklarheiten, da § 473 S. 1 BGB auf rechtsgeschäftliche Vorkaufsrechte zugeschnitten ist.

Jedes Vorkaufsrecht beschränkt den Verpflichteten in der Wahl seines Vertragspartners. § 473 BGB stellt für das rechtsgeschäftlich begründete Vorkaufsrecht sicher, dass diese Beschränkung vom Willen des Verpflichteten gedeckt ist. Im Zweifel soll der Verpflichtete nur den Berechtigten als Vertragspartner akzeptieren müssen, mit welchem er zur Begründung des Vorkaufsrechts kontrahiert hat.[504] Als Zweifelsregelung passt die Vorschrift nicht bei einem Vorkaufsrecht auf gesetzlicher Grundlage (Rz. 187); der Gedanke der Vorschrift ist aber auf gesetzliche Vorkaufsrechte übertragbar.[505] Rechtsgeschäftlich kann auch ein dingliches Vorkaufsrecht vererblich bestellt werden;[506] § 1098 Abs. 1 S. 1 BGB verweist auf § 473 S. 1 BGB, welcher die Möglichkeit abweichender Vereinbarung vorsieht.

321 Stirbt ein Alleinberechtigter, erlischt das Vorkaufsrecht.[507] War der Verstorbene einer von mehreren Berechtigten, scheidet er lediglich aus dem Kreis der Berechtigten aus; die von ihm seinerzeit genutzte Teilfläche wird aber nicht vom Vorkaufsrecht der übrigen Nutzer frei, vgl. § 20 Abs. 4 S. 1 VermG. Folgt man

---

503 Das war vor der Neufassung der Vorkaufsrechte durch das RegVBG (Fz. 35) streitig, vgl. z.B. Böhringer, OV spezial 18/93, S. 2 (4).

504 Zum Zweck der Vorschrift vgl. OLG München (10.3.09) ErbR 2010, S. 262; Staud/Mader/Schermaier (2014) § 473 BGB Rz. 1; MünchKomm/Westermann (2012) § 473 BGB Rz. 1.

505 Vgl. OLG München (10.3.09) ErbR 2010, S. 262, wenn auch in direkter Anwendung von § 473 BGB.

506 LG Aachen (2.11.95) MittRhNotK 1996, S. 328 m.w.N.; LG Würzburg (4.2.91) DNotZ 1992, S. 319.

507 Vgl. nur Herrler, RnotZ 2010, S. 249.

der hier vorgeschlagenen Synchronisierung von Nutzungs- und Vorkaufsrecht (Rz. 45), kann der Verpflichtete das Erlöschen aber herbeiführen, indem er die Fläche des Verstorbenen abteilt (Rz. 162). Solange die Teilfläche nicht abgetrennt ist, müssen die verbliebenen Berechtigten den ideellen Anteil des Verstorbenen im Verkaufsfalle miterwerben.

b. Verpflichteter

Aufseiten des Verpflichteten gibt es hingegen keine vergleichbare Beschränkung; 322
stirbt der Verpflichtete, bindet das Vorkaufsrecht nunmehr gemäß § 1922 Abs. 1 BGB den Erben. Auf die Dinglichkeit kommt es insoweit nicht an, da der Erbe die Gesamtrechtsnachfolge antritt. Bei den Vorkaufsrechten nach dem Vermögensgesetz stellt sich die Frage wechselnder Gesellschafter grundsätzlich nicht; verpflichtet sind natürliche Personen. Etwas anderes kann sich ausnahmsweise ergeben, wenn der Verpflichtete das Grundstück wirksam (Rz. 213) in eine Gesellschaft einbringt; in diesem Fall lassen ein Austausch der Gesellschafter oder ein Typuswechsel das Vorkaufsrecht nicht erlöschen.[508]

---

508 DNotI-Report 2011, S. 97 (100).

D. Ausübung des Vorkaufsrechts

I. Erklärung

Die Ausübung eines Vorkaufsrechts erfolgt gemäß § 464 Abs. 1 BGB durch Erklärung gegenüber dem Verpflichteten; das gilt gemäß §§ 20 a S. 5, 20 Abs. 8 VermG auch für die Vorkaufsrechte nach dem Vermögensgesetz. 323

1. Inhalt

Die Ausübungserklärung ist eine normale, empfangsbedürftige[509] Willenserklärung; diese kann daher auch konkludent erfolgen und nach Zugang nicht mehr widerrufen[510] werden. Auch Stellvertretung ist möglich; ein subjektiv-persönliches Recht (vgl. Rz. 116) ist nicht mit einem höchstpersönlichen Recht gleichzusetzen.[511] Kauft einer von mehreren, gemeinschaftlich Berechtigten allein das gesamte Grundstück vom Verpflichteten (Rz. 208), kann bereits im Abschluss des Erstvertrags die Ausübung des Vorkaufsrechts liegen;[512] es kommt darauf an, ob der Wille erkennbar wird, im Falle der Ausübung des Vorkaufsrechts zumindest den Miteigentumsanteil zu erwerben.[513] Der Inhalt der Ausübungserklärung muss sich allerdings im Ausübungswillen erschöpfen; insbesondere jede Einschränkung führt zur Unwirksamkeit der Erklärung.[514] 324

509 Zum Zugang der Ausübungserklärung vgl. z.B. Stuttgart (11.12.08) NJW-RR 2009, 952.

510 DNotI-Report 2009, S. 11.

511 Gegen die Einstufung von Vorkaufsrechten als höchstpersönliche Rechte auch Palandt/Weidlich § 2205 BGB Rz. 4. **A.A.** offenbar OLG Celle (21.3.12) NJW-RR 2012, S. 1101.

512 OLG Hamm (28.4.88) DNotZ 1989, S. 786.

513 Dem Tatbestand nicht eindeutig zu entnehmen bei BGH (13.3.09) NJW-RR 2009, 1172 bzw. Brandenburg (3.7.08) ZOV 2008, 254.

514 BGH (25.11.87) NJW 1988, S. 703 (704); (16.11.65) WM 1966, 72 (73); (4.3.64) WM 1964, S. 487; (20.6.62) WM 1962, S. 1191 (1194); VGH Bayern (8.12.11) MittBayNot 2012, 246; OLG Celle (16.3.11) ZfIR 2011, S. 382; Klinke, S. 85; Pickart WM 1971, S. 490 (493); Walter, Kaufrecht, § 13 III 4, S. 614; Soergel/Wertenbruch (2009) § 464 BGB Rz. 9. **A.A.** Grunewald, FS Gernhuber (1993), S. 137 (150). Zweifelnd MünchKomm/Westermann (2012) § 464 BGB Rz. 3. Einschränkend auch Staud/Mader/Schermaier (2014) § 464 BGB Rz. 8.

Beispiel 33 (nach BGH WM 1962, 1091): Der Dritte hat als Nutzer des belasteten Grundstücks für Einbau- und Reparaturarbeiten 5.000 € aufgewendet. Wenig später verkauft der Verpflichtete dem Dritten das Grundstück. Man einigt sich auf einen Kaufpreis in Höhe von 20.000 € und zieht hiervon die Aufwendungen des Dritten ab. Der Berechtigte übt sein Vorkaufsrecht aus, macht aber die Zahlung des vollen Kaufpreises davon abhängig, dass ihm die Aufwendungen des Dritten nachgewiesen werden.

325 Eine solche Rechtsfolge ist nicht ungewöhnlich.[515] Auch ein Antrag kann gemäß § 150 Abs. 2 BGB nur uneingeschränkt angenommen werden; versteht man die Ausübung des Vorkaufsrechts als Annahme (Rz. 375), lässt sich dies direkt übertragen. Deshalb ist die Ausübungserklärung auch nicht widersprüchlich und nichtig.[516] Das hat zudem den Vorteil, dass man nicht auf § 242 BGB zurückgreifen muss, wenn der Verpflichtete mit der Beschränkung einverstanden ist;[517] die Ausübung des Vorkaufsrechts unter Abänderung gilt gemäß § 150 Abs. 2 BGB als neuer Antrag, den der Verpflichtete annehmen kann. Zweifel an der Verbindlichkeit einzelner Bestimmungen kann der Berechtigte unabhängig von der Ausübungserklärung bzw. später geltend machen.[518] Wird deutlich, dass der Berechtigte uneingeschränkt ausüben will, teilt er im Übrigen nur seine Vorstellungen vom Inhalt des Zweitvertrags mit; späteres Verhalten kann der Ausübungserklärung die Wirksamkeit nicht wieder nehmen, weil die Ausübungserklärung mit Zugang endgültig wirksam geworden ist. Meldet der Berechtigte Zweifel an, verhält er sich ebenfalls nicht widersprüchlich;[519] wie bei jedem anderen Vertrag kann es auch beim Zweitvertrag zu unterschiedlichen Vorstellungen über den Inhalt kommen.[520] Der Berechtigte muss sich also nicht verstellen.[521]

326 Ist sich der Berechtigte nicht sicher, sollte er die Zweifel anzeigen, aber den Zweitvertrag dennoch ausführen; anderenfalls riskiert er einen Rücktritt des Verpflichteten gemäß § 323 BGB.[522] Sowohl Nichtigkeit als auch Rücktritt haben für den Berechtigten erhebliche Konsequenzen;[523] das Vorkaufsrecht für einen

---

515 **A.A.** Grunewald, FS Gernhuber (1993), S. 137 (150).

516 **A.A.** Staud/Mader/Schermaier (2014) § 463 BGB Rz. 8; Larenz, SchR II/1 (1986) § 44 III (Fz. 41).

517 So BGH (4.3.64) LM Nr. 5 zu § 505 BGB a.F. a.E.

518 Wie hier OLG Koblenz (31.8.99) R 2000, S. 133; Staud/Mader/Schermaier (2014) § 464 BGB Rz. 8. **A.A.** wohl BGH (16.11.65) WM 1966, S. 72 (73); (20.6.62) WM 1962, S. 1191 (1194); Soergel/Wertenbruch (2009) § 464 BGB Rz. 9.

519 Diese Gefahr sieht Soergel/Wertenbruch (2009) § 464 BGB Rz. 9.

520 Grunewald, FS Gernhuber (1993), S. 137 (150).

521 Zu diesem Einwand vgl. Grunewald, FS Gernhuber, S. 137 (150).

522 Auf das Rücktrittsrecht weist hin Staud/Mader/Schermaier (2014) § 464 BGB Rz. 8.

523 Dies wendet ein Grunewald, FS Gernhuber (1993), S. 137 (150).

Verkaufsfall erlischt, weil der Berechtigte die sich bietende Zugriffsmöglichkeit nicht wahrgenommen hat (Rz. 286 f.). Daher ist Zurückhaltung geboten. Dass sich schließlich der Berechtigte erst einmal „verstellen" muss,[524] ist ebenfalls nicht ungewöhnlich; so muss sich jeder Käufer verhalten, der den Gegenstand unbedingt erwerben möchte.

Im Beispiel 33 lehnt der Berechtigte die Zahlungsverpflichtung nicht ab; er macht diese nur unberechtigt von einer Bedingung abhängig. Die Ausübungserklärung ist daher weder nichtig, noch handelt es sich um eine Erfüllungsverweigerung gemäß § 323 Abs. 2 Nr. 1 BGB. Für den Verpflichteten bedeutet dies nur, dass er gemäß § 323 Abs. 1 BGB eine Frist setzen muss; der Berechtigte hingegen ist gewarnt.

2. Form

Die Ausübungserklärung bedarf nicht der für den Kaufvertrag bestimmten 327 Form, § 464 Abs. 1 S. 2 BGB. Diese Regelung überrascht auf den ersten Blick, wenn Gegenstand des Vorkaufsrechts ein Grundstück ist, weil scheinbar durch die Ausübung des Vorkaufsrechts formlos ein Grundstückskaufvertrag zustande kommt. In der Literatur ist daher die Forderung nie verstummt, die Ausübung eines Vorkaufsrechts an einem Grundstück § 311 b Abs. 1 S. 1 BGB zu unterwerfen.[525] Die damit aufgeworfene Frage nach einer teleologischen Reduktion ist kein singuläres Phänomen bei der Ausübung eines Vorkaufsrecht; sie stellt sich insbesondere auch bei Vollmacht und Genehmigung, die mit § 167 Abs. 2 BGB bzw. § 182 Abs. 2 BGB eine mit § 464 Abs. 1 S. 2 BGB vergleichbare Regelung erfahren haben. Trotz nahezu gleichen Wortlauts ist das Umfeld dieser Vorschriften sehr verschieden; daher ist bei argumentativen Anleihen Vorsicht geboten.

Es ist heute anerkannt, dass die gemäß § 167 Abs. 2 BGB grundsätzlich form- 328 freie Bevollmächtigung analog § 311 b Abs. 1 S. 1 BGB notarieller Beurkundung bedarf, wenn sich der Vertretene bereits durch die Bevollmächtigung an das Vertretergeschäft bindet; das ist insbesondere der Fall, wenn der Vertretene die Vollmacht nicht frei widerrufen kann.[526] Grund hierfür ist, dass hier beim Übereilungsschutz ausnahmsweise das mittelbare Schutzkonzept versagt; durch die

524 Auch zu diesem Einwand vgl. Grunewald, FS Gernhuber (1993), S. 137 (150).

525 Einsele, DNotZ 1996, 835 (855 unten); Wufka, DNotZ 1990, 339 (350 ff.). Kritisch Medicus/Lorenz, SchR (2014) § 86 III 5, Rz. 330. De lege ferenda etwa Staud/Schumacher (2012) § 311 b BGB Rz. 93; Böttcher, RnotZ 2010, S. 557 (558).

526 BGH ZIP 2000, S. 1152; Einsele, DNotZ 1996, 835 (841); Korte, Handbuch der Beurkundung von Grundstücksgeschäften (1990), S. 46 (Rz. 137); MünchKomm/Schramm (2012) § 177 BGB Rz. 38.

analoge Anwendung von § 311 b Abs. 1 S. 1 BGB genießt der Vertretene den Schutz unmittelbar.

329 Gemäß § 166 Abs. 1 BGB gilt bei der Stellvertretung das Repräsentationsprinzip; beim Abschluss des Vertretergeschäfts repräsentiert der Vertreter den Vertretenen, sodass einschlägige Formvorschriften den Vertretenen mittelbar über den Vertreter erreichen.[527] Dieses Schutzkonzept funktioniert grundsätzlich auch bei Formvorschriften mit Warnfunktion;[528] allerdings ist der Übereilungsschutz eingeschränkt, wenn der Vertreter nicht allein die Interessen des Vertretenen im Blick hat, sondern daneben eigene oder Interessen Dritter verfolgt. Diese Schutzlücke besteht nicht in voller Breite, wenn die Vollmacht gemäß § 168 S. 2 BGB frei widerruflich ist: Sobald der Kontakt mit dem Vertreter endet, befindet sich der Vertretene nicht mehr in einer Verhandlungssituation; der Vertretene kann die Bevollmächtigung in Ruhe überdenken und regelmäßig auch noch reagieren. Eine unwiderrufliche Ausgestaltung setzt hingegen gerade voraus, dass der Vertreter oder Dritte ein Interesse an der Vollmacht haben;[529] ohne Weiteres revidieren, kann der Vertretene eine solche Vollmacht auch nicht mehr.

330 Obwohl sich der Berechtigte mit der Erklärung bindet, funktioniert bei der Ausübung eines Vorkaufsrechts das mittelbare Schutzkonzept; dem Berechtigten gegenüber wirkt § 311 b Abs. 1 S. 1 BGB mittelbar über die Person des Dritten. Für die Beratungs- und Beweisfunktion liegt dies auf der Hand;[530] aber auch die Warnfunktion bleibt nicht auf der Strecke:[531] Der Vorkaufsberechtigte kann erst ausüben, wenn der Dritte das Grundstück formwirksam gekauft hat (Rz. 126); der Vorkaufsberechtigte schließt also gemäß § 464 Abs. 2 BGB einen Vertrag, der bereits notariell beurkundet wurde. Berechtigt ein Sonderfall (Rz. 209) zur Ausübung des Vorkaufsrechts, bei dem der Erstvertrag nicht oder nicht vollständig vom Erwerbsinteresse des Dritten gedeckt ist, versagt das mittelbare Schutzkonzept; insoweit erfährt der Berechtigte aber über § 138 BGB ausreichend Schutz (Rz. 250 f.).[532] Das Handeln des Vertreters berechtigt und verpflichtet unmittelbar den Vertretenen; mittelbarer Übereilungsschutz setzt daher voraus, dass der Vertreter fremdnützig handelt. Der Dritte berechtigt und verpflichtet sich hingegen

---

527 Wufka, DNotZ 1990, S. 339 (343 unten beginnend); ihm folgend MünchKomm/Schramm (2012) § 177 BGB Rz. 38.

528 **A.A.** Einsele, DNotZ 1996, S. 835 (842).

529 MünchKomm/Schramm (2012) § 168 BGB Rz. 21 m.w.N.

530 In diese Richtung BGH (25.2.94) NJW 1994, S. 1344 (1346), mit dem Hinweis, der Inhalt eines genehmigungsbedürftigen Vertrags stehe fest.

531 **A.A.** Einsele, DNotZ 1996, 835 (842).

532 Sarnighausen, NJW 1998, S. 37 (39).

durch den Abschluss des Erstvertrags selbst; der mittelbare Schutz greift daher, weil der Dritte eigennützig handelt.

Der mittelbare ist nicht so intensiv der unmittelbare Schutz einer Formvorschrift. Den Berechtigten erreichen nur universelle Züge der Warnung; solche universellen Elemente sind z.B. Überlegungen zur Angemessenheit des Kaufpreises vor dem Hintergrund des Grundstücksmarkts. Jenseits davon bleibt der Berechtigte ungeschützt; das gilt insbesondere für die Kontrolle seiner finanziellen Möglichkeiten.[533] Daran ändert nichts, dass die Ausübung des Vorkaufsrechts treuewidrig und damit unwirksam sein kann, wenn der Berechtigte zur Kaufpreiszahlung offensichtlich nicht in der Lage ist;[534] dies dient dem Schutz der Parteien des Erstvertrags und ist geeignet, Schadensersatzansprüche gegen den Berechtigten zu begründen. Daran ändert auch nichts, dass der Berechtigte das Grundstück wieder veräußern kann:[535] Hätte dieses Argument Gewicht, ginge § 311 b Abs. 1 S. 1 BGB zu weit; zudem ist die Veräußerungsmöglichkeit häufig nur unter finanziellen Verlusten realisierbar. 331

Wegen der Natur des aufgezeigten Defizits spielt es keine Rolle, ob die Einräumung des Vorkaufsrechts notarieller Beurkundung bedarf oder nicht.[536] Auf das Beurkundungserfordernis für eine solche Parteiabrede hat der Gesetzgeber zur Rechtfertigung der Regelung des heutigen § 464 Abs. 1 S. 2 BGB wiederholt abgestellt;[537] da aber gerade die Höhe der Kaufpreisverpflichtung noch nicht feststeht, kann diese notarielle Beurkundung die bestehende Schutzlücke nicht schließen.[538] 332

Für die rechtsgeschäftliche Begründung eines Vorkaufsrechts lässt sich die Anwendung von § 311 b Abs. 1 S. 1 BGB[539] nur, wenn man das Vorkaufsrecht als doppelt-bedingten

533 Die Analyse der eigenen wirtschaftlichen Leistungsfähigkeit ist einer von mehreren Aspekten, vgl. Anregung des Bundesrates in BT-Drs. 14/4553, S. 92 (Sp. 1).

534 BGH (…) WM 1962, S. 722 (723 f.); Sarnighausen sieht hierin auch einen gewissen Schutz des Berechtigten, vgl. NJW 1998, S. 37 (39).

535 Auch aus diesem Grund hält Sarnighausen den Berechtigten speziell mit Blick auf dessen finanzielle Möglichkeiten für nicht schutzbedürftig, vgl. NJW 1998, S. 37 (39).

536 **A.A.** Oechsler, Vertragsrecht (2013) § 2 D, Rz. 534; einen gewissen Ausgleich sieht darin auch Medicus/Lorenz, SchR (2014) § 86 III 5, Rz. 330.

537 Prot. II, S. 99; BT-Drs. 14/6857, S. 62, Sp. 2.

538 Insoweit ebenfalls ablehnend Eduard Wufka, DNotZ 1990, 339 (351 f.); zumindest zweifelnd auch der Bundesrat, vgl. BT-Drs. 14/6857, S. 30 (Sp. 1). **A.A.** Sarnighausen, NJW 1998, S. 37 (39).

539 Für das Formerfordernis sprechen sich aus: RG (4.11.04) Z 59, S. 132; (5.11.07) Z 67, S. 42; (24.1.10) Z 72, S. 385; Esser/Weyers, SchR II/1 (1998) § 10 Ziff. 3, S. 113; Larenz, SchR II/1 (1986) § 44 III (S. 152); Oechsler, Vertragsrecht (2013) § 2 D,

Kaufvertrag versteht (Rz. 370). Anderenfalls scheidet unmittelbare Anwendung aus, weil die Parteien ein Vorkaufsrecht begründen und keinen Kaufvertrag schließen; für eine analoge Anwendung fehlt es an einer vergleichbaren Gefährdungslage bei den Beteiligten.

333 Das beschriebene Defizit wird auch nicht anderweitig ausgeglichen. Zumindest bei § 464 Abs. 1 S. 2 BGB hilft der Hinweis nicht weiter, dass der Berechtigte wegen § 29 GBO zur Erklärung der Auflassung einen Notar aufsuchen muss.[540] Wegen § 925 Abs. 1 S. 1 BGB müssen die Zweitvertragsparteien gemeinsam vor dem Notar erscheinen; dazu besteht vor Ausübung des Vorkaufsrechts aber kein Anlass. Der Berechtigte wird also regelmäßig erst einem Notar aufsuchen, wenn der Zweitvertrag bereits wirksam und es für eine Warnung zu spät ist. Bei Abschluss eines Grundstückskaufvertrags durch einen vollmachtlosen Vertreter liegt der Fall anders;[541] wegen § 29 GBO bedarf auch die Genehmigung notarieller Mitwirkung, so dass eine Beratung möglich ist.

334 Der Berechtigte kennt in der Regel das Grundstück und stellt sich mit Blick auf das Vorkaufsrecht langfristig auf den Erwerb ein; dies ist bei gesetzlichen Vorkaufsrechten zweifelhaft,[542] trifft auf die Vorkaufsrechte nach dem Vermögensgesetz aber zu. Anders als ein gewöhnlicher Käufer befindet sich der Berechtigte zudem nicht in einer Verhandlungssituation; gerade diese birgt aber die Gefahr der Übereilung, weil der Veräußerer verkaufen will und mehr oder weniger auf den Abschluss des Vertrags drängt. Über dem Berechtigten schwebt nicht die Gefahr einer verpassten Gelegenheit; er hat gemäß § 469 Abs. 2 S. 1 Var. 1 BGB mindestens zwei Monate Zeit, sich seine Entscheidung zu überlegen. Damit ist die Situation des Vorkaufsberechtigten deutlich komfortabler als die des zum Widerruf berechtigt Vollmachtgebers (Rz. 329); der Vollmachtgeber muss jederzeit mit dem Vertretergeschäft rechnen.

335 Das bedeutet allerdings nicht, dass eine Korrektur von § 464 Abs. 1 S. 2 BGB mit Blick auf § 167 Abs. 2 BGB ausscheidet. Speziell bei den Vorkaufsrechten nach dem Vermögensgesetz gibt es Aspekte, welche die Gefahr einer unbesonnenen Entscheidung erhöhen. Der Berechtigte hat einen sehr engen Bezug zu dem belasteten Gegenstand (Rz. 21). Hinzu kommt, dass das Verhältnis zwischen

---

Rz. 534; Oetker/Maultzsch, Vertragliche Schuldverhältnisse (2013), § 2 H IV 1, Rz. 493 a.E.; Schlechtriem, SchR BT (2003) § 6 III 3, Rz. 164. Kritisch Medicus/Lorenz, SchR (2014) § 86 III 2, Rz. 323. **A.A.** Einsele, DNotZ 1996, 835 (856).

540 Zur auch insoweit abweichenden Situation bei § 182 Abs. 2 BGB vgl. BGH (25.2.94) NJW 1994, 1344 (1346); Eduard Wufka, DNotZ 1990, 339 (347 unten beginnend).

541 **A.A.** Einsele, DNotZ 1996, 835 (839 unten).

542 Sarnighausen, NJW 1998, S. 37 (39). Am konkreten Vorkaufsrecht orientiert sich auch Innozenz, Rz. 414 ff.

Verpflichtetem und Berechtigtem häufig belastet sein wird (Rz. 216); endlich hat der Berechtigte die Möglichkeit, das Ergebnis des Restitutionsverfahrens zu revidieren und das Grundstück selbst gegen den Willen des Verpflichteten an sich zu ziehen. Will man die verbleibende Schutzlücke schließen, muss man die Formvorschrift unmittelbar anwenden; methodisch lässt sich dies durch eine teleologische Reduktion von § 464 Abs. 2 BGB erreichen, was den Weg für die Anwendung von § 311 b Abs. 1 S. 1 BGB frei macht. Das setzt allerdings voraus, dass die zu reduzierende Vorschrift einen sinnvollen Anwendungsbereich behält[543] und dass der Gesetzgeber die Schutzlücken nicht bewusst hingenommen hat; anderenfalls scheidet eine Korrektur de lege lata aus. Da es um eine teleologische Reduktion geht, ist der Wortlaut der Vorschrift kein Hindernis,[544] sondern Ausgangspunkt der Überlegungen.

Auf den ersten Blick scheint eine Einschränkung zugunsten von § 311 Abs. 1 336
S. 1 BGB den Anwendungsbereich von § 464 Abs. 1 S. 2 BGB nicht auf Null zu reduzieren. Gegenstand eines Vorkaufsrechts können auch andere Gegenstände sein, deren Verkauf einer Formvorschrift unterliegt; zu denken wäre bspw. an einen Erb- oder Vermögensanteil, vgl. §§ 311 b Abs. 3, 2371 BGB. Eine erhebliche Einschränkung wäre es dennoch, weil das Vorkaufsrecht an einem Grundstück sicher der häufigste Anwendungsfall von § 464 Abs. 1 S. 2 BGB ist; genau wie bei § 182 Abs. 2 BGB wäre der Kernbereich der Vorschrift angetastet.[545] Zudem hat sowohl § 2371 BGB als auch § 311 b Abs. 3 BGB Warnfunktion;[546] eine auf § 311 b Abs. 1 S. 1 BGB beschränkte Reduktion ließe sich daher kaum überzeugend begründen. Würde man aber sämtliche Formvorschriften mit Warnfunktion zur Anwendung bringen, bliebe von § 464 Abs. 1 S. 2 BGB kaum etwas übrig. Grundsätzlich scheidet daher eine Anwendung von § 311 b Abs. 1 S. 1 BGB aus.[547]

---

543 Zu § 167 Abs. 2 BGB grundlegend BGH (25.2.94) NJW 1994, S. 1344 (1346).

544 Den klaren Wortlaut betont Sarnighausen, NJW 1998, S. 37.

545 Zu § 182 Abs. 2 BGB vgl. BGH (25.2.94) NJW 1994, S. 1344 (1346).

546 Vgl. nur Palandt/Weidlich (2014) § 2371 BGB Rz. 2 u. Palandt/Grüneberg (2014) § 311 b BGB Rz. 63.

547 Im Ergebnis ebenso Prütting/Eickmann (2013) § 1098 BGB Rz. 3; Erman/Grunewald (2014) § 464 BGB Rz. 1; Georgiades, FS Larenz, 1973, S. 409 (425, Fz. 50); Heckschen, Die Formbedürftigkeit mittelbarer Grundstücksgeschäfte, 1987, S. 54; Soergel/Wertenbruch (2009) § 464 BGB Rz. 3; wohl auch Medicus/Lorenz, SchR (2014), § 86 III 5, Rz. 330; Oetker/Maultzsch, Vertragliche Schuldverhältnisse (2013) § 2 H 3b, Rz. 505; Sarnighausen, NJW 1998, S. 37 (38); Schlechtriem, SchR BT (2003), § 6 III 3, Rz. 166; MünchKomm/Westermann (2013) § 1098 BGB Rz. 4.

337 Bei den Vorkaufsrechten nach dem Vermögensgesetz kommt hinzu, dass der Gegenstand stets ein Grundstück oder grundstücksgleiches Recht ist; dennoch verweisen §§ 20 a S. 5, 20 Abs. 8 VermG auf § 464 Abs. 1 S. 2 BGB. Dass hier die teleologische Reduktion bereits bei der Verweisung ansetzen muss, ist mehr als eine Feinheit; schränkt man diese Verweisung zugunsten von § 311 b Abs. 1 S. 1 BGB ein, ist § 464 Abs. 1 S. 2 BGB nicht mehr anwendbar. Der Gesetzgeber hat die Verweisung in §§ 20 a S. 5, 20 Abs. 8 VermG nicht begründet; er ist offenbar davon ausgegangen, dass sich die Überlegungen zu § 464 Abs. 1 S. 2 BGB auf die Vorkaufsrechte nach dem Vermögensgesetz übertragen lassen.

338 Im Zusammenhang mit § 464 Abs. 1 S. 2 hat der Gesetzgeber wiederholt erwogen, das Beurkundungserfordernis von Grundstückskaufverträgen auf die Ausübung eines Vorkaufsrecht an einem Grundstück zu erstrecken und sich immer wieder – zuletzt im Jahr 2001 – dagegen entschieden.[548] Vor diesem Hintergrund verliert der Einwand an Gewicht, dass ein Beurkundungserfordernis für die Ausübung des Vorkaufsrechts die Erwerbsverpflichtung betrifft, welche die Regelung in § 311 b Abs. 1 S. 1 BGB unmittelbar erst seit ihrer Neufassung im Jahr 1973 umfasst;[549] der Gesetzgeber hat sich auch mit der veränderten Ausrichtung von § 311 b Abs. 1 S. 1 BGB auseinandergesetzt und dennoch an § 464 Abs. 1 S. 2 BGB festgehalten.

339 Vor dieser Klarstellung gab es Anhaltspunkte dafür, dass der Gesetzgeber eine Einschränkung der heute in § 464 Abs. 1 S. 2 BGB geregelten Formfreiheit lediglich vergessen hatte. Ursprünglich diente der Beurkundungszwang für Grundstücksverträge dem Schutz bei der Übereignungsverpflichtung. Dies war einer der Gründe, die den Gesetzgeber dazu bewogen hatten, die Ausübung eines Vorkaufsrechts formfrei zu stellen;[550] dass sich der Gesetzgeber bereits damals der mittelbar den Erwerber schützenden Wirkung des Beurkundungszwangs bewusst

548 Bei der Schaffung des BGB, Prot. II, S. 98 ff.; beim Mietrechtsreformgesetz BT-Drs. 14/4553, S. 72 u. 101; bei der Schuldrechtsmodernisierung, BT-Drs. 14/6857, S. 30 u. 62.

549 Mit diesem Argument befürworteten eine Erstreckung der Beurkundungspflicht für Grundstücksverträge der Bundesrats, BT-Drs. 14/4553, S. 92 (Sp. 1) u. 14/6857, S. 30 (Sp. 1); Einsele, DNotZ 1996, 835 (857); Staud/Mader (2004) § 464 BGB Rz. 4; Wufka/Sarnberg, DNotZ 1990, 339 (350 ff.). Zur Neufassung von § 313 BGB a. F. vgl. BR-Drs. 49/71, S. 5 ff.

550 Prot. II, S. 99; BT-Drs. 14/4553, S. 92; BGH (7.6.00) VIII ZR 268/99 m.w.N.

war,[551] ändert daran nichts.[552] Zudem war die zunehmende Praxis einseitiger und formloser Erwerbsverpflichtungen wohl nicht alleinige Zweckrichtung,[553] sondern eher Anlass für den Gesetzgeber, den Schutz des Erwerbers zu verbessern.[554]

Dass der Gesetzgeber konsequent ein Beurkundungserfordernis ablehnt, ist richtig; ein Beurkundungserfordernis würde erhebliche praktische Schwierigkeiten nach sich ziehen. Dies nicht, weil durch das Beurkundungserfordernis eine zusätzliche Fehlerquelle hinzukäme, die mit Blick auf die Ausschlussfrist für den Berechtigten erhebliche Konsequenzen hätte;[555] die Gefahr, dass der Schutz mit den Interessen des Geschützten kollidiert, besteht immer und könnte über § 242 BGB gebannt werden. Dies auch nicht, weil sich die Beratungspflicht des Notars erheblich reduziert, wenn der Berechtigte den mitgeteilten Erstvertrag nicht vorlegt, was er nicht muss: Der Schutz von § 311 Abs. 1 BGB ist nicht allumfassend;[556] zudem würde bereits die vom Notar zu erwähnende Beratungsmöglichkeit einen gewissen Schutz entfalten. Entscheidend ist vielmehr das alte Argument, dass der Berechtigte regelmäßig bereits für die Kosten der Beurkundung des Erstvertrags aufkommen muss, § 448 BGB;[557] kämen Kosten für die Beurkundung einer oder sogar mehrerer (Rz. 279) Ausübungserklärungen hinzu, würde die Attraktivität des Vorkaufsrechts für den Berechtigten erheblich geschmälert.[558] 340

Der Gesetzgeber hat sich bei seiner Entscheidung für die Formfreiheit an Vorschriften wie § 167 Abs. 2 BGB und § 182 Abs. 2 BGB orientiert,[559] die auf gleichen Erwägungen beruhen.[560] Für den Gesetzgeber war es selbstverständlich, dass die Bevollmächtigung nicht der Form des Rechtsgeschäfts bedarf, auf das sie sich bezieht; der heutige § 167 Abs. 2 BGB wurde nur aufgenommen, um Missverständnisse mit Blick auf den heutigen § 182 Abs. 2 BGB zu vermeiden.[561] 341

551 Prot. II, S. 99; zur Mittelbarkeit vgl. Wufka/Sarnberg, DNotZ 1990, 339 (350 unten beginnend).

552 Nicht überzeugend insoweit Sarnighausen, NJW 1998, 37 (38).

553 Mit diesem Argument bereits vor Klarstellung durch den Gesetzgeber für eine Beibehaltung der Formfreiheit der Ausübungserklärung Soergel/Huber (1991) § 505 BGB Rz. 2; Lickleder, AcP 199 (1999), S. 629; Sarnighausen, NJW 1998, S. 37 (38).

554 BR-Drs. 49/71.

555 **A.A.** wiederum Sarnighausen, NJW 1998, S. 37 (39).

556 BGH (25.2.94) NJW 1994, 1344 (1345, Sp. 2 unten beginnend) im Anschluss an Wufka/Sarnberg, DNotZ 1990, 339 (346 f.).

557 So bereits Prot. II, S. 99; ebenso Sarnighausen, NJW 1998, S. 37 (39).

558 Befürchtungen in diese Richtung BT-Drs. 14/4553, S. 101 (Sp. 2).

559 Prot. II, S. 99.

560 Prot. I, S. 178.

561 Prot. VI., S. 134.

Letztere Vorschrift geht auf gleichlautende Einzelregelungen der Zweiten Kommission zum Genehmigungserfordernis von Rechtsgeschäften zurück, die ein beschränkt Geschäftsfähiger ohne Einwilligung seines gesetzlichen Vertreters[562] oder ein Vertreter ohne Vertretungsmacht[563] schließt. Der Gesetzgeber hatte seine Entscheidung ursprünglich ausschließlich damit begründet, dass die Genehmigung nicht zum Tatbestand der Rechtsgeschäfte gehört,[564] später aber die Praktikabilität in den Vordergrund gestellt.[565] Deshalb lässt die Entstehungsgeschichte von § 464 Abs. 1 S. 2 BGB keinen Rückschluss auf die Vorstellung des Gesetzgebers zum Zustandekommen des Zweitvertrags zu; diese Frage wurde offen gelassen (Rz. 369).

342 Diese Parallele ist auch unverändert tragfähig.[566] Die Einführung des § 17 Abs. 2 a BeurkG[567] sollte mit Blick auf § 182 Abs. 2 BGB notarielle Beurkundungen mit vollmachtlosen Vertretern zurückdrängen;[568] es handelt sich dabei jedoch um eine Anpassung des Verfahrensrechts, wodurch die materiell-rechtlichen Gegebenheiten gerade nicht infrage gestellt werden. Der Hinweis auf § 17 Abs. 2 a BeurkG war folglich auch nicht geeignet, den Gesetzgeber zu einer Korrektur des heutigen § 464 Abs. 1 S. 2 BGB zu bewegen.[569]

343 Der Rückgriff auf § 311 b Abs. 1 S. 1 BGB ist nicht das einzige unmittelbare Schutzkonzept, das in Betracht kommt; die Defizite beim Übereilungsschutz ließen sich auch durch eine analoge Anwendung von § 577 Abs. 3 BGB ausgleichen.[570] Die Schriftform würde vor Übereilung ohne die Nebenwirkungen einer notariellen Beurkundung schützen; auch würde die geringere Intensität der Warnung mit dem verminderten Schutzbedürfnis des Berechtigten korrespondieren.

---

562 Jakobs/Schubert, §§ 1–240, Teil 1, S. 520 u. 535; vorher § 82 ohne Regelung zur Form, nachher § 42 Abs. 5 S. 2.

563 Jakobs/Schubert, §§ 1–240, Teil 2, S. 887 u. 903; vorher §§ 119, 121 ohne Regelung zur Form, nachher § 96 Abs. 3 S. 2.

564 Jakobs/Schubert, §§ 1–240, Teil 1, S. 525.

565 Prot. II, S. 178.

566 **A.A.** Anregung des Bundesrats zur Mietrechtsmodernisierung, BT-Drs. 14/4553, S. 92 (Sp. 2).

567 Drittes Gesetz zur Änderung der Bundesnotarordnung und anderer Gesetze vom 31. August 1998; BGBl. I, S. 2585.

568 Anregungen des Bundesrats zur Mietrechtsreform, BT-Drs. 14/4553, S. 92 (Sp. 2).

569 BT-Drs. 14/5443, S. 101 (Sp. 2).

570 Überlegungen in diese Richtung zu gesetzlichen Vorkaufsrechten allgemein bei Oechsler, Vertragsrecht (2013) § 2 D, Rz. 531.

Bei der Schaffung von §§ 20 a S. 5, 20 Abs. 8 VermG[571] hat der Gesetzgeber dieses Schutzkonzept nicht erwogen; es ist nicht ersichtlich, dass er sich bewusst gegen die Schriftform entschieden hat. Mit § 577 Abs. 3 BGB[572] durchbricht der Gesetzgeber erstmals den in § 464 Abs. 1 S. 2 BGB verankerten Grundsatz der Formfreiheit; das geschieht auch erst, nachdem die Vorkaufsrechte nach dem Vermögensgesetz fertig ausgestaltet wurden. Schließlich ist die Situation des gemäß § 577 Abs. 1 BGB vorkaufsberechtigten Mieters mit der des nach dem Vermögensgesetz Vorkaufsberechtigten vergleichbar: Das Verhältnis zwischen Berechtigtem und Verpflichtetem ist durch einen Nutzungsvertrag qualifiziert; zudem hat der Berechtigte einen besonders engen Bezug zum belasteten, immobilen Gegenstand.

Dennoch scheidet auch eine analoge Anwendung von § 577 Abs. 3 BGB aus. 344
Dies weniger, weil die Etablierung eines Formerfordernisses praeter legem nach mehr als zwanzig Jahren zu erheblicher Rechtsunsicherheit führen würde:[573] Die meisten Altverträge wären ungeachtet formloser Ausübung des Vorkaufsrechts wirksam, da gemäß § 311 b Abs. 1 S. 2 BGB Heilung eingetreten sein würde; im Übrigen könnte man es dem Verpflichteten gemäß § 242 BGB verwehren, sich auf die Formunwirksamkeit zu berufen. Ein Rückgriff auf § 577 Abs. 3 BGB scheidet aus, weil wiederum von der Verweisung in §§ 20 a S. 5, 20 Abs. 8 VermG nichts übrig bliebe; die Schließung der bestehenden Schutzlücke über ein Schriftformerfordernis für künftige Vorkaufsfälle liegt allein in der Hand des Gesetzgebers.

II. Frist

Ein Vorkaufsrecht kann erst ausgeübt werden, wenn der Vorkaufsfall eingetreten 345
ist; eine Erklärung im Vorfeld bleibt wirkungslos und muss ggf. wiederholt werden. Das ist nicht unbestritten, soweit das Vorkaufsrecht durch einen schwebend unwirksamen Vertrag ausgelöst wird; die Zulassung einer Ausübung vor Eintritt des Vorkaufsfalls führt allerdings zu unnötigen Verwerfungen (Rz. 132). Ein Vorkaufsrecht muss zudem innerhalb einer Frist ausgeübt werden; für die Vorkaufsrechte nach dem Vermögensgesetz gilt gemäß §§ 20 a S. 5, 20 Abs. 8 VermG die Regelung in § 469 BGB.

---

571 Eingeführt durch das RegVBG vom 20. Dezember 1993 (Fz. 35).

572 Eingeführt durch das Gesetz zur Neugliederung, Vereinfachung und Reform des Mietrechts vom 19. Juni 2001 (BGBl. I, S. 1149).

573 Bedenken in diese Richtung bei § 182 Abs. 2 BGB vgl. BGH (25.2.94) NJW 1994, S. 1344 (1345).

1. Fristwahrung

346 Die Ausübungserklärung muss vor Fristablauf wirksam werden. Da es sich gemäß § 130 Abs. 1 BGB um eine empfangsbedürftige Willenserklärung handelt, kommt es auf den Zugang beim Verpflichteten an.[574] Handelt ein vollmachtloser Vertreter, muss die gemäß § 177 BGB erforderliche Genehmigung des Berechtigten vor Fristablauf wirksam werden.[575] Die Beweislast folgt den allgemeinen Regeln: Verlangt der Berechtigte Auflassung, muss er das Zustandekommen des Zweitvertrags und damit die fristgerechte Ausübung des Vorkaufsrechts darlegen und beweisen; verlangt der Dritte Auflassung,[576] muss er ggf. einen Rücktritt des Verpflichteten aufgrund einer Vorsorgeklausel (Rz. 486) ausräumen und eine verspätete Ausübung des Vorkaufsrechts darlegen und beweisen.

2. Fristlänge

347 Für die Vorkaufsrechte nach dem Vermögensgesetz beträgt die Ausübungsfrist gemäß § 469 Abs. 2 S. 1 Var. 1 BGB zwei Monate. Die uneingeschränkte und in den Gesetzesmaterialien nicht weiter kommentierte Verweisung in §§ 20 a S. 5, 20 Abs. 8 VermG auf § 469 BGB macht eine Klarstellung erforderlich: Auch für Vorkaufsrechte an Miteigentumsanteilen (Rz. 172) gilt nicht die Wochenfrist des § 469 Abs. 2 S. 1 Var. 2 BGB. Streng genommen ist Gegenstand dieser Vorkaufsrechte kein Grundstück; die Tragweite der Entscheidung ist für den Berechtigten in beiden Fällen gleich. Damit läuft die Verweisung auf § 469 Abs. 2 S. 1 Var. 2 BGB leer; insoweit beruht die Verweisung aber offenbar auf einem Redaktionsversehen.

3. Fristbeginn

348 Die Frist beginnt mit Empfang einer Mitteilung über den Inhalt des Erstvertrags, § 469 Abs. 2 S. 1 BGB. Die Frist beginnt nur zu laufen, wenn der Erstvertrag das Vorkaufsrecht auch ausgelöst hat;[577] damit hängt der Fristbeginn von der Auffassung zum Vorkaufsfall ab. Erfasst man z.B. eine Abänderung des Erstvertrags

574 Oetker/Maultzsch, Vertragliche Schuldverhältnisse (2013), H IV 3b, Rz. 506.

575 BGH (15.6.60) NJW 1960, S. 1805 (1807).

576 Vgl. OLG Stuttgart, Urt. v. 31.10.12, Az. 3 U 18/12.

577 BGH (20.2.57) Z 23, S. 342 (348); OLG Brandenburg (3.7.08) ZOV 2008, 254; VG Lüneburg (10.5.12) NuR 2012, S. 586; VG Stade (14.8.02) NuR 2002, S. 766; Ebert, NJW 1961, S. 1430 (1434); Erman/Grundewald (2014) § 469 BGB Rz. 7; Staud/Mader/Schermaier (2014) § 469 BGB Rz. 5; Oetker/Maultzsch, Vertragliche Schuldverhältnisse (2013), H IV 3b, Rz. 507.

über das Kaufrecht (Rz. 159), ist die Abhängigkeit der First von der Änderungsmitteilung[578] schlicht folgerichtig; das Vorkaufsrecht wurde erneut ausgelöst, es bedarf daher auch einer erneuten Mitteilung. Absender muss eine der Parteien des Erstvertrags, Empfänger der Berechtigte sein; gemäß §§ 20 a S. 5, 20 Abs. 8 VermG i.V.m. § 1099 Abs. 1 BGB kann auch ein Rechtsnachfolger der Parteien des Erstvertrags die Mitteilung übernehmen und die Frist auslösen. Formanforderungen bestehen keine.[579]

Mitgeteilt werden muss der Inhalt des Vertrags, und dies im Wesentlichen richtig und vollständig.[580] Der Berechtigte muss die Möglichkeit haben, in zumutbarer Weise vom Inhalt des Vertrags Kenntnis zu nehmen;[581] die Aushändigung einer Kopie vom Vertragstext bietet sich an, zwingend ist dies aber nach dem Wortlaut von § 469 Abs. 1 S. 1 BGB nicht. Der notwendige Inhalt der Mitteilung hängt nicht vom Informationsbedürfnis des Berechtigten ab;[582] der Fristbeginn darf nicht durch zusätzliche Wertungskriterien verwässert werden. Fehlt dem Berechtigten erkennbar der Informationsbedarf, weil er bspw. den Inhalt des Erstvertrags bereits kennt, lässt sich dies nur über die Verwirkung erfassen (Rz. 358 ff.). Im Zweifel muss die Mitteilung erkennen lassen, dass sie mit Blick auf das Vorkaufsrecht erfolgt;[583] da die Vorkaufsrechte nach dem Vermögensgesetz ausschließlich natürliche Personen berechtigen, sind solche Zweifel allerdings nur schwer vorstellbar. 349

Bei der Mitteilung handelt es sich nicht um eine Willens-, sondern um eine Wissenserklärung;[584] die Mitteilung setzt unabhängig vom Willen des Verpflichteten die Ausübungsfrist in Lauf und ist somit lediglich einer Willenserklärung ähnlich, vergleichbar etwa mit der Mahnung gemäß § 286 Abs. 1 BGB. Die Regeln über Willenserklärungen finden daher nicht ohne Weiteres Anwendung. 350

---

578 BGH (29.10.93) NJW 1994, S. 315; OLG Karlsruhe (17.5.95) NJW-RR 1996, S. 916; DNotI-Report 2013, S. 57 (59) m.w.N.

579 BGH WM 1959, S. 861; Walter, Kaufrecht, § 13 III 4, S. 614.

580 BGH (17.1.03) GE 2004, S. 421; (23.5.73) NJW 1973, S. 1365; OLG Celle (1.11.07) MittBayNot 2008, S. 376; Larenz, SchR II/1 (1986) § 44 III (S. 153); Staud/Mader/Schermaier (2014) § 469 Rz. 10; Oetker/Maultzsch, Vertragliche Schuldverhältnisse (2013), H IV 3b, Rz. 507 a.E.; Medicus/Lorenz, SchR (2014), § 86 III 5, Rz. 331; Walter, Kaufrecht, § 13 III 4, S. 614; MünchKomm/Westermann (2012) § 469 BGB Rz. 4.

581 OLG Stuttgart, Urt. v. 31.10.12, Az. 3 U 18/12.

582 **A.A.** BGH (15.6.60) NJW 1960, S. 1805 (1808).

583 VG Lüneburg (10.5.12) NuR 2012, S. 586; Staud/Mader/Schermaier (2014) § 469 BGB Rz. 4.

584 Ebert, NJW 1956, S. 1621 (1623); Staud/Mader/Schermaier (2014) § 469 BGB Rz. 8.

So kann man die Mitteilung z.B. nicht anfechten:[585] Eine richtige Mitteilung löst lediglich die Frist, eine unrichtige Schadensersatzansprüche aus (Rz. 426); beides kann nicht mehr rückgängig gemacht werden. §§ 130 ff. BGB gelten hingegen analog; die Mitteilung ist erst mit Zugang empfangen.[586]

III. Mehrere Berechtigte

351 Sind mehrere Personen gemäß § 20 a S. 5, 20 Abs. 4 VermG berechtigt, erklärt sich jeder Berechtigte allein; die Ausübung des Vorkaufsrechts muss insbesondere nicht gemeinsam erfolgen.[587] Das Vorkaufsrecht kann gemäß § 472 S. 1 BGB nicht anteilig ausgeübt werden und läuft daher über eine Gläubigergemeinschaft im Sinne § 432 BGB zu gleichen Teilen am Anspruch aus §§ 464 Abs. 2, 433 Abs. 1 BGB auf eine Bruchteilseigentümergemeinschaft gemäß § 741 BGB zu gleichen Teilen am Grundstück hinaus (Rz. 33).[588] Die Art der Gläubiger- und Eigentümergemeinschaft ist bereits im Vorkaufsrecht angelegt; mangels abweichender Regelung gilt für die Vorkaufsrechte nach dem Vermögensgesetz Mitgläubigerschaft und Bruchteilsgemeinschaft als gesetzliche Regelfälle.

Bei einem vertraglichen Vorkaufsrecht soll eine gesamthandsartige Anlage der späteren Gläubigergemeinschaft selbst dann möglich sein, wenn es sich um ein dingliches Vorkaufsrecht handelt; eine entsprechende Ausgestaltung könne durch Eintragung eines Hinweises auf § 428 BGB im Grundbuch begründet werden.[589] *Bedenken mit Blick auf den Typenzwang bestehen nicht, da ein Vorkaufsrecht auch einer Gesellschaft eingeräumt werden kann; handelt es sich z.B. um eine Gesellschaft bürgerlichen Rechts führt die Ausübung des Vorkaufsrechts gemäß § 718 BGB über eine Gesamtgläubigerschaft zu einer Gesamthand.*

---

585 **A.A.** Staud/Mader/Schermaier (2014) § 469 BGB Rz. 8.

586 OLG Stuttgart NJW-RR 2009, S. 952; Oetker/Maultzsch, Vertragliche Schuldverhältnisse (2013), H IV 3b, Rz. 507.

587 BGH (11.7.79) WM 1979, S. 1066; DNotI-Report 2008, S. 42; Walter, Kaufrecht, § 13 III 3, S. 612. Missverständlich OLG Düsseldorf, Urt. v. 17.12.12, Az. 9 U 87/10.

588 BGH (11.9.97) NJW 1997, S. 3235; zust. LG Saarbrücken (8.12.09) Az. 5 T 512/09. Ebenfalls DNotI 2010, S. 109 (110); Knüfermann, S. 78 f.. Wohl auch LG Mönchengladbach (12.10.92) MittRhNotK 1992, S. 273. Zur Mitgläubigerschaft bereits BGH (12.1.96) NJW-RR 1996, S. 466.

589 OLG Stuttgart (11.12.08) NJW-RR 2009, 952. Zu einem „gesamthandsartig" ausgestalteten Rückübereignungsverlangen vgl. OLG München (29.5.07) NJW-RR 2008, S. 106. Einen Zusatz im Grundbuch zum Innenverhältnis bei von § 472 BGB abweichender Ausgestaltung verlangt auch: Heinze, MittBayNot 2013, S. 233. Zum Vorkaufsrecht von Miterben vgl. DNotI, DNotI-Report 2009, S. 41. Eine solche Ausgestaltung nicht in Erwägung zieht OLG München, Urt. v. 18.7.12, Az. 3 U 4588/11.

Nicht im Vorkaufsrecht angelegt, ist hingegen die Quote der Beteiligung; gemäß § 1098 Abs. 1 S. 1 BGB gilt zwingend[590] § 472 S. 2 BGB. Teil der Gemeinschaft werden nur Berechtigte, die wirksam ausgeübt haben; das führt gemäß § 472 S. 2 BGB zu einer Anwachsung, also zu einem erhöhten Anteil der an der Gemeinschaft Beteiligten. Die Quote der Beteiligung steht demnach erst nach Fristablauf gegenüber allen Berechtigten fest; der Verpflichtete haftet insoweit gemäß § 469 Abs. 1 S. 1 BGB für klare Verhältnisse (Rz. 422), Unklarheiten zur Quote können aber auch andere Beteiligte mittels Feststellungsklage ausräumen.[591] Über das Wesen dieser Gemeinschaft lässt sich § 472 S. 2 BGB hingegen nichts entnehmen.[592] Ob er Teil dieser Gemeinschaft werden will, entscheidet der einzelne Berechtigte allein; gemäß § 472 S. 2 BGB hindert ihn insbesondere die Nichtausübung des Vorkaufsrechts durch andere Berechtigte nicht.[593] Damit steht fest, dass vor der Ausübung des Vorkaufsrechts zwischen mehreren dinglich Vorkaufsberechtigten keine Gemeinschaft besteht;[594] es handelt sich um selbständige, ranggleiche Vorkaufsrechte der einzelnen Berechtigten. Dieser Befund passt zur überwiegenden Praxis, § 47 Abs. 1 GBO nicht anzuwenden und ein Vorkaufsrecht im Grundbuch ohne Zusatz zum Verhältnis mehrerer Berechtigter einzutragen.[595] 352

Bei einem schuldrechtlichen Vorkaufsrecht ist hingegen auch eine von § 472 S. 2 BGB abweichende Vereinbarung möglich; deshalb ist gemäß § 47 GBO bei der Eintragung einer Vormerkung zur Sicherung des Auflassungsanspruchs aus §§ 464 Abs. 2, 433 Abs. 1 BGB anzugeben, ob die Gemeinschaft über § 472 BGB begründet wird.[596] Beim Vorkaufsrecht der Miterben gemäß § 2034 Abs. 1 BGB ergeben sich Besonderheiten aus der Erbengemeinschaft.[597]

---

590 DNotI-Report 2010, S. 109 (110) m.w.N.; BaRo/Wegmann (2012) § 1098 BGB Rz. 11.

591 Insoweit unbegründet die Bedenken von Zimmer, ZfIR 2009, S. 672 (673).

592 Missverständlich insoweit BGH (11.09.97) NJW 1997, 3235.

593 BGH (11.9.97) NJW 1997, 3235; a.A. offenbar MünchKomm/Westermann (2012) § 472 BGB Rz. 3.

594 **A.A.** gesamthandsartig: BGH (11.9.97) NJW 1997, S. 3235; LG Saarbrücken (8.12.09) Az. 5 T 512/09; OLG Stuttgart (11.12.08) NJW-RR 2009, 952; OLG München (24.7.09) MittBayNot 2010, S. 42; DNotI-Report 2010, S. 109 (110); Heinze, MittBayNot 2013, S. 233; Paintner, MittBayNot 2010, S. 44. Von einer Gemeinschaft geht auch aus Böttcher, ZfIR 2014, S. 867 (868).

595 Zu dieser Praxis OLG München (18.7.12) MittBayNot 2013, S. 231.

596 BGH (11.09.97) NJW 1997, S. 3235; LG Regensburg (7.4.08) MittBayNot 2008, S. 293.

597 Dazu z.B. BGH (25.1.71) WM 1971, S. 457; Burballa, Vorkaufsfall, S. 139 ff.; Klinke, S. 70 ff.

353 Der Berechtigte muss nicht zum Ausdruck bringen, ob er Teil einer späteren Gemeinschaft werden will;[598] wenn sich das Vorkaufsrecht jeweils auf das gesamte Grundstück erstreckt, versteht sich das von selbst. Gibt einer von mehreren Berechtigten hingegen zugleich zu erkennen, er wolle später keinesfalls Teil einer Gemeinschaft werden, ist seine Ausübungserklärung grundsätzlich perplex und nichtig;[599] eine solche Erklärung ist für den Verpflichteten nur verständlich, wenn ausnahmsweise keine Gemeinschaft mehr entstehen kann, etwa weil bereits die übrigen Berechtigten eine Ausübung des Vorkaufsrechts abgelehnt haben.

354 Mehrere Berechtigte werden sich wegen § 472 S. 2 BGB untereinander abstimmen wollen; nur so kann der Einzelne u.a. abschätzen, welchen Anteil am Kaufpreis er am Ende aufbringen muss. Warum deshalb erst der Zugang beim letzten Berechtigten die Ausübungsfrist in Lauf setzen soll,[600] ist nicht nachvollziehbar; jeder Berechtigte hat für sich zwei Monate Zeit, sich zu informieren. Auch wenn diese keine Gemeinschaft bilden, stehen mehrere Berechtigte nicht beziehungslos nebeneinander; das Vorkaufsrecht stellt einen geschäftlichen Kontakt im Sinne § 311 Abs. 2 Nr. 3 BGB dar und begründet damit ein Schuldverhältnis, welches die Berechtigten gemäß § 241 Abs. 2 BGB untereinander zu zügiger und verlässlicher Auskunft über die Ausübungsabsicht verpflichtet.[601]

IV. Treu und Glauben

355 Wie bei jedem anderem Recht steht auch die Ausübung des Vorkaufsrechts unter dem Vorbehalt von Treu und Glauben; das Vorkaufsrecht darf nicht missbraucht und kann verwirkt werden.

1. Missbrauch

356 Ein Missbrauch des Vorkaufsrechts durch seine Ausübung ist nur schwer vorstellbar; ein solcher ist erwogen worden, wenn der Berechtigte ausübt, obwohl er nach seinen wirtschaftlichen Verhältnissen offensichtlich den Kaufpreis nicht aufbringen kann.[602] § 242 BGB ist jedoch zur Bewältigung derartiger

---

598 **A.A.** wohl BaRo/Faust (2012) § 472 BGB Rz. 4 f.

599 So im Ergebnis BGH (13.3.09) NJW-RR 2009, S. 1172; DNotI, DNotI-Report 2009, S. 41; Maskow, NJ 2008, S. 410. Im Fall des BGH hätte man allerdings die Ausübung bereits im Abschluss der Erstvertrags sehen können (vgl. Rz. 323).

600 So BaRo/Faust (2012) § 469 Rz. 3; offen gelassen von OLG Stuttgart NJW-RR 2009, S. 952.

601 Im Ergebnis ebenso BaRo/Faust (2012) § 469 BGB Rz. 5.

602 BGH (14.3.62) WM 1962, S. 722 (723).

Problemlagen kaum geeignet.[603] Warum der Berechtigte ausübt, ist grundsätzlich unerheblich;[604] geht es dem Berechtigten um Schädigung der Parteien des Erstvertrags, greift ausnahmsweise § 138 Abs. 1 BGB.

Beispiel 34: Der Berechtigte weiß, dass der Verpflichtete nur mit Mühe den Dritten als Käufer gefunden hat, und dass der Dritte abspringen will. Da der Erstvertrag ausdrücklich durch die Ausübung des Vorkaufsrechts auflösend bedingt ist, übt der bereits hoffnungslos verschuldete Berechtigte aus.

Solange der Berechtigte aber hofft, die Mittel für den Kaufpreis irgendwie aufbringen zu können, ist die Schwelle für den Missbrauch nicht erreicht; es kann dem Berechtigten nicht verwehrt sein, sich durch Ausübung des Vorkaufsrechts auch eine vage Möglichkeit offenzuhalten. Häufig bedürfen die Parteien des Erstvertrags zudem keines Schutzes: Der Verpflichtete kann sich gemäß § 323 BGB vom Zweitvertrag lösen und den Erstvertrag wiederbeleben. Lässt die Ausübung des Vorkaufsrechts den Erstvertrag unberührt (Rz. 487), schuldet dies der Verpflichtete sogar dem Dritten (Rz. 317). 357

Im Beispiel 34 nutzt der gemäß § 20 VermG Berechtigte einen Teil des Grundstücks und befürchtet seitens des Dritten eine Kündigung. Wegen des Eigeninteresses verhält sich dieser Berechtigte nicht sittenwidrig; dennoch ist der Verpflichtete schutzbedürftig. Daher kommt ausnahmsweise ein Rückgriff auf § 242 BGB in Betracht, weil der Berechtigte das Vorkaufsrecht zweckentfremdet. Ein Rückgriff auf § 242 BGB wurde auch für möglich gehalten, wenn die Gemeinde ein gesetzliches Vorkaufsrecht ausübt, obwohl das öffentliche Interesse fehlt; das öffentliche Interesse gehört jedoch zu den Voraussetzungen, so dass bereits der Vorkaufsfall nicht eingetreten war.[605]

2. Verwirkung

Ein Rückgriff auf § 242 BGB wurde schließlich in Betracht gezogen, wenn der Berechtigte den Eindruck erweckt, er werde das Vorkaufsrecht nicht ausüben; haben die Parteien des Erstvertrags darauf vertraut, rücken die Grundsätze der Verwirkung ins Blickfeld. Raum dafür bleibt jenseits der in § 469 Abs. 2 S. 1 BGB geregelten Ausschlussfrist; sobald diese läuft, kann sie auch ausgeschöpft werden. 358

---

603 Staud/Mader/Schermaier (2014) § 464 BGB Rz. 8. Ablehnend auch: Innozenz, Rz. 424; Klinke, S. 96.

604 Überlegungen zur Motivation als Missbrauch bei BGH (25.1.71) MDR 1971, S. 377.

605 So BGH (21.11.61) NJW 1962, S. 631 (632); über § 242 BGB hingegen BGH (17.12.58) NJW 1959, S. 478.

Da die Ausübung des Vorkaufsrechts kein Anspruch im Sinne § 194 BGB ist, gibt es jenseits der Ausübungsfrist keine Verjährung,[606] die zu beachten wäre.

359 Vorab stellt sich die Frage, was der Berechtigte überhaupt verwirkt haben kann. Nach einhelliger Auffassung unterliegen dingliche Rechte nicht der Verwirkung; diese stellen ein Bündel von Befugnissen dar, die niemals alle vom Selbstwiderspruch des Inhabers betroffen sein können.[607] Im Veräußerungsfalle etwa richtet sich das dingliche Recht auf den Erwerber aus (Rz. 91 ff.); sein Vertrauen auf das Verhalten des Berechtigten ist von § 242 BGB noch nicht geschützt, weil die hierfür erforderliche Sonderverbindung (Rz. 240) erst durch den Eigentumserwerb begründet wird. Bei einem Vorkaufsrecht kommt hinzu, dass trotz Ausübung ein weiterer Vorkaufsfall eintreten kann (Rz. 279); in diesem Fall kann noch kein Vertrauen aufgebaut worden sein.

360 Bei einem dinglichen Recht führt die Verwirkung daher lediglich zum Ausschluss einzelner Befugnisse. Für ein Vorkaufsrecht bedeutet dies, dass die Ausübung hinsichtlich eines konkreten Vorkaufsfalls ausgeschlossen sein kann; dem Vorkaufsberechtigten ist ggf. nicht erst die Geltendmachung des Übereignungsanspruchs verwehrt,[608] sondern bereits die Ausübung des Vorkaufsrechts selbst bleibt ohne rechtliche Wirkung. Es kommt darauf an, ob auf die Nichtausübung des Vorkaufsrechts oder auf die Nichtdurchsetzung des Übereignungsanspruchs vertraut wurde; die Schwelle einer Verwirkung dürfte unterschiedlich zu beurteilen sein. Gegen eine Verwirkung der Ausübung des Vorkaufsrechts selbst spricht nicht, dass der Schutz der Parteien des Erstvertrags dadurch stärker ist als bei einer Unterlassensvereinbarung; eine pflichtwidrige Ausübung des Vorkaufsrechts bleibt wirksam und begründet lediglich einen Anspruch auf Naturalrestitution durch Aufhebung des Zweitvertrags (Rz. 315). Dieser vertragliche Anspruch schließt jedoch eine Verwirkung der Ausübung des Vorkaufsrechts nicht aus; er deckt vielmehr deren Umfeld ab, indem er es dem Gläubiger unabhängig von weiteren Voraussetzungen ermöglicht, gegen die Ausübung des Vorkaufsrechts vorzugehen.

361 Für den Tatbestand der Verwirkung kommt es auf beide Beteiligte an; nur wenn die Voraussetzungen auf beiden Seiten erfüllt sind, ist die Ausübung des Vorkaufsrechts ausgeschlossen. Der Berechtigte darf nicht nur nicht ausgeübt haben; er muss dies unter ihm zurechenbaren Umständen getan haben, die

606 Ebert, NJW 1961, S. 1430 (1434).

607 Palandt/Grüneberg (2014) § 242 BGB Rz. 105; MünchKomm//Schubert (2012) § 242 BGB Rz. 331; Staud/Looschelders/Olzen (2009) § 242 BGB Rz. 304.

608 **A.A.** BGH (13.7.65) WM 1965, 1178 (1180, Sp. 1); obiter dictum auch (10.6.66) WM 1966, S. 893 (895, Sp. 1 unten).

objektiv geeignet sind, Vertrauen auf die Nichtausübung des Vorkaufsrechts aufzubauen,[609] was stets auch eine gewisse Dauer voraussetzt. Welche Umstände in Betracht kommen und wie lange sie andauern müssen, ist eine Frage des Einzelfalls. Der Berechtigte kann die Parteien des Erstvertrags z.B. davon abhalten, ihm den Inhalt des Vertrags mitzuteilen, eine Unterlassensverpflichtung eingehen (Rz. 315) oder die Nichtausübung des Vorkaufsrechts unverbindlich erklären.[610] Der Abbruch unmittelbarer Kaufverhandlungen zwischen Berechtigtem und Verpflichtetem genügt hingegen nicht, selbst wenn der Verpflichtete später mit dem Dritten einen Kaufpreis vereinbart, der dem Berechtigten im Vorfeld zu hoch war;[611] es liegt gerade im Wesen des Vorkaufsrechts, dass der Berechtigte abwarten kann, in welcher Höhe sich die Preisvorstellungen des Verpflichteten tatsächlich realisieren lassen. Schließlich ist der Verzicht gegenüber einem Interessenten ist nicht geeignet, Vertrauen bei einem zweiten Interessenten aufzubauen, selbst wenn die dem ersten Interessenten gebotenen Konditionen wesentlich günstiger waren;[612] die Entscheidung des Berechtigten wird nicht allein durch den Vergleich beider Verträge beeinflusst.

Die Erstvertragspartei muss sich selbst treuegemäß verhalten und sich mit 362
Blick auf das Verhalten des Berechtigten derart auf die Nichtausübung des Vorkaufsrechts eingestellt haben, dass ihr die Ausübung nicht mehr zugemutet werden kann.[613] Unerheblich ist, welche der Erstparteien das Vertrauen aufbaut; auch der Dritte ist geschützt.[614] Die insoweit erforderliche Sonderverbindung (Rz. 240) kommt über das belastete Grundstück zustande. Der Dritte interessiert sich für ein Grundstück, an dem ein Vorkaufsrecht des Berechtigten besteht; dieser soziale Kontakt wird durch den Abschluss des Erstvertrags qualifiziert. Von nun an berühren sich die Rechtskreise von Berechtigtem und Drittem, was seinen Ausdruck in § 469 Abs. 1 S. 2 BGB findet.[615]

Vertrauen wird vor allem der Dritte aufbauen, z.B. indem er bereits in das 363
Grundstück investiert. Der Verpflichtete erhält in jedem Fall den Kaufpreis;

---

609 Zur Verwirkung allgemein BGH (27.6.57) Z 25, 47 (52); Erman/Böttcher/Hohloch (2014) § 242 BGB Rz. 123.

610 BGH (3.2.66) WM 1966, 511 (512, Sp. 2).

611 BGH (3.2.66) WM 1966, 511 (bereits im Tenor, ausgeführt S. 512, Sp. 2).

612 BGH (26.1.73) Z 60, S. 275 (290).

613 Zur Verwirkung allgemein BGH (27.6.57) Z 25, 47 (52); Erman/Böttcher/Hohloch (2014) § 242 BGB Rz. 123.

614 BGH (15.6.60) NJW 1960, S. 1805 (1808); (13.7.65) WM 1965, 1178 (1180, Sp. 1 unten); OLG Celle (23.10.62) NJW 1963, S. 352 (353, Sp. 1).

615 Im Wesentlichen ebenso OLG Celle (23.10.62) NJW 1963, S. 352 (353, Sp. 1).

dennoch ist auch bei ihm schutzwürdiges Vertrauen denkbar. Das durch den Berechtigten immer wieder deutlich bekundete Desinteresse kann den Verpflichteten z.B. davon abgehalten haben, im Erstvertrag Vorkehrungen für den Fall der Ausübung des Vorkaufsrechts zu treffen. Das Vertrauen der Erstvertragspartei ist nur schutzwürdig, wenn sich der Berechtigte ihr gegenüber treuewidrig verhalten hat;[616] es reicht also kein Verhalten anderen gegenüber, von dem die Erstvertragspartei erfährt. Das gilt auch für die Parteien des Erstvertrags untereinander; vom Berechtigten kann nur Rücksicht gegenüber der Kontaktperson verlangt werden.

364 Für das treuegemäße Verhalten des Verpflichteten ist die Mitteilungspflicht aus § 469 Abs. 1 BGB von Bedeutung; verletzt der Verpflichtete die Mitteilungspflicht, kann kein schutzwürdiges Vertrauen aufgebaut werden.[617] Die Mitteilung setzt gemäß § 469 Abs. 2 S. 1 BGB die Ausschlussfrist in Lauf; auf diese Weise kann der Verpflichtete Klarheit schaffen. Für eine Verwirkung bleibt daher nur Raum, soweit die Mitteilung gemäß §§ 469 Abs. 1 S. 1, 121 Abs. 1 S. 1 BGB unverschuldet unterbleibt; zu denken ist an den bereits erwähnten Fall, dass der Berechtigten den Verpflichteten von der Mitteilung abhält. Der Dritte ist nicht zur Mitteilung verpflichtet, die Mitteilung kann aber für ihn ebenfalls ein Gebot von Treu und Glauben sein; zu denken ist insoweit an den Fall, dass der Dritte von der unterbliebenen Mitteilung durch den Verpflichteten weiß.

616 Speziell für das Vorkaufsrecht vgl. BGH (13.7.65) WM 1965, S. 1178 (1180, Sp. 1 mittig); wohl auch (10.6.66) WM 1966, S. 893 (895, Sp. 2 mittig).

617 In diese Richtung BGH (26.1.73) Z 60, S. 275 (290).

E. Rechtsfolgen der Ausübung des Vorkaufsrechts

Auch die Rechtsfolgen der Ausübung des Vorkaufsrechts regelt das Vermögensgesetz durch Verweisung auf die Vorschriften des Bürgerlichen Gesetzbuchs in §§ 20 a S. 5, 20 Abs. 8 VermG. 365

I. Einleitung

Weil es sich um dingliches Recht handelt, entsteht durch die Ausübung eines Vorkaufsrechts nach dem Vermögensgesetz auch ein Rechtsverhältnis zwischen Berechtigtem und Drittem; da beide in rechtlicher Beziehung zum Verpflichteten stehen, führt die Ausübung des Vorkaufsrechts zu einem Dreiecksverhältnis. Wie auch bei anderen Dreiecksverhältnissen sind die Rechtsbeziehungen miteinander verwoben; Sachfragen stellen sich übergreifend und bedürfen einer in den einzelnen Rechtsverhältnissen abgestimmten Lösung. Für den Fortgang der Untersuchung ist daher zu entscheiden, ob die Sachfragen oder die Rechtsbeziehungen im Vordergrund stehen sollen; Letztere Ausrichtung der Untersuchung verdient den Vorzug, weil diese leistungsfähiger ist. Den Sachfragen fehlt es an Kontur; so lässt sich bspw. die Zahlung des Kaufpreises nicht von dessen Erstattung trennen. Auch stellen sich die Sachfragen nicht in jedem der Rechtsverhältnisse in gleicher Weise; bspw. ist der Vertragsinhalt ausschließlich ein Problem im Verhältnis zwischen Berechtigtem und Verpflichtetem, die Frage nach Herausgabe- und Nutzungsersatz stellt sich im Verhältnis zwischen Berechtigtem und Drittem ganz anders als im Verhältnis zwischen Verpflichtetem und Drittem. Der Überblick über das einzelne Rechtsverhältnis ist schließlich auch für die Beteiligten wichtiger als eine übergreifende Betrachtung der Sachfragen; verlangt bspw. der Berechtigte Herausgabe, interessieren ihn Gegenansprüche des Dritten und nicht die Herausgabeansprüche in den anderen Verhältnissen. 366

II. Rechtsverhältnis zwischen Verpflichtetem und Berechtigtem

Mit wirksamer Ausübung des Vorkaufsrechts kommt gemäß § 464 Abs. 2 BGB auch zwischen Berechtigtem und Verpflichtetem ein (zweiter) Kaufvertrag zustande; der Verpflichtete kann daher grundsätzlich gemäß § 433 Abs. 2 BGB Kaufpreiszahlung und der Berechtigte Übergabe und Übereignung des Grundstücks 367 verlangen. Dass der Berechtigte nicht anstelle des Dritten in den das Vorkaufsrecht auslösenden Vertrag eintritt, gehört heute zu den anerkannten Eckpunkten.[618]

Übt der durch ein Vorkaufsrecht berechtigte Miterbe gemäß § 2035 Abs. 1 BGB gegenüber dem Anteilserwerber aus, kommt nach dem BGH kein Zweitvertrag zustande:[619] Im Verhältnis zwischen ursprünglich Verpflichtetem und Berechtigtem verhindert dies § 2035 Abs. 1 S. 2 BGB; das Verhältnis zwischen Berechtigtem und Drittem reduziert der BGH auf ein gesetzliches Schuldverhältnis, vermöge dessen der Berechtigte Übertragung des Anteils und der Dritte lediglich Erstattung des an den Verpflichteten gezahlten Kaufpreises verlangen kann.

368 Zwischen Verpflichtetem und Berechtigten besteht bereits vor Auslösung und Ausübung des Vorkaufsrechts ein Schuldverhältnis, welches z.B. nach Auslösung des Vorkaufsrechts einen Besichtigungs- bzw. Auskunftsanspruch generieren kann.[620] Dieses Schuldverhältnis wird mit dem Vorkaufsrecht begründet; es handelt sich je nach Vorkaufsrecht um ein vertragliches oder gesetzliches Schuldverhältnis. Man muss also nicht auf die Vorkaufsabrede (Rz. 89 a.E.) abstellen; das bereitet Probleme bei dinglichen und gesetzlichen Vorkaufsrechten.[621] Bei den Vorkaufsrechten nach dem Vermögensgesetz begründet bereits der Nutzungsvertrag ein solches Schuldverhältnis; für ein Besichtigungs- oder Informationsrecht des Berechtigten besteht allerdings kein Bedarf, weil der Berechtigte das Grundstück nutzt.

1. Zustandekommen des Zweitvertrags

369 Der Gesetzgeber hat die Frage, wie der Zweitvertrag zustande kommt, bewusst unbeantwortet gelassen;[622] die Beantwortung dieser Frage ist daher fester Bestandteil einer jeden Untersuchung zu Vorkaufsrechten. In der Diskussion hat sich bis heute keine der vertretenen Ansichten durchsetzen können. Das liegt daran, dass die Antwort eine ganze Reihe vorkaufsrechtlicher Detailprobleme berührt und mit diesen in Einklang stehen muss. Die Antwort auf die Frage nach dem Zustandekommen des Zweitvertrags hat den Charakter eines Leitbilds bei

---

618 Auch wenn dies gelegentlich außer Acht gelassen wird, vgl. etwa OLG Brandenburg ZOV 2008, S. 254, insoweit nachgehend korrigiert durch BGH NJW-RR 2009, S. 1172.

619 BGH (8.5.52) Z 6, S. 85 ff.; (21.10.54) Z 15, S. 102 ff.

620 Pawlitschek, S. 137 ff.

621 Dennoch auf die Vorkaufsabrede stellt ab Pawlitschek, S. 137 ff.; zu den Problemen beim dinglichen Vorkaufsrecht a.a.O., S. 174 ff.

622 Motive II, S. 346 unten beginnend.

der Lösung einzelner Detailprobleme. Für sich allein ist dieses Bild als Begründung einer Lösung nicht geeignet; im Zusammenspiel mit anderen Argumenten entfaltet es jedoch eine bekräftigende Wirkung.[623]

Die vertretenen Ansichten unterscheiden sich im Kern darin, ob und ggf. 370
wann der Verpflichtete eine auf Abschluss des Zweitvertrags gerichtete Willenserklärung abgibt. Der Berechtigte erklärt sich unstreitig durch die Ausübung des Vorkaufsrechts; ob man die Ausübungserklärung unmittelbar oder als Eintritt einer Wollensbedingung wirken lässt, ist zweitrangig. Zum Teil wird vertreten, der Zweitvertrag komme bereits mit der Vereinbarung über die Begründung des Vorkaufsrechts zustande; der Zweitvertrag sei lediglich durch den Abschluss des Erstvertrags und die Ausübung des Vorkaufsrechts aufschiebend bedingt.[624] In die gleiche Richtung geht die Ansicht, wonach der Berechtigte mit der Ausübungserklärung einen in der Vereinbarung über die Begründung des Vorkaufsrechts enthaltenen und unwiderruflichen Antrag bzw. Offerte des Verpflichteten annehme;[625] der Antrag des Verpflichteten wird wiederum bei Begründung des Vorkaufsrechts verortet.

Gegen diese Auffassungen ist eingewandt worden, der Zweitvertrag binde den 371
Berechtigten erst nach der Ausübung des Vorkaufsrechts und könne daher von § 158 BGB nicht erfasst sein;[626] das gilt aber auch für den Kauf auf Probe, dennoch hat der Gesetzgeber gemäß § 454 Abs. 1 S. 2 BGB im Zweifel die Geltung von § 158 BGB angeordnet, was sich auf die Vorkaufsrechte übertragen ließe.[627] Auch ist darauf hingewiesen worden, dass Antrag bzw. Vertrag bei Begründung des Vorkaufsrechts noch keinen bestimmten Inhalt hätten.[628] Gegenstand des Zweitvertrags und Hauptleistung des Verpflichteten stehen aber fest; von den

623 Auf eine Positionierung kann man daher verzichten, Schreiber, Jura 2012, S. 114 (115) m.w.N.; diese schärft allerdings den Blick.

624 So überwiegend die Rechtsprechung, RG (5.11.07) Z 67, S. 42 (45 f.); (13.6.32) Z 137, S. 29 (33); BGH (15.6.60) NJW 1960, S. 1805 (1806); (4.3.55) Z 32, S. 375 (377); (3.12.99) JZ 2000, S. 679; aus der aktuellen Literatur Böttcher, RNotZ 2010, S. 557 (561); Oetker/Maultzsch, Vertragliche Schuldverhältnisse (2013) § 2 H IV 1, Rz. 492; Schlechtriem, SchR BT (2003), § 6 III 3, Rz. 163. Weitere Nachweise aus der älteren Rechtsprechung bei Staud/Mader/Schermaier (2014) Vorbem zu §§ 463 BGB Rz. 30 oder Schurig, S. 64 (Fz. 285). Aus der älteren Literatur Lutter, MDR 1962, S. 177 (179); RGRK/Mezger (1978) § 504 BGB Rz. 4; Walter, Kaufrecht, § 13 III 1, S. 609.

625 So bspw. Planck Vor § 504 BGB Anm. 4; Schurig, S. 86 m.w.N. in Fz. 281.

626 Flume, AT II, § 38, 2d, S. 685 f.; Larenz, SchR II/1 (1986), § 44 I, S. 144 f.

627 Den Kauf auf Probe im Blick haben Oetker/Maultzsch, Vertragliche Schuldverhältnisse (2013) § 2 H IV 1, Rz. 492.

628 Medicus/Lorenz, SchR (2014), § 86 III 1, Rz. 322.

essentialia negotii fehlt also nur noch die Kaufpreisverpflichtung des Berechtigten, was auch gemäß §§ 154 Abs. 1 S. 1 bzw. 315 BGB vorkommen kann. Ferner ist eingewandt worden, dieser Ansatz versage bei gesetzlichen Vorkaufsrechten.[629] Unterstellt, die Begründung eines Vorkaufsrechts ginge stets mit Anlage bzw. Abschluss eines Kaufvertrags einher, käme bei gesetzlichen Vorkaufsrechten ein gesetzliches Schuldverhältnis[630] und bei den Vorkaufsrechten nach dem Vermögensgesetz eine Erstreckung der privatrechts-gestaltenden Wirkung des Verwaltungsakts in Betracht. Schließlich ist auf den Wortlaut von § 464 Abs. 2 BGB hingewiesen worden, wonach der Vertrag erst mit der Ausübungserklärung des Berechtigten zustande komme.[631] Da der Gesetzgeber die Frage nach dem Zustandekommen des Zweitvertrags offenlassen wollte, fehlt es dem Wortlaut allerdings an Gewicht.

Wenn bereits durch Begründung des Vorkaufsrechts der Zweitkaufvertrag zustande kommt, muss man gem. § 311 b Abs. 1 S. 1 BGB und entgegen § 873 BGB bei rechtsgeschäftlicher Bestellung eines dinglichen Vorkaufsrechts die Einhaltung notarieller Form verlangen;[632] *weil es bereits um die Verfügung geht, ist eine Heilung gem. § 311 b Abs. 1 S. 2 BGB nicht möglich.*[633]

372 Nach anderer Ansicht kommt der Kaufvertrag allein durch die Ausübungserklärung des Berechtigten zustande. Auf eine Willenserklärung seitens des Verpflichteten wird ganz verzichtet, da das Vorkaufsrecht ein Gestaltungs- bzw. Optionsrecht sei.[634] In die gleiche Richtung gehen die Ansichten, die Willenserklärung des Verpflichteten werde aufgrund einer im Vorkaufsrecht begründeten Ermächtigung vom Berechtigten als In-sich-Geschäft abgegeben[635] oder vom

629 Oetker/Maultzsch, Vertragliche Schuldverhältnisse (2013) § 2 H IV 1, Rz. 492; Medicus/Lorenz, SchR (2014), § 86 III 1, Rz. 322; Larenz, SchR II/1 (1986) § 44 III, S. 152.

630 Für das Vorkaufsrecht der Miterben gemäß § 2034 BGB: Knüfermann, S. 105 (unten); Klinke, S. 102. In diese Richtung auch: Walter, Kaufrecht, § 13 III 1, S. 609.

631 Larenz, SchR II/1 (1986) § 44 III, S. 151.

632 Konsequent: BGH (7.11.90) NJW-RR 1991, S. 205 (206); Baur/Stürner § 21 Rz. 27 (Fz. 1).

633 Inkonsequent: RG (14.2.34) JW 1934, S. 2545; (11.7.29) Z 125, S. 261 (262 unten); BGH (17.5.67) DNotZ 1968, S. 93.

634 Esser/Weyers, SchR II/1 (1998) § 10 Ziff. 3, S. 113; Flume, AT II, § 38; Jauernig/Berger (2014) § 1094 BGB Rz. 2; Innozenz, Rz. 410 u. 444; Larenz/Neuner § 36 Rz. 10; Larenz, SchR II/1 (1986) § 44 III, S. 151; Medicus/Lorenz, SchR (2014), § 86 III 1, Rz. 322.

635 Laue, S. 24 ff.

Gesetz schlicht fingiert;[636] wiederum erklärt sich nur der Berechtigte. Gegen diese Auffassungen lässt sich nicht einwenden, dass die Konstruktion des Vertrags jenseits des in §§ 145 ff. BGB niedergelegten Konsensualprinzips erfolgt; dies lässt sich als Konsequenz von § 464 Abs. 2 BGB rechtfertigen. Dagegen spricht auch nicht, dass sich das vertragliche Vorkaufsrecht auf dieser Grundlage nur als Produkt des Parteiwillens erklären lässt. Will man die Privatautonomie mit Blick auf § 311 Abs. 1 BGB grundsätzlich auf die Begründung von Schuldverhältnissen beschränken,[637] stellt die Möglichkeit zur Begründung vertraglicher Vorkaufsrechte eine gesetzlich geregelte Ausnahme dar.

Als Leitbild ungeeignet sind die vorstehenden Ansätze, weil sich eine Irrtumsanfechtung des Zweitvertrags durch den Verpflichteten nur unter Verstoß gegen den Grundsatz der Autonomie (dazu gleich) über den Erstvertrag gewährleisten ließe; Inhalt und Grundlage des Zweitvertrags werden eben erst durch den Abschluss des Erstvertrags festgelegt. Hinzu kommt, dass sich nur über die Willenserklärung des Verpflichteten die Frage nach einem Anspruch des Berechtigten auf Schadensersatz statt Leistung überzeugend beantworten lässt (Rz. 431). Es sollte daher bei der Konstruktion nicht auf eine Willenserklärung des Verpflichteten verzichtet werden. Da es entscheidend auf den Abschluss des Erstvertrags ankommt, ist zudem eine Verortung bei der Begründung des Vorkaufsrechts verfrüht. 373

Gelegentlich ist die Willenserklärung des Verpflichteten schließlich bei der Mitteilung gemäß § 469 Abs. 1 BGB verortet worden.[638] Gegen diese Auffassung spricht, dass die Mitteilung lediglich eine Wissenserklärung des Verpflichteten ist (Rz. 350). Zudem lässt dieser Ansatz unberücksichtigt, dass der Zweitvertrag auch ohne Mitteilung des Verpflichteten zustande kommen kann, vgl. nur § 469 Abs. 1 S. 2 BGB. Interessant ist allerdings, dass dieser Ansatz im Übrigen zentrale Kritikpunkte der anderen Auffassungen vermeidet: Es wird nicht auf die Willenserklärung des Verpflichteten verzichtet und damit nicht der Boden des Konsensualprinzips beim Vertragsschluss verlassen. Indem nach Eintritt des Vorkaufsfalls angesetzt wird, stehen zudem bei Vertragsschluss die essentialia negotii fest. Dieser Vorteil lässt den Versuch lohnenswert erscheinen, diesen Ansatz 374

636 Derenburg/Raape, S. 123 f.; Nachweise zu ähnlichen Ansätzen bei Schurig, S. 62 (Fz. 275); Böttcher, RNotZ 2010, S. 557 (560).

637 So bspw. Schurig, S. 72 f.

638 RG (12.12.42) Z 170, S. 208 (215); OGH (27.1.49) NJW 1949, S. 425; (2.11.49) NJW 1950, S. 224; RGRK/Mezger (1978) § 510 BGB Rz. 1. Da es nicht um das Zustandekommen des Vertrags über § 464 Abs. 2 BGB geht, gehört nicht hierher RG (12.12.42) Z 170, S. 208 (215).

weiterzuentwickeln und nach einer Möglichkeit zu suchen, die Willenserklärung des Verpflichteten in vergleichbarer Weise zu gewinnen.

375 Man findet diese Möglichkeit in der Willenserklärung des Verpflichteten, die auf Abschluss des Erstvertrags gerichtet ist; diese Willenserklärung lässt sich zugleich als Antrag auf Abschluss des Zweitvertrags fruchtbar machen. Unabhängig davon, ob der Verpflichtete den Vertragsschluss anträgt oder ob er einen Antrag des Dritten annimmt, enthält diese Willenserklärung des Verpflichteten den gesamten Inhalt des Erstvertrags; inhaltlich spricht nichts dagegen, diese Willenserklärung im Verhältnis zum Berechtigten als Antrags zu behandeln. Folgt man dem, eröffnet das Vorkaufsrecht dem Berechtigten die Möglichkeit, diesen Antrag anzunehmen, obwohl er gar nicht an ihn gerichtet ist und bereits durch den Dritten angenommen wurde. Die Willenserklärung des Verpflichteten gegenüber dem Dritten wirkt auch gegenüber dem Berechtigten; das erinnert an die Vorstellung von der Stellvertretung, von der sich der Gesetzgeber auch bei der Regelung zur Formfreiheit der Ausübungserklärung hat leiten lassen.

376 Dieses Modell vom Zustandekommen des Zweitvertrags ermöglicht eine Bewältigung des Anfechtungsproblems ohne Durchbrechung der Autonomie beider Verträge; hat sich der Verpflichtete bspw. beim Abschluss des Erstvertrags geirrt, kann er auch den Zweitvertrag gegenüber dem Berechtigten anfechten. Dieses Modell kommt zudem ohne Ausnahme vom Konsensualprinzip der §§ 145 ff. BGB aus und harmoniert auch im Übrigen mit den hier favorisierten Lösungen zu Detailproblemen. Das Vorkaufsrecht ist weder ein Vertrag, noch verkörpert es Vertretungsmacht; es ist schlicht ein Kaufrecht. Die Umgehung ist ausschließlich ein Problem des Erstvertrags und muss deshalb dort gelöst werden. Ein zweiter Erstvertrag wirft lediglich die Frage nach einem weiteren Zweitvertrag auf. Die Willenserklärung des dinglich Verpflichteten auf Abschluss des Zweitvertrags wird bereits mit dem Erstvertrag beurkundet. Es stellt sich daher nur noch die Frage, ob nicht auch die Ausübungserklärung der Beurkundung bedarf. Folgerichtig regelt § 464 Abs. 1 S. 2 BGB nur die Formfreiheit für die Ausübungserklärung, was sich auch ohne Rückgriff auf das Beurkundungserfordernis bei Vorkaufsbegründung rechtfertigen lässt (Rz. 327 ff.).

Um die Formbedürftigkeit eines Vertrags zu begründen, der ein obligatorisches Vorkaufsrecht an einem Grundstück begründen soll, bedarf es keines Rückgriffs auf den Zweitvertrag (Rz. 332); das ist für die Vorkaufsrechte nach dem Vermögensgesetz nicht relevant, bestätigt aber die Leistungsfähigkeit des Modells.

2. Wirksamkeit des Zweitvertrags

Der Zweitvertrag ist vom Erstvertrag unabhängig. Beide Verträge haben ihr eigenes Schicksal; die Unwirksamkeit des Erstvertrags führt insbesondere nicht zur Unwirksamkeit des Zweitvertrags und umgekehrt. Wegen § 464 Abs. 2 BGB können Einwendungstatbestände hinsichtlich des Zweitvertrags aus beiden Vertragsverhältnissen gespeist werden. 377

a. Rechtshindernde Einwendungen

Nichtigkeitsgründe bleiben auf den Erstvertrag beschränkt; der Zweitvertrag kommt ohne die betroffenen Teile zustande (Rz. 406). Wird das Vorkaufsrecht ausgelöst, obwohl der Erstvertrag noch in der Schwebe ist, kommt auch der Zweitvertrag schwebend unwirksam zustande und entwickelt sich selbständig weiter. Eine aufschiebende Bedingung wird gemäß § 464 Abs. 2 BGB grundsätzlich Bestandteil des Zweitvertrags; erst wenn die Bedingung eintritt, wird dieser gemäß § 158 Abs. 1 BGB wirksam oder mit Ausfall der Bedingung endgültig unwirksam. Bedarf der Erstvertrag der Genehmigung, besteht für den Zweitvertrag dasselbe Erfordernis; der Zweitvertrag wird erst mit Genehmigung wirksam oder bei deren Verweigerung endgültig unwirksam. Der Zweitvertrag ist jedoch selbständig gemäß §§ 133, 157 BGB auszulegen. Deshalb bleiben Bedingungen und Genehmigungen wirkungslos, die nur für den Dritten von Belang waren (Rz. 131). Der Zweitvertrag ist in einem solchen Fall ausnahmsweise von vornherein wirksam. 378

b. Unmöglichkeit

Die Ausführung des Erstvertrags wirkt sich nicht auf den Zweitvertrag aus; wegen der Vormerkungswirkung bleibt dem Verpflichteten insbesondere die Übereignung an den Berechtigten möglich. 379

Das obligatorische Vorkaufsrecht wirkt grundsätzlich nicht wie eine Vormerkung; scheidet ein Rückerwerb aus,[639] macht die Ausführung des Erstvertrags eine Erfüllung des Zweitvertrags gemäß § 275 Abs. 1 Var. 1 BGB unmöglich, und der Verpflichtete haftet dem Berechtigten[640] gemäß §§ 280, 283 bzw. 311 a Abs. 2 BGB auf Schadensersatz statt Leistung. Sieht man in der Ausübungserklärung eine auf Vertragsschluss gerichtete Willenserklärung

---

639 Dazu BGH (27.1.12) NJW 2012, S. 1354.

640 OLG Jena (20.11.98) AgrarR 1999, S. 197; HK-BGB/Staudinger (2012) § 1094 BGB Rz. 1; Esser/Weyers, SchR II/1 (1998), § 10 Ziff. 3, S. 114; Larenz, SchR II/1 (1986) § 44 III, S. 155; Oetker/Maultzsch, Vertragliche Schuldverhältnisse (2013), § 2 H IV

des Berechtigten, handelt es sich um einen Fall anfänglicher Unmöglichkeit, wenn der Verpflichtete den Erstvertrag vor Erklärung der Ausübung des Vorkaufsrechts ausführt; der Verpflichtete kannte allerdings die Unmöglichkeit bei Abschluss des Zweitvertrags.

c. *Anfechtung*

380 Der Zweitvertrag unterscheidet sich grundsätzlich nicht von anderen Verträgen; ist sein Willensfundament infolge von Fehlvorstellungen schadhaft, kann dies sowohl den Berechtigten, als auch den Verpflichteten zur Anfechtung berechtigen.

i. *Anfechtungsgrund*

381 Auch das Fundament des Zweitvertrags wird von den Parteien des Erstvertrags gelegt; Fehlvorstellungen der Erst- können daher auch die Zweitvertragsparteien zur Anfechtung berechtigen. Denkbare Fehlerquellen im Zweitvertragsverhältnis sind daher neben der Ausübungserklärung des Berechtigten die Willenserklärungen von Verpflichtetem und Drittem. Wegen des Unabhängigkeitsprinzips (Rz. 377) bedürfen im Erstvertragsverhältnis angelegte Anfechtungsgründe im Zweitvertragsverhältnis einer gesonderten Würdigung; um bei dem Bild zu bleiben: Der Zweitvertrag muss sich nicht unbedingt auf den fehlerhaften Teil des Fundaments stützen.

382 Mit Blick auf die Willenserklärungen der Zweitvertragsparteien zeigt sich anschaulich die bekräftigende Wirkung des Modells zum Zustandekommen des Zweitvertrags. Die auf Abschluss des Erstvertrags gerichtete Willenserklärung des Verpflichteten wird auch Teil des Zweitvertrags; dass eine Fehlvorstellung den Verpflichteten auch insoweit zur Anfechtung berechtigen kann, liegt auf der Hand. Wegen des veränderten Kontextes bleibt ein Anfechtungsrecht des Verpflichteten immer eine Frage des Einzelfalls;[641] insbesondere Gründe in der Person des Dritten können für das Zweitvertragsverhältnis bedeutungslos sein (dazu gleich). Wusste der Verpflichtete z.B. nicht, dass es sich bei dem Gegenstand des Vorkaufsrechts um Bauland handelt, kann er auch den Zweitvertrag anfechten. Irrt sich der Verpflichtete über die Bonität des Dritten, steht ihm kein Anfechtungsrecht zu; die Bonität des Dritten ist im Verhältnis zum Berechtigten ohne Belang.

383 Mit der Ausübung des Vorkaufsrechts nimmt der Berechtigte den Antrag des Verpflichteten auf Abschluss des Zweitvertrags an (Rz. 375). Das Willensfundament

---

2a, Rz. 495; Medicus/Lorenz, SchR (2014), § 86 III 6, Rz. 332; Reinicke/Tiedtke, KaufR (2009), Rz. 1109; Schlechtriem, SchR BT (2003) § 6 III 3, Rz. 171.

641 Vgl. BGH (25.9.86) NJW 1987, S. 890 (893).

des Zweitvertrags kann also auch unter einer Fehlvorstellung des Berechtigten leiden. Da die Willenserklärung des Berechtigten unmittelbar auf Abschluss des Zweitvertrags gerichtet ist, beeinträchtigt eine solche Fehlvorstellung zwangsläufig die Standfestigkeit des Zweitvertrags.

Beispiel 35: Der Berechtigte irrt sich über die Höhe des im Erstvertrag vereinbarten Kaufpreises; er hält ihn für deutlich niedriger. Wird diese Fehlvorstellung erst nach der Ausübung des Vorkaufsrechts offenbar, kann der Berechtigte den Zweitvertrag anfechten.

384 Eine Besonderheit des Zweitvertrags ist es, dass dessen Inhalt aufseiten des Berechtigten durch den Dritten gestaltet wird; deshalb kommt mit der Willenserklärung des Dritten eine weitere Fehlerquelle hinzu.[642] Da die Willenserklärung des Dritten aber unmittelbar auf Abschluss des Erstvertrags gerichtet ist, muss der Zweitvertrag nicht zwangsläufig darunter leiden. Der Zweitvertrag ist nicht betroffen, wenn sich der Berechtigte bei Ausübung des Vorkaufsrechts eigene Vorstellungen macht. Das entspricht dem Repräsentationsprinzip bei der Stellvertretung und seiner Begrenzung in § 166 BGB. Auch auf den Gedanken von § 144 Abs. 1 BGB lässt sich zurückgreifen; der Berechtigte kann nicht anfechten, weil er den anfechtbaren Erstvertrag durch die Ausübung des Vorkaufsrechts bestätigt (Rz. 152).

Beispiel 36: Der hohe Kaufpreis geht auf einen Schreibfehler des Dritten im Vorfeld der notariellen Beurkundung des Erstvertrags zurück. Das weiß der Berechtigte nicht und übt aus. Der Irrtum des Dritten prägt auch den Inhalt des Zweitvertrags und ermöglicht dem Berechtigten gemäß § 119 Abs. 1 BGB die Anfechtung. Weiß der Berechtigte hingegen von dem Schreibfehler, trifft er eine fehlerfreie Entscheidung. Dasselbe gilt, wenn sich der Dritte, nicht aber der Berechtigte über die Beschaffenheit des Gegenstands irrt.

385 Im Übrigen können sämtliche Anfechtungsgründe in Betracht kommen. Das Bestehen eines dinglichen Vorkaufsrechts ist eine verkehrswesentliche Eigenschaft des Grundstücks. Ein Irrtum berechtigt daher den Dritten grundsätzlich gemäß § 119 Abs. 2 BGB zur Anfechtung des Erstvertrags. Dass ein solcher Irrtum des Dritten den Berechtigten nicht zur Anfechtung des Zweitvertrags berechtigt, ist evident. Auch der Dritte kann ausnahmsweise den Erstvertrag nicht anfechten, wenn das Vorkaufsrecht zeitnah erlischt; insbesondere ein Vorkaufsrecht nach dem Vermögensgesetz erlischt grundsätzlich, falls es trotz des Vorkaufsfalls nicht ausgeübt wird (Rz. 286). Wie lange der Dritte ggf. zuwarten muss, ist eine Frage

642 Staud/Mader/Schermaier (20144) § 463 BGB Rz. 38; Soergel/Wertenbruch (2009) § 463 BGB Rz. 60.

des Einzelfalls; eine Anfechtung scheidet gemäß § 242 BGB aus, wenn der Dritte so steht, als habe er sich nicht geirrt.[643]

386 Die wohl interessanteste Frage in diesem Zusammenhang ist, ob der Wille des Verpflichteten beachtlich ist, im Falle wirksamer Ausübung des Vorkaufsrechts lieber gar nicht zu verkaufen. Um genau diese Frage geht es, wenn der Verpflichtete irrig annimmt, das Vorkaufsrecht bestehe nicht bzw. werde durch den Vertrag mit dem Dritten nicht ausgelöst.

Beispiel 37 (entfernt nach BGH NJW 1987, S. 890): Der Verpflichtete ist schwer erkrankt und verkauft das mit einem Vorkaufsrecht belastete Grundstück an seinen Bruder. Da die Eltern nicht mehr leben, gehen beide davon aus, dass damit lediglich die gesetzliche Erbfolge vorweggenommen und das Vorkaufsrecht gemäß § 470 BGB nicht ausgelöst wird. Das Grundstück soll unbedingt in der Familie bleiben; im Kaufvertrag ist daher bestimmt, dass der Verkauf hinfällig wird, falls das Vorkaufsrecht doch besteht. Wie sich erst dann herausstellt, ist der Verpflichtete Vater eines mittlerweile volljährigen Kindes. Da der Bruder gemäß § 1930 BGB nicht als gesetzlicher Erbe des Verpflichteten berufen ist, greift § 470 BGB nicht ein und das Vorkaufsrecht wird ausgelöst.

387 Das Vorkaufsrecht nicht auszulösen, gehört zu den Motiven des Verpflichteten; eine Fehlvorstellung ist daher grundsätzlich unbeachtlich.[644] Die eingangs formulierte Frage stellt sich deshalb erst, wenn dieses Motiv vereinbarungsgemäß zum Rücktritt berechtigt,[645] zur Bedingung im Sinne § 158 BGB erhoben wurde, geschäftswesentlich im Sinne § 119 Abs. 2 BGB ist, gemäß § 313 BGB zur Geschäftsgrundlage gehört[646] oder tragendes Motiv im Sinne § 139 BGB[647] ist; dann ist eine Fehlvorstellung nach allgemeinen Grundsätzen ausnahmsweise beachtlich. Ob das auch für das Motiv der Nichtauslösung gilt, ist umstritten.[648]

388 Zum Teil wird diese Frage unter Hinweis auf § 465 BGB verneint.[649] Der Wortlaut von § 465 BGB lässt die Deutung zu, dass auf die Ausübung des Vorkaufsrechts

643 MünchKomm/Armbrüster (2012) § 119 BGB Rz. 141 m.w.N.

644 BGH (25.9.86) NJW 1987, S. 890 (893).

645 Darum geht es bei OLG Hamm (20.8.09) Az. 22 U 167/08.

646 Darum geht es bei BGH (25.9.86) NJW 1987, S. 890 (893).

647 Darum geht es bei BGH WM 1990, S. 716.

648 **Dafür**: BGH (25.9.86) NJW 1987, S. 890 (893); Burkert, NJW 1987, S. 3157; Emmerich, WuB IV A § 505 1.87; MünchKomm/Westermann (2012) § 465 BGB Rz. 1. **Dagegen**: OLG Stuttgart als Vorinstanz, vgl. BGH a.a.O.; Flume, JZ 1987, S. 572 (573); Reinicke/Tiedtke, Kaufrecht (2009), Rz. 1112 f.; Tiedtke, NJW 1987, S. 874 (875). Dagegen wohl auch Burballa, Vorkaufsfall, S. 89 ff.

649 Burballa, Vorkaufsfall, S. 89 ff. u. 110 ff.; Grunewald, FS Gernhuber (1993), S. 137 (145); Pawlitschek, S. 81 f.; Reinicke/Tiedtke, KaufR (2009), Rz. 1113; Tiedtke, NJW 1987, S. 874 (875 f.).

gerichtete Motive des Verpflichteten gegenüber dem Berechtigten keine Wirkung entfalten. Die Überlegung, dass hier nicht die Ausübung, sondern das Vorkaufsrecht selbst zu einer uneigentlichen Bedingung gemacht wird, spricht ebenfalls nicht gegen die Anwendbarkeit von § 465 BGB.[650] Eine wirksame Ausübung setzt die Existenz des Vorkaufsrechts voraus, sodass mit der Ausübung stets auch das Vorkaufsrecht zur Bedingung erhoben wird; umgekehrt stört den Verpflichteten das Vorkaufsrecht nur, wenn es ausgeübt wird. Zudem steht die Existenz des Vorkaufsrechts bei Abschluss des Erstvertrags objektiv fest und ist damit eine uneigentliche Bedingung; das kann aber an der Anwendbarkeit von § 465 BGB nichts ändern. Dasselbe gilt für den Hinweis, der Verpflichtete respektiere in diesen Fällen die Bindung an das Vorkaufsrecht, und der Berechtigte werde nicht ausmanövriert.[651] Dahinter verbirgt sich die zweifelhafte Vorstellung, § 465 BGB habe etwas mit dem Umgehungsschutz zu tun. Die Vorschrift betrifft aber lediglich die Vorsorge des Verpflichteten für den Fall der Ausübung des Vorkaufsrechts (Rz. 226); gerade weil der Verpflichtete das Vorkaufsrecht respektiert, ist § 465 BGB anwendbar.

§ 465 BGB ist teleologisch auf Vorsorgevorbehalte des Verpflichteten zu redu- 389
zieren; unverzichtbar bleibt eine fehlerfreie Entscheidung des Verpflichteten, den Gegenstand zu verkaufen. So verstanden, bestätigt § 465 BGB den Grundsatz, dass Einwendungen aus dem Erstvertrag im Zweitvertrag wirkungslos bleiben, wenn sich ihr Zweck im Erstvertrag erschöpft. Ein extensiveres Verständnis von § 465 BGB ist nicht nur mit Blick auf den Grundsatz der Privatautonomie bedenklich; es kollidiert zudem mit dem Grundsatz, dass der Verpflichtete dem Berechtigten die Ausübung des Vorkaufsrechts nicht ermöglichen muss (Rz. 118). Der Verpflichtete darf einen Zugriff des Berechtigten auf das Grundstück schlicht dadurch verhindern, dass er das Grundstück nicht verkauft; sein auf Ausschluss der Berechtigten gerichteter Wille ist also beachtlich. Der Verpflichtete kann z.B. das Grundstück allein deshalb verschenken, weil er nicht will, dass der Berechtigte zeitnah darauf zugreift; auch in diesem Fall verfolgt der Berechtigte ein Ziel am Vorkaufsrecht vorbei. Im Unterschied zur Umgehung (Rz. 210 ff.) akzeptiert der Verpflichtete das Vorkaufsrecht; er überschreitet nicht die Grenze des Zulässigen, weil der direkte Weg zum Ziel nicht über das Vorkaufsrecht führt.

Das Motiv der Nichtausübung des Vorkaufsrechts ist also nicht generell un- 390
beachtlich. Seine Berücksichtigung leistet nicht Umgehungsversuchen Vorschub;

---

650 BGH (25.9.86) NJW 1987, S. 890 (893); Erman/Grunewald (2014) § 465 BGB Rz. 2; Staud/Mader/Schermaier (2014) § 465 BGB Rz. 3; Tiedtke, NJW 1987, S. 874 (875). Zur uneigentlichen Bedingung allgemein Flume, AT II, § 38 Ziff. 1b, S. 678 ff.

651 MünchKomm/Westermann (2012) § 465 BGB Rz. 1.

liegt ein Umgehungsfall vor, ist der Erstvertrag nichtig (Rz. 217 ff.), und die zugrunde liegenden Motive des Verpflichteten sind unbeachtlich. Auch wird dem Verpflichteten keine einfache Möglichkeit einer Schutzbehauptung eröffnet. Der Verpflichtete muss eine entsprechende Motivation nicht nur nachvollziehbar und unter Beweisantritt darlegen; das ist bspw. nicht möglich, solange es an ernsthaften Bemühungen zur Rückabwicklung des bereits ausgeführten Erstvertrags fehlt. Der Verpflichtete muss zudem darlegen und beweisen, dass seine Motivation dem Dritten in beachtlicher Art und Weise deutlich geworden ist (Rz. 387). Der Berechtigte steht also vor den gleichen Schwierigkeiten wie bei jedem Umgehungsversuch (Rz. 223 f.).

Im Beispiel 37 kann der Verpflichtete den Zweitvertrag gemäß § 119 Abs. 2 BGB anfechten bzw. gemäß § 313 BGB davon zurücktreten, vorausgesetzt er betreibt auch die Rückabwicklung des Erstvertrags. Es geht nicht nur um das Prognoserisiko für den Vorkaufsfall, sondern für die Ausübung des Vorkaufsrechts; dieses Risiko fällt in der Regel nicht allein in den Risikobereich der Vorkaufsberechtigten und steht damit einem Rückgriff auf § 313 BGB nicht entgegen.[652]

391 Zu einer Fehlvorstellung des Berechtigten vom Inhalt des Erstvertrags kann es vor allem durch eine unvollständige oder fehlerhafte Mitteilung gemäß § 469 Abs. 1 BGB kommen. In diesem Fall geht die Ausübungserklärung nicht einfach ins Leere, weil der Verpflichtete diese Fehlvorstellung zumindest erkennen konnte; der Berechtigte muss anfechten, wenn er den Zweitvertrag nicht gelten lassen will.[653] Das Vorkaufsrecht eröffnete dem Berechtigten nur die Möglichkeit, den in der auf Abschluss des Erstvertrags gerichteten Willenserklärung enthaltenen Antrag anzunehmen (Rz. 375); auf diesen Antrag ist die Ausübungserklärung erkennbar gerichtet, die Mitteilung stellt lediglich das Motiv dar. Im Übrigen zeigt § 122 Abs. 2 BGB, dass der Anfechtungsgegner bösgläubig sein kann; das Gesetz versagt ihm nur den Schadensersatz.

ii. Anfechtungserklärung

392 Da Erst- und Zweitvertrag autonom sind, muss der Zweitvertrag selbständig angefochten werden. Will der Verpflichtete beide Verträge anfechten, muss er sich sowohl gegenüber dem Dritten, als auch gegenüber dem Berechtigten erklären. Der Verpflichtete gibt eine Willenserklärung allein gegenüber dem Dritten ab (Rz. 375); Anspruchsgegner hinsichtlich des Zweitvertrags ist gemäß § 143 Abs. 2 BGB dennoch der Berechtigte. Der Verpflichtete haftet damit unter Umständen

652 **A.A.** Burballa, Vorkaufsfall, S. 94.

653 **A.A.** Medicus/Lorenz, SchR (2014), § 86 III 5, Rz. 331.

sowohl dem Berechtigten als auch dem Dritten aus § 122 BGB und bei Verschulden zudem aus §§ 280 Abs. 1, 311 Abs. 2, 241 Abs. 2 BGB; das ist nicht unbillig, weil es am Verpflichteten liegt, ob es zu einer Doppelverpflichtung kommt. Man lässt den Verpflichteten schließlich auch zweimal auf das Erfüllungsinteresse haften zu lassen, einmal durch Leistung und einmal durch Schadensersatz statt Leistung (Rz. 182). Es gibt also keinen Grund, dem Berechtigten Schadensersatz zu versagen.[654]

(A) Isolierte Anfechtung des Erstvertrags

Eine isolierte Anfechtung des Erstvertrags lässt den Eintritt des Vorkaufsfalls 393 unberührt, sodass der Berechtigte unverändert ausüben kann. Der Berechtigte muss allerdings damit rechnen, dass eine Anfechtungserklärung des Verpflichteten ihm gegenüber wiederholt wird. Die Gefahr, den mit der Ausübung des Vorkaufsrechts verbundenen Aufwand umsonst zu betreiben, kann dem Berechtigten grundsätzlich nicht abgenommen werden; ohne Weiteres ist der Verpflichtete insbesondere nicht im Sinne § 241 Abs. 2 BGB zur Rücksichtnahme durch gleichzeitige Erklärung gegenüber dem Berechtigten verpflichtet.[655] Für eine solche Verpflichtung spricht, dass eine zweite Anfechtungserklärung aufseiten des Verpflichteten kaum zusätzlichen Aufwand verursacht, den Berechtigten hingegen vor nicht unerheblichen Aufwand bewahren würde. Dagegen spricht aber, dass der Verpflichtete bis zur Ausübung des Vorkaufsrechts in der Regel gar keine Veranlassung hat, sich auch dem Berechtigten gegenüber zu erklären. Deshalb kann auch die Anfechtungsfrist erst durch den Zugang der Ausübungserklärung in Lauf gesetzt werden.

Der Verpflichtete muss allerdings gemäß § 469 Abs. 1 BGB den Berechtigten 394 unverzüglich über den Abschluss des Erstvertrags informieren. Kommt der Verpflichtete dem nach, hat er im Anfechtungsfall auch Veranlassung zur Erklärung gegenüber dem Berechtigten. Vergeblicher Aufwand des Berechtigten ist daher über den Schadensersatz wegen Verletzung der Mitteilungspflicht gemäß § 280 Abs. 1, 241 Abs. 2 BGB erstattungsfähig.[656] Die drohende Ersatzpflicht wirkt auch dem entgegen, dass der Verpflichtete die Entscheidung des Berechtigten einfach abwarten und ihn dadurch bedrängen kann (Rz. 135). Die Mitteilung führt dazu, dass der Berechtigte ausüben muss, selbst wenn er von der Anfechtung des

654 **A.A.** Schurig, S. 144.
655 **A.A.** Schurig, S. 144.
656 Ähnlich Schurig, S. 144.

Erstvertrags weiß; er ist in diesem Fall aber durch den Schadensersatzanspruch hinreichend geschützt.

(B) Isolierte Anfechtung des Zweitvertrags

395 Das Unabhängigkeitsprinzip im Verhältnis zwischen Erst- und Zweitvertrag scheint es dem Verpflichteten zu ermöglichen, allein den Zweitvertrag aus der Welt zu schaffen und so über den Erstvertrag doch seine Interessen am Vorkaufsrecht vorbei verwirklichen zu können.

Im Beispiel 37 prägt der Irrtum des Verpflichteten beide Verträge. Der Verpflichtete könnte daher auf die Idee kommen, nur gegenüber dem Berechtigten anzufechten.

396 Dieser Schein trügt. Ein solches Vorgehen des Verpflichteten würde dem Berechtigten für den aktuellen Verkaufsfall die Erwerbsmöglichkeit nehmen und sein Vorkaufsrecht insoweit leerlaufen lassen. Dem Verpflichteten ist in diesem Zusammenhang der Vorwurf widersprüchlichen Verhaltens gemacht worden;[657] das Verhalten des Verpflichteten gegenüber dem Berechtigten steht jedoch lediglich im Widerspruch zu seinem Verhalten gegenüber dem Dritten, was mit Blick auf das Unabhängigkeitsprinzip nicht zu beanstanden ist. Der Verpflichtete stellt vielmehr das Vorkaufsrecht des Berechtigten ebenso wie mit einer Umgehung (Rz. 219) infrage; deshalb ist eine isolierte Anfechtungserklärung des Verpflichteten gegenüber dem Berechtigten nichtig, § 138 Abs. 1 BGB.

d. Rechtsvernichtende Einwendungen

397 Die Überlegungen zur Anfechtung lassen sich auf Rücktrittsrechte und auflösende Bedingungen übertragen. Derartige Vorbehalte werden über § 464 Abs. 2 BGB aus dem Erst- in den Zweitvertrag kopiert;[658] in teleologischer Reduktion von § 465 BGB gilt dies auch, soweit sich in einem solchen Vorbehalt der Wille des Verpflichteten manifestiert, für den Fall der Ausübung des Vorkaufsrechts nicht zu verkaufen. Auch ein kopiertes Rücktrittsrecht muss der Verpflichtete in beiden Vertragsverhältnissen gesondert ausüben; indem er sich auf den Zweitvertrag beschränkt, verhält er sich sittenwidrig. Wartet der Verpflichtete mit dem Rücktritt vom Zweitvertrag bis zur Ausübung des Vorkaufsrechts, kann der

---

657 Tiedtke, NJW 1987, S. 874 (876).

658 Zur auflösenden Bedingung vgl. Erman/Grundewald (2014) § 463 BGB Rz. 13; Staud/Mader/Schermaier (2014) § 463 BGB Rz. 42; Oetker/Maultzsch, Vertragliche Schuldverhältnisse (2013) § 2 H IV 3a, Rz. 502; MünchKomm/Westermann (2012) § 463 BGB Rz. 16. Zum Rücktritt vgl. BGH (11.2.77) NJW 1977, S. 762; MünchKomm/Westermann (2012) § 463 BGB Rz. 15; Pawlitschek, S. 71; Oetker/Maultzsch, a.a.O.

Berechtigte Ersatz frustrierter Aufwendungen verlangen, wenn der Verpflichtete zugleich schuldhaft seine Mitteilungspflicht verletzt hat.

Der Verpflichtete kann im Falle eines Mengekaufs unter der Voraussetzung von § 467 S. 2 BGB Erstreckung des Vorkaufsrechts auf alle veräußerten Gegenstände verlangen (dazu Rz. 163 ff.). Bislang unbeantwortet geblieben ist die Frage, wie sich das nachträgliche Erstreckungsverlangen auf den bereits zustande gekommen Zweitvertrag auswirkt. Warum dem Berechtigten für die Dauer seiner Entschließung lediglich eine Einrede zustehen soll,[659] ist nicht ersichtlich; ist das Erstreckungsverlangen berechtigt, können weder Verpflichteter noch Berechtigter am ursprünglichen Vertrag festhalten. Das Erstreckungsverlangen hat also gestaltenden Charakter, dem man – einer Anfechtungserklärung gleich – rückwirkende Kraft beimessen kann; bereits mit Verlangen ist das ursprüngliche Vorkaufsrecht, und damit auch der bereits zustande gekommene Zweitvertrag, hinfällig.[660] 398

3. Parteien des Zweitvertrags

Der Zweitvertrag kommt zwischen Berechtigtem und Verpflichtetem zustande; bei dinglichen Vorkaufsrechten sind damit die Parteien allerdings nicht immer eindeutig festgelegt. Wird das dingliche Vorkaufsrecht durch einen Weiterverkauf vor Eigentumsumschreibung ausgelöst (Rz. 76 ff.), muss zwischen dem ursprünglichen Eigentümer und dem Zwischenkäufer ausgewählt werden. Das dingliche Vorkaufsrecht verpflichtet den Eigentümer, ein Erwerber kann daher erst nach vollzogenem Eigentumswechsel verpflichtet sein. Der Erwerber lässt sich in der Regel eine Auflassungsvormerkung bestellen und hat daher eine gesicherte Erwerbsposition. Für ein Festhalten am Eigentumswechsel[661] spricht, dass der Zwischenkäufer nicht zwingend eine gesicherte Erwerbsposition erwirbt; auch wenn ein Nichtverpflichteter das Vorkaufsrecht auslöst (Rz. 201), kommt der Zweitvertrag zwischen Verpflichtetem und Berechtigtem zustande. 399

Im Beispiel 6 kommen als Verpflichtete der Eigentümer und der Erbe in Betracht. Eigentümer ist der Verpflichtete, mit ihm kommt der Zweivertrag zustande.

Wie bei jedem anderen Vertrag kommen auch beim Zweitvertrag sämtliche Formen des Parteiwechsels in Betracht. Der nach dem Vermögensgesetz Vormerkungsberechtigte kann daher gemäß §§ 20 a S. 5, 20 Abs. 6 S. 1 VermG das 400

659 So OLG Stuttgart (20.8.98) R 1999, S. 1 (Rz. 2).

660 Insoweit auch RG (21.5.31) Z 133, S. 76 (79 unten beginnend).

661 **A.A.** BGH (26.1.73) Z 60, S. 275.

Vorkaufsrecht selbst nicht auf einen Dritten übertragen. Die Unübertragbarkeit eines Vorkaufsrechts hindert den Berechtigten aber nicht an einer Abtretung seines Übereignungsanspruchs aus dem Zweitvertrag.[662] Es geht bei den Vorkaufsrechten nach dem Vermögensgesetz lediglich um die Zugriffsmöglichkeit und nicht um das Behalten des Grundstücks.

4. Inhalt des Zweitvertrags

401 Der Zweitvertrag kommt gemäß § 464 Abs. 2 BGB mit dem Inhalt des Erstvertrags zustande; die Inhalte beider Verträge sind also grundsätzlich identisch. Fraglich ist, wie weit dieser Grundsatz reicht.

a. Vereinbarung

402 Abweichende Vereinbarungen der Parteien sind unzulässig, soweit es sich um dingliche Vorkaufsrechte handelt (Rz. 238); die grundsätzliche Deckungsgleichheit von Erst- und Zweitvertrag gehört zum Inhalt des Vorkaufsrechts und ist daher vor dem Hintergrund des numerus clausus der Sachenrechte einer Änderung nicht zugänglich. Insbesondere ein Vorkaufsrecht mit limitiertem Kaufpreis kann nicht mit dinglichen Wirkungen versehen werden;[663] beim obligatorischen Vorkaufsrecht ist dies hingegen möglich.[664] Der Inhalt des Zweitvertrags hingegen kann von Parteien einvernehmlich geändert werden; Verpflichteter und Berechtigter können sich insbesondere auf einen niedrigeren Kaufpreis verständigen. Die Änderungsvereinbarung wirkt nur inter partes und ist auch bei dinglichen Vorkaufsrechten jederzeit möglich; im Vorfeld ist eine solche Vereinbarung lediglich durch die Ausübung des Vorkaufsrechts aufschiebend bedingt. Anders als beim Erlass (Rz. 301) bestehen gegen eine Vereinbarung im Vorfeld keinen Bedenken, weil eine Ausübung des Vorkaufsrechts durch den Berechtigten ihren Sinn behält.

---

662 RG Z 108, S. 114; Ebert, NJW 1956, S. 1621 (1623); Haegele, DNotZ 1961, S. 229 (231).

663 BGH (27.6.01) NJW 2001, S. 2883; OLG Düsseldorf (25.9.12) FGPrax 2013, S. 14; OLG Zweibrücken (20.9.11) DNotZ 2012, S. 452; HK-BGB/Staudinger (2012) § 1094 BGB Rz. 4; Prütting/Eickmann (2013) § 1098 BGB Rz. 1; Schreiber, Jura 2012, S. 114 (118).

664 RG (12.12.42) Z 170, 208 (214); Staud/Mader/Schermaier (2014) § 464 BGB Rz. 18; MünchKomm/Westermann (2012) § 463 BGB Rz. 3; Oetker/Maultzsch, Vertragliche Schuldverhältnisse (2013), H IV 4, Rz. 510.

b. Leistungspflichten

Der Grundsatz inhaltlicher Identität von Erst- und Zweitvertrag wird allerdings auch vom Gesetz nicht ausnahmslos durchgehalten. Dieser Grundsatz ist sowohl bei den Haupt- als auch den Nebenleistungspflichten durchbrochen. Vom Kaufvertrag zu unterscheiden sind die Übereignung des Grundstücks,[665] diese flankierende und damit vergleichbare Abreden; nicht Teil des Zweitvertrags werden daher z.B. Vollzugsvollmachten.[666] 403

i. Hauptleistungspflichten

Der Grundsatz inhaltlicher Identität ist im Bereich der Hauptleistungspflichten beim Mengekauf durchbrochen; in diesem Fall wird der Inhalt des Zweitvertrags gemäß § 467 S. 1 BGB durch die Reichweite des Vorkaufsrechts bestimmt.[667] Der Verpflichtete schuldet dem Berechtigten lediglich Übergabe und Übereignung des belasteten Gegenstands, der Berechtigte dem Verpflichteten einen verhältnismäßigen Teil des Kaufpreises, § 467 S. 1 BGB. Bei der Bestimmung des Verhältnisses kommt es vor allem auf den Wert der Teile an;[668] genau wie bei der Minderung wird zudem eine Abweichung des Kaufpreises vom Wert des Gegenstandes anteilig berücksichtigt.[669] Verlangt der Verpflichtete gemäß § 467 S. 2 BGB Erstreckung und übt der Berechtigte erneut aus, kann es zur Wiederherstellung der inhaltlichen Identität kommen (Rz. 163 ff.). 404

Ferner wird im Bereich der Hauptleistungspflichten der Grundsatz inhaltlicher Identität durchbrochen, wenn man die Umgehungsproblematik über eine Ausdehnung des Vorkaufsrechts bewältigen will (Rz. 237 f.); der Blick auf § 464 Abs. 2 BGB verdeutlich einmal mehr, dass dieser Weg ungeeignet ist. Würde insbesondere ein Tauschvertrag das Vorkaufsrecht auslösen, könnte § 464 Abs. 2 BGB nicht direkt angewendet werden; die Folge wäre dennoch ein Kaufvertrag zwischen Verpflichtetem und Berechtigtem. Das Problem dabei ist weniger konstruktiver Natur; vielmehr wird die in § 464 Abs. 2 BGB zum Ausdruck kommende Vorstellung des Gesetzgebers von der inhaltlichen Identität beider Rechtsverhältnisse missachtet. Eine entsprechende Anwendung von § 464 Abs. 2 BGB in diesen Fällen, was zu einem Tausch als Zweitvertrag führen und insoweit 405

---

665 Auflassung erforderlich, vgl. BayObLG (26.8.1999) NJW-RR 2000, S. 92.

666 BGH (21.6.12) MDR 2012, S. 960.

667 Vgl. nurBGH (27.1.12) NJW 2012, S. 1354.

668 BGH WM 1970, S. 91; OLG Karlsruhe NJW-RR 1996, S. 917; Walter, Kaufrecht § 13 III 5, S. 615. Kritisch Erman/Grunewald (2014) § 467 BGB Rz. 2.

669 OLG Karlsruhe NJW-RR 1996, S. 917; Palandt/Weidenkaff (2014) § 467 BGB Rz. 2.

Abhilfe schaffen würde, kommt ebenfalls nicht in Betracht; die Folge wäre nämlich ein Vortauschrecht.[670] Auch hier ist das Problem nicht konstruktiver Natur, vgl. § 480 BGB; ein Vortauschrecht ist vielmehr vom Willen der Schöpfer eines Vorkaufsrechts nicht gedeckt.

406 Fingiert man hingegen den Vorkaufsfall, lässt sich der Grundsatz inhaltlicher Identität konsequent durchhalten.[671] Der Umgehung dienen nur Teile des Erstvertrags; betroffen ist etwa die Zahlungspflicht des Dritten (Rz. 222), nicht hingegen die auch im Normalfall vom Verpflichteten geschuldete Übergabe und Übereignung. Es spricht nichts dagegen, dass der Zweitvertrag ohne diese Teile und damit ohne Zahlungspflicht zustande kommt. Das bedeutet eine geltungserhaltende Reduktion, die im Falle der Sittenwidrigkeit zum Teil abgelehnt wird;[672] die Gründe für diese Ablehnung treffen aber auf den Zweitvertrag nicht zu. Die Totalnichtigkeit soll verhindern, dass etwas Sittenwidriges in der Gewissheit vereinbart wird, bei Nichtigkeit das Angemessene als Minimalziel zu erhalten; mit dem bereinigten Zweitvertrag erreicht der Verpflichtete keine Minimalziele. § 139 BGB ist nicht anwendbar; der Verpflichtete muss den Zweitvertrag akzeptieren, sodass die Frage nach dem hypothetischen Parteiwillen in Bezug auf die Gültigkeit des Vertrags nicht passt. Dass ein wesentlicher Vertragsteil fehlt, ist nichts Singuläres (Rz. 371); soweit man den Verpflichteten nicht sanktionieren will, kann auch diese Lücke mittels ergänzender Vertragsauslegung geschlossen werden.[673] Dabei geht es erneut um den hypothetischen Parteiwillen, dieser hat aber mit dem Vorkaufsrecht nichts mehr zu tun; mit seinem Zustandekommen über § 464 Abs. 2 BGB hat der Zweitvertrag sein eigenes Schicksal. Im Übrigen vermag ein nichtiger Erstvertrag das Vorkaufsrecht nur auszulösen, wenn er ausgeführt wird (Rz. 126 f.); Anhaltspunkte für die Höhe des Kaufpreises liefern daher Zahlungen des Dritten und der Wert des Grundstücks.

ii. Nebenleistungspflichten

407 Grundsätzlich treffen den Berechtigten auch sämtliche Nebenleistungspflichten;[674] in Betracht kommen z.B. ein unentgeltliches Nutzungsrecht[675] oder ein bestimmtes

---

670 Vom Vortausch spricht z.B. Knüfermann, S. 38.

671 Lehnt man § 138 Abs. 1 BGB und damit jedwede Nichtigkeit des Erstvertrags ab, bereitet dies unnötig Probleme, vgl. Pawlitschek, S. 180 ff.

672 Zum Umfang der Nichtigkeit allgemein z.B. MünchKomm/Armbrüster § 138 BGB Rz. 158 ff. m.w.N.

673 So BGH (25.9.86) NJW 1987, S. 890 (892).

674 Allgemein BGH (15.10.81) NJW 1982, S. 2068 m.w.N.

675 OLG Koblenz (23.1.13) DNotZ 2013, S. 678; Urt. v. 8.7.10, Az. 5 U 135/10.

Nutzungsverbot.[676] Kann der Berechtigte die Nebenleistung nicht bewirken und lässt sich diese in Geld schätzen, muss der Berechtigte gemäß § 466 S. 1 BGB zusätzlich zum Kaufpreis den Wert der Nebenleistung entrichten (Rz. 192 ff.). Von der Nebenleistungspflicht frei wird der Berechtigte gemäß § 275 Abs. 1 Var. 1 BGB nur, wenn sich die Nebenleistung nicht in Geld schätzen und der Vertrag auch ohne die Nebenleistung geschlossen worden wäre. Das gilt unabhängig davon, ob die Mitteilung gemäß § 469 BGB diese Nebenabreden enthält. Eine unvollständige Mitteilung bindet den Verpflichteten nicht:[677] Eine solche Bindung ist nicht nur mit Blick auf § 311 b Abs. 1 BGB bedenklich; da es den mitgeteilten Erstvertrag nicht gibt, kann dieser auch über das Vorkaufsrecht keine Berücksichtigung finden. Durch eine unvollständige Mitteilung macht sich der Verpflichtete gemäß § 280 Abs. 1 BGB schadensersatzpflichtig und schuldet gegebenenfalls gemäß § 249 Abs. 1 BGB Aufhebung des Zweitvertrags.

Beispiel 38 (nach RG Z 170, S. 208): Der Verpflichtete verkauft das mit einem Vorkaufsrecht nach dem Vermögensgesetz belastete Grundstück an den Dritten; im zweiten Teil der notariellen Kaufvertragsurkunde räumt der Dritte dem Verpflichteten ein Wiederkaufsrecht ein. Der Verpflichtete informiert den Berechtigten über den Abschluss des Vertrags, übersendet ihm aber den Kaufvertrag ohne den Teil mit dem Wiederkaufsrecht. Wird das Vorkaufsrecht ausgeübt, kommt der Zweitvertrag mit Wiederkaufsrecht zustande; der Berechtigte muss sich daher gegebenenfalls über §§ 280 Abs. 1, 249 Abs. 1 BGB vom Zweitvertrag lösen. Tut der Berechtigte dies, erlischt sein Vorkaufsrecht nach dem Vermögensgesetz, weil der erste Verkaufsfall nicht genutzt wurde. Hält der Berechtigte hingegen am Zweitvertrag fest, bleibt das Vorkaufsrecht bestehen; solange das Wiederkaufsrecht besteht, ist der Erwerb durch den Berechtigten nicht endgültig (Rz. 279 ff.).

iii. Kosten

Abschluss und Durchführung eines Grundstückskaufvertrags ist mit Kosten verbunden; z.B. Notar, Grundbuchamt, Sachverständige oder Makler müssen bezahlt werden. Diese Kosten können von den Parteien durch entsprechende Vereinbarung im Kaufvertrag verteilt werden. Fehlt eine solche Vereinbarung, legt § 448 Abs. 2 BGB die üblichen Übereignungskosten dem Käufer auf; sonstige Kosten trägt ohne Vereinbarung diejenige Partei, bei welcher die Kosten anfallen. Auf Käuferseite werden diese Kosten durch den Eigentumserwerb aufgewogen;[678] dazu kommt es aber nicht, wenn der Berechtigte ein dingliches Vorkaufsrecht 408

676 Vgl. Winkler, NJW 1970, S. 99.

677 **A.A.** RG (12.12.42) Z 170, S. 208 (214 f.); Ehrenforth, AZP 150, S. 420; Peßler, NJW 1960, S. 1785 (1786).

678 Ähnlich OLG Celle (18.10.57) NJW 1957, S. 1802 (1803).

ausübt und sich beim Eigentumserwerb gegen den Dritten durchsetzt. Es überrascht daher nicht, dass der Dritte nach Möglichkeiten sucht, dieses Kostenrisiko zu vermeiden. Kosten des Verpflichteten kann der Dritte einfach übernehmen; die entsprechende Klausel wird über § 464 Abs. 2 BGB Teil des Zweitvertrags.[679] Über § 464 Abs. 2 BGB lassen sich aber auch Kosten des Dritten verlagern.

Beispiel 39 (nach BGH Z 131, S. 318): Der Dritte findet mithilfe eines Maklers das mit einem dinglichen Vorkaufsrecht belastete Grundstück des Verpflichteten. Entschließt sich dieser zum Kauf, treffen die Maklerkosten den Dritten; er hat den Makler eingeschaltet. Wegen des Vorkaufsrechts besteht aber die Gefahr, dass die beabsichtigte Kompensation durch den Eigentumserwerb ausbliebt. Deshalb verspricht der Dritte dem Verpflichteten, den Makler in der vereinbarten Höhe zu entlohnen. Diese Klausel wird über § 464 Abs. 2 BGB Teil des Zweitvertrags und begründet gemäß §§ 328 Abs. 1 BGB einen Vergütungsanspruch des Maklers gegen den Berechtigten.

409 Auf diesem Weg lässt sich der Berechtigte allerdings unbegrenzt zum Ersatz verpflichten; so haben Parteien des Erstvertrags z.B. auf diesem Weg versucht, Projektierungskosten des Dritten zu verlagern.[680] Durch die uneingeschränkte Möglichkeit einer Verlagerung besteht die Gefahr, dass das Vorkaufsrecht unterlaufen wird; kalkuliert der Berechtigte anders als der Dritte, können ihn hohe Kosten von der Ausübung des Vorkaufsrechts abhalten. Eine Verlagerung überhaupt nicht zuzulassen, würde hingegen den ungewollten Negativeffekt des Vorkaufsrechts beim Verkauf des Grundstücks (Rz. 52) verstärken; der Verpflichtete müsste mit einem noch deutlicheren Anreiz über den Kaufpreis reagieren. Es muss also eine Grenze gezogen werden.

410 Vor allem die Rechtsprechung stellt zur Abgrenzung darauf ab, ob es sich bei der Klausel um einen Fremdkörper handelt;[681] ein Fremdkörper sei nur auf den Fall der Ausübung des Vorkaufsrechts zugeschnitten und gehöre nicht zum Wesen eines Kaufvertrags.[682] Dieser Begriffsinhalt ist zu vage. Die Parteien des Erstvertrags sorgen für den Fall der Ausübung des Vorkaufsrechts vor, was zulässig ist (dazu gleich); entsprechende Vertragsklauseln sind typischerweise auf die Ausübung des Vorkaufsrechts zugeschnitten. Dass z.B. Projektierungskosten nichts mit einem Kaufvertrag zu tun hätten, kann man ebenfalls nicht sagen.

---

679 Vgl. nur, insoweit obiter zu Maklerkosten: BGH (14.12.95) Z 131, S. 318; (15.10.81) NJW 1982, S. 2068h . Ebenso etwa Innozenz, Rz. 474.

680 BGH (13.6.80) Z 77, S. 359.

681 BGH (14.12.95) Z 131, S. 318; (11.10.91) NJW 1992, S. 236; (25.11.87) Z 102, 237; (12.11.86) NJW-RR 1987, S. 396; (25.9.86) NJW 1987, S. 890; (13.6.80) Z 77, S. 359; (28.11.62) WM 1963, S. 31.

682 BGH (14.12.95) Z 131, S. 318; zustimmend Staud/Mader/Schermaier (2014) Rz. 17.

In der Literatur ist im Zusammenhang mit Maklerkosten vorgeschlagen worden, auf einen Preisnachlass wegen vom Dritten übernommener Maklerkosten abzustellen;[683] da die Parteien des Erstvertrags einen solchen Preisnachlass lediglich nicht auszuweisen brauchen, ist dieser Weg nicht praktikabel.

Zu einem alternativen Ansatz führt ein bereicherungsrechtlicher Blick auf die von § 448 Abs. 2 BGB erfassten Kosten. Gemäß § 448 Abs. 2 BGB oder entsprechender Abrede im Erstvertrag trägt der Berechtigte die Kosten für die Beurkundung des Erstvertrags;[684] die Beurkundung des Erstvertrags deckt auch den Zweitvertrag ab (Rz. 330), insofern spart der Berechtigte Aufwendungen.[685] Die Kosten für eine Übereignung an den Dritten dürften dem Berechtigte hingegen nicht zur Last fallen; die Übereignung an den Dritten kommt dem Berechtigten hingegen nicht zugute. Der Dritte kann trotz Bereicherung nicht direkt gemäß § 812 Abs. 1 S. 1 Var. 2 BGB kondizieren;[686] in Betracht kommt aber ein Bereicherungsausgleich entlang der vertraglichen Beziehungen.[687] 411

Mit Rücksicht auf den Negativeffekt des Vorkaufsrechts (Rz. 52) greift diese bereicherungsrechtliche Betrachtung allerdings zu kurz, weil für den Vertragsschluss sinnvolle Aufwendungen den Berechtigten nicht zwingend bereichern. So kann z.B. der Dritte ein Verkehrswertgutachten einholen, um eine Vorstellung vom Wert des Grundstücks zu bekommen; dieses Gutachten ist für den Berechtigten nutzlos, wenn er bereits eine hinreichende Vorstellung hat. Dennoch kommt dieses Gutachten dem Berechtigten zugute; dies bereits dann, wenn das Gutachten den Dritten dazu bringt, den Erstvertrag abzuschließen. Genau den gleichen Effekt können die Eintragung einer Auflassungsvormerkung oder eines Finanzierungspfandrechts haben. Inwieweit der Dritte zum Abschluss des 412

683 So etwa Althammer, ZfIR 2012, S. 765 (772); NZM 2008, S. 25 (27 f.).

684 BGH (20.5.83) NJW 1983, S. 2024 (2025) m.w.N; OLG Frankfurt (11.4.12) MittBayNot 2013, S. 125; OLG Celle (18.10.57) NJW 1957, S. 1802 (unten beginnend); KG (19.1.37) JW 1937, S. 1255; Ebert, NJW 1961, S. 1430 (1435); Henrichs, DNotZ 1955, S. 373 (384); Falkner, MittBayNot 2012, S. 519 (520). **A.A.** BaRo/Faust (2011) § 464 BGB Rz. 10.

685 A.A. Schmidt, NotBZ 2012, S. 441.

686 Schermaier, MittBayNot 2013, S. 127. Eine condictio in debiti lehnt ab ZfIR 2012, S. 765 (771); vorher anders angedeutet ders. NZM 2008, S. 25 (27). **A.A.** OLG Frankfurt (11.4.12) MittBayNot 2013, S. 125; Erman/Grunewald (2014) § 464 BGB Rz. 19. Für einen Anspruch des Dritten gegen den Berechtigten auch: BGH (20.5.83) NJW 1983, S. 2024 (2025) m.w.N.; Soergel/Wertenbruch § 464 BGB Rz. 19; Mayer, NJW 1984, S. 100 (102).

687 So wohl Schermaier, MittBayNot 2013, S. 127.

Erstvertrags motiviert wurde, ist eine innere Tatsache, welche nicht nach Außen dringen muss und sich daher als Abgrenzungsmerkmal nicht eignet.

413 Vergegenwärtigt man sich, dass erst die Vertragsklausel das Abgrenzungsproblem hervorruft, rückt ein geeigneteres Abgrenzungsmerkmal ins Blickfeld; die Reichweite der Verlagerung ist durch Auslegung gemäß §§ 133, 157 BGB zu ermitteln. Soweit der Berechtigte bereichert ist, muss er dem Dritten die Kosten erstatten; darüber hinaus besteht ein Anspruch nur, wenn ein Käufer den Aufwand üblicherweise betreibt. Der Dritte kennt das Vorkaufsrecht und kann sich darauf einstellen; anderenfalls kommt nur ein Schadensersatzanspruch gegen den Verpflichteten in Betracht.[688] Maßgeblich ist nicht der Berechtigte in Person; dieser muss gem. § 469 Abs. 1 BGB erst nach Abschluss des Erstvertrags informiert werden. Es geht um die Verkehrsauffassung; es kommt darauf an, welchen Aufwand ein durchschnittlicher Käufer mit Rücksicht auf das Vorkaufsrecht betrieben hätte.

414 Auf dieser Grundlage gelangt man zu klaren Ergebnissen. War der Erstvertrag vermittelt, wäre das Vorkaufsrecht ohne den Makler nicht ausgelöst worden;[689] der Erfolg der Maklertätigkeit bleibt also nicht aus,[690] er verlagert sich lediglich durch Ausübung des Vorkaufsrechts vom Dritten auf und bereichert dadurch den Berechtigten. Bei einem Verkehrswertgutachten darf der Dritte in der Regel davon ausgehen, dass der Berechtigte ein solches ebenfalls eingeholt hätte; es geht immerhin um das Verhältnis von Leistung und Gegenleistung. Dient das Gutachten dazu, bestimmte Eigenschaften des Grundstücks aufzuklären, muss man differenzieren: Handelt es sich um wertbildende Faktoren, geht es wiederum um die Kaufpreisfindung; geht es hingegen um das Projekt des Dritten, ist die Grenze überschritten. Schließlich sichert ein Käufer gewöhnlich den Eigentumserwerb durch eine Auflassungsvormerkung und die Finanzierung des Kaufpreises durch ein Grundpfandrecht; ohne diese Absicherungen hätte es den Erstvertrag nicht gegeben. Warten kann der Dritte nicht:[691] Für den Fall einer Zwangseintragung zugunsten eines Vierten auf eine Zusammenarbeit mit dem Berechtigten zu vertrauen, ist keine mit einer Auflassungsvormerkung vergleichbare Möglichkeit. Nur über das Pfandrecht kann die Finanzierung sichergestellt

---

688 Statt Vieler: BaRo/Faust (2011) § 464 BGB Rz. 10.

689 Überlegungen in diese Richtung bei Althammer, ZfIR 2012, S. 765 (771).

690 **A.A.** RG (22.3.38) Z 157, 243; BGH (14.12.95) Z 131, S. 318 m.w.N.; (7.7.82) NJW 1982, S. 2662; OLG Hamm (21.8.12) FGPrax 2012, S. 269; zustimmend Suppliet, NotBZ 2013, S. 182. Widersprüchlich in diesem Punkt Althammer, NZM 2008, S. 25 (26 u. 28).

691 **A.A.** Falkner, MittBayNot 2012, S. 519 (521); Schmidt, NotBZ 2012, S. 441 (442).

und der Verpflichtete zum Abschluss des Erstvertrags motiviert werden; der Darlehensvertrag kann hingegen mit Rücksicht auf das Vorkaufsrecht ausgestaltet werden, so dass dem Berechtigten keine Kreditkosten drohen.

Ein Vorteil für den Berechtigten hängt nicht davon ab, dass es sich um ein dingliches Vorkaufsrecht handelt;[692] ein solcher ergibt sich, sobald der Verpflichtete den Zweitvertrag ausführt. Der aufgrund eines obligatorischen Vorkaufsrechts Verpflichtete kann den Zweitvertrag möglicherweise nicht mehr erfüllen; dies gilt aber nur, wenn das Vorkaufsrecht nicht durch eine Vormerkung gesichert ist oder der Verpflichtete das Grundstück bereits dem Dritten aufgelassen oder diesem eine Auflassungsvormerkung eingeräumt hat. In diesen Fällen scheidet eine Erstattung durch den Berechtigten aus.[693]

Folgt man dem, hängt ein Erstattungsanspruch nicht davon ab, dass die Parteien 415
des Erstvertrags insbesondere Maklerkosten abweichend von den Maklervereinbarungen verteilen wollten;[694] die Parteien dürfen für den Fall der Ausübung des Vorkaufsrechts Vorsorge treffen (dazu gleich), der Notar handelt bei Beurkundung daher auch nicht standeswidrig.[695] Überschreitet die Kostenklausel eindeutig die Grenze des Zulässigen, ist eine Auslegung nicht möglich; erst eine solche Klausel stellt einen Fremdkörper dar, wenn man an diesem Begriff festhalten will. In diesem Fall missbrauchen die Parteien des Erstvertrags das Vorkaufsrecht; die entsprechende Klausel ist sittenwidrig und gemäß § 138 Abs. 1 BGB nichtig (Rz. 250). Eine solche Klausel erfüllt im Erstvertrag gar keinen Zweck;[696] es bedarf daher weder einer analogen Anwendung von § 465 BGB, noch einer teleologischen Reduktion von § 464 Abs. 2 BGB.[697]

Beispiel 40 (nach BGH WM 2007, S. 696): Ein Makler erhält in einem Bieterverfahren den Zuschlag für das mit einem Vorkaufsrecht belastete Grundstück; den Kaufvertrag mit dem Verpflichteten schließt allerdings gleich der vom Makler vermittelte Dritte. Der konkrete Erstvertrag wäre ohne den Makler nicht zustande gekommen. Wann die Verpflichtung des Dritten begründet wird, ist unerheblich;[698] es kommt nur darauf an, dass erst die

---

692 **A.A.** Althammer, NZM 2008, S. 25 (27) m.w.N.

693 Generell gegen eine Erstattung von Kosten des Käufermaklers durch den Berechtigten Innozenz, Rz. 472.

694 **A.A.** LG Berlin (1.8.13) WuM 2014, S. 738; Suppliet, NotBZ 2013, S. 182.

695 Dazu Althammer, ZfIR 2012, S. 765 (773) m.w.N.

696 Ähnlich Würdinger, JZ 2009, S. 349 (356).

697 **A.A.** zur Analogie Burballa, Vorkaufsfall, S. 132 u. 135. Zur Analogie wie hier, zur Reduktion **a.A.** Althammer, NZM 2008, S. 25 (28 f.) m.w.N; zur Reduktion noch einmal Althammer, ZfIR 2012, S. 765 (772). Vor dem Hintergrund von § 464 Abs. 2 BGB auch BGH (11.1.07) WM 2008, S. 696.

698 So wohl OLG München (15.2.77) BB 1977, S. 1627.

Aufwendungen für den Makler den Erstvertrag ermöglicht haben. Das ist nur denkbar, wenn der Makler für wenigstens eine der Parteien des Erstvertrags tätig geworden ist.[699]

c. Fälligkeit

416 Die Fälligkeitsabreden des Erstvertrags sind an den Zweitvertrag anzupassen,[700] da dieser erst durch die Ausübung des Vorkaufsrechts zustande kommt. Eine Stundung des Kaufpreises ist untrennbar mit der Leistungsfähigkeit des Dritten verbunden, sodass der Berechtigte sie grundsätzlich nicht für sich in Anspruch nehmen kann;[701] das gilt daher gemäß § 468 BGB ausnahmsweise nicht, wenn die Kaufpreisschuld gesichert ist. Im Zweifel ist die Zahlungsverpflichtung des Berechtigten sofort mit Zustandekommen des Zweitvertrags fällig;[702] für Verzögerungen haftet der Berechtigte gemäß § 286 Abs. 4 BGB erst, wenn ihn ein Verschulden trifft. Sinnvoll ist eine Ergänzungsvereinbarung aller drei Beteiligten;[703] zwingend ist eine solche allerdings nicht.

d. Vorsorgeklauseln

417 Der Grundsatz inhaltlicher Identität ist schließlich durchbrochen, soweit es sich um die Bedingung der Nichtausübung oder ein Rücktrittsrecht des Verpflichteten für den Fall der Ausübung des Vorkaufsrechts handelt; diese Bestimmungen werden gemäß § 465 BGB nicht Teil des Zweitvertrags. Die Vorschrift erfasst sowohl die Nichtausübung als aufschiebende, als auch die Ausübung des Vorkaufsrechts als auflösende Bedingung;[704] in beiden Fällen ist der Kauf von der Nichtausübung des Vorkaufsrechts abhängig. Warum man hier nicht von relativer Unwirksamkeit sprechen sollte,[705] ist nicht ersichtlich. Die Unwirksamkeit betrifft nur das Verhältnis zwischen Verpflichtetem und Berechtigtem; im

---

699 BGH (11.1.07) WM 2007, S. 696.

700 BGH (8.10.82) NJW 1983, S. 682; OLG Celle (18.10.57) NJW 1957, S. 1802 (1804); Burballa, Vorkaufsfall, S. 116; Innozenz, Rz. 454; Larenz, SchR II/1 (1986) § 44 III, S. 154; Peßler, NJW 1960, S. 1785 (1789); Reinicke/Tiedtke, KaufR (2009), Rz. 1108; Schreiber, Jura 2012, S. 114 (117).

701 Larenz, SchR II/1 (1986) § 44 III (S. 154); Oetker/Maultzsch, Vertragliche Schuldverhältnisse (2013), § 2 H IV 4, Rz. 512; Schlechtriem, SchR BT (2003) § 6 III 3, Rz. 167 a.E.

702 Im Ergebnis ebenso OLG Celle (18.10.57) NJW 1957, S. 1802 (1804)

703 Falkner, MittBayNot 2012, S. 519 (520); Schmidt, NotBZ 2012, S. 441 (442).

704 Ganz klar Erman/Grunewald (2014) § 465 BGB Rz. 2. Wohl auch Staud/Mader/Schermaier (2014) § 465 BGB Rz. 2.

705 Zweifel melden an Beer, Die relative Unwirksamkeit, 1975, S. 184; Hees, S. 72.

Verhältnis zwischen Verpflichtetem und Drittem bleiben die Bestimmungen hingegen unberührt. Mit § 135 BGB hat dies selbstverständlich nichts zu tun; bei § 465 BGB geht es nicht um die Unwirksamkeit von Verfügungen. Der Verpflichtete muss im Verhältnis zum Dritten Vorsorge für den Fall der Ausübung des Vorkaufsrechts treffen, um eine Doppelverpflichtung zu vermeiden; die Vorsorgeklausel erfüllt also ihren Zweck im Erstvertrag und unterscheidet sich dadurch von einem Fremdkörper (Rz. 415). § 465 BGB verhindert, dass solche Vorsorgeregelungen das Vorkaufsrecht leerlaufen lassen.[706]

§ 465 BGB gilt entsprechend, wenn die Wirksamkeit des Erstvertrags vom Nichtbestehen des Vorkaufsrechts abhängig gemacht wird;[707] das sind ebenfalls Vorsorgeklauseln, die über den Zweitvertrag das Vorkaufsrecht leerlaufen lassen würden. Über eine analoge Anwendung von § 465 BGB lässt sich hingegen nicht der Wille des Verpflichteten ausblenden, das Vorkaufsrecht nicht auszulösen; der Verpflichtete kann daher den Erstvertrag so gestalten, dass im Falle der Ausübung des Vorkaufsrechts eine Veräußerung überhaupt nicht stattfindet.[708] Der Berechtigte kann erst endgültig zugreifen, wenn der Verpflichtete endgültig beschließt, das belastete Grundstück zu verkaufen. 418

Beispiel 41: Der Verpflichtete verkauft das mit einem Vorkaufsrecht nach dem Vermögensgesetz belastete Gründstück unter der Bedingung an den Dritten, dass der Berechtigte das Vorkaufsrecht nicht ausübt. Übt der Berechtigte dennoch aus, geht die Ausübung des Vorkaufsrechts ins Leere; die Bedingung wird gemäß § 464 Abs. 2 BGB auch Teil des Zweitvertrags und fällt eine juristische Sekunde später endgültig aus. Weil auch der Erstvertrag endgültig unwirksam wird, ist der Verkauf insgesamt gescheitert. Der Verpflichtete behält das Grundstück, der Berechtigte das Vorkaufsrecht.

5. Zweitvertrag als Haftungsgrundlage

Der Zweitvertrag ist ein normaler Kaufvertrag, daher gelten vor Gefahrübergang insbesondere §§ 280 ff. BGB und danach § 434 ff. BGB; weil der Berechtigte das Grundstück in der Regel haben bzw. behalten will, ist für ihn vor allem 419

---

706 Esser/Weyers, SchR II/1 (1998), § 10 Ziff. 3, S. 114; Oetker/Maultzsch, Vertragliche Schuldverhältnisse (2013), § 2 H IV 4, Rz. 511.

707 BGH (25.9.86) NJW 1987, S. 890 (893); Tiedke NJW 1987, S. 874 (875); Reinicke/Tiedtke, KaufR (2009), Rz. 1111; Grunewald, FS Gernhuber, 1993, S. 137 (145). Lediglich die Umgehung betreffen die Bedenken von MünchKomm/Westermann (2012) § 465 BGB Rz. 1.

708 Im Ergebnis ebenso Burballa, Vorkaufsfall, S. 88 f. **A.A.** BGH (11.10.91) NJW 1992, S. 236 (237); (9.2.90) NJW 1990, S. 1473.

Schadensersatz neben Leistung sowie Gewährleistung durch Nachbesserung und Minderung interessant.

a. Gewährleistung

420 Grundsätzlich gilt auch für den Zweitvertrag das Gewährleistungsrecht für Kaufverträge; zentrale Voraussetzung ist gemäß §§ 437, 434 BGB ein Mangel bei Gefahrübergang. Eine Besonderheit ist, dass der Berechtigte gerade bei den Vorkaufsrechten nach dem Vermögensgesetz das Grundstück besser als der Dritte kennen wird; es stellt sich daher die Frage nach Gewährleistungsrechten, wenn der Berechtigte, nicht aber der Dritte einen Mangel des Grundstücks kennt.[709] Der Berechtigte übt in Kenntnis des Mangels aus; grundsätzlich scheiden daher Gewährleistungsrechte aus. Die Minderung ermöglicht allerdings eine Herabsetzung des Kaufpreises[710] und stellt damit eine im Erstvertrag angelegte Möglichkeit einer Vertragsänderung dar, die dem Berechtigten ebenfalls offen stehen muss (Rz. 159); mindert der Berechtigte, kann sich der Verpflichtete gemäß § 242 BGB nicht auf § 442 Abs. 1 BGB berufen.[711] Läuft die Frist (Rz. 348), kann der Berechtigte die Minderung nicht abwarten;[712] bereits der ungeminderte und damit unveränderte Erstvertrag hat das Vorkaufsrecht ausgelöst. Auf die Ausübung des Minderungsrechts durch den Dritten kann man auch im Übrigen nicht abstellen; selbst wenn es noch zum Gefahrübergang kommt, macht eine Minderung für den Dritten nach der Ausübung des Vorkaufsrechts kaum Sinn.

421 Eine weitere Besonderheit ist, dass sich der Eigentumserwerb des Berechtigten länger als gewöhnlich hinziehen kann; hat der Verpflichtete das Grundstück dem Dritten übereignet, wird der Berechtigte bei der Durchsetzung seines Anspruchs regelmäßig auf Widerstand stoßen. Dieser Widerstand kann sich auch darin äußern, dass der Dritte mit Veränderungen auf dem Grundstück beginnt; solange der Dritte dabei die Grenze zur Sittenwidrigkeit nicht überschreitet, kann der Berechtigte diese Veränderungen nicht unterbinden (Rz. 457 ff.). Das wirft die Frage auf, ob der Berechtigte insoweit Gewährleistung verlangen kann;[713] diese Frage wird in der Regel zu verneinen sein, weil die Veränderungen nur im Ausnahmefall zu einem Mangel am Grundstück führen werden. Eine

---

709 Thematisiert durch DNotI-Report 2013, S. 57 (58).

710 Statt Vieler: Palandt/Weidenkaff (2014) § 437 BGB Rz. 31.

711 Im Ergebnis ebenso DNotI-Report 2013, S. 57 (58).

712 Alternative Überlegungen in diese Richtung DNotI-Report 2013, S. 57 (59).

713 Auf die Gewährleistung verweist den Berechtigten OLG München (15.11.62) NJW 1963, S. 301 (303).

Beschaffenheitsvereinbarung im Sinne § 434 Abs. 1 S. 1 BGB ist wegen § 311 b Abs. 1 BGB formbedürftig;[714] relevant sind daher nur Eigenschaften, die in der notariellen Urkunde Erwähnung finden. Die Eignung gemäß § 434 Abs. 1 S. 2 BGB entfällt nur, wenn der Dritte das Grundstück umnutzt. Dass die Veränderungen gemäß § 434 Abs. 1 S. 2 BGB die Eignung zum gewöhnlichen Gebrauch aufheben, dürfte noch seltener sein.

b. Schadensersatz im Übrigen

Es gelten die allgemeinen Bestimmungen; verzögert z.B. der Verpflichtete die Auflassung, kann der Berechtigte gemäß §§ 280, 286 BGB einen Verzögerungsschaden auf der Grundlage des Zweitvertrags liquidieren. Probleme bereitet das Vorfeld des Zweitvertrags. Der Verpflichtete muss gemäß § 469 Abs. 1 S. 1 BGB den Inhalt des Erstvertrags unverzüglich und richtig mitteilen (Rz. 349); es stellt sich daher die Frage, inwieweit der Berechtigte Schadensersatz verlangen kann, wenn der Verpflichtete diese Pflicht verletzt. 422

Diese Pflicht entspringt dem Vorkaufsrecht;[715] erst die Mitteilung gemäß § 469 Abs. 1 BGB ermöglicht die Ausübung. Das Vorkaufsrecht wird nur durch den Erstvertrag ausgelöst;[716] der Berechtigte wird daher häufig nicht wissen, dass er ausüben kann. Zudem legt der Erstvertrag den Inhalt des Zweitvertrags fest; ohne Kenntnis vom Inhalt des Erstvertrags kann der Berechtigte keine verantwortliche Entscheidung treffen. Da die Mitteilung gemäß § 469 Abs. 2 BGB zudem die Ausübungsfrist in Lauf setzt (Rz. 348), stellt die Mitteilungspflicht zugleich eine Obliegenheit; eine Klärung der Verhältnisse ist ohne die Mitteilung nicht möglich. Diese Obliegenheit ist atypisch, da sich die Position des Verpflichteten nicht verschlechtert; nur eine Verbesserung ist nicht möglich. 423

Die Kombination aus Pflicht und Obliegenheit ist nicht singulär, wie z.B. der Gläubigerverzug zeigt; dieser verpflichtet gemäß § 304 BGB zu Aufwendungsersatz und verschlechtert zugleich die eigene Position durch Gefahrverlagerung gemäß § 300 BGB. Die Mitteilung dient also den Interessen aller Beteiligten. Dass dies auch für den Dritten gilt wird etwas durch den heutigen § 469 Abs. 1 S. 2 BGB verschleiert. Diese Vorschrift dient dem Klarstellungsinteresse des 424

---

714 Vgl. nur Oechsler, Vertragsrecht (2013) § 2 B, Rz. 110; Palandt/Weidenkaff (2014) § 434 Rz. 18.

715 Mot. II, S. 348. Beim Vorkaufsrecht nach § 577 BGB aus dem Mietvertrag und damit **a.A.**: Palandt/Weidenkaff (2014) § 577 BGB Rz. 7; Falkner, MittBayNot 2012, S. 519 (520).

716 Mot. II, S. 348.

Dritten[717] und hätte daher systematisch besser zu § 469 Abs. 2 BGB gepasst oder sogar einen eigenen Absatz verdient.

425 Der Zusatz „unverzüglich" steht bei § 469 Abs. 1 S. 1 BGB in ungewöhnlichem Zusammenhang. Normalerweise handelt es sich, wie z.B. bei § 121 Abs. 1 S. 1 BGB, um eine Ausschlussfrist,[718] deren Überschreitung zu einem Rechtsverlust führt; mit der Mitteilung gemäß § 469 Abs. 1 S 1 BGB sind aber weder Rechte des Verpflichteten, noch solche des Dritten verbunden. Auf die nicht mögliche Klärung der Verhältnisse (Rz. 423) kann nicht abgestellt werden; diese bleibt auch nach Fristablauf möglich. Diese ungewöhnliche Verwendung lässt sich damit erklären, dass dieser Zusatz bereits in § 483 E I vorgesehen war, als es die Legaldefinition im heutigen § 121 Abs. 1 S. 1 BGB noch nicht gab; die grundsätzlichen Überlegungen folgen also erst nach. Da nichts ausgeschlossen wird, handelt es sich schlicht um eine Frist und damit um eine abweichende Fälligkeitsregelung; der Verpflichtete muss nicht gemäß § 271 Abs. 1 BGB sofort mitteilen, sondern soweit ihm das möglich und zumutbar ist.[719]

426 Die Verfasser des Bürgerlichen Gesetzbuchs gingen davon aus, dass sich der Verpflichtete bei Unterlassung oder Verzögerung der Mitteilung gegenüber dem Berechtigten schadensersatzpflichtig macht.[720] § 469 BGB enthält keine Schadensersatzregelung; ein einsprechender Antrag in der zweiten Kommission wurde zurückgezogen, die Gründe sind nicht dokumentiert.[721] Als Anspruchsgrundlage kommt § 280 Abs. 1 BGB in Betracht; dieser Anspruch umfasst jedenfalls das negative Interesse.[722] Mit dem Abschluss des Erstvertrags bahnt sich der Zweitvertrag an; die Mitteilungspflicht lässt daher als vorvertragliche Rücksichtspflicht im Sinne §§ 311 Abs. 2 Nr. 3, 241 Abs. 2 begreifen.

Beispiel 42 (vgl. BGH GE 2004, S. 421): Der Verpflichtete teilt dem Berechtigten den Inhalt des Vertrags unvollständig mit. Deshalb kennt der Berechtigte eine Freistellungsmöglichkeit nicht; nur deshalb fällt beim ihm eine Vorfälligkeitsentschädigung gegenüber der Bank an.

427 Fraglich ist, ob es sich nicht sogar um eine Leistungspflicht handelt; von der Beantwortung dieser Frage hängt ab, ob der Berechtigte zudem Verzögerungsschadensersatz und Schadensersatz statt Leitung verlangen kann. Ein solches

717 Jakobs/Schubert, §§ 433–651, S. 318.

718 Vgl. nur Palandt/Ellenberger § 121 BGB Rz. 1.

719 Zur Anfechtungsfrist Staud/Singer (2012) § 121 BGB Rz. 9 m.w.N.

720 Mot. II, S. 348.

721 Prot. II, S. 93 f.

722 BGH (17.1.03) GE 2004, S. 421; OLG Celle (1.11.07) MittBayNot 2008, S. 376. So wohl auch Erman/Grunewald (2014) § 469 BGB Rz. 6; Soergel/Wertenbruch (2009) § 469 BGB Rz. 9 m.w.N.; Ebert, NJW 1961, S. 1430 (1434).

Zusammenfallen von Leistungs- und Rücksichtspflicht ist nicht singulär.[723] Ob man zur Abgrenzung von Leistungs- und Rücksichtspflicht auf die Klagbarkeit oder die Schutzrichtung der Pflicht abstellt, ist umstritten;[724] beide Kriterien führen aber zu einer Leistungspflicht: Der Berechtigte hat einen einklagbaren Anspruch auf Auskunft;[725] das kann nicht anders sein, weil der Verpflichtete anderenfalls die Ausübung des Vorkaufsrechts auf tatsächlichem Weg blockieren könnte.[726] Da es sich um eine gesetzliche Pflicht handelt, entscheidet über die Schutzrichtung der Gesetzgeber. Zweck der Norm ist auch der Verzögerungsschutz (Rz. 426);[727] das kommt im Wortlaut auch durch den Zusatz „unverzüglich" zum Ausdruck.

Eine genauere Qualifikation der Leistungspflicht ist nicht erforderlich; es han- 428
delt sich um eine gesetzliche Pflicht, welche das Vorfeld des Zweitvertrags prägt. Auch wenn man bereits das Vorkaufsrecht als Kaufvertrag begreift, passen die Kategorien Nebenleistungs- und Mitteilungspflicht nicht. Eine Nebenleistungspflicht flankiert die Hauptleistung durch den Schuldner; die Mitteilung des Verpflichteten hat aber mit der Übereignung des Grundstücks nichts zu tun. Eine Mitwirkungspflicht flankiert die Hauptleistung durch den Gläubiger; die Mitteilung des Verpflichteten hat aber auch mit der Bezahlung durch den Berechtigten nichts zu tun.

Über diese Leistungspflicht lässt sich eine Verzögerung ohne Weiteres gemäß 429
§§ 280 Abs. 1 und 2, 286 BGB erfassen; eine Mahnung ist gemäß § 286 Abs. 2 Ziff. 4 BGB entbehrlich.[728] Da über den Zusatz „unverzüglich" das Verschuldensmoment bereits zur Pflichtverletzung gehört, trägt der Berechtigte allerdings abweichend von §§ 280 Abs. 1 S. 2, 286 Abs. 4 die Darlegungs- und Beweislast. Als Schadensposten kommt z.B. ein Minus bei der Saldierung von Nutzungsentgelt und anteiligen Erwerbskosten in Betracht.[729] Die Informationspflicht erlischt

723 Vgl. nur Staud/Schwarze (2014) § 280 BGB Rz. C 53. Mit der Möglichkeit von Schadensersatz statt Leistung unterstellen eine Leistungspflicht: BGH (21.1.15) ZfIR 2015, S. 278; Falkner, MittBayNot 2012, S. 519 (520); Palandt/Weidenkaff (2014) § 577 BGB Rz. 7.

724 Staud/Olzen (2009) § 241 BGB Rz. 157 ff.

725 Soergel/Wertenbruch (2009) § 469 BGB Rz. 3; MünchKomm/Westermann (2012) § 469 Rz. 1 BGB m.w.N. Ein solcher Anspruch lag zugrunde BGH (19.01.11) Z 188, S. 109.

726 Häublein, MittBayNot 2008, S. 378 unten.

727 **A.A.** OLG Celle (1.11.07) MittBayNot 2008, S. 376.

728 Häublein, MittBayNot 2008, S. 378 (379). **A.A.** OLG Celle (1.11.07) MittBayNot 2008, S. 376.

729 Vgl. auch dazu OLG Celle (1.11.07) MittBayNot 2008, S. 376 (378).

nicht mit der Ausübung des Vorkaufsrechts,[730] da das Informationsbedürfnis des Berechtigten nicht mit der Ausübung des Vorkaufsrechts endet. Dass sich die Ausübungsfrist gemäß § 469 Abs. 2 BGB erübrigt, ist unerheblich; anders als beim Rest der Vorschrift (Rz. 424) geht es bei § 469 Abs. 1 S. 2 BGB ausschließlich um die Interessen des Berechtigten.

430 Schadensersatz statt Leistung lässt sich hingegen über die Mitteilungspflicht regelmäßig nicht erfassen.[731] Die Mitteilung ermöglicht die Ausübung des Vorkaufsrechts und damit über den Zweitvertrag den Erwerb des Grundstücks; das Erfüllungsinteresse an der Mitteilung deckt sich daher mit dem Erfüllungsinteresse am Zweitvertrag und besteht im Wesentlichen aus der Differenz zwischen dem Wert des Grundstücks und dem Kaufpreis.[732] Unmöglichkeit der Mitteilung gemäß § 275 BGB ist allerdings kaum denkbar; ein Schadensersatzverlangen über § 283 S. 1 BGB scheidet daher regelmäßig aus. Ein Schadensersatzverlangen über § 281 Abs. 1 S. 1 BGB würde gemäß § 281 Abs. 4 BGB zum Erlöschen der Mitteilungspflicht führen; der Berechtigte braucht aber Kenntnis vom Inhalt des Erstvertrags, um das Erfüllungsinteresse beziffern zu können. Kennt der Berechtigte den Inhalt nicht, darf die Pflicht nicht erlöschen; kennt der Berechtigte den Inhalt bereits, ist die Pflichtverletzung nicht ursächlich für den Schaden. Damit scheidet auch der Weg über die Nichtleistung aus.

431 Zumindest bei einem Vorkaufsrecht mit Wirkung einer Vormerkung (Rz. 61) kann man bei Verletzung der Mitteilungspflicht grundsätzlich auch nicht auf den Zweitvertrag als Haftungsgrundlage ausweichen. Selbst wenn er das Grundstück dem Dritten übereignet, bleibt dem Verpflichteten die Übereignung an den Berechtigten möglich; damit scheidet auch insoweit ein Schadensersatzverlangen über § 283 S. 1 BGB aus. Raum für Schadensersatz statt Leistung bleibt daher nur ausnahmsweise über § 281 Abs. 1 S. 1 BGB, wenn der Berechtigte ausübt, später aber auf das Grundstück doch verzichten will.

Dasselbe gilt für ein Vorkaufsrecht mit Wirkung einer Grundbuchsperre (Rz. 74). Anders verhält es sich hingegen bei einem rein obligatorischen Vorkaufsrecht. Bei einem solchen Vorkaufsrecht kann man auf den Zweitvertrag als Haftungsgrundlage zurückgreifen, wenn der Verpflichtete den Berechtigten nicht informiert und das Grundstück dem Dritten übereignet.[733] Zur Unmöglichkeit der Übereignung an den Berechtigten führt nicht allein die Ausführung des Erstvertrags;[734] hinzukommen muss, dass der Verpflichtete bei Abschluss

730 **A.A.** Tank, MietRB 2008, S. 36.

731 **A.A.** BGH (21.1.15) ZfIR 2015, S. 278; Palandt/Weidenkaff (2014) § 577 BGB Rz. 7.

732 Insoweit auch BGH (21.1.15) ZfIR 2015, S. 278.

733 **A.A.** BGH (21.1.15) ZfIR 2015, S. 278.

734 BGH (21.1.15) ZfIR, S. 278; (15.6.05) NJW-RR 2005, S. 1534.

des Erstvertrags für den Fall der Ausübung des Vorkaufsrechts keine Vorsorge trifft (Rz. 417 f.). Dieser Mangel an Vorsorge ist Anknüpfungspunkt für das Vertretenmüssen gemäß §§ 280 Abs. 1 u. 3, 283 S. 1 BGB. Es handelt sich nicht um einen Fall anfänglicher Unmöglichkeit. Ist der Verkäufer gebunden, passt die § 311 a Abs. 2 BGB zugrunde liegende Informationspflicht nicht mehr;[735] *bei der Abgrenzung zwischen anfänglicher und nachträglicher Unmöglichkeit ist daher auf den Vertragsschluss durch den Verkäufer und damit auf die Wirksamkeit seiner Willenserklärung abzustellen.*[736] *Der Verpflichtete gibt die auf Abschluss des Zweitvertrags gerichtete Willenserklärung je nach Konstruktion beim Abschluss des Erstvertrags (Rz. 375) oder noch davor ab; die Unmöglichkeit tritt erst danach ein. Mag man auf das Zustandekommen des Zweitvertrags mit Blick auf § 283 S. 1 BGB nicht verzichten, liegt die erforderliche Ausübungserklärung gemäß § 133 BGB im Schadensersatzverlangen. Die Ausübung des Vorkaufsrechts scheitert ggf. nicht am Fristablauf; die Parteien des Erstvertrags haben vor Fristablauf durch die Ausführung für endgültige Verhältnisse gesorgt und bedürfen des Schutzes über § 469 Abs. 2 BGB (Rz. Henry Posselt 25. August 2015 15:01) nicht mehr.*

6. Kaufpreiszahlung durch den Dritten

Den in Erfüllung des Erstvertrags an den Verpflichteten gezahlten Kaufpreis kann der Dritte gemäß § 1102 Hs. 2 BGB nicht zurückfordern; vielmehr muss der Dritte gemäß § 1100 BGB vom Berechtigten Erstattung verlangen, weshalb letzterer gemäß § 1101 BGB von seiner Verpflichtung aus § 433 Abs. 2 BGB gegenüber dem Verpflichteten frei wird. § 1101 BGB flankiert also die Erstattungsregelung in § 1100 BGB und dient daher ebenfalls dem Schutzinteresse des Dritten und der Praktikabilität (Rz. 464). Gerade § 1101 BGB verdeutlicht den Schutzzweck von § 1100 BGB; der Berechtigte muss dem Dritten den Kaufpreis erstatten, selbst wenn er bereits an den Verpflichteten gezahlt hat. Ein weiterer Nachteil für den Berechtigten besteht im Verlust einer Aufrechnungsmöglichkeit gegenüber dem Verpflichteten; speziell diesen Nachteil haben die Verfasser des Bürgerlichen Gesetzbuchs bewusst in Kauf genommen.[737] 432

Die Befreiung hängt also von einer Berechtigung des Dritten aus § 1100 BGB ab; das lässt sich dem Wortlaut von § 1101 BGB klar entnehmen. Voraussetzung ist daher, dass der Dritte den Kaufpreis an den Verpflichteten gezahlt hat. Anderenfalls besteht weder ein Zurückbehaltungsrecht nach § 1100 S. 1 BGB noch ein Erstattungsanspruch nach § 1100 S. 2 BGB. Wurde vom Dritten erst ein Teil 433

735 Hier lag vermutlich das Problem von BGH (21.1.15) ZfIR 2015, S. 278. Der Zweitvertrag dient als Haftungsgrundlage BGH (15.6.05) NJW-RR 2005, S. 1534.

736 Im Ergebnis ebenso MünchKomm/Ernst (2012) § 311 a BGB Rz. 36. **A.A.** Palandt/Grüneberg (2014) § 311 a BGB Rz. 4.

737 Prot. III, S. 759.

gezahlt, tritt die Befreiung nach dem Wortlaut von § 1101 BGB nur in dieser Höhe ein. Durch § 1101 BGB entsteht für den Berechtigten das Risiko, an den Falschen zu zahlen. Dieses Risiko ist aber eher theoretischer Natur, weil die Zahlung in der Praxis über einen Notar abgewickelt werden wird. Ist ausnahmsweise kein Notar eingeschaltet, sollte der Berechtigte das Geld gemäß § 372 S. 2 BGB hinterlegen; er kann nicht sicher wissen, ob der Dritte an den Verpflichteten gezahlt hat, so dass von ihm nicht zu vertretende Zweifel an der Person des Gläubigers bestehen.

434 Eine Berechtigung des Dritten unmittelbar aus § 1100 BGB hängt nicht unbedingt vom Eigentumserwerb des Berechtigten ab; das Zurückbehaltungsrecht aus § 1100 S. 1 BGB schützt den Dritten, gerade während der Berechtigte seinen Anspruch aus § 433 Abs. 1 BGB durchsetzt. Grundsätzlich tritt daher die Befreiung des Berechtigten ungeachtet dessen ein, ob er bereits Eigentum am Grundstück erworben hat.[738] Dass sich die Verweisung in § 1101 BGB nicht nur auf § 1100 S. 2 BGB beziehen sollte, lässt sich an der Entstehungsgeschichte beider Vorschriften festmachen;[739] die Regelung in § 1100 S. 2 BGB folgte dem Beschluss zu §§ 1100 S. 1, 1101 BGB erst später nach. Der Berechtigte muss gegebenenfalls erst den Auflassungsanspruch gegen den Verpflichteten durchsetzen, bevor er vom Dritten Zustimmung verlangen kann; würde der Berechtigte erst mit Eigentumserwerb frei, könnte der Verpflichtete die Auflassungserklärung gemäß § 320 BGB von der Zahlung des Kaufpreises abhängig machen. Obwohl der Dritte den Kaufpreis bereits gezahlt hat, würde sich der Verpflichtete damit nicht ohne Weiteres treuewidrig verhalten; Erst- und Zweitvertrag begründen zwei von einander unabhängige Schuldverhältnisse. Deshalb genügt es grundsätzlich für die Befreiung des Berechtigten gemäß § 1101 BGB, dass der Dritte Eigentümer des Grundstücks geworden ist.[740]

435 Der Dritte kann allerdings analog § 1100 BGB berechtigt sein, wenn der Berechtigte das Eigentum direkt vom Verpflichteten erwirbt (Rz. 463). Dabei geht es jedoch nur um den Erstattungsanspruch aus § 1100 S. 2 BGB, sodass ausnahmsweise die Fokussierung von § 1101 BGB auf diese Vorschrift eintritt, wodurch sich die Voraussetzungen verkehren. Auf den Eigentumserwerb des Dritten kommt es in diesen Fällen nicht mehr an; der Berechtigte wird vielmehr gemäß

---

738 Erman/Grziwotz (2014) § 1101 BGB Rz. 2; Staud/Schermaier (2009) § 1101 BGB Rz. 3; RGRK/Rothe (1996) § 1101 BGB Rz. 3; MünchKomm/Westermann (2013) § 1101 BGB Rz. 3.

739 Prot. III, S. 758 ff.

740 RGRK/Rothe (1996) § 1101 BGB Rz. 2 f.; MünchKomm/Westermann (2013) § 1101 BGB Rz. 2 f.

§ 1101 BGB frei, sobald er Eigentümer des Grundstücks geworden ist. Das klingt mit Blick auf § 320 BGB paradox. Das Leistungsverweigerungsrecht greift aber nicht ein, weil dem Anspruch des Verpflichteten auf Zahlung des Kaufpreises aus § 433 Abs. 2 BGB die Einrede „dolo agit" entgegensteht; der Verpflichtete würde etwas verlangen, was er im Gegenzug wieder herausgeben müsste. Die in § 1101 BGB angelegte Befreiung versetzt den Berechtigten also in die Lage, vom Verpflichteten Auflassung ohne Zahlung zu verlangen.

III. Rechtsverhältnis zwischen Berechtigtem und Drittem

Der Berechtigte hat Anspruch gegen den Verpflichteten auf Übergabe und Übereignung des Grundstücks aus § 433 Abs. 1 BGB; solange der Verpflichtete Eigentümer und Besitzer des Grundstücks ist, gibt es zwischen Berechtigtem und Drittem keine Berührungspunkte. Weder das Vorkaufsrecht noch dessen Ausübung hindern allerdings den Dritten daran, das Eigentum zu erwerben oder das Grundstück in Besitz zu nehmen; in diesem Fall muss sich der Berechtigte auch mit dem Dritten auseinandersetzen. 436

1. Ansprüche des Berechtigten gegen den Dritten

Jenseits des Zustimmungsanspruchs aus §§ 1098 Abs. 2, 888 Abs. 1 BGB liegt eines der zentralen Problemfelder der durch die Ausübung des Vorkaufsrechts entstandenen Dreiecksbeziehung. Die Diskussion zu den Herausgabe- und Nutzungsersatzansprüchen des Berechtigten und zum Anspruch auf Verwendungsersatz des Dritten weist zum Teil Überschneidungen auf; die Argumente lassen sich aber nur bedingt übertragen, sodass eine getrennte Betrachtung geboten ist. 437

a. Zustimmung zur Eintragung

Ist der Dritte als Eigentümer im Grundbuch eingetragen,[741] entsteht ein gesetzliches Schuldverhältnis gemäß §§ 1098 Abs. 2, 888 Abs. 1 BGB; der Berechtigte kann vom Dritten Zustimmung zu der gemäß § 873 Abs. 1 BGB für den Eigentumserwerb erforderlichen Grundbucheintragung verlangen. Das gilt sowohl für das Vorkaufsrecht des Nutzers als auch für das Vorkaufsrecht des Alteigentümers. 438

Obligatorische Vorkaufsrechte entfalten grundsätzlich keine Vormerkungswirkung; deshalb besteht zwischen Berechtigtem und Drittem kein vergleichbarer Anspruch. Im Ausnahmefall

741 Das kommt durchaus vor, vgl. etwa OLG Koblenz (23.1.13) DNotZ 2013, S. 678.

kann die Ausführung des Erstvertrags in Kenntnis der Ausübung des Vorkaufsrechts allerdings den Tatbestand von § 826 BGB erfüllen.[742]

b. Herausgabe von Grundstück und Nutzungen

439 Nimmt der Dritte das Grundstück in Besitz, stellt sich die Frage nach einem Herausgabeanspruch des Berechtigten; da der Berechtigte eines Vorkaufsrechts nach § 20 VermG das Grundstück besitzt, sind diese Ansprüche vor allem für den gemäß § 20 a VermG Berechtigten interessant. Dem Zweitvertrag ließe sich im Wege ergänzender Vertragsauslegung eine Ermächtigung zur Ausübung eines im Erstvertrag vereinbarten Rücktrittsrechts bzw. eine Abtretung des Anspruchs auf Rückabwicklung des Erstvertrags zugunsten des Berechtigten entnehmen; das setzt aber eine entsprechende Ausgestaltung des Erstvertrags voraus. Jenseits solcher Überlegungen ist für die Herausgabeansprüche der Eigentumserwerb des Berechtigten von zentraler Bedeutung.

i. Nach Eigentumserwerb

440 Hat der Dritte das Grundstück bereits in Besitz genommen, entsteht eine Vindikationslage nebst Eigentümer-Besitzer-Verhältnis, sobald der Berechtigte Eigentümer wird; der Erstvertrag vermittelt dem Dritten kein Recht zum Besitz gegenüber dem Berechtigten. Sobald der Berechtigte Eigentümer ist, kann er daher gemäß § 985 BGB vom Dritten Herausgabe des Grundstücks verlangen und gemäß §§ 1004, 823 Abs. 1 BGB tatsächliche Einwirkungen auf das Grundstück unterbinden; der Herausgabeanspruch umfasst gemäß §§ 987 ff. BGB auch Herausgabe bzw. Ersatz danach gezogener Nutzungen. Im Gegenzug muss der Berechtigte dem Dritten gemäß § 1100 S. 2 BGB den Kaufpreis erstatten und gemäß §§ 994 ff. BGB auf das Grundstück danach gemachte Verwendungen ersetzen.

ii. Vor Eigentumserwerb

441 Im Mittelpunkt der Diskussion steht allerdings die Frage, ob diese oder vergleichbare Rechte bereits vor Eigentumserwerb des Berechtigten bestehen. Bei einem Vorkaufsrecht nach § 20 VermG spielt diese Frage eine untergeordnete Rolle; der Berechtigte ist notwendigerweise zugleich Inhaber eines Nutzungsrechts, das im Falle einer Besitzentziehung durch den Dritten über § 566 BGB vertragliche, gemäß §§ 861 f. BGB possessorische und gemäß §§ 1004, 823 Abs. 1 BGB auch

---

742 Erman/Grunewald (2014) § 464 BGB Rz. 13; Oetker/Maultzsch, Vertragliche Schuldverhältnisse (2013), § 2 H IV 6, Rz. 514; Schlechtriem, SchR BT (2003) § 6 III 3, Rz. 171.

deliktische Herausgabe- bzw. Unterlassungsansprüche auslöst. Das Vorkaufsrecht nach 20 a VermG entspricht hingegen dem Normalfall eines dinglichen Vorkaufsrechts; insoweit stellen sich die eingangs aufgeworfene Fragen in ihrer vollen Tragweite.

(A) Herausgabe des Grundstücks

Der Berechtigte hat gegen den Dritten keinen Anspruch auf Herausgabe des Grundstücks aus § 985 BGB; er ist eben noch nicht Eigentümer des Grundstücks. Solange der Verpflichtete Eigentümer des Grundstücks und damit gemäß § 985 BGB gegenüber dem Dritten berechtigt ist, ließe sich wiederum aus dem Zweitvertrag eine Ausübungsermächtigung des Berechtigten herleiten; das nützt dem Berechtigten mit Blick auf § 986 BGB jedoch nur, wenn der Erstvertrag ausnahmsweise nichtig oder aufgelöst ist. 442

Eine entsprechende Anwendung von § 985 BGB lässt sich nicht mit einem Anwartschaftsrecht des Berechtigten begründen:[743] Ist die Position des Berechtigten eigentumsähnlich, kann man von einem Anwartschaftsrecht sprechen; dem Berechtigten Befugnisse eines Eigentümers mit der Begründung zuzubilligen, er habe ein Anwartschaftsrecht, wäre hingegen ein Zirkelschluss. Es bestehen auch keine deliktischen oder bereicherungsrechtlichen Herausgabeansprüche:[744] Naturalrestitution über §§ 823 Abs. 1, 249 Abs. 1 BGB kann durch Rückgabe erfolgen, der Berechtigte war aber nie Besitzer. Zudem ist allenfalls das Kaufrecht im Vorkaufsrecht dinglich (Rz. 100 ff.) und damit eigentumsähnlich; es geht aber um das ausgeübte Vorkaufsrecht. Deshalb scheidet auch eine Eingriffskondiktion gemäß § 812 Abs. 1 S. 1 Var. 2 BGB aus; der Dritte erwirbt den Besitz durch Leistung des Verpflichteten und nicht durch Eingriff in ein Recht des Berechtigten. 443

Diskutiert wird daher vor allem ein Anspruch aus § 1100 S. 1 BGB;[745] diese Vorschrift setze einen Herausgabeanspruch des Berechtigten voraus. Dieses 444

743 Kern, JuS 1990, S. 116 (117).

744 Vgl. auch hierzu Kern, JuS 1990, S. 116 (117).

745 **Dagegen** Kohler NJW 1984, S. 2849 (2850). **Dafür** RG (28.1.14) Z 84, S. 100 (107 f.); BGH (11.10.91) NJW 1992, S. 236 (238); (6.11.63) WM 1964, 298 (299); (8.5.52) Z 6, S. 85 (87 f.); BayObLG (28.5.82) Z 1982, S. 222 (230); HK-BGB/Staudinger (2012) § 1098 BGB Rz. 5; Prütting/Eickmann (2013) § 1098 BGB Rz. 7; Erman/Grziwotz (2014) § 1098 BGB Rz. 8; Gursky, JR 1984, S. 3 (4 u. 6); Hoche NJW 1963, S. 301; Jauernig/Berger (2014) § 1098 BGB Rz. 3; Kern, JuS 1990, S. 116 (117); Staud/Schermaier (2009) § 1100 BGB Rz. 8; Probst JR 1992, S. 419 (421 a.E. beginnend); RGRK/Rothe (1996) § 1100 BGB Rz. 2; Soergel/Stürner (2001) § 1100 BGB Rz. 3; MünchKomm/Westermann (2013) § 1098 BGB Rz. 11.

Argument überzeugt vor dem Hintergrund der Entstehungsgeschichte nicht: Der Gesetzgeber hatte mit § 957 Abs. 1 E I einen Übereignungsanspruch vorgesehen, der durch einen mit § 985 BGB vergleichbaren Anspruch flankiert war; diese Vorschrift ist allerdings zugunsten der Vormerkungswirkung gestrichen worden (Rz. 109). Die Frage ist also, ob der Gesetzgeber den Übereignungsanspruch komplett aufgeben oder lediglich auf den Herausgabeanspruch reduzieren wollte; dass der Gesetzgeber den Herausgabeanspruch ursprünglich als unselbständigen Teil des Übereignungsanspruchs angesehen hat,[746] ist somit Teil der Frage, nicht der Antwort.

445 Für den Willen zur Reduzierung lassen sich vielleicht Wortlaut und Systematik der Vorschrift anführen; § 1100 S. 1 BGB scheint auf die Zeit vor, § 1100 S. 2 BGB auf die Zeit nach Eigentumsumschreibung zugeschnitten. Für den Willen zur Aufgabe streiten hingegen die Streichung von § 955 E I unter Hinweis auf die angeordnete Vormerkungswirkung[747] und die kommentarlose Streichung von § 957 Abs. 3 E I; sowohl die Klarstellung der Akzessorietät zum Auflassungsanspruch in § 955 E I[748] als auch die Verweisung auf das Eigentümer-Besitzer-Verhältnis in § 957 Abs. 3 E I hätten mit Blick auf einen Herausgabeanspruch weiterhin ihre Berechtigung gehabt.

446 § 1100 S. 1 BGB berechtigt zudem den Dritten; die Vorschrift ist daher als Grundlage für einen gegen den Dritten gerichteten Anspruch untauglich.[749] Das unterstreicht die Überlegung, dass den Dritten gerade der Eigentumserwerb zur Herausgabe verpflichten würde; vorher ist § 1100 S. 1 BGB dem Wortlaut nach nicht anwendbar.[750] Auch der Umstand, dass der Gesetzgeber einen solch zentralen Punkt kaum derart vage gefasst hätte, spricht dafür, dass mit Herausgabe in § 1100 S. 1 Var. 2 BGB der Anspruch aus § 985 BGB gemeint war, der in Person des Berechtigten erst mit Eigentumserwerb entsteht. Schließlich begründet auch § 1100 S. 1 Var. 1 BGB keinen eigenen Zustimmungsanspruch; diese Norm bezieht sich auf den Zustimmungsanspruch aus § 888 BGB.[751]

447 Indem sie die von § 273 Abs. 1 BGB vorausgesetzte Konnexität klarstellt, behält die Vorschrift auch so verstanden ihren Sinn; dies unterstreicht der Hinweis auf die Herausgabe des Grundstücks in § 1100 S. 2 BGB a.E., der keinen anderen Sinn haben kann. Das Argument, § 1100 S. 1 BGB zeige, dass die beiderseitigen

746 Kohler NJW 1984, S. 2849 (2850) unter Hinweis auf Mot. III, S. 457.

747 Prot. III, S. 763.

748 Vgl. dazu Mot. III, S. 456.

749 Ähnlich Kohler NJW 1984, S. 2849 (Fz. 19).

750 Diese Konsequenz nimmt hin RGRK/Rothe (1996) § 1100 BGB Rz. 7 a.E.

751 OLG Koblenz (23.1.13) DNotZ 2013, S. 678.

Ansprüche schon vor der Umschreibung abgewickelt werden sollten,[752] ist von der den Herausgabeanspruch befürwortenden Sicht auf Wortlaut und Systematik geprägt; akzeptiert man, dass § 1100 S. 1 BGB den Anspruch aus § 985 BGB meint, ist auch diesem Argument der Boden entzogen.

Gelegentlich wird der Herausgabeanspruch mit der Vormerkungswirkung begründet;[753] dahinter verbirgt sich wohl die Vorstellung, dass die Verpflichtung zur Herausgabe aus dem Zweitvertrag gemäß § 433 Abs. 1 S. 1 BGB gleich der Verpflichtung zur grundbuchrechtlichen Zustimmung nunmehr den Dritten treffen müsse. Dagegen spricht, dass § 888 BGB die Möglichkeit zum Eigentumserwerb durch den Berechtigten lediglich grundbuchrechtlich absichert; die Übergabe des Grundstücks ist aber gemäß § 873 BGB weder materiell-rechtliche Voraussetzung für den Eigentumserwerb, noch ist sie grundbuchrechtlich relevant. 448

(B) Herausgabe bzw. Ersatz von Nutzungen

Ein Anspruch aus § 812 Abs. 1 S. 1 Var. 2 BGB besteht nicht;[754] insbesondere für eine Eingriffskondiktion fehlt dem Berechtigten ein Recht mit entsprechendem Zuweisungsgehalt gegenüber dem Dritten (Rz. 443). Im Zentrum der Diskussion steht ein Anspruch des Berechtigten gegen den Dritten auf Nutzungsherausgabe und -ersatz analog §§ 987 ff. BGB;[755] eine direkte Anwendung scheidet mangels Vindikationslage aus (Rz. 442). 449

Mit dem Standpunkt zum Herausgabeanspruch hat diese Diskussion nur zum Teil etwas zu tun; die dingliche Natur eines unterstellten Herausgabeanspruchs bedarf zusätzlicher Begründung (dazu gleich). Befürwortet man einen obligatorischen Herausgabeanspruch, sind §§ 987 ff. BGB gemäß § 292 BGB allenfalls ab Rechtshängigkeit entsprechend anwendbar. Wegen der Vormerkungswirkung der Vorkaufsrechte stellt sich dennoch die Frage, ob §§ 987 ff. BGB nicht auch jenseits von § 292 BGB entsprechend und damit insbesondere bei Bösgläubigkeit 450

752 Kern, JuS 1990, S. 116 (117); MünchKomm/Westermann (2013) § 1098 BGB Rz. 11.

753 Hartmann, NJW 1956, S. 899 (900, Fz. 13); Meyer, NJW 1971, S. 1319.

754 Kern, JuS 1990, S. 116 (118); MünchKomm/Westermann (2013) § 1100 BGB Rz. 7.

755 Zum Vorkaufsrecht: **Dafür** BGH (20.5.83) NJW 1983, S. 2024 (2025); HK-BGB/Staudinger (2012) § 1098 BGB Rz. 7; Prütting/Eickmann (2013) § 1098 BGB Rz. 7; Erman/Grziwotz (2014) § 1098 BGB Rz. 9; Hoche NJW 1963, S. 301 (302); Kern, JuS 1990, S. 116 (118); Staud/Schermaier (2009) § 1100 BGB Rz. 11; Peßler, NJW 1960, S. 1785 (1789); Schwerdtner, BWNotZ 1972, S. 145; Soergel/Stürner (2001) § 1100 BGB Rz. 3; Vogt LM § 1098 BGB Nr. 9; MünchKomm/Westermann (2013) § 1100 BGB Rz. 7. **Dagegen**: Gursky, JR 1984, S. 3 (6); RGRK/Rothe (1996) § 1100 BGB Rz. 5.

des Dritten gelten; obwohl der Berechtigte bei der Vormerkung keinen Anspruch auf Herausgabe des Grundstücks hat, wird zum Teil eine analoge Anwendung von §§ 987 ff. BGB befürwortet.[756]

451 Gegen die Analogie spricht, dass sich der Gesetzgeber beim Vorkaufsrecht bewusst gegen eine Regelung zum Nutzungsersatz entschieden hat;[757] es fehlt daher bereits an einer planwidrigen Lücke. Die Vergleichbarkeit der Situationen wird damit begründet, dass die Position des Berechtigten eigentumsähnlich sei, wenn dieser sowohl gegenüber dem Dritten, als auch gegenüber dem Verpflichteten die bessere Berechtigung habe.[758] Das sei gegenüber dem Dritten stets der Fall, weil dieser das Eigentum am Grundstück gemäß § 883 Abs. 2 S. 1 BGB gegenüber dem Berechtigten nicht wirksam erwerben könne und daher dem Berechtigten gegenüber nur gleich einem Bucheigentümer erwerbe. Zudem erhalte der Dritte den Kaufpreis zurück; es sei daher nicht interessengerecht, wenn der Dritte dennoch die Nutzungen behalten dürfte.[759] Der Hinweis auf die relative Unwirksamkeit überzeugt nicht, weil der Dritte auch gegenüber dem Berechtigten Eigentümer wird (Rz. 67);[760] die Vormerkung im Vorkaufsrecht beeinträchtigt diese Position des Dritten nicht und ändert nichts daran, dass der Berechtigte lediglich einen Anspruch aus § 433 Abs. 1 BGB gegen den Verpflichteten hat.[761] Behaltensgrund für die Nutzungen ist der Kaufvertrag mit dem Verpflichteten, der in der Regel von Ausübung und Durchsetzung des Vorkaufsrechts unberührt bleibt; der Dritte darf die Nutzungen des Grundstücks behalten, weil er vom Verpflichteten keinen Ersatz für die Nutzung des wirtschaftlich gleichwertigen Kaufpreises bekommt (Rz. 492).[762]

452 Gegenüber dem Verpflichteten bestehe die bessere Berechtigung, wenn dem Berechtigten die Nutzungen durch den Zweitvertrag zugewiesen seien; dies richte

756 Zur Vormerkung: **Dafür** BGH (19.5.00) NJW 2000, S. 2899; Löhnig, JA 2000, S. 918 (919); Reithmann, EWiR § 883 BGB, 2/2000, S. 963 (964). **Dagegen** Assmann, LM § 987 BGB Nr. 20, Bl. 4/1 (5/1). Staud/Gursky (2013) § 888 BGB Rz. 86; Kohler, NJW 1984, S. 2849 (2857); MünchKomm/Kohler (2013) § 888 BGB Rz. 19.

757 Mot. III, S. 458; Probst, JR 2001, S. 334.

758 So für die Vormerkung BGH (19.5.00) NJW 2000, S. 2899; zustimmend Hager DNotZ 2001, S. 325 (326). In diese Richtung auch Kern, JuS 1990, S. 116 (118).

759 Zu diesem Argument vgl. Kern, JuS 1990, S. 116 (118).

760 Assmann, LM § 987 BGB Nr. 20, Bl. 4/1 (5/1); Gursky, JR 1984, S. 3 (4); auch Probst, JR 2001, S. 334 (335).

761 So argumentieren bei der Vormerkung im Verhältnis zwischen Verpflichtetem und Berechtigten BGH (19.5.00) NJW 2000, S. 2899 (2901); im Verhältnis zwischen Berechtigtem und Drittem OLG Hamburg (2.10.61) NJW 1961, S. 2350 (2351).

762 Mot. III, S. 458.

sich im Zweifel nach §§ 446, 292 BGB[763] bzw. § 280 BGB. Dagegen spricht die Relativität der Schuldverhältnisse;[764] der Zweitvertrag kann dem Berechtigten nicht die Nutzungen im Verhältnis zum Dritten zuweisen. Deshalb kann bei einem Vorkaufsrecht auch nicht auf § 347 Abs. 1 BGB abgestellt werden,[765] selbst wenn ein im Erstvertrag vorgesehenes Rücktrittsrecht ausgeübt wird; auch das Rückgewährschuldverhältnis besteht zwischen Verpflichtetem und Drittem und kann daher dem Berechtigten keine Nutzungen zuweise. § 292 BGB knüpft zudem an die Appellwirkung der Klageerhebung an, die den Dritten gar nicht erreicht; auch sind die Voraussetzungen von § 292 BGB in diesen Fällen nicht unbedingt erfüllt:[766] Der Verpflichtete ist nicht mehr im Besitz des Grundstücks;[767] kann er sich das Grundstück aufgrund der Gestaltung des Erstvertrags auch nicht wieder beschaffen (Rz. 439), beschränkt sich seine Verpflichtung aus § 433 Abs. 1 S. 1 BGB gemäß § 275 Abs. 1 Var. 1 BGB auf Erklärung der Auflassung. Über § 280 BGB lassen sich Gebrauchsvorteile nur eingeschränkt erfassen: Jenseits eines entgangenen Gewinns ist dafür eine Ausrichtung der Lebensverhältnisse Voraussetzung,[768] die beim Erwerb noch nicht gegeben sein kann; zudem geht es beim Schadensersatz nicht um die Nutzungsmöglichkeiten des Verpflichteten, sondern um diejenigen des Berechtigten.

Mit Blick auf § 990 Abs. 1 BGB ist auch im Zusammenhang mit den Nutzungen die Frage nach der Gut- bzw. Bösgläubigkeit des Dritten relevant; da §§ 987 ff. BGB nach Eigentumserwerb durch den Berechtigten unmittelbar anwendbar sind, gilt dies unabhängig vom Standpunkt zum Nutzungsersatz im Vorfeld. Bei unmittelbarer Anwendung von § 990 Abs. 1 BGB ist Bezugspunkt des guten Glaubens das Besitzrecht; solange der Besitzer keine deutlichen Anhaltspunkte dafür hat, dass er zum Besitz nicht berechtigt ist, schuldet er keinen Nutzungsersatz. Lehnt man im Vorfeld einen Herausgabeanspruch ab, verliert 453

763 So argumentieren bei der Vormerkung BGH (19.5.00) NJW 2000, S. 2899 (2900); Staud/Gursky (2013) § 888 BGB Rz. 86; Hager DNotZ, S. 325 (327); Kohler, NJW 1984, S. 2849 (2857); Löhnig, JA 2000, S. 918 (919); wohl auch Schmidt, JuS 2000, S. 1119; MünchKomm/Kohler (2013) § 888 BGB Rz. 19. Für einen Anspruch ab Geltendmachung der Vormerkung, allerdings ohne Begründung Reithmann, EWiR § 883 BGB, 2/2000, S. 963 (964).

764 Assmann, LM § 987 BGB Nr. 20, Bl. 4/1 (5/1); Kern, JuS 1990, S. 116 (118).

765 Um eine Rückauflassung ging es bei BGH (19.5.00) NJW 2000, S. 2899. § 347 BGB betont im Zusammenhang mit Vorkaufsrechten Hager DNotZ 2001, S. 325 (328).

766 **A.A.** Assmann, LM § 987 BGB Nr. 20, Bl. 4/1 (5/1).

767 Diesen Aspekt für unbeachtlich hält Hager DNotZ, S. 325 (329).

768 Vgl. nur die Grundsatzentscheidung BGH (9.7.86) NJW 1987, S. 50.

das Besitzrecht des Dritten erst mit Eintragung des Berechtigten seine Wirkung; der Dritte wäre demnach gemäß § 990 Abs. 1 S. 2 BGB gutgläubig, solange er von der Eintragung des Berechtigten nichts weiß.

454 Ein derart ausgeprägter Schutz des Dritten bereitet Unbehagen, weil der Verlust des Eigentums bereits im Vorkaufsrecht angelegt und erst die Folge mehrerer Zwischenschritte ist; die Eintragung des Berechtigten wird daher als Bezugspunkt des guten Glaubens nicht erwogen. Uneinigkeit besteht allerdings, ob alternativ auf die Kenntnis vom Vorkaufsrecht[769] oder von dessen Ausübung[770] abzustellen ist. Die Ausübung des Vorkaufsrechts ist der wichtigste Zwischenschritt; übt der Berechtigte aus, wird er den Weg zum Eigentumserwerb auch zu Ende gehen. Auswirkungen auf das Besitzrecht hat die Ausübung des Vorkaufsrechts allerdings nur, wenn man dem Berechtigten bereits vor Eigentumserwerb einen Herausgabeanspruch gegen den Dritten zugesteht; bei der Vormerkung stellt sich allerdings dasselbe Problem, ohne dass der Berechtigte einen Herausgabeanspruch gegen den Dritten hätte. Das Vorkaufsrecht als Bezugspunkt der Gutgläubigkeit lässt sich hingegen auf die Vormerkung übertragen; dies ermöglicht eine einheitliche Lösung. Das Grundbuch weist zudem das Vorkaufsrecht aus und warnt damit vor den damit verbundenen Gefahren; das Vertrauen des Dritten in die Nichtausübung des Vorkaufsrechts wird von außerhalb des Grundbuchs gespeist und verdient daher Schutz nicht ohne Weiteres. Dagegen lässt sich nicht anführen, dass die Entschließung des Berechtigten längere Zeit in Anspruch nehmen kann;[771] der Dritte hat gemäß §§ 469, 1099 Abs. 1 BGB die Möglichkeit, die Ausübungsfrist durch entsprechende Mitteilung auszulösen und so die Entschließungsdauer auf zwei Monate zu beschränken.

455 Dogmatisch lässt sich der veränderte Bezugspunkt mit vergleichbaren Konstellationen begründen. Wer etwa die Anfechtbarkeit kannte oder kennen musste,

---

769 So BGH (20.5.83) NJW 1983, 2024 (2025); HK-BGB/Staudinger (2012) § 1098 BGB Rz. 7; Prütting/Eickmann (2013) § 1098 BGB Rz. 7; Gursky, JR 1983, S. 3 (5); Kern, JuS 1990, S. 116 (118); Meyer, NJW 1971, S. 1319; Peßler, NJW 1960, S. 1785 (1790); Soergel/Stürner (2001) § 1100 BGB Rz. 3. Für die Vormerkung zudem BGH (19.5.00) NJW 2000, S. 2899 (2900); RGRK/Augustin (1979) § 888 BGB Rz. 13; Staud/Gursky (2013) § 888 BGB Rz. 78; Hager DNotZ, S. 325 (326).

770 Für ein durch Vormerkung gesichertes Wiederkaufsrecht so noch BGH NJW (5.10.79) 1980, S. 833 (835). Speziell für das Vorkaufsrecht OLG Rostock Z 1929, S. 353 (354); Hartmann, NJW 1956, S. 899; Hoche NJW 1963, S. 301 (...); Staud/Schermaier (2009) § 1100 BGB Rz. 11; RGRK/Rothe (1996) § 1100 BGB Rz. 7; MünchKomm/Westermann (2013) § 1100 BGB Rz. 7.

771 **A.A.** BGH (5.10.1979) NJW 1980, S. 833 (835).

wird gemäß § 142 Abs. 2 BGB im Falle der Anfechtung behandelt, als habe er die Nichtigkeit gekannt. Auch wer das Rücktrittsrecht kannte oder kennen musste, schuldet im Falle des Rücktritts gemäß §§ 346 Abs. 1 u. 2, 347 Abs. 1 BGB Herausgabe von Nutzungen und Nutzungsersatz wie ein bösgläubiger Besitzer.[772] Dem lässt sich der Grundsatz entnehmen, dass Vertrauen in eine gefährdete Rechtsposition nicht geschützt ist, wenn der Betroffene die Gefahr kennt oder grob fahrlässig nicht kennt; der Bezugspunkt der Gutgläubigkeit wird vom Recht auf die Umstände verschoben, die es gefährden.

Wendet man diesen Grundsatz auf das durch das Vorkaufsrecht gefährdete Besitzrecht an, ist der Dritte in der Regel nicht gutgläubig, weil er das Vorkaufsrecht kennt;[773] der Dritte muss sich über die Bedeutung dieses Rechts sachkundig machen und sich beim Berechtigten nach dessen Absichten erkundigen.[774] Ein Grundstückskaufvertrag wird kaum ohne Blick ins Grundbuch geschlossen werden; schaut der Dritte nicht ins Grundbuch, trifft ihn allein deshalb der Vorwurf grober Fahrlässigkeit.[775] 456

c. *Unterlassung von Veränderungen*

Häufig beginnt ein Erwerber das Grundstück umzugestalten und es seinen individuellen Vorstellungen anzupassen; diese Vorstellungen werden sich kaum mit denen des Berechtigten decken. Da der Berechtigte sich gegen den Dritten durchsetzen kann, stellt sich die Frage, ob der Berechtigte derartige Veränderungen nicht von vornherein, gegebenenfalls im Wege einer einstweiligen Verfügung unterbinden kann. Veränderungen des Grundstücks können zudem missbraucht werden, um dem Berechtigten die Ausübung des Vorkaufsrechts auf tatsächlichem Wege zu verleiden; für die Vorkaufsrechte nach dem Vermögensgesetz ist diese Frage von besonderer Bedeutung, weil zu dem Grundstück häufig eine persönliche, von Erinnerungen geprägte Bindung besteht. 457

Beispiel 43 (nach BGH NJW 1983, S. 2024): Der Verpflichtete verkauft das mit einem Vorkaufsrecht nach § 20 a VermG belastete sowie mit einem Wohnhaus und mehreren Nebengebäuden bebaute Grundstück an den Dritten; das Grundstück wird übergeben und aufgelassen sowie der Dritte als Eigentümer im Grundbuch eingetragen. Erst nachdem der Dritte das Wohnhaus saniert hat, erfährt der Berechtigte vom Verkauf und übt das

772 Zu dieser Parallele vgl. wiederum BGH (20.5.83) NJW 1983, S. 2024 (2025).

773 Zentrales Argument im Zusammenhang mit dem gleich gelagerten Problem bei der Vormerkung in BGH (20.5.83) NJW 1983, S. 2024 (2025).

774 BGH (5.10.1979) NJW 1980, S. 833 (835); Schweriner, BWNotZ 1972, S. 149.

775 Kern, JuS 1990, S. 116 (118).

Vorkaufsrecht aus. Trotz Protests seitens des Berechtigten hält der Dritte an seinem Vorhaben fest, die übrigen Gebäude abzureißen.

458 Dient die Veränderung nachweislich nur dem Zweck, die Ausübung des Vorkaufsrechts zu verleiden, handelt der Dritte vorsätzlich sittenwidrig und ein Unterlassungsanspruch ergibt sich aus § 826 BGB;[776] eine reine Schädigungsabsicht wird allerdings selten sein. Ob der Berechtigte jenseits der Sittenwidrigkeit einen Unterlassungsanspruch aus §§ 823 Abs. 1, 1004 BGB hat, ist umstritten.[777] Dieser Unterlassungsanspruch setzt eine dingliche Berechtigung voraus, die bereits bei der Frage nach einem Herausgabeanspruch vermisst wurde (Rz. 443); die besseren Argumente sprechen daher auch gegen einen Unterlassensanspruch. Erst das Eigentum ordnet das Grundstück dem Berechtigten in erforderlicher Weise zu; hierin besteht der Unterschied zum Hypothekengläubiger, den §§ 1133 ff. BGB in vergleichbarer Situation schützen. Seine künftige Position kann der Berechtigte nicht schützen; der künftige Herausgabeanspruch des Berechtigten (Rz. 440) ist gemäß § 257 ZPO noch nicht einklagbar und daher als Grundlage einer einstweiligen Verfügung gemäß § 935 ZPO ungeeignet.[778]

459 Dennoch ist der Berechtigte jenseits der Sittenwidrigkeit nicht schutzlos. Der Berechtigte kann aufgrund des Zweitvertrags Schadensersatz vom Verpflichteten verlangen (Rz. 419 ff.). Zudem wird der Dritte sich aus Kostengründen mit Veränderungen zurückhalten, weil er dem Berechtigten letztlich weichen muss und für Verwendungen nur ausnahmsweise Ersatz bekommt (dazu gleich). Schadensverhütung ist besser als Schadensvergütung,[779] die Verhütung scheitert aber an berechtigten Interessen des Dritten; fehlt es an solchen Interessen, ist man wieder im Bereich der Sittenwidrigkeit.

2. Ansprüche des Dritten gegen den Berechtigten

460 Setzt sich der Berechtigte durch, geht es für den Dritten um die Kosten; er wird vor allem den Kaufpreis zurück- sowie Erstattung von Vertragskosten und Verwendungen haben wollen.

---

776 OLG München (15.11.62) NJW 1963, S. 301 (303).

777 **Dafür** BGH NJW 1954, S. 1035; OLG München (15.11.62) NJW 1963, S. 301 (303); MünchKomm/Westermann (2013) § 1098 BGB Rz. 7 u. § 1100 BGB Rz. 8; Hoche NJW 1963, S. 301; RGRK/Rothe (1996) § 1100 BGB Rz. 6 a.E.; Soergel/Stürner (2001) § 1098 BGB Rz. 4. **Dagegen** OLG München (15.11.62) NJW 1963, S. 301 (303); Staud/Schermaier (2009) Einl zu §§ 1094 ff. BGB Rz. 12 m.w.N.

778 Im Ergebnis ebenso Hoche NJW 1963, S. 301.

779 Darauf verweist Hoche NJW 1963, S. 301.

a. Kaufpreiserstattung

Der Dritte kann vom Berechtigten gemäß § 1100 S. 2 BGB Erstattung des Kaufpreises verlangen. Mit diesem Erstattungsanspruch wird die Relativität der Vertragsverhältnisse durchbrochen; der Dritte muss sich nicht an seinen Vertragspartner, sondern er kann sich direkt an den Berechtigten halten. Diese Durchbrechung erfolgt behutsam; der Dritte wird nicht aus dem Zweitvertrag berechtigt, sondern er kann lediglich Erstattung verlangen.[780] 461

Bei einem schuldrechtlichen Vorkaufsrecht lässt sich ein Anspruch des Dritten nur erreichen, indem der Verpflichtete seinen Kaufpreisanspruch aus dem Zweitvertrag gegen den Berechtigten an den Dritten abtritt.[781]

Der Erstattungsanspruch des Dritten setzt voraus, dass dieser bereits Eigentümer des Grundstücks geworden ist; anderenfalls kann der Dritte lediglich gemäß § 1100 S. 1 BGB die Herausgabe des Grundstücks von der Erstattung des Kaufpreises abhängig machen. Der Berechtigte soll Ansprüchen des Dritten erst ausgesetzt sein, wenn er den Auflassungsanspruch gegen den Verpflichteten durchgesetzt hat. Die Vorschrift erfüllt die gleiche Funktion wie § 1001 BGB; die Zweite Kommission hat eine Verweisung erwogen, diese aber wegen drohender Unwägbarkeiten verworfen.[782] Den Erwägungen der Zweiten Kommission lässt sich nicht entnehmen, dass der Erstattungsanspruch die Wirkungslosigkeit des zuvor beschlossenen Zurückbehaltungsrechts ausgleichen soll; genau diese Funktion kommt aber § 1100 S. 2 BGB zu, wenn man den Anwendungsbereich von § 1100 S. 1 BGB auf das Vorfeld des Eigentumserwerbs beschränkt (Rz. 445). 462

Nach dem Wortlaut von § 1100 S. 2 BGB setzt der Erstattungsanspruch zudem voraus, dass der Berechtigte Rechtsnachfolger des Dritten geworden ist; bliebe es dabei, müsste der Dritte vom Verpflichteten Rückzahlung verlangen, wenn der Berechtigte im Eigentum dem Verpflichteten nachfolgt.[783] Ein Rückzahlungsanspruch des Dritten stünde zur Verfügung (Rz. 488); für eine derartige 463

780 RG (16.1.27) Z 116, S. 187 (190 f.).

781 Statt Vieler: Falkner, MittBayNot 2012, S. 519 (520).

782 Prot. III, S. 760.

783 An den Verpflichteten verweisen den Dritten in diesen Fällen Soergel/Baur (2001) § 1100 BGB Rz. 1; Erman/Grziwotz (2014) § 1100 BGB Rz. 4; Staud/Schermaier (2009) § 1100 BGB Rz. 5; RGRK/Rothe § 1100 BGB Rz. 1; Weber, DNotZ 1961, S. 236 (239); MünchKomm/Westermann (2013) § 1100 BGB Rz. 1.

Beschränkung gibt es aber keinen Grund. § 1100 S. 2 BGB ist daher entsprechend anzuwenden, wenn der Berechtigte Rechtsnachfolger des Verpflichteten wird.[784]

Beispiel 44: Der Verpflichtete verkauft das mit einem Vorkaufsrecht nach § 20 VermG belastete Grundstück an einen Dritten; vereinbarungsgemäß zahlt der Dritte den Kaufpreis an den Verpflichteten, nachdem im Grundbuch eine Auflassungsvormerkung eingetragen ist. Da der Berechtigte kurz darauf ausübt, lässt der Verpflichtete das Grundstück an diesen auf und bewilligt dessen Eintragung im Grundbuch. Da die Vormerkung des Dritten das Grundbuch nicht sperrt, wird der Berechtigte als Eigentümer im Grundbuch eingetragen und damit Rechtsnachfolger des Verpflichteten.

464 Dass den Verfassern des Bürgerlichen Gesetzbuchs diese Konstellation bewusst war, ist nicht ersichtlich; die Zweite Kommission hat sich erkennbar an der Regelung des heutigen § 1100 S. 1 BGB orientiert, die vom durch die Eintragung des Dritten abhängigen Zustimmungserfordernis geprägt ist. Aus Gründen der Praktikabilität wurde die Relativität der Schuldverhältnisse durchbrochen; der Verpflichtete soll den Kaufpreis nicht zweimal erhalten.[785] Wie insbesondere § 1101 BGB zeigt, ging es der Zweiten Kommission aber vor allem um den Schutz des Dritten;[786] soweit es dieses Schutzes bedurfte, musste sogar die Praktikabilität zurücktreten (Rz. 432). Dieser Schutz wird nicht primär dadurch erreicht, dass man dem Dritten den Weg zum Berechtigten eröffnet; § 1102 BGB versperrt zugleich den Weg zum Verpflichteten, sodass insbesondere das Insolvenzrisiko lediglich verlagert wird. Der Schutz wird über die Zurückbehaltungsrechte erreicht, die an den Anspruch gegen den Verpflichteten anknüpfen. Der Bedarf an Praktikabilität und das Schutzbedürfnis hängen allein an der Zahlung des Dritten.

Das verdeutlicht anschaulich Beispiel 44: Auch hier ist es einfacher, wenn sich der Dritte an den Berechtigten hält; auch hier würde der Dritte anderenfalls das Grundstück herausgeben müssen, ohne dass die Erstattung des Kaufpreises abgesichert wäre.

465 Durchbrochen ist allerdings nur die Relativität von Erst- und Zweitvertrag sowie von an den Erstvertrag anknüpfenden Verträgen. § 1100 BGB ist eine Regelung

---

784 Erwägungen in diese Richtung BGH (11.10.91) NJW 1992, S. 236 (238); auch Weber, DNotZ 1961, S. 236 (240). Für eine Anwendung unabhängig vom Erwerb des Dritten Hoche, NJW 1961, S. 301 (302); Immerwahr, JehJb. 40, S. 279 (308). **A.A.** (neben vorstehender Fz.) Gursky, JR 1984, S. 3 (6); Kern, JuS 1990, S. 116 (117).

785 Prot. III, S. 759. Dazu auch Staud/Schermaier (2009) § 1100 BGB Rz. 2; MünchKomm/Westermann (2013) § 1100 BGB Rz. 1.

786 Vor allem Soergel/Stürner (2001) § 1100 BGB Rz. 1. Aber auch Staud/Schermaier (2009) § 1100 BGB Rz. 2; RGRK/Rothe (1996) § 1100 BGB Rz. 1; MünchKomm/Westermann (2013) § 1100 BGB Rz. 1.

zum ausgeübten Vorkaufsrecht, Verträge die damit nichts zu tun haben, bleiben außen vor. Ein Vierter, der das Grundstück aufgrund eines Drittvertrags vom Verpflichteten erwirbt, kommt daher im Falle der Ausübung des Vorkaufsrechts weder in den Genuss des Zurückbehaltungsrechts, noch steht ihm später ein Erstattungsanspruch gegen den Berechtigten zu.[787]

Beispiel 45: Der Verpflichtete verkauft das mit einem Vorkaufsrecht nach § 20 VermG belastete Grundstück an einen Dritten; als ihm eine vierte Person kurz darauf einen noch höheren Kaufpreis anbietet, verkauft der Verpflichtete kurzerhand an den Vierten, lässt diesem das Grundstück auf und bewilligt dessen Eintragung im Grundbuch. Übt jetzt der Berechtigte aus und setzt seinen Anspruch aus § 433 Abs. 1 BGB gestützt auf den Erstvertrag mit dem Dritten durch, muss sich der Vierte an den Verpflichteten halten; § 1100 BGB ist nicht anwendbar. Wählt der Berechtigte den anderen Vertrag (Rz. 283), gilt § 1100 BGB gegenüber der vierten Person und der Dritte muss sich an den Verpflichteten halten.

An dieser Stelle zeigt sich am deutlichsten der Unterschied zur Vormerkung; nur beim Vorkaufsrecht sah sich die Zweite Kommission veranlasst, Regeln zur Bereinigung der Doppelverpflichtung aufzunehmen. Bei der Vormerkung kommt es nur zu einer vergleichbaren Doppelverpflichtung, wenn der Verpflichtete trotz des Vertrags mit dem Berechtigten das Grundstück noch einmal verkauft; die Doppelverpflichtung ist damit stets Folge einer Pflichtverletzung, die eine Bereinigung über sekundäre Rechte des Dritten ermöglicht. Beim Vorkaufsrecht verhält sich der Verpflichtete hingegen pflichtgemäß; er soll das Grundstück an den Dritten verkaufen, erst dies löst das Vorkaufsrecht aus. Deshalb bedurfte es beim Vorkaufrecht einer Regelung, bei der Vormerkung hingegen nicht. Vor diesem Hintergrund erschließt sich auch, dass die Privilegierung durch §§ 1100 ff. BGB auf den Rechtsnachfolger beschränkt bleibt. 466

Der Erstattungsanspruch des Dritten gegen den Berechtigten setzt schließlich voraus, dass der Dritte den Kaufpreis bereits an den Verpflichteten gezahlt hat; anderenfalls wird der Dritte gemäß § 326 Abs. 1 S. 1 BGB bzw. gemäß § 1102 Hs. 2 BGB (Rz. 488 ff.) von seiner Kaufpreisverpflichtung aus § 433 Abs. 2 BGB gegenüber dem Verpflichteten frei. Keine Voraussetzung ist die Herausgabe des Grundstücks; § 1100 S. 2 BGB a.E. stellt lediglich klar, dass die Durchsetzbarkeit des Anspruchs ebenfalls durch ein Zurückbehaltungsrecht des Berechtigten beschränkt ist.[788] 467

---

787 Staud/Schermaier (2009) § 1100 BGB Rz. 4; RGRK/Rothe (1996) § 1100 BGB Rz. 4; MünchKomm/Westermann (2013) § 1100 BGB Rz. 3.

788 Staud/Schermaier (2009) § 1100 BGB Rz. 7; MünchKomm/Westermann (2013) § 1100 BGB Rz. 3.

468 Der Dritte kann nur Erstattung in Höhe des vereinbarten Kaufpreises verlangen;[789] eine Überzahlung kann er daher beim Verpflichteten kondizieren. Hat der Dritte nur einen Teil des Kaufpreisanspruchs berichtigt, beschränkt sich auch sein Anspruch gegen den Berechtigten auf diesen Teil. Zinsen kann der Dritte erst gemäß §§ 280 Abs. 1 u. 2, 286 BGB verlangen, wenn der Berechtigte mit der Erstattung des Kaufpreises in Verzug kommt.[790] Weder die Ausübung des Vorkaufsrechts, noch die Erfüllung des Zweitvertrags berühren die Verpflichtung des Dritten aus § 433 Abs. 2 BGB als Behaltensgrund für seine Zahlung an den Verpflichteten (Rz. 479 ff.); deshalb lässt sich diese Zahlung auch nicht zur Tilgung der identischen Verpflichtung des Berechtigten umwidmen und auf diese Weise kein verzugsunabhängiger Zinsanspruch aus Geschäftsführung ohne Auftrag begründen.[791]

b. Ersatz von Verwendungen

469 Spätestens wenn der Berechtigte Eigentümer des Grundstücks geworden ist, muss der Dritte das Grundstück an den Berechtigten herausgeben; soweit der Dritte diese nicht einfach wegnehmen kann, werden für ihn mit Herausgabe Verwendungen auf das Grundstück nutzlos und kommen unter Umständen dem Berechtigten zugute. Im Zweitvertrag findet diese Vermögensverschiebung keine Berücksichtigung; der Berechtigte schuldet dem Verpflichteten unverändert den im Erstvertrag vereinbarten Kaufpreis, selbst wenn das Grundstück bspw. durch die Verwendungen des Dritten eine Wertsteigerung erfahren hat. Es stellt sich daher die Frage nach einem Ersatzanspruch des Dritten.

470 Lässt man die nachträgliche Entstehung einer Vindikationslage genügen (Rz. 440 f.), hat der Dritte gegen den Berechtigten gemäß §§ 994 Abs. 2, 999 Abs. 2 BGB Anspruch auf Ersatz notwendiger Verwendungen aus Geschäftsführung ohne Auftrag;[792] ein weitergehender Anspruch nach den Vorschriften des Eigentümer-Besitzer-Verhältnisses besteht in der Regel nicht, weil der Dritte bösgläubig ist (Rz. 456). Hält man hingegen an der Voraussetzung einer Vindikationslage fest,[793] erfasst dieser Anspruch des Dritten nur Verwendungen nach

---

789 Vgl. nur MünchKomm/Westermann (2013) § 1100 BGB Rz. 3.

790 Vorher kein Anspruch auf Verzugszinsen Ebert, NJW 1961, S. 1430 (1435); Henrichs, DNotZ 1955, S. 573; Peßler, NJW 1960, S. 1785 (1789).

791 Wie hier BayObLG Z 26, S. 121 (127 f.). **A.A.** BGH (14.10.68) NJW 1969, S. 42; RGRK/Rothe (1996) § 1100 BGB Rz. 6.

792 So Hartmann, NJW 1956, S. 899.

793 So bspw. OLG Hamburg (2.10.61) NJW 1961, S. 2350 (2351); Palandt/Bassenge (2014) Vor § 994 BGB Rz. 2; Gursky, JR 1984 S. 3 (4). Ebenso in anderem Zusammenhang BGH WM 1990, S. 78; dagegen Brehm, EWiR § 3 AnfG 1/90, S. 7 (8).

Eintragung des Berechtigten; die Ausübung des Vorkaufsrechts dürfte den Dritten allerdings endgültig abschrecken, sodass es häufig um vorherige Verwendungen gehen wird. Indem man auf das Bestehen einer Vindikationslage zur Zeit der Verwendungen verzichtet,[794] wird das Problem lediglich umgangen. Damit die Vindikationslage entstehen kann, dürfte der Dritte dem Berechtigten das Grundstück nicht herausgeben, bevor der Berechtigte im Grundbuch eingetragen ist.[795]

Verwendungen des Dritten vor Eintragung des Berechtigten werden auch von 471
anderen Vorschriften in unmittelbarer Anwendung nicht erfasst. Ein Anspruch aus Geschäftsführung ohne Auftrag besteht gemäß § 687 Abs. 1 BGB nicht; der Dritte führt kein fremdes Geschäft.[796] Ein Anspruch aus § 812 Abs. 1 S. 1 Var. 2 BGB (Verwendungskondiktion) besteht unabhängig davon nicht, ob §§ 994 ff. BGB entsprechend anwendbar sind (dazu gleich) und damit Sperrwirkung[797] entfalten würden; der Berechtigte erwirbt den Vorteil der Verwendungen mit dem Eigentum am Grundstück, welches der Verpflichtete mit Rechtsgrund leistet.[798] Jenseits einer Beschaffenheitsvereinbarung schuldet der Verpflichtete lediglich Übereignung; einzelne Merkmale des Grundstücks lassen sich weder in negativer (Rz. 421) noch in positiver Hinsicht ausdifferenzieren.[799] Schließlich führt auch § 292 BGB nicht zu einem Anspruch auf Verwendungsersatz, selbst wenn man im Vorfeld einen Herausgabeanspruch des Berechtigten befürwortet; die Norm setzt einen Verwendungsersatzanspruch voraus, der ggf. zugunsten des Herausgabegläubigers beschränkt wird.[800] Über § 292 BGB ließen sich im

---

794 So bspw. BGH NJW 1961, S. 499; 1998, S. 989 (990 f.) m.w.N.; RGRK/Rothe (1996) § 1100 BGB Rz. 7; Schwerdtner BWNotZ 1972, S. 145 (147); MünchKomm/Westermann (2013) § 1100 BGB Fz. 9.

795 Kritik in diese Richtung bei MünchKomm/Westermann (2013) § 1100 BGB Rz. 5. U.a. daran lässt einen Ersatzanspruch scheitern BGH (19.5.00) 2000, S. 2899 (2901).

796 Gursky, JR 1984 S. 3 (4). **A.A.** vielleicht RGRK/Rothe (1996) § 1100 BGB Rz. 6. Zumindest kein Geschäft des Vormerkungsberechtigten OLG (2.10.61) NJW 1961, S. 2350 (2351).

797 Damit lehnt eine Verwendungskondiktion ab Kern, JuS 1990, S. 116 (119).

798 Gursky, JR 1984, S. 3 (4). Zur Vormerkung OLG Hamburg (2.10.61) NJW 1961, S. 2350 (2351). Für eine Verwendungskondiktion und damit **a.A.** OLG Hamburg (11.2.71) NJW 1971, S. 1317; MünchKomm/Schwab (2013) § 812 BGB Rz. 308; Probst, JR 2001, S. 334 (335, Fz. 15); Walter, NJW 1971, S. 1845 (1846); MünchKomm/Westermann (2013) § 1100 BGB Rz. 5.

799 **A.A.** OLG Hamburg (11.2.71) NJW 1971, S. 1317 (1318).

800 Gursky, JR 1984, S. 3 (4). **A.A.** BGH (20.5.83) NJW 1983, S. 2024; Hartmann, NJW 1956, S. 899 (900); Meyer, NJW 1971, S. 1319.

Übrigen nur Verwendungen nach Rechtshängigkeit erfassen; Verwendungen bis zur Ausübung des Vorkaufsrechts würden wiederum außen vor bleiben.[801]

472 Der Verwendungsschutz des Dritten ist lückenhaft; ob es dabei sein Bewenden haben muss, hängt von der Planwidrigkeit dieser Schutzlücke ab. Gegen die Planwidrigkeit spricht die Entstehungsgeschichte von §§ 1098 ff. BGB. Ursprünglich sah § 957 Abs. 3 E I einen Anspruch des Dritten auf Verwendungsersatz gegen den Berechtigten vor und unterstellte diesen Anspruch den Vorschriften des Eigentümer-Besitzer-Verhältnisses; diese Regelung wurde später gestrichen. Für die Zweite Kommission hing das Bedürfnis nach Verwendungsersatz im Vorfeld des Eigentumserwerbs durch den Berechtigten am Herausgabeanspruch des Berechtigten gegen den Dritten, der mit § 957 Abs. 1 E I aber ebenfalls aufgegeben wurde (Rz. 445); das wird dadurch unterstrichen, dass bei der Vormerkung eine mit § 957 Abs. 3 E I vergleichbare Regelung erwogen, aber für entbehrlich gehalten wurde.[802] Die Zweite Kommission hat für das Vorfeld des Eigentumserwerbs bewusst auf einen Anspruch des Dritten gegen den Berechtigten auf Verwendungsersatz verzichtet. Etwas Gegenteiliges lässt sich auch §§ 1100 bis 1102 BGB nicht entnehmen; diese Vorschriften regeln vor allem das Problem des doppelten Kaufpreisanspruchs, was sich bei den Verwendungen nicht stellt. Nicht ergiebig ist schließlich § 459 BGB; es handelt sich dabei um einen Anspruch des Verpflichteten gegen den Berechtigten, der in der Eigenart des Wiederkaufsrechts begründet ist.

473 Befürwortet man einen Herausgabeanspruch im Vorfeld des Eigentumserwerbs durch den Berechtigten, scheint eine entsprechende Anwendung von §§ 994 ff. BGB konsequent;[803] lückenlos wäre der Schutz dennoch nur, wenn man

---

801 So ausdrücklich OLG Hamburg (11.2.71) NJW 1971, S. 1317 (1319); Hartmann, NJW 1956, S. 899 (900).

802 Prot. III, S. 747.

803 **Dafür**: Zum Vorkaufsrecht BGH (20.5.83) 1983, S. 2024; RG HRR 1928 Nr. 2276; HK-BGB/Staudinger (2012) § 1098 BGB Rz. 3; Prütting/Eickmann (2013) § 1098 BGB Rz. 7; Gursky, JR 1984, S. 3 (5); Hartmann, NJW 1956, S. 899 (900); Hoche, NJW 1963, S. 302; Jauernig/Berger (2014) § 1100 BGB Rz. 1; Kern, JuS 1990, S. 116 (118); Larenz, SchR II/1 (1986) § 44 III (S. 155); Staud/Schermaier (2009) § 1100 BGB Rz. 11; Peßler, NJW 1960, S. 1785 (1789); Schwerdtner, BWNotZ 1972, S. 145; Vogt LM § 1098 BGB Nr. 9; Soergel/Stürner (2001) § 1100 BGB Rz. 3. Zur Vormerkung BGH (19.5.00) NJW 2000, S. 2899 (2900); (5.10.79) NJW 1980, S. 833 (834); RG Z 163, S. 62 (64); RGRK/Augustin (1979) § 888 BGB Rz. 13; Hager, DNotZ 2001, S. 325 (329); letztlich wohl auch Probst, JR 2001, S. 334 (335); Räfle LM § 888 BGB Nr. 3; Reithmann, EWiR § 883 BGB, 2/2000, S. 963 (964). **Dagegen**: Zum Vorkaufsrecht OLG Hamburg (11.2.71) NJW 1317 (1319); Meyer, NJW 1971, S. 1319; RGRK/Rothe

zudem auf die vindikationsähnliche Lage zur Zeit der Verwendungen verzichten würde.[804] Unabhängig davon lässt sich diese Analogie nicht begründen; selbst wenn man einen Herausgabeanspruch im Vorfeld unterstellt, ist das Rechtsverhältnis zwischen Berechtigtem und Drittem nicht mit einer Vindikationslage vergleichbar. Dieses Rechtsverhältnis wäre zum Teil spiegelverkehrt; der Dritte ist unter Umständen Eigentümer des Grundstücks und soll dennoch nicht Schuldner, sondern Gläubiger des Verwendungsersatzanspruchs sein. Zudem kann ein Anspruch aus § 1100 S. 1 BGB nicht dinglicher Natur sein,[805] weil er nicht die Durchsetzung einer dinglichen Berechtigung am Grundstück flankiert (Rz. 451). Genau wie der Zustimmungsanspruch könnte ein Herausgabeanspruch aus § 1100 S. 1 BGB nur der Durchsetzung des Anspruchs aus § 433 Abs. 1 BGB dienen. Als Begründung für den Rückgriff auf §§ 994 ff. BGB bleibt daher nur der Hinweis, es bedürfe einer Regelung;[806] vermutlich beschwört die Annahme eines dinglichen Herausgabeanspruchs immer wieder die Parallele zu § 985 BGB herauf.

Die fehlende Eignung von §§ 994 ff. BGB zeigt sich deutlicher bei der Vormerkung, wo ein Herausgabeanspruch nicht zur Diskussion steht; will man das Eigentümer-Besitzer-Verhältnis dennoch für den Verwendungsersatz fruchtbar machen, muss man z.B. bei §§ 1000 ff. BGB auf die Zustimmung ausweichen.[807]

Setzt man die Streichung von §§ 957 Abs. 1 u. 3 E I konsequent um, verflüchtigt 474
sich der Eindruck, man könne die existierende Lücke nicht hinnehmen. Der Verpflichtete verfügt über ein fremdes Grundstück; obwohl mit der Situation des Dritten vergleichbar, fragt man insbesondere beim gutgläubigen Erwerb nicht nach einem Verwendungsersatzanspruch des alten Eigentümers gegen den gutgläubigen Erwerber. Genau wie das Risiko eines gutgläubigen Erwerbs trägt der

---

(1996) § 1100 BGB Rz. 5. Zur Vormerkung BGH NJW 1980, 833; OLG Hamburg (2.10.61) NJW 1961, S. 2350 (2351).

804 So im Ergebnis Gursky, JR 1984, S. 3 (4 f.). Auf den Zeitpunkt der Geltendmachung stellt ab, allerdings ohne Begründung Reithmann, EWiR § 883 BGB, 2/2000, S. 963 (964).

805 Von obligatorischer Natur gehen aus BGH NJW 1992, S. 236 (238); BayObLG Z 1982, S. 222 (230); Hartmann, NJW 1956, S. 899 (unten); Kern, JuS 1990, S. 116 (119); Meyer, NJW 1971, S. 1319; Schwerdtner BWNotZ 1972, S. 145 (148); MünchKomm/Westermann (2013) § 1098 BGB Rz. 11. **A.A.** BGH (6.11.73) WM 1964, S. 298 (301); Hoche NJW 1963, S. 302; Staud/Schermaier (2009) § 1100 BGB Rz. 8; RGRK/Rothe (1996) § 1100 BGB Rz. 2.

806 Gursky, JR 1984, S. 3 (5); Staud/Schermaier (2009) § 1100 BGB Rz. 8 a.E.

807 So angedacht von BGH (19.5.00) NJW 2000, S. 2899 (2900).

Dritte auch das vorkaufs- bzw. vormerkungsbedingte Risiko;[808] das ist auch nicht unbillig, weil der Dritte das Vorkaufsrecht kennt oder kennen muss (Rz. 456). Ist der Dritte ausnahmsweise schuldlos in Unkenntnis, bleibt ihm der Schadensersatzanspruch gegen den Verpflichteten (Rz. 494); mit dem gutgläubigen Erwerb im Blick vermisst man auch kein Druckmittel oder eine Absicherung des Dritten.[809] Schließlich überzeugt auch der Hinweis nicht, es gebe keinen Grund, dass der Berechtigte den Verwendungserfolg ohne Vergütung erhalte. Behaltensgrund für den Erwerb bleibt der Zweitvertrag. Das Grundstück hat ggf. eine Wertsteigerung erfahren, nachdem der Verkaufsantrag verbindlich geworden ist; wie sonst auch kommt eine solche Wertsteigerung grundsätzlich dem Käufer zugute. Der Verwendungsersatzanspruch des bösgläubigen Besitzers ist Kehrseite seiner Verpflichtung zum Nutzungsersatz; der Dritte darf die Nutzungen aber behalten (Rz. Henry Posselt 26. August 2015 06:54). Der Hinweis auf den Vorteil des Berechtigten verzerrt nur das Bild; über §§ 994 ff. BGB kann man ohnehin diesen Vorteil nur unzureichend abschöpfen, weil der Dritte in der Regel bösgläubig ist.

c. *Kosten*

475 Soweit über eine entsprechende Klausel im Erstvertrag Kosten wirksam auf den Berechtigten verlagert wurden, hat der Dritte unmittelbar einen vertraglichen Erstattungsanspruch gegen den Berechtigten (Rz. 408). Im Übrigen werden die Kosten entlang der Vertragsverhältnisse verteilt (Rz. 411), in Betracht kommt insoweit aber ein Anspruch des Dritten gegen den Berechtigten analog §§ 1100 bis 1102 BGB;[810] die Schutz- und Praktikabilitätserwägungen im Zusammenhang mit der Erstattung des Kaufpreises treffen auch bei den Kosten zu.

3. Verknüpfung der Ansprüche

476 Zustimmung kann der Berechtigte vom Dritten gemäß §§ 1100 S. 1, 274 BGB nur Zug um Zug gegen Erstattung des Kaufpreises verlangen; ein Zurückbehaltungsrecht nach § 273 Abs. 1 BGB besteht nicht, weil der Dritte noch keine fälligen Ansprüche gegen den Berechtigten hat. Im Übrigen besteht die Konnexität; jenseits der Zustimmung bestehen die Ansprüche gegebenenfalls wechselseitig und entspringen demselben Lebensverhältnis. Setzt der Dritte den Erstattungsanspruch aus § 1100 S. 2 BGB durch, ist gegebenenfalls der Berechtigte gemäß §§ 273 Abs. 1, 274 Abs. 1 BGB zur Zurückbehaltung berechtigt; besitzt der Dritte

808 Zur Vormerkung Prot. III, S. 750.

809 Zu diesem Argument vgl. Gursky, JR 1984, S. 3 (5).

810 Ebenso Peßler, NJW 1960, S. 1785 (1788); ähnlich Kern, JuS 1990, S. 116 (119).

das Grundstück noch, kann er Erstattung des Kaufpreises nur Zug um Zug gegen Herausgabe verlangen.

Interpretiert man in § 1100 S. 1 BGB einen Herausgabeanspruch hinein, erfasst das Zurückbehaltungsrecht des Dritten auch diesen Anspruch. Befürwortet man einen Verwendungsersatzanspruch des Dritten vor Eigentumserwerb durch den Berechtigten, besteht über § 273 BGB auch die Verknüpfung zum Anspruch des Berechtigten auf Zustimmung;[811] die Voraussetzungen von § 1100 S. 1 BGB liegen nicht vor.[812] Leitet man den Verwendungsersatzanspruch allerdings aus §§ 994 ff. BGB ab, gilt § 273 BGB mangels Fälligkeit analog.[813] 477

Lässt man bei der Vormerkung mangels eines Herausgabeanspruchs den Zustimmungsanspruch an dessen Stelle treten (Rz. 473), kommt sogar ein Zurückbehaltungsrecht aus § 1000 BGB in Betracht.[814]

IV. Rechtsverhältnis zwischen Drittem und Verpflichtetem

Die Ausübung des Vorkaufsrechts bleibt auch für das Rechtverhältnis zwischen Verpflichtetem und Drittem nicht ohne Konsequenzen. Durch die Ausübung des Vorkaufsrechts kann in diesem Verhältnis die Durchsetzung des Übereignungsanspruchs treue-[815] bzw. sittenwidrig sein; hat der Dritte den Kaufpreis bereits gezahlt, stärkt der Eigentumserwerb allerdings seine Position gem. §§ 1100 ff. BGB gegenüber dem Berechtigten. Im Übrigen stellen sich wiederum die Fragen nach Rückabwicklung und zudem nach Schadensersatz. 478

1. Rückabwicklung

Die Folgen für den Erstvertrag hängen davon ab, ob und in welcher Form die Parteien für den Fall der Ausübung des Vorkaufsrechts Vorsorge getroffen haben. 479

---

811 OLG Hamburg (11.2.71) NJW 1971, S. 1371; Staud/Schermaier (2009) § 1100 BGB Rz. 11 a.E.; MünchKomm/Westermann (2013) § 1100 BGB Rz. 2.

812 OLG München OLG 1933, S. 287; Peßler, NJW 1960, S. 1785 (1790).

813 BGH (5.10.79) NJW 1980, S. 833 (834).

814 Angedacht von BGH (19.5.00) NJW 2000, 2899 (2900). Befürwortet von Hager DNotZ 2001, S. 325 (329); Jauernig/Berger (2014) § 1100 BGB Rz. 1.

815 So Klinke, S. 107.

a. Vorsorge

480 Die Parteien des Erstvertrags können durch Vereinbarung einer Bedingung oder eines Rücktrittsrechts für den Fall der Ausübung des Vorkaufsrechts vorsorgen, vgl. § 465 BGB.

i. Bedingung

481 In Betracht kommen die Nichtausübung als aufschiebende oder die Ausübung des Vorkaufsrechts als auflösende Bedingung; wurde von den Parteien eine solche Bedingung vereinbart, wird der Erstvertrag durch die Ausübung des Vorkaufsrechts (endgültig) unwirksam. Fehlt eine ausdrückliche Abrede der Parteien, wird sich ein entsprechender Parteiwille in der Regel nicht durch Auslegung ermitteln lassen.[816] Ein Grundstückskaufvertrag bedarf gemäß § 311 b Abs. 1 BGB notarieller Beurkundung; daher ist auch grundsätzlich nur der Wille beachtlich, der in notarieller Form erklärt worden ist.[817] Die Möglichkeit einer Heilung gemäß § 311 Abs. 1 S. 2 BGB ändert daran nichts; die Durchführung des Vertrags spricht gegen, nicht für eine Bedingung. Die notarielle Beurkundung schließt eine ergänzende Vertragsauslegung nicht aus;[818] soweit es allerdings eine gesetzliche Regelung gibt, fehlt es an einer ausfüllungsbedürftigen Lücke.[819] Für die Annahme der Bedingung genügt es daher nicht, dass Verpflichteter und Dritter das Vorkaufsrecht kannten;[820] diesen Fall regelt auch für das dingliche

---

816 Wie hier wohl Planck/Strecker (1906) § 1102 BGB Anm. 1. **A.A.** BGH (13.3.09) NJW-RR 2009, S. 1172 m.w.N. (obiter dictum); RG (2.1.22) JW 1922, S. 576; Staud/Matusche-Beckmann (2014) § 442 BGB Rz. 53; Falkner, MittBayNot 2012, S. 519; Soergel/Stürner (2001) § 1102 BGB Rz. 1; MünchKomm/Westermann (2012) § 442 BGB Rz. 17. Lediglich auf die Möglichkeit der Auslegung weist hin RGRK/Rothe (1996) § 1102 BGB Rz. 2.

817 Allgemein vgl. dazu nur Palandt/Ellenberger (2014) § 133 BGB Rz. 19.

818 Staud/Roth (2010) § 157 BGB Rz. 12.

819 Palandt/Ellenberger (2014) § 157 BGB Rz. 4; Staud/Roth (2010) § 157 BGB Rz. 23.

820 Staud/Mader/Schermaier (2014) § 463 BGB Rz. 57. Zurückhaltend Oetker/Maultzsch, Vertragliche Schuldverhältnisse (2013), § 2 H IV 5, Rz. 513. **A.A.** BGH (13.3.09) NJW-RR 2009, S. 1172 m.w.N. (obiter dictum); Erman/Grunewald (2014) § 464 BGB Rz. 11; Larenz, SchR II/1 (1986) § 44 III (S. 154 unten); Weber, DNotZ 1961, S. 236 (238 unten); MünchKomm/Westermann (2012) § 442 BGB Rz. 17; Zimmer, ZfIR 2009, S. 672.

Vorkaufsrecht[821] § 442 Abs. 2 BGB. Hinzu kommen müssen weitere Abreden im beurkundeten Vertrag, die das Vorkaufsrecht betreffen.[822]

Soweit der Erstvertrag vollzogen ist, löst die Ausübung des Vorkaufsrechts je nach Vorsorgeabrede die wechselseitigen Kondiktionsansprüche aus § 812 Abs. 1 S. 1 Var. 1 BGB oder § 812 Abs. 1 S. 2 Var. 1 BGB aus. Wegen § 1102 Hs. 2 BGB umfasst die bereicherungsrechtliche Rückabwicklung jedoch nicht Grundstück und Kaufpreis.[823] Aufgrund des Vollzugs ist § 1100 BGB anwendbar (Rz. 462); § 1102 BGB flankiert § 1100 BGB[824] und muss daher ebenfalls anwendbar sein. Erwirbt der Berechtigte das Eigentum zulasten des Dritten, ist § 1102 Hs. 2 BGB direkt anwendbar; es besteht keine Verbindung zum ersten Halbsatz der Norm: § 1102 Hs. 2 BGB regelt den Fall des berichtigten, § 1102 Hs. 1 BGB hingegen den Fall des nicht berichtigten Kaufpreises;[825] wenn § 1102 Hs. 2 BGB nicht eine völlig unnötige Klarstellung sein soll, muss diese Vorschrift gerade für die Vorsorgefälle gelten. Eine Verbindung zwischen den beiden Halbsätzen besteht auch nicht, wenn der Dritte den Kaufpreis teilweise berichtigt hat; nach dem Wortlaut von § 1102 Hs. 1 BGB wird der Dritte nur frei, soweit der Kaufpreis noch nicht berichtigt ist. 482

Beispiel 46: Der Verpflichtete verkauft und übereignet das mit einem Vorkaufsrecht nach dem Vermögensgesetz belastete Grundstück an den Dritten. Der Berechtigte übt das Vorkaufsrecht aus und wird schließlich Eigentümer des Grundstücks. Vom Kaufpreis in Höhe von 20.000 € hat der Dritte bereits 11.000 € an den Verpflichteten gezahlt. Wörtlich angewandt, würde der Dritte gem. § 1102 Hs. 1 BGB von der Restkaufpreisverpflichtung in Höhe von 9.000 € frei. § 1102 Hs. 2 BGB würde lediglich klarstellen, dass der Dritte die übrigen 11.000 € nicht zurückverlangen kann. Das versteht sich aber von selbst, da der Dritte insoweit gem. § 1102 Hs. 1 BGB gar nicht frei wird. Einen Sinn erhält § 1102 Hs. 2 erst in den Vorsorgefällen. War der Erstvertrag durch Ausübung des Vorkaufsrechts bedingt, blockiert § 1102 Hs. 2 BGB die bereicherungsrechtliche Rückabwicklung.

Systematik und Entstehungsgeschichte (Rz. 496) von § 1102 Hs. 1 BGB sprechen 483
für eine von der Berichtigung des Kaufpreises unabhängige Schuldbefreiung.[826]

---

821 Zur Reichweite von § 442 Abs. 2 BGB vgl. Staudinger/Matusche-Beckmann (2014) § 442 BGB Rz. 53; Palandt/Weidenkaff (2014) § 442 BGB Rz. 22; MünchKomm/Westermann (2012) § 442 BGB Rz. 17.

822 Im Ergebnis zutreffend daher BGH (13.3.09) NJW-RR 2009, S. 1172. Ebenso Larenz/Neuner § 36 Rz. 10.

823 **A.A.** Soergel/Stürner (2001) § 1100 BGB Rz. 1; Weber, DNotZ 1961, S. 236 (239).

824 Staud/Schermaier (2009) § 1102 BGB Rz. 2; Planck/Strecker (1906) § 1102 BGB Anm. 2.

825 Zu den Voraussetzungen vgl. RGRK/Rothe (1996) § 1102 BGB Rz. 1.

826 So mglw. MünchKomm/Westermann (2013) § 1102 BGB Rz. 2.

Der Kaufpreisanspruch des Verpflichteten gegen den Dritten auf Zahlung des Kaufpreises fällt im Sinne § 812 Abs. 1 S. 2 Var. 1 weg; Rückzahlung kann der Dritte gemäß § 1102 Hs. 2 BGB nicht verlangen. Haben die Erstvertragsparteien für den Fall der Ausübung des Vorkaufsrechts vorgesorgt, wirkt sich das erweiterte Verständnis von § 1102 BGB kaum aus. Fehlen Vorsorgeklauseln im Erstvertrag, ist hingegen die Abwicklung zwischen Berechtigtem und Drittem sichergestellt. Zudem vereinfacht das erweiterte Verständnis von § 1102 BGB die Rückabwicklung, wenn ein Sonderrechtsnachfolger des Dritten beteiligt ist (dazu gleich).

484 Erwirbt der Berechtigte das Eigentum vom Verpflichteten gilt § 1102 Hs. 2 BGB analog; da auch § 1100 BGB entsprechende Anwendung findet, kann für § 1102 Hs. 2 BGB nichts anderes gelten. Genau wie bei § 1101 BGB ist das Zusammenspiel nicht auf § 1100 S. 2 BGB beschränkt (Rz. 434); § 1102 Hs. 2 BGB ist daher auch im Vorfeld des Eigentumserwerbs durch den Berechtigten entsprechend anwendbar. Der Verzicht auf den Eigentumserwerb sowohl auf Seiten des Dritten, als auch auf Seiten des Berechtigten lässt sich wiederum mit der Entstehungsgeschichte von § 1102 BGB begründen; beide Beschränkungen sind dem entsprechenden Beschluss der Zweiten Kommission fremd.[827] § 1102 Hs. 2 BGB dient dem Schutz des Dritten und einer praktikablen Rückabwicklung (Rz. 464). Eine Rückabwicklung zwischen den Parteien des Erstvertrags macht keinen Sinn, weil das Grundstück am Ende dem Berechtigten übergeben und übereignet werden muss. Zudem würde ein bereicherungsrechtlicher Anspruch des Verpflichteten mit dem Anspruch des Berechtigten gemäß § 888 BGB bzw. § 985 BGB konkurrieren; der Dritte sähe sich also doppelter Inanspruchnahme ausgesetzt.

485 Unmittelbar blockiert § 1102 Hs. 2 BGB lediglich den Rückzahlungsanspruch des Dritten; da aber synallagmatische Pflichten auch in der bereicherungsrechtlichen Rückabwicklung verknüpft bleiben, scheitert die bereicherungsrechtliche Rückabwicklung insoweit. Deshalb ist die Vorsorgeklausel nicht wirkungslos; die Rückabwicklung beschränkt sich lediglich auf Nebenansprüche. Der Verpflichtete kann gemäß § 818 BGB Herausgabe bzw. Ersatz gezogener und ab Kenntnis vom Bedingungseintritt gemäß §§ 819 Abs. 1, 818 Abs. 4, 292 Abs. 2, 987 Abs. 2 BGB schuldhaft nicht gezogener Nutzungen verlangen. Vom Dritten auf das Grundstück gemachte Verwendungen mindern gemäß § 818 Abs. 3 BGB diesen Anspruch des Verpflichteten, abzugsfähig sind insoweit alle Verwendungen;[828]

827 Prot. III, S. 764 unten beginnend.

828 Palandt/Sprau (2014) § 818 BGB Rz. 36 f.; Staud/Lorenz (2007) § 818 BGB Rz. 37.

eine Beschränkung auf notwendige Verwendungen ergibt sich gemäß §§ 819 Abs. 1, 818 Abs. 4, 292 Abs. 2, 994 Abs. 2 BGB wiederum erst, wenn der Dritte vom Bedingungseintritt erfährt. Der Berechtigte kann hingegen Zahlung von Zinsen verlangen; diese gehören als mittelbare Früchte gemäß § 100 BGB zu den Nutzungen, die wiederum gemäß § 818 BGB herauszugeben sind. Müsste sich der Dritte gemäß § 1100 BGB an den Berechtigten halten, könnte er keine Zinsen verlangen.[829]

ii. Rücktrittsrecht

Haben die Parteien des Erstvertrags für den Fall der Ausübung des Vorkaufs- 486
rechts ein Rücktrittsrecht vereinbart, erlöschen gemäß § 346 Abs. 1 BGB ihre Primarleistungspflichten mit Ausübung des Rücktrittsrechts; soweit der Vertrag bereits ausgeführt wurde, entsteht ein Rückgewährschuldverhältnis gemäß §§ 346 ff. BGB. Es gelten allerdings die gleichen Beschränkungen wie beim Bedingungseintritt; die Rückgewähransprüche bleiben auf die Nebenansprüche beschränkt.[830] Nutzungs- und Verwendungsersatzansprüche bestehen in ähnlicher, aber nicht identischer Weise; etwa die Abzugsfähigkeit einer Entreicherung bleibt gemäß § 347 Abs. 2 S. 2 BGB auf nützliche Verwendungen beschränkt.

b. Keine Vorsorge

Haben die Parteien keine Vorsorge getroffen, hat erst der Eigentumserwerb 487
durch den Berechtigten Folgen für den Erstvertrag;[831] durch die Ausübung des Vorkaufsrechts kommt ein zweiter Kaufvertrag zustande, der selbstständig neben den Erstvertrag tritt (Rz. 367). Die Folgen eines Eigentumserwerbs durch den Berechtigten hängen davon ab, ob sich der Erstvertrag im Ausführungs- oder bereits im Gewährleistungsstadium befindet. Bei einem Grundstückskaufvertrag vollzieht sich der Wechsel zwischen den Stadien mit dem Eigentumserwerb durch den Käufer;[832] beim Erstvertrag erfolgt dieser Wechsel also mit Eigentumserwerb des Dritten. Ist der Verkäufer nicht in der Lage, dem Käufer Eigentum

829 Peßler, NJW 1960, S. 1785 (1789).

830 Für einen Anspruch des Verpflichteten gegen den Dritten auf Übergabe und Übereignung an den Berechtigten und damit **a.A.** RG (2.1.22) JW 1922, S. 576; Staud/Schermaier (2009) § 1098 BGB Rz. 19; Soergel/Stürner (2001) § 1102 BGB Rz. 1.

831 Im Ergebnis zutreffend, allerdings mit unzutreffender Begründung OLG Brandenburg (3.7.08) ZOV 2008, S. 254.

832 Palandt/Weidenkaff (2014) § 435 BGB Rz. 7; Erman/Grunewald (2014) § 435 BGB Rz. 16.

zu verschaffen, erreicht der Kaufvertrag das Gewährleistungsstadium nicht; das Eigentum eines anderen stellt keinen Rechtsmangel dar.[833]

i. Ausführungsstadium

488 Mit Eintragung des Berechtigten im Grundbuch[834] wird dem Verpflichteten regelmäßig die Erfüllung des Erstvertrags unmöglich, sodass gemäß § 275 Abs. 1 Var. 1 BGB seine Verpflichtung aus § 433 Abs. 1 BGB gegenüber dem Dritten erlischt; die Verpflichtung des Dritten zur Zahlung des Kaufpreises aus § 433 Abs. 2 BGB teilt dieses Schicksal gemäß § 326 Abs. 1 S. 1 BGB. Nach modernem Verständnis von der relativen Unwirksamkeit (Rz. 67) tritt durch die Ausübung des Vorkaufsrechts keine Unmöglichkeit ein;[835] der Verpflichtete kann dem Dritten das Grundstück auch danach noch übereignen. Eine Rückabwicklung findet unter diesen Umständen im Verhältnis zwischen Verpflichtetem und Drittem wiederum nicht statt; selbst wenn der Dritte den Kaufpreis bereits gezahlt hat, kann er vom Verpflichteten nicht Rückzahlung gemäß §§ 326 Abs. 4, 346 Abs. 1 BGB verlangen. Im Falle von § 467 S. 1 BGB kann der Verpflichtete den Erstvertrag nur teilweise erfüllen; das muss der Dritte nicht hinnehmen: Er kann die Teilleistung gemäß § 266 BGB zurückweisen und hinsichtlich dieses Teils Sekundärrechte geltend machen;[836] oder der Dritte akzeptiert die Teilleistung und mindert den Kaufpreis gemäß §§ 441 Abs. 1, 326 Abs. 5 BGB.[837]

ii. Gewährleistungsstadium

489 Mit Eigentumserwerb richten sich die vertraglichen Primäransprüche des Käufers nach §§ 437 Nr. 1, 439 BGB; der Verkäufer schuldet nunmehr Beseitigung vorhandener Mängel. Die Einordnung des Vorkaufsrechts als Rechtsmangel[838]

---

833 Vgl. nur Erman/Grunewald (2014) § 435 BGB Rz. 3; Palandt/Weidenkaff (2014) § 435 BGB Rz. 8; jeweils m.w.N. auch zur abweichenden Auffassung.

834 Ebenso Jauernig/Berger (2014) § 1098 BGB Rz. 4.

835 Im Ergebnis ebenso Ebert, NJW 1961, S. 1430 (1435). Zur Unmöglichkeit nach herkömmlichem Verständnis vgl. OLG Stuttgart, Urt. v. 31.10.12, Az. 3 U 18/12; OLG Celle (18.10.57) NJW 1957, S. 1802 (1803); Hartmann, NJW 1956, S. 899; Mayer, NJW 1984, S. 100 (102).

836 Dieser Aspekt kommt zu kurz bei Mayer, NJW 1984, S. 100.

837 **A.A.** offenbar Erman/Grunewald (2014) § 467 BGB Rz. 2 a.E.

838 Uneingeschränkt von einem Rechtsmangel gehen aus KG (3.5.62) NJW 1962, S. 1446 (1447, obiter dictum); OLG Celle (18.10.57) NJW 1957, S. 1802 (1803); Ebert, NJW 1961, S. 1430 (1435); Jauernig/Berger (2014) § 1098 BGB Rz. 4; Falkner, MittBayNot 2012, S. 519 (Fz. 13; RGRK/Rothe (1996) § 1100 BGB Rz. 1 a.E. u. § 1102 BGB Rz. 1;

ist nur auf den ersten Blick klar; die genauere Betrachtung des ausgeübten Vorkaufsrechts weckt Zweifel.[839] Wegen ihrer Beschränkung auf den ersten Verkaufsfall, ist für die Vorkaufsrechte nach dem Vermögensgesetz allein das ausgeübte Vorkaufsrecht interessant.

Ein nicht ausgeübtes Vorkaufsrecht für mehrere Verkaufsfälle ist von den Zweifeln an der Einordnung als Rechtsmangel nicht betroffen; mit Eigentumserwerb richtet sich das Kaufrecht neu aus (Rz. 91). Der Verpflichtete schuldet daher Beseitigung gemäß §§ 437 Nr. 1, 439 Abs. 1 Var. 1, 442 Abs. 2 BGB, selbst wenn der Dritte das Vorkaufsrecht kennt; anders als die Vorläuferregelung in § 439 Abs. 2 BGB a.F.[840] gilt § 442 Abs. 2 BGB auch für dingliche Vorkaufsrechte.[841]

Das ausgeübte Vorkaufsrecht verhindert den endgültigen Eigentumserwerb 490 durch den Dritten; schlägt man die Unfähigkeit zur Eigentumsverschaffung dem Ausführungsstadium zu (Rz. 487 ff.), fällt das Vorkaufsrecht aber aus dem Anwendungsbereich von § 435 BGB heraus. Verweist man den Verpflichteten mit seinem Herausgabeverlangen auf den Eigentumserwerb, berechtigt ferner das ausgeübte Vorkaufsrecht nicht gegenüber dem Dritten (Rz. 98); § 435 BGB definiert den Rechtsmangel aber gerade als von dritter Seite gegen den Käufer gerichtetes Recht. Ein Herausgabeanspruch des Berechtigten im Vorfeld verstellt nur den Blick; das Problem ist nicht spezifisch vorkaufsrechtlicher Natur, sondern es liegt in der Vormerkungswirkung begründet. Anders als bei anderen beschränkt-dinglichen Rechten hat der Käufer schließlich keine Abwehrmöglichkeit, sodass die Durchsetzung des Vorkaufsrechts zwangsläufig mit dem Eigentumsverlust endet; deshalb kann das ausgeübte Vorkaufsrecht vom Dritten auch nicht übernommen werden, was aber ausweislich des Wortlauts wiederum mit dem Zuschnitt von § 435 BGB kollidiert.

Klammert man das ausgeübte Vorkaufsrecht aus dem Anwendungsbereich 491 von §§ 433 Abs. 1 S. 2, 435 BGB aus, hat der Verpflichtete den Erstvertrag erfüllt; er verschafft dem Berechtigten das Eigentum vollumfänglich (Rz. 67). Da der Dritte das Eigentum am Grundstück aber wieder verliert, muss er selbstverständlich von seiner Verpflichtung aus § 433 Abs. 2 BGB frei werden bzw. den berichtigten Kaufpreis zurückerhalten; dies gewährleisten beim dinglichen Vorkaufsrecht §§ 1100 bis 1102 BGB. Berücksichtigt man die alte Rechtslage zum

Walter, JA 1981, S. 322 (327). Nicht nachvollziehbar die Einordnung als Sachmangel durch Mayer, NJW 1984, S. 100 (102 f.).

839 In diese Richtung vielleicht Staud/Schermaier (2009) § 1098 BGB Rz. 20.

840 Vgl. nur Staud/Köhler (1995) § 439 BGB Rz. 9.

841 BT-Drs. 14/6040, S. 237; Staud/Schermaier (2009) § 1098 BGB Rz. 20.

Rechtsmangel, stützt der bislang unveränderte § 1102 Hs. 1 BGB die Annahme der Erfüllung. Wäre das ausgeübte, dingliche Vorkaufsrecht ein Rechtsmangel, hätte es dieser Regelung damals nicht bedurft: War die Sache mit einem unbehebbaren Rechtsmangel behaftet, wurde der Käufer gemäß §§ 440 Abs. 1, 323 Abs. 1 Hs. 1 BGB a.F. von der Pflicht zur Zahlung des Kaufpreises frei, wenn der Verkäufer den Rechtsmangel nicht zu vertreten hatte; das Vorkaufsrecht hatte der Verpflichtete in der Regel gemäß § 439 Abs. 1 BGB a.F. nicht zu vertreten, weil der Dritte dieses kennt (Rz. 456).[842] Heute ist das anders, sodass der Weg über die Rechtsmängelhaftung gangbar wäre; § 326 Abs. 1 S. 2 BGB erhält die Gegenleistungspflicht auch im Falle eines unbehebbaren Mangels, sodass § 1102 Hs. 1 BGB seinen Sinn hätte.

Wenn das ausgeübte Vorkaufsrecht kein Rechtsmangel ist, kann auch die Vormerkung kein solcher sein; bei Letzterer fehlt allerdings eine mit §§ 1100 bis 1102 BGB vergleichbare Regelung und damit die Antwort auf die Rückzahlungsfrage. Der Dritte kann sich gemäß § 816 Abs. 1 S. 1 BGB an den Vormerkungsverpflichteten halten. Letzterer verfügt über ein fremdes Grundstück (Rz. 66); dass er dies gemäß § 883 Abs. 2 BGB kann, macht ihn im Verhältnis zum Dritten noch nicht zum Berechtigten. Heute führt die Annahme eines Rechtsmangels zu einer Rückabwicklung über §§ 346 ff. BGB; vor der Schuldrechtsreform kam man über §§ 440 Abs. 1, 439 Abs. 1, 323 Abs. 1 u. 3 BGB a.F. zu §§ 812 ff. BGB.

492 Folgt man dem, findet im Verhältnis zwischen Verpflichtetem und Berechtigtem keine Rückabwicklung statt, sobald der Dritte in Ausführung des Erstvertrags Eigentümer des Grundstücks geworden ist; hat der Dritte den Kaufpreis bereits an den Verpflichteten gezahlt, kann und muss er sich mit seinem Erstattungsverlangen gemäß § 1100 S. 2 BGB an den Berechtigten halten. Als Konsequenz der Erfüllung schuldet der Dritte dem Verpflichteten auch keinen Nutzungsersatz; andersherum kann aber auch der Dritte vom Verpflichteten nicht Erstattung von Verwendungen verlangen.

2. Schadensersatz

493 Der Dritte hat in der Regel gegen den Verpflichteten keinen Schadensersatzanspruch statt Leistung;[843] ein solcher Anspruch ergibt sich insbesondere nicht aus

---

842 So bspw. OLG Celle (18.10.57) NJW 1957, S. 1802 (1803); ähnlich Hartmann, NJW 1956, S. 899.

843 **A.A.** RG (10.5.28) Z 121, S. 137 (138, obiter dictum); OLG Celle (18.10.57) NJW 1957, S. 1802 (1803); Esser/Weyers, SchR II/1 (1998), § 10 Ziff. 3, S. 114; Larenz, SchR II/1 (1986) § 44 III, S. 154 unten; Staud/Mader/Schermaier (2014) § 463 BGB Rz. 56; Oetker/Maultzsch, Vertragliche Schuldverhältnisse (2013) § 2 H IV 5, Rz. 513;

§§ 280 Abs. 1 u. 3, 283 BGB. Teilt man die Auffassung, dass der Verpflichtete mit der Übereignung an den Dritten erfüllt (Rz. 491), versteht sich das für diese Fälle von selbst. Ein Schadensersatzanspruch statt Leistung besteht aber auch im Ausführungsstadium nicht. Mit Eigentumserwerb durch den Berechtigten wird dem Verpflichteten die Übereignung an den Dritten unmöglich (Rz. 488); der Verpflichtete hat die Unmöglichkeit aber nicht zu vertreten: Anknüpfungspunkt des Vertretenmüssens ist die Handlung, welche zur Unmöglichkeit führt.[844] Anders als beim Erstvertrag fehlt der Ausführung des Zweitvertrags das erforderliche Verhaltensunrecht,[845] weil der Berechtigte die Ausführung hätte auch erzwingen können. Anders als bei einem Doppelverkauf ist die Doppelverpflichtung beim Vorkaufsrecht mit § 464 Abs. 2 BGB gesetzlich angelegt.

Bei rechtsgeschäftlichen Vorkaufsrechten kann man nicht auf die Einräumung ausweichen.[846] Das Vorkaufsrecht ist im Gesetz vorgesehen; die schlichte Einräumung eines Vorkaufsrechts kann daher keinen Verhaltensunwert haben.

Macht der Verpflichtete schuldhaft fehlerhafte Angaben dazu, ob der Berechtigte sein Vorkaufsrecht ausüben wird, haftet der Verpflichtete dem Dritten gemäß §§ 280 Abs. 1, 241 Abs. 2 BGB für hieraus resultierende Schäden.[847] Der Verpflichtete ist zur Aufklärung über das Vorkaufsrecht verpflichtet; kannte der Dritte das Vorkaufsrecht trotz dessen Eintragung im Grundbuch nicht, kann daraus ein Anspruch auf Schadensersatz auf das negative Interesse resultieren. 494

Diese Aufklärungspflicht eignet sich insbesondere als Haftungsgrundlage bei gesetzlichen Vorkaufsrechten, die nicht im Grundbuch eingetragen sind; der Verpflichtete haftet nicht, wenn er die Pflichtverletzung nicht gemäß § 276 Abs. 1 BGB zu vertreten hat.

V. Rechtsverhältnis zwischen Berechtigtem und einem Rechtsnachfolger des Dritten

Erwirbt der Berechtigte das Eigentum am Grundstück erst, nachdem der Dritte das Grundstück bereits einem Vierten übereignet hat, sind die vorstehenden Grundsätze übertragbar; §§ 1100 bis 1102 BGB erfassen bereits ihrem Wortlaut 495

Reinicke/Tiedtke, KaufR (2009), Rz. 1109; Schlechtriem, SchR BT (2003) § 6 III 3, Rz. 171; Walter, Kaufrecht, § 13 III 5, S. 617.

844 Palandt/Grüneberg (2014) § 283 BGB Rz. 4; Erman/Westermann (2014) § 283 BGB Rz. 7.

845 Vgl. dazu ausführlich Staud/Caspers (2014) § 276 BGB Rz. 12 f.

846 Überlegungen in diese Richtung wohl Böhringer, RpflStud 2014, S. 13 (15).

847 RG (23.6.26) Z 114, 155, 159.

nach auch den Rechtsnachfolger. § 1102 BGB soll allerdings nur eingeschränkt für den Rechtsnachfolger gelten;[848] der Rechtsnachfolger wird von der Norm tatsächlich nur am Anfang erwähnt, später nicht mehr. Dieser Wortlaut erweckt zudem den Eindruck, die Beschränkung von Schuldbefreiung und Rückabwicklungsausschluss auf den Erstvertrag beruhe auf einer bewussten Entscheidung des Gesetzgebers. Dieser Eindruck täuscht; die Vorschrift kann entsprechend angewandt werden.

Beispiel 47: Der Verpflichtete verkauft das mit einem Vorkaufsrecht nach dem Vermögensgesetz belastete Grundstück für 10.000 € an den Dritten. Der Dritte verkauft das Grundstück sofort für 12.000 € weiter an einen Vierten. Nachdem beide Kaufpreise geflossen sind, wird das Grundstück an den Vierten aufgelassen, und die Umschreibung im Grundbuch erfolgt. Als der Berechtigte von den Verkäufen erfährt, übt er das Vorkaufsrecht aus; er setzt seinen Auflassungs- und Zustimmungsanspruch durch und wird schließlich als Eigentümer im Grundbuch eingetragen. Fraglich ist, an wen sich der Vierte mit der Rückforderung des Kaufpreises halten muss.

496 Gegen eine bewusste Entscheidung des Gesetzgebers spricht, dass bei der Beratung zur Vorschrift der Rechtsnachfolger keine Rolle gespielt hat; die von der Zweiten Kommission beschlossene Fassung der heutigen §§ 1100 bis 1102 BGB berücksichtigte den Rechtsnachfolger nicht.[849] Nach dem Beschluss konkret zur Vorschrift des heutigen § 1102 Hs. 1 BGB, hing die Schuldbefreiung auch noch nicht davon ab, dass der Kaufpreis noch nicht berichtigt ist;[850] nach den Vorstellungen der Zweiten Kommission bestand also durchaus der bereits vermisste innere Zusammenhang, den die Systematik von § 1102 BGB auch heute noch nahelegt (Rz. 482). Die Ausweitung von §§ 1100 bis 1102 BGB auf den Rechtsnachfolger und die Beschränkung von § 1102 Hs. 1 BGB erfolgten erst durch die Redaktionskommission; diese wollte aber die Beschlüsse der Zweiten Kommission lediglich umsetzen und nicht abwandeln.

497 § 1102 BGB passt den Erstvertrag an die in § 1100 BGB angelegte Rückabwicklung zwischen Berechtigtem und Drittem an (Rz. 464). Diese Anpassung lässt sich nicht mithilfe der allgemeinen Vorschriften erreichen;[851] wäre das möglich, bestünde auch beim Erstvertrag kein Bedürfnis für eine gesonderte Regelung.

848 **A.A.** RGRK/Rothe (1996) § 1102 BGB Rz. 2; Planck/Strecker (1906) § 1102 BGB Anm. 3.

849 Prot. III, S. 758 ff.

850 Prot. III, S. 764 unten beginnend.

851 Bei einem Hinweis auf die allgemeinen Vorschriften belassen es allerdings Staud/Schermaier (2009) § 1102 BGB Rz. 3; RGRK/Rothe (1996) § 1102 BGB Rz. 2; Planck/Strecker (1906) § 1102 BGB Anm. 3; Soergel/Stürner (2001) § 1102 BGB Rz. 2.

Haben Dritter und Rechtsnachfolger für den Fall der Ausübung des Vorkaufsrechts vorgesorgt, ist der Rechtsnachfolger nicht gehindert, sich mit seinem Verlangen nach Erstattung des berichtigten Kaufpreises an seinen Vertragspartner zu halten und damit § 1100 S. 2 BGB zu unterlaufen; die Folge wäre eine Kettenreaktion bis hin zum Zweitvertrag. Wurde keine Vorsorge getroffen, besteht dasselbe Problem; § 1102 Hs. 1 BGB ist ein Argument gegen die Anwendung von § 326 Abs. 1 S. 1 BGB, der den Dritten gemäß §§ 326 Abs. 4, 346 Abs. 1 BGB gegenüber dem Verpflichteten zur Rückforderung berechtigen würde (Rz. 491).

Hält man unabhängig von § 1102 BGB an der Erfüllung fest, kommt es zu einer Komplizierung der Verhältnisse, wenn der Rechtsnachfolger den Kaufpreis noch nicht berichtigt hat; der Rechtsnachfolger muss an den Dritten zahlen und sich das Geld vom Berechtigten wieder zurückholen. Zudem versagen die allgemeinen Vorschriften, wenn der vom Rechtsnachfolger versprochene Kaufpreis über dem des Erstvertrags liegt: Der Berechtigte schuldet dem Rechtnachfolger gemäß § 1100 S. 2 BGB nur Erstattung in Höhe der eigenen Kaufpreisverpflichtung[852] aus dem Zweitvertrag, die gemäß § 464 Abs. 2 BGB der des Erstvertrags entspricht; da der Drittvertrag wirksam bleibt, hat der Rechtsnachfolger keine Möglichkeit, sich mit der Differenz an den Dritten zu halten. Heute ließe sich dieses Ergebnis vermeiden, indem man § 435 BGB entsprechend auf das ausgeübte Vorkaufsrecht anwenden würde; § 442 Abs. 2 BGB hielte dem Rechtsnachfolger trotz Kenntnis den Weg zum Rücktrittsrecht aus §§ 437 Nr. 2, 326 Abs. 5, 323 BGB offen. Mit den Vorstellungen der Zweiten Kommission hat dieser Weg allerdings nichts zu tun; eine Rückabwicklung des Drittvertrags kompliziert nicht nur die Verhältnisse, dieser Weg stand ursprünglich auch bei entsprechend weitem Verständnis vom Rechtsmangelbegriff gar nicht offen. Der Vorläufer von § 442 Abs. 2 BGB galt nicht für Vorkaufsrechte, vgl. § 439 Abs. 2 BGB a.F.; bei entsprechender Kenntnis blieb es gemäß § 439 Abs. 1 BGB a.F. beim Grundsatz, sodass im Regelfall der Weg zu den Gewährleistungsrechten dennoch versperrt war. 498

Das mit § 1100 BGB verfolgte Konzept der Zweiten Kommission lässt sich am besten umsetzen, indem man § 1102 BGB analog anwendet: Trotz Vorsorge im Drittvertrag ist analog § 1102 Hs. 2 BGB eine Rückabwicklung mit dem Dritten ausgeschlossen, soweit sich der Rechtsnachfolger gemäß § 1100 S. 1 BGB an den Berechtigten halten kann; damit kann sich der Rechtsnachfolger an den Dritten halten, soweit der im Drittvertrag vereinbarte Kaufpreis den des Erstvertrags übersteigt. Bei fehlender Vorsorge im Drittvertrag wird der Rechtsnachfolger 499

852 Staud/Schermaier (2009) § 1100 BGB Rz. 6; RGRK/Rothe (1996) § 1100 BGB Rz. 4 a.E.; MünchKomm/Westermann (2013) § 1100 BGB Rz. 3.

analog § 1102 Hs. 1 BGB von seiner Verpflichtung zur Zahlung des Kaufpreises frei, soweit er den Kaufpreis noch nicht gezahlt hat oder sogar trotz Zahlung, soweit er sich nicht gemäß § 1100 S. 2 BGB an den Berechtigten halten kann. Da § 1102 Hs. 2 BGB nicht gilt, ist der Rechtsnachfolger wiederum nicht gehindert, sich mit dem überschießenden Betrag an den Dritten zu halten. Im letztgenannten Fall handelt es sich um eine doppelte Analogie: § 1102 Hs. 1 gelangt zur Anwendung, obwohl es sich um den Rechtsnachfolger handelt und obwohl der Kaufpreis bereits berichtigt ist.

Haben Dritter und Vierter im Beispiel 47 für den Fall der Ausübung des Vorkaufsrechts nicht vorgesorgt, kann der Vierte gemäß § 1100 Abs. 2 BGB Zahlung von 10.000 € vom Berechtigten verlangen; in Höhe der restlichen 2.000 € hat der Vierte einen Anspruch gegen den Dritten aus § 812 Abs. 1 S. 2 Var. 1 BGB, weil seine Zahlungsverpflichtung aus dem Drittvertrag in dieser Höhe analog § 1102 Hs. 1 BGB erloschen ist.

F. Zusammenfassung der Ergebnisse

I. Zuschnitt

Im Restitutionsverfahren nach dem Vermögensgesetz konkurrieren in Gestalt von Restitutionserwartung und Nutzungsrecht eigentumsähnlich verfestigte Positionen von Alteigentümern und Nutzern ehemals volkseigener Grundstücke; die Vorkaufsrechte nach §§ 20, 20 a VermG fangen diejenige Position auf, die sich im Restitutionsverfahren nicht durchsetzen konnte. Mehreren Nutzern eines Grundstücks steht ein Vorkaufsrecht gemäß § 20 Abs. 4 S. 1 VermG gemeinschaftlich zu, wobei die Ausübung des Vorkaufsrechts gemäß § 20 Abs. 7 a S. 1 VermG teilweise auf die tatsächlich genutzte Teilfläche beschränkt ist; diese Beschränkung sollte mit Blick auf den Zweck des Vorkaufsrechts durch analoge Anwendung von § 20 Abs. 7 a S. 1 VermG verallgemeinert werden. Das Überwiegensprinzip von § 20 Abs. 3 VermG ist verfassungsrechtlich bedenklich; wegen des klar formulierten gesetzgeberischen Willens scheidet jedoch eine Korrektur de lege lata aus. Auch ein Vorkaufsrecht nach dem Vermögensgesetz stellt ein Hindernis bei Verkauf und Beleihung dar und führt dadurch zu einer gewissen Entwertung des Grundstücks. 500

II. Rechtsnatur

Jedes Vorkaufsrecht ist seiner Natur nach ein Kaufrecht; dem Berechtigten wird vorab das Recht eingeräumt, den Kaufvertrag des Verpflichteten mit einem Dritten zu übernehmen. Weil ein Vorkaufsrecht nach dem Vermögensgesetz zudem gemäß § 1098 Abs. 2 BGB wie eine Vormerkung wirkt, werden durch Ausübung des Vorkaufsrechts Verfügungen über das Grundstück nach Eintritt des Vorkaufsfalls unwirksam; sowohl bei vereitelnden als auch bei beeinträchtigenden Verfügungen kann uneingeschränkt am Eintritt des Vorkaufsfalls festgehalten werden. Anknüpfungspunkt für die Dinglichkeit eines Vorkaufsrechts ist nicht die Vormerkungswirkung; das Vorkaufsrecht begründet vielmehr ein Rechtsverhältnis zum Eigentümer, was sich im Falle der Sonderrechtsnachfolge nachweisen lässt. Vorkaufsrechte nach dem Vermögensgesetz sind dingliche Rechte, weil sie sich im Einzelfall auf den Erwerber des Grundstücks ausrichten können; das geschieht, wenn das Grundstück jenseits eines Kaufs veräußert bzw. an den Erben verkauft wird. Schließlich ist ein Vorkaufsrecht weder Gestaltungs- noch bedingtes Recht. 501

III. Vorkaufsfall

502 Ein Vertrag kann gemäß § 463 BGB einen Vorkaufsfall auslösen, sobald er beide Parteien rechtlich bindet. Obwohl nicht wirksam, löst daher nicht nur der aufschiebend bedingte, sondern auch der von dritter Seite genehmigungsbedürftige Kaufvertrag zwischen Verpflichtetem und Drittem über den belasteten Gegenstand ein Vorkaufsrecht aus. Der Vorkaufsfall ist unwandelbar; rechtsvernichtende Tatbestände lassen ihn nicht wieder entfallen. Der Gegenstand eines Vorkaufsrechts ist in beschränktem Umfang Veränderungen unterworfen. Nicht der Zweitvertrag, sondern das Vorkaufsrecht erstreckt sich gemäß § 467 S. 2 BGB im Falle eines Mengekaufs; der Verpflichtete kann den Umfang beschränken, der Berechtigte die Erstreckung unter Umständen gemäß § 242 BGB durch Kompensationszahlung verhindern. Normal- und Umgehungsfall sind strikt zu trennen; daher lösen kaufnahe Abreden ein Vorkaufsrecht grundsätzlich nicht aus. Obwohl es sich um einen Kaufvertrag handelt, blockiert gemäß § 466 S. 2 BGB unter anderem eine nicht in Geld schätzbare Nebenleistung den Vorkaufsfall; die Voraussetzungen von § 466 S. 2 Hs. 2 BGB sind erfüllt, wenn die Nebenleistung nur für das Grundstück zu haben war. Als Geltungsgrund einer Bindungswirkung kommt gemäß § 311 Abs. 1 BGB neben dem gemeinsamen Parteiwillen das Gesetz in Betracht; deshalb vermag auch der Verkauf durch einen Nichtverpflichteten das Vorkaufsrecht auszulösen. Die Erwähnung des Dritten in § 463 BGB stellt lediglich klar, dass der Verkauf an den Berechtigten selbst keinen Vorkaufsfall darstellt; eine darüber hinausgehende Kultivierung der Figur des Dritten ist denkbar, hat aber rein dogmatischen Charakter. Schließt der Verpflichtete keinen Kaufvertrag, obwohl es ihm allein um Versilberung des Grundstücks geht, handelt es sich um den Sonderfall einer Umgehung. Die Vorkaufsrechte nach dem Vermögensgesetz sind besonders gefährdet. Der Erstvertrag ist im Falle einer Umgehung sittenwidrig und gemäß § 138 Abs. 1 BGB nichtig; nicht nur deshalb hat der Umgehungsfall in §§ 463 ff. BGB keine Berücksichtigung gefunden. Erst Ausführung trotz Nichtigkeit durch die Parteien des Erstvertrags löst das Vorkaufsrecht aus: § 817 Abs. 2 BGB blockiert eine Rückabwicklung und entfaltet damit die erforderliche Bindung; der Kaufvertrag wird gegebenenfalls gemäß § 242 BGB fingiert. Während der Sonderfall des Verleidens im Ergebnis wie der einer Umgehung zu behandeln ist, stellt der Sonderfall des Erschleichens isoliert keinen Vorkaufsfall dar.

IV. Erlöschen

Die akzessorische Verknüpfung des Vorkaufsrechts mit dem Nutzungsverhältnis in § 20 Abs. 7 S. 2 BGB kollidiert mit Anforderungen von Verfassungsrang; dies lässt sich abmildern, indem man das ordentliche Kündigungsrecht des Verpflichteten teleologisch reduziert und eine Kündigung des Nutzungsverhältnisse zum Zwecke eines Verkaufs ausschließt. Trotz wirksamer Ausübung erlischt ein Vorkaufsrecht erst, wenn der Berechtigte das Grundstück endgültig erworben hat; der Erwerb ist endgültig, wenn der Zweitvertrag nicht mehr gegen den Willen des Berechtigten zurück abgewickelt werden kann. Auf diese Weise lässt sich ohne Verwerfungen für den Fall der Ausübung ein Leerlaufen des Vorkaufsrechts vermeiden. Da es gemäß §§ 20 a S. 5, 20 Abs. 6 S. 2 VermG nur für den ersten Verkaufsfall gilt, erlischt ein Vorkaufsrecht nach dem Vermögensgesetz, wenn es bei Eintritt eines Vorkaufsfalls nicht ausgeübt wird; in diesem Fall kann der Verpflichtete gemäß § 894 BGB Löschung des Vorkaufsrechts aus dem Grundbuch verlangen. Die rechtsgeschäftliche Aufhebung eines Vorkaufsrechts muss im Verhältnis zwischen Verpflichtetem und Berechtigtem erfolgen; im Verhältnis zwischen Berechtigtem und Drittem kommt allerdings gemäß § 140 BGB Umdeutung in eine Verzichtsvereinbarung in Betracht. Über eine Verzichtserklärung hinausgehende Voraussetzungen variieren in Abhängigkeit vom Bezugspunkt des Verzichtswillens. Vor Eintritt des Vorkaufsfalls kommt als Bezugspunkt nur das Vorkaufsrecht in Betracht; es gilt daher § 875 BGB. Nach Eintritt des Vorkaufsfalls konkurriert das Vorkaufsrecht mit weiteren Bezugspunkten: War lediglich ein Teilverzicht gewollt, ist vor Ausübung des Vorkaufsrechts die Ausübungsmöglichkeit, danach der Erfüllungsanspruch Bezugspunkt; während auf die Ausübungsmöglichkeit einseitig verzichtet werden kann, gilt für den Erfüllungsanspruch § 397 Abs. 1 BGB. Eine mit der rechtsgeschäftlichen Aufhebung vergleichbare Wirkung hat die Ausübung eines Gestaltungsrechts durch den Berechtigten; sind Erst- und Zweitvertrag durch einen Willensmangel des Dritten geprägt, kann der Berechtigte abwarten, ob der Dritte den Erstvertrag anficht. 503

V. Ausübung des Vorkaufsrechts

Der Berechtigte darf die Ausübungserklärung nicht einschränken; anderenfalls gilt § 150 Abs. 2 BGB. Auch bei einem Vorkaufsrecht nach dem Vermögensgesetz bedarf die Ausübung gemäß § 464 Abs. 1 S. 2 BGB keiner Form. Der Berechtigte ist mittelbar über den Dritten geschützt; das verbleibende Schutzdefizit rechtfertigt die Nachteile nicht, die mit einer notariellen Beurkundung verbunden sind. Eine teleologische Reduktion müsste zudem bei der Verweisung in §§ 20 a S. 5, 504

20 Abs. 8 VermG ansetzen, was mit Blick auf den Gegenstand der Vorkaufsrechte von der Formfreiheit nichts mehr übrig ließe; daher scheidet für die Vorkaufsrechte nach dem Vermögensgesetz auch ein Schriftformerfordernis analog § 577 Abs. 3 BGB aus. Obwohl § 20 Abs. 8 VermG auch auf § 469 Abs. 2 S. 2 BGB verweist, können Berechtigter und Verpflichteter die Ausübungsfrist nicht abweichend regeln. Der Fristbeginn hängt unabhängig vom Informationsbedürfnis des Berechtigten an einer korrekten Mitteilung gemäß § 469 Abs. 1 BGB. Mehrere Berechtigte bilden vor der Ausübung des Vorkaufsrechts noch keinen Gemeinschaft; es handelt sich um selbständige, ranggleiche Vorkaufsrechte der einzelnen Berechtigten. Dass der Berechtigte den Kaufpreis nicht aufbringen kann, begründet allein noch keinen Missbrauch des Vorkaufsrechts. Bei entsprechendem Verhalten gegenüber Verpflichtetem oder Drittem kommt gemäß § 242 BGB Verwirkung in Betracht; diese führt allerdings bei dinglichen Vorkaufsrechten lediglich zum Verlust konkreter Ausübungsmöglichkeiten.

VI. Folgen der Ausübung des Vorkaufsrechts

1. Zweitvertragsverhältnis

505 Der Zweitvertrag zwischen Verpflichtetem und Berechtigtem kommt gemäß § 464 Abs. 2 BGB erst durch Ausübung des Vorkaufsrechts zustande. Mit Blick auf ein Anfechtungsrecht des Verpflichteten darf konstruktiv dennoch nicht auf eine Willenserklärung des Verpflichteten verzichtet werden; das Vorkaufsrecht eröffnet dem Berechtigten die Möglichkeit, die auf Abschluss des Erstvertrags gerichtete Willenserklärung des Verpflichteten als Antrag anzunehmen. Erst- und Zweitvertrag sind von einander unabhängig (Rz. 377). Durch die Parteien des Erstvertrags angelegte Einwendungen müssen im Rahmen des Zweitvertrags gesondert gewürdigt und erforderlichenfalls auch ausgeübt werden; das gilt trotz § 122 BGB auch für eine Anfechtung durch den Verpflichteten jenseits von § 123 BGB. Der Wille des Verpflichteten, im Falle der Ausübung des Vorkaufsrechts lieber gar nicht zu verkaufen, ist als Motiv nach den allgemeinen Grundsätzen beachtlich; etwas anderes ergibt sich insbesondere nicht aus § 465 BGB. Die Ausübung des Vorkaufsrechts aufgrund fehlerhafter Mitteilung geht nicht einfach ins Leere; der Zweitvertrag kommt richtig zustande und muss gegebenenfalls vom Berechtigten angefochten werden. Ein Erstreckungsverlangen gemäß § 467 Abs. 2 BGB nach Ausübung des Vorkaufsrechts beseitigt den Zweitvertrag; im Übrigen ist eine isolierte Vernichtung des Zweitvertrags sittenwidrig und gemäß § 138 Abs. 1 BGB nichtig. Erst- und Zweitvertrag sind grundsätzlich inhaltlich identisch; dieser Grundsatz ist aber mehrfach durchbrochen. Der Begriff des

Fremdkörpers ist zu ungenau; über eine entsprechende Vertragsklausel kann der Dritte Kosten für üblichen Aufwand auf den Berechtigten verlagern. Eine Umgestaltung des Grundstücks durch den Dritten wird nur selten Gewährleistungsansprüche des Berechtigten auslösen. Die Mitteilungspflicht gemäß § 469 Abs. 1 BGB ist eine Leistungspflicht, deren Verletzung den Schadensersatzanspruch aus § 280 Abs. 1 BGB auf das negative Interesse sowie den Anspruch auf Verzögerungsschadensersatz aus §§ 280, 286 BGB auslöst. Hat der Dritte den Kaufpreis gezahlt und das Eigentum am Grundstück vom Verpflichteten erworben, wird der Berechtigte gemäß § 1101 BGB von seiner Zahlungspflicht aus § 433 Abs. 2 BGB frei; der Berechtigte muss allerdings dem Dritten gemäß § 1100 BGB den Kaufpreis erstatten. Hat der Dritte den Kaufpreis gezahlt, aber das Eigentum nicht vom Verpflichteten erworben, gelten §§ 1101, 1100 S. 2 BGB mit Eigentumserwerb durch den Berechtigten analog.

2. Drittverhältnis

Ein Herausgabeanspruch gegen den Dritten entsteht erst gemäß § 985 BGB, 506
sobald der Berechtigte Eigentümer des Grundstücks geworden ist; die Voraussetzungen einer Analogie sind nicht erfüllt, sodass vor Eigentumserwerb kein vergleichbarer Anspruch analog § 1100 S. 1 BGB besteht. Dasselbe gilt für einen Anspruch auf Herausgabe bzw. Ersatz von Nutzungen unmittelbar aus und in entsprechender Anwendung von §§ 987 f. BGB; der Dritte ist bösgläubig, wenn sich das Vorkaufsrecht bei Besitzerwerb aus dem Grundbuch ergab. Solange der Berechtigte nicht Eigentümer ist, besteht schließlich kein Anspruch gegen den Dritten auf Unterlassung von Veränderungen auf dem Grundstück aus §§ 1004, 823 Abs. 1 BGB; im Einzelfall kommt allenfalls ein Anspruch aus § 826 BGB in Betracht. Hat er den Kaufpreis gezahlt und das Eigentum am Grundstück vom Verpflichteten erworben, kann der Dritte gemäß § 1100 S. 2 BGB Erstattung vom Berechtigten verlangen; die Vorschrift gilt analog, wenn der Verpflichtete das Grundstück trotz Zahlung durch den Dritten dem Berechtigten übereignet. Soweit Kosten im Erstvertrag nicht auf den Berechtigten verlagert wurden, erfolgt die Erstattung auf dieselbe Weise. Einen Anspruch des Dritten auf Verwendungsersatz ergibt sich erst aus § 994 BGB, wenn der Berechtigte Eigentümer des Grundstücks geworden ist; die Voraussetzungen für eine analoge Anwendung von §§ 994 ff. BGB auf Verwendungen im Vorfeld sind wiederum nicht erfüllt.

3. Erstvertragsverhältnis

Im Zweifel ist der Erstvertrag nicht durch die Ausübung des Vorkaufsrechts im 507
Sinne § 158 BGB bedingt. Selbst wenn die Parteien des Erstvertrags Vorsorge

getroffen haben, unterstellt § 1102 Hs. 2 BGB die Rückabwicklung §§ 1100–1102 Hs. 1 BGB; das mit der Vorsorgevereinbarung angelegte Rückabwicklungsverhältnis hat lediglich für Nebenansprüche Bedeutung. Hat er den Kaufpreis noch nicht gezahlt, das Eigentum am Grundstück aber dennoch bereits vom Verpflichteten erworben, wird der Dritte gemäß § 1102 Hs. 1 BGB von seiner Verpflichtung aus § 433 Abs. 2 BGB frei; auch § 1102 Hs. 1 BGB gilt analog, wenn der Verpflichtete an den Berechtigten übereignet. Im Übrigen hat der Dritte gegen den Verpflichteten keine Gewährleistungsrechte und regelmäßig auch keine sonstigen Schadensersatzansprüche; das ausgeübte Vorkaufsrecht stellt insbesondere keinen Rechtsmangel im Sinne § 435 BGB dar.

4. Verlängertes Drittverhältnis

508 Veräußert der Dritte das Grundstück zwischenzeitlich an einen Vierten, gelten §§ 1100–1102 BGB wiederum analog; dem steht insbesondere § 1102 BGB nicht entgegen.

Arbeiten zum Sachenrecht

Herausgegeben von Jürgen F. Baur

Band 1 Claus Moritz Trube: Sicherungsdienstbarkeit und sichernde Dienstbarkeit. Die Rechtsprechung des Bundesgerichtshofes zu wettbewerbsbeschränkenden Dienstbarkeiten und systematische Folgerungen. 2001.

Band 2 Yuhui Huang: Schutz des Eigentümers durch Einwendungen und Einreden gegenüber der Grundschuld. 2002.

Band 3 Marco Garbers: Privatsiedlungen in den USA und Deutschland als Herausforderung an die Zivilrechtsordnung. Eine rechtstatsächliche, rechtsvergleichende und rechtsgestalterische Untersuchung unter Einbeziehung gesellschaftlicher und ökonomischer Aspekte. 2007.

Band 4 Johannes E. Beutler: Die Reallast im Spannungsfeld veränderter Anwendungsbereiche und herkömmlicher Inhaltsbestimmung. 2009.

Band 5 Henry Posselt: Das dingliche Vorkaufsrecht. Ausübung eines Vorkaufsrechts nach dem VermG. 2015.

www.peterlang.com

www.ingramcontent.com/pod-product-compliance
Ingram Content Group UK Ltd.
Pitfield, Milton Keynes, MK11 3LW, UK
UKHW021847290926
8980IPUK00005B/690

9 783631 608562